U0926346

上海中国航海博物馆 编

丝路和弦

全球化视野下的中国航海历史与文化

復旦大學出版社

“丝路和弦：全球化视野下的中国航海历史与文化”国际学术研讨会

主办单位：上海中国航海博物馆

中国航海学会航海历史与文化研究专业委员会

中国博物馆协会航海博物馆专业委员会

目　录

序　一

中国航海学会是中国科协和交通运输部指导下的、由从事航海工作的有关单位和人员自愿组成并依法登记成立的全国性、学术性、非营利性社会组织。作为国家发展航海科技史事业的重要社会力量，中国航海学会有序推进各项工作并取得丰硕成果，得到上级单位的大力支持和高度认可。

中国航海学会航海历史与文化研究专业委员会（简称"航专委"）作为中国航海学会的二级机构，汇集了国内交通系统各港口、航务管理部门、大中型航运企业代表、科研院校等行业知名人士和业界精英。自 1981 年 10 月成立以来，作为有着光荣传统与历史，承担了中国航海历史与文化的宣传、研究和传承等重任的航专委，积极做好学会交办的各项工作，在弘扬和普及航海历史与文化方面作出了重要贡献。

近年来，航专委利用中国航海博物馆的平台和品牌，借助全体会员的智慧，挖掘潜力，在学术建设和科学普及等方面再上新台阶，举办系列讲座、学术研讨会与航海科普教育活动，充分利用航海历史与文化的学术特长和资源特色，加强与国外航海研究机构、航运企业、民间组织联络协调工作，进一步深化国际航海学术与科技交流互动。

为配合完成中国航海学会航海历史与文化研究专业委员会换届选举，促进国内外航海历史与文化研究领域的合作与交流，构建学术交流平台，推动中国传统航海历史与文化的研究，2018 年 8 月 16 日至 17 日，航专委换届会议暨中国航海博物馆第七届国际学术研讨会在上海召开，会议主题为"丝路和弦：全球化视野下的中国航海历史与文化"。本次会议聚焦于海洋文化、海船建造、导航及航线等学术前沿问题，体现出国际化视野及跨学科研究特色，特别是港航单位专家学者及高级船长的与会研讨，拓展了航海历史文化研究的广度和深度。同时，本次研讨会的召开也对上海国际航运中心文化软实力建设，助力国家实施“海洋强国”战略和“一带一路”倡议具有重要意义。

作为汇聚中国航海科技工作者的社会团体，中国航海学会期待航专委各位委员在接下来的工作中，共同努力，进一步强化责任意识和使命担当，积极开拓，锐意创新，深入开展航海历史与文化专业领域的学术研究，不断提升航专委的服务能力，为新时代中国航海事业的发展作出应有的贡献。

中国航海学会副秘书长

顾维国

2018 年 8 月

序　二

众所周知，中国是世界上的航海大国，拥有悠久的航海历史、先进的航海技术和灿烂的航海文化，并借由航海走向域外，与其他国家与民族的文化相融。特别是中国与世界上其他民族共同开辟的海上丝绸之路，基于物质交换，延伸至人员往来、技术传播与文化互鉴，对世界文明进程产生了重要影响。"海丝"沿线的各国各地区人民，共同谱写了一曲悠扬的丝路和弦，也为后人留下了丰厚的文化遗产。

2018 年 8 月中旬，中国航海学会航海历史与文化研究专业委员会换届会议暨"丝路和弦：全球化视野下的中国航海历史与文化"国际学术研讨会在上海召开，这也是中国航海博物馆主办的与"海丝"相关的第七届国际学术研讨会。

中国航海学会航海历史与文化研究专业委员会缘起于 1981 年的中国航海史研究会，是由国内交通系统各港口、航务管理部门、大中型航运企业代表、科研院校、行业知名人士等组成的公益性学术团体，是传承、研究、宣传中国航海历史与文化的重要平台。几十年来，中国航海学会航海历史与文化研究专业委员会为凝聚我国航海领域专业力量、提升航海软实力作出了贡献。

在各级领导的关心与支持下，自 2014 年起，中国航海学会航海历史与文化研究专业委员会挂靠于中国航海博物馆。中国航海博物馆作为国务院批准设立的我国第一家国家级航海博物馆，以"弘扬航海文化、传播华夏文明"为办馆宗旨，致力于保护航海遗产、传承航海历史与文化、增强公众海洋意识。作为中国航海学会航海历史与文化研究专业委员会的主任委员单位，我们将充分利用博物馆的资源优势，通过极具特色的藏品、耳目一新的展览、丰富多彩的教育活动，向社会公众普及航海知识、阐述航海内涵。同时，我们坚持注重学术传播的力量，通过会议、讲座、论坛、学术出版、专业委员会建设等形式与国内外相关高校、科研院所、学术团体展开合作，积极传递中外航海历史与文化研究领域的最新成果与前沿动态，致力于构建中外航海历史与文化研究平台。“丝路和弦：全球化视野下的航海历史与文化”等一系列国际学术研讨会即出于以上考虑而召开。

回首历史，海上丝绸之路曾为繁荣亚、非、欧国家经济，推动东西方文化交流作出重要贡献。站在新的历史起点，展望21世纪“海上丝绸之路”，作为掌握历史“钥匙”的博物馆人、“海上丝绸之路”活动直接参与者的航海人，我们以博物致知历史、烛照当下，以航海交流中外、启智未来。我们有责任，也有义务和各位专家学者共同携手，共同为建设“海洋强国”战略和21世纪“海上丝绸之路”续写新的篇章。

上海中国航海博物馆党委书记、副馆长

张东苏

2018年8月

“三婆”是谁？浅谈曾盛行在南中国海的水神

安乐博*

摘　要：许多年前，当笔者刚开始研究清代中国南方海域上的海盗时，读到袁永纶的《靖海氛记》（1830 年出版），上面有一段有关当时海盗头目之一张保（张保仔、张宝）的记录。袁永纶书中提道，张保信奉一位叫“三婆”的神明。笔者曾四处询问这位“三婆”的出处及其信仰，但却无人知道（包括中国学者）。直到 2007 年，笔者来到澳门教书，在大学所在的氹仔老街上，发现了一座名为“三婆庙”的庙宇，才确信袁永纶书中曾为张保所信奉的神明，的确存在。通过田野调查，笔者发现从雷州、钦州到中越边界，无数大大小小的沿海村庄和庙宇中都有着“三婆”信仰的存在。这些庙宇中，也许“三婆”不是主神，但是神坛之上却有“三婆”的一席之地。本文阐述研究者的研究动机和发现，以解答三个基本问题：一、“三婆”庙宇的分布及影响；二、“三婆”的来历及其信仰来源；三、是哪些人信仰“三婆”及其与沿海社群的关系。

关键词：海神　三婆　海盗　澳门　广东　涠洲岛　雷州　妈祖（天后）　观音菩萨

一、绪　　论

笔者对中国东南沿海社群信仰的研究兴趣，始于 80 年代。当时笔者于夏威夷大学读博士，在美国，以及中国北京、广州、台北等地的档案馆和图书馆，搜寻有关清初中国东南沿海一带海盗及其非法活动的资料时，搜罗到 19 世纪初著名海盗后来转为官兵的张保（张保仔、张宝）在中国东南沿海的活动记录。袁永纶《靖海氛记》（1830 年版本）提到张保及其伙党供奉惠州的三婆神：

……惠州有庙曰三婆神者，在海旁，数著灵异。贼舟过，必虔祀。

* 作者简介：安乐博（Robert J. Antony），广州大学十三行研究中心特聘教授。

> 稍不尽诚，祸咎立至，贼事之甚谨。一日，各头领齐诣罗拜。欲捧其像以归，俾朝夕求问，皆持之不动。张保一扶而起，遂奉之以归舟，如有风送到船者。凡往来出没，抢劫打仗，皆取决于神，每有祈祷，休咎悉验……

当时，我忙着写博士论文。读到《靖海氛记》中这段记载时，心中一动："三婆是谁？为什么张保等会信奉这一位少有记录的神祇？"可惜史料记录没有再进一步的说明。只好就把这一段有关海盗所信奉的神明记录，收录在博士论文（1998 年）及后来出版的书中（*Like Froth Floating on the Sea*，2003）。

二、发现第一座三婆庙

直到 2007 年，笔者来到澳门教书，当时笔者在澳门氹仔赁居，无意中发现氹仔有一条邻山的老街，竟有一所已无香火供奉的三婆庙，笔者有关三婆神的追寻，才有了进一步的发现。澳门氹仔在当时（2007 年）还是一个小岛，现今却已与另一个大岛（路环岛）以跨海公路相连，目前两岛相连的地区，又经过填海造地，形成今日著名的路氹金光大道。氹仔这一个蕞尔小岛，一直有海上非法活动的记载。它的面积在 19 世纪时仅有约 2.4 平方千米，只是弹丸之地，却庙宇众多，有康熙年间即已建庙的卓家村合并庙宇（天后宫和关帝庙），有天后庙、三婆庙、北帝庙等。而氹仔这座三婆庙，也是目前珠江三角洲流域仅存的一所专为供奉三婆而建的庙宇。氹仔三婆庙的发现，令笔者极为兴奋，期待从这所庙宇中的发现能追溯到张保等与三婆神的关联。

三、氹仔三婆庙的历史

笔者从档案资料中发现，这所氹仔三婆庙的老庙大约毁于 1920 年到 1940 年间，现址矗立的三婆庙是澳门政府在 1993 年申请联合国社科文教组织世界遗产（UNESCO World Heritage）时所重建。所以，至少有半个世纪之久，氹仔这座三婆庙当时已经无人供奉。而今氹仔三婆庙虽然重建，却只余一座空庙渺无香火。显然，三婆神的信仰，在珠江三角洲沿海（氹仔）一带已经式微。

氹仔三婆庙中现仍有存数块完整碑文及残碑。据咸丰九年（1859 年）重修三婆庙碑记所述，这座氹仔三婆庙原址是在一个临海（河）的石窟中：

> ……及后神又显灵，自择于龙湾而立庙焉。庙坐辰向戌，兼乙申，锦水长流，青山环绕，中有石室，天然位置，神得其所……

但是其正式建庙年份则有歧义，咸丰九年碑文上说这座庙宇建于道光二十三年(1843 年)，由郑上攀自雷州白沙港(今雷州半岛西北海湾)请得三婆神而建。同治三年(1864 年)碑文则称，这座庙宇建于道光二十五年(1845 年)。

无论是 1845 年还是 1843 年，笔者都极为失望，因为无论是哪个年份建立，张保都不可能来氹仔三婆庙、祭祀三婆神。因为张保卒于 1822 年。当然，有关氹仔三婆神信仰的起源，还有另一种可能。纵使这座三婆庙是在 1843 年或 1845 年才建立的，也并不代表开始信奉三婆神的真正年代。事实上，中国民间泛灵信仰(animistic beliefs)常起源于一些自然的媒介，如著名的澳门妈阁庙及路环岛的谭公庙，就是从渔民在海边搭起的简陋草棚中祭祀神明或是对海边天然岩石的崇拜开始。直到(也许)数十年后，才开始有正式的庙宇建筑。所以，张保也许真的在庙宇建立前，祭祀过氹仔的原始三婆神。

四、三婆神保护谁?

根据《靖海氛记》，19 世纪初，海盗所祀奉的神明是“三婆神”，而神明也护佑他们海上平安。他们若有什么行动必卜卦祷告于三婆神，求神指引。神明预示，也每每应验。但是根据氹仔咸丰九年及同治三年的碑文来看，三婆神并不是海上匪徒的保护神。相反地，它是保护船家、渔民、海上行商及官兵等避开海上危险风浪的神明。

同治三年《氹仔三婆庙碑》:

> 伏以神威显赫涠洲，早著声灵。母德覃敷海角，咸瞻惠泽，此三婆之庙，商民渔户，各处捐处资，立庙于前。而龙头环中客商渔蛋，复为择地创建，借为保护，以供香火者也……所幸商渔踊跃，义助多金，自道光二十五年立庙……同治三年　月　日谷旦沐恩弟子郭裕堂盥手敬勒

据咸丰九年《重修三婆庙碑记》:

> 从来拖船来往，必借神力以匡扶。庙貌辉煌，每因人心之振奋。我等家居澳港，舟泊龙湾，风雨调和，灾祥预告，揆厥原因，皆清惠三婆暨列神之力所至也……

从鸦片战争后洪兵起义(Red Turban Rebellion，咸丰五年)事件的记录中来看，三婆神的功能还有预言示警、保护行船平安，帮助官兵抵抗剿平海寇等。据咸丰九年《重修三婆庙碑记》:

> 爰考灵神到任之初，起自铁城郑讳上攀于道光二十三年，岁在癸卯，从提宪赖印恩爵大人剿灭琼南清匪，功成奏凯，舟至雷州白沙港内，舟人陡起异心，齐声附和，幸赖应歼匪数十，始知改悔，各勇力求郑翁接神回港永祀。及后神又显灵，自择于龙湾而立庙焉……迨至咸丰五年，乙卯岁，海寇猖獗，逼近本沙，我挹多被抢夺，而神或凭人以告诫，或游镇以销灾。丁巳岁挹奉差遣至梧州击贼，又蒙默佑，共获安康，恩同再造……自是民康物阜，浪静波恬。我等得以安居乐业，守分营生，则神灵之厚泽……

为什么袁永纶《靖海氛记》记述，海盗等所虔诚信仰的也是三婆神。此三婆神与彼三婆神有什么关系？三婆神保护的对象是谁？

著名的哈佛大学人类学家 James Watson，研究香港西贡沿海地区天后信仰，认为虽然不同阶层的人都信仰相同的神明，但是神明的功能(神明的护佑)会因人(信仰)而异。

所以，咸丰九年及同治三年的碑文所示，对渔民、疍民、海上行商及官员们而言，三婆神是一位可以帮助他们抵御风浪海盗等海上危难的神明。然而，对从事不法营生的海上族群而言，三婆神也是他们的护佑神明，可以保护他们出行成功、行动顺利。所以，海盗们祀奉三婆神也极为虔诚，甚至于请三婆神到他们的船上，专人祀奉，早晚祷告，每次出海行动前必问，以决定是否出海；而三婆神也没有让海盗们失望，预言每每灵验。

《香山县志》(1879 年)中有关三婆信仰的记载：在香山地区，三婆神为渔民、船家(多数为疍民)所信奉。渔民们在香山地区建立数所三婆庙，如在沙地(也许是氹仔的三婆庙。咸丰九年《重修三婆庙碑》称氹仔三婆庙所在为“沙”，“……迨至咸丰五年，乙卯岁，海寇猖獗，逼近本沙，我挹多被抢夺……”)及牛口山的三婆庙。

> ……三婆神者，罾船人所信奉也……罾船人为建大庙于沙地，员峰张溪人，亦为建小庙于牛口山之陂，翠羽明珰，香火杂沓……

县志中的资讯也说明三婆信仰与民间古老的灵宗教仪式(萨满巫术)(animistic，exorcistic rites)有关。三婆神，不但能降附人身，还有预言吉凶或事情成败的超能力。它降附人身时，被附身之人(或男或女)，身体会不由自主左右摇摆，口中会喃喃不自主地预言；甚或在被附身时，被附身的人会以鞭子击打自己，或以铁条穿过自己的两颊。

> ……三婆神者，罾船人所信奉也。相传神出于惠州，能降灵、附人身、言休咎。神降时，左右跳舞，语喃喃。自以铁贯两颊、无血……

光绪五年《香山县志》中，也提到三婆神会附身借灵媒之口预言，洪兵(1854年)必败：

……咸丰四年秋，神降附罾船男女，言贼将败，人心借以自固，我军屡胜……

氹仔三婆庙留存的碑文中，也提到三婆神附身、预言及护佑的神通能力。咸丰九年《重修三婆庙碑记》：

……迨至咸丰五年，乙卯岁，海寇猖獗，逼近本沙，我拖多被抢夺，而神或凭人以告诫，或游镇以销灾。丁巳岁拖奉差遣至梧州击贼，又蒙默佑，共获安康……

然而，不久之后香山地方知县，认为三婆信仰是一种异端邪说(heterodox cult)，以淫词秽语蛊惑人心，而大力打压三婆信仰。根据光绪《香山县志》记载，在知县邱君雷厉风行取缔处罚被附身的灵媒之后，三婆信仰就因不明原因逐渐在此地区销声匿迹。今日，在广东旧日香山地区一带，除了在氹仔的三婆庙之外(已无香火)，已无法再看到任何与三婆神有关的信仰或庙宇。

……咸丰四年秋，神降附罾船男女……冬十月，降语寖支离，知县邱君杖附神者数十，灵响遂息……

据氹仔三婆庙碑文，三婆神源自雷州，又称清惠。

窃闻事有其始，溯其始则历久弥彰。庙考原清惠三婆庙也，溯厥由来，廉府固钦其赫濯……(氹仔三婆庙咸丰九年残碑《重修三婆庙碑记》)

另一块氹仔三婆庙碑文，咸丰九年《重修三婆庙碑记》：

……我等家居澳港，舟泊龙湾，风雨调和，灾祥预告，揆厥原由，皆清惠三婆暨列神之力所致也。爰考灵神到任之初，起自……雷州白沙港……

但据《靖海氛记》张保等所信奉的三婆神是来自惠州。光绪《香山县志》也说“三婆神者，相传神出自惠州”。

根据文献资料所述，笔者到当时的惠州寻找“三婆”或“清惠”(青惠)信仰的线索。然而，在惠州地区，没有找到丝毫三婆或清惠(青惠)信仰的线索。县志没有记载，民间没有传说，庙宇没有供奉。于是，笔者将研究搜寻领域放宽，终于在当时的广东西部（今广西）北部湾（Gulf of Tonkin）一带，发现数量众多的三婆神或清惠夫人信仰及其信众。并在今广西北海的涠洲岛，发现一座现存年代最悠久的三婆庙。

北部湾沿海一带，都有不知来源出处的"三婆"庙分布。这些庙宇中所供奉的三婆神，多数无法从档案文献找到来源出处，只有民间传说有关它的来历。而且所供奉的三位女性主神（三婆）的名称各不相同。如广西藤县龙母庙中供奉的"三婆"，是龙母、妈祖、刘三姐。钦州三娘湾的"三婆"，是三块坐落在西头海岸边，各约十多米高的花岗岩；当地人称这群石块组合为"三婆石"。在北海地区，"三婆"庙供奉的是妈祖、妈祖的姐姐、冼夫人三位女性神明。

> ……国朝许联陞《粤屑》云，廉州、钦州有三婆婆庙，州人祀之甚虔，官此地者，朔望行香必诣焉。三月二十二日为婆婆生日，迎神遍游城内外，铙鼓嘲轰，灯彩炳耀，爆竹之声，震动一城……浔州有天后庙，崇碑屹立，叙天后世系云，有第三姐，亦同修炼成仙……

五、涠洲三婆庙缘起

涠洲岛，在今北海市的南方、北部湾海域中，是一个不到 25 平方千米因火山爆发而形成的岛屿。岛上有一座历史悠久的三婆庙，这所庙宇是目前笔者所调查的现存三婆庙中，年代最悠久的。2010 年，笔者与广东省社科院海洋所的李庆新教授及所内同人，自广州一路西行勘察北部湾一带，到此，就特地至涠洲岛上，拜访这座古老的三婆庙。涠洲三婆庙与氹仔三婆庙的地理位置相仿。这座三婆庙供奉三婆神的原始地点，就在涠洲岛上南面海湾内一处面海的悬崖峭壁下，最原始的神龛就安置在峭壁下因海浪侵蚀而形成的岩洞中，至今依然有人上香，只是岩洞壁顶因风化而不时有石屑掉落，不再对外开放。今日的涠洲三婆庙，就建在原始的海蚀洞穴前，悠然俯望一湾青碧。

涠洲岛之所以现今依然保存有历史最悠久的三婆庙，与它在历代海上交通的重要地位有关。晋刘欣期《交州记》提到涠洲的地理，"去合浦八十里有涠洲，周回百里"。它在北部湾海域中间偏北的洋面，北距北海市约 35 海里，东距雷州半岛西岸约 50 海里，西至越南北部直线约 100 海里，是北部湾海域贸易及渔讯的交通要道。由于地理位置的便利及孤悬海上，自古以来，涠洲岛就是海上活动的根据地，那儿聚集的人群有采珠贼、海盗、走私犯等不法之徒。明、清两朝政府均曾屡次清剿该岛屿不法之徒，强令岛上居民迁居大陆，但是依然不时有人凭借船只便利藏匿岛上生活。三婆神的信仰大约就是这样在岛上被保存下来。

涠洲岛上的地方信仰，起源甚早，《交州记》中有谓："合浦涠洲有石室，其里一石如鼓形，见榴木杖，倚诸石壁，采珠人常致祭焉。”根据涠洲岛上《三婆庙五次建庙简况》，涠洲三婆庙在元忽必烈时(1215—1294年)即已建立。中间历经数次损毁搬迁。清代，随着海禁开放(1727年)，涠洲岛及其附近海域水上交通往来活跃，涠洲岛上的三婆庙宇就又开始兴建。张保若曾在此活动过，他必然对当地人崇奉的三婆神有一定的认识。有没有可能涠洲三婆庙，才是《靖海氛记》中所记录他曾祭祀并请得三婆神至船上保佑他们的庙宇？

这个推论，有如下几项证据。第一，照理而言，若“惠州”在清代真有三婆庙及三婆神信众，不可能在文献档案中没有留下一丝记录。第二，广东话发音中，惠州的“惠”与涠洲的“涠”，发音是相同的。第三，虽然惠州与涠洲都是当年张保的活动海域，但是，张保初被郑一掳掠至贼窟时，郑一的活动地点是在今雷州半岛海域。而且涠洲岛上有建于1738年的三婆庙，而惠州没有任何有关三婆神的庙宇或信仰。第四，据刘世馨《粤屑》“……廉州钦州有三婆婆庙，州人祀之甚虔……”当时的廉州钦州，就是现今北部湾从雷州半岛到越南一带，在这一带，直到今日三婆信仰仍极为盛行。而廉州钦州一带在当时是少年张保生活及活动的范围，他生于渔民之家，长于渔船之上，周围环境对他个人信仰行为的塑造，有其不可磨灭之影响。氹仔在清代属香山县治。氹仔三婆庙碑文清楚指出，三婆信仰来自雷廉。综上所述，是否有可能袁永纶编纂《靖海氛记》时未加考据，以“涠”为“惠”？之后的文献，如光绪《香山县志》也未加证实，根据袁说而写就？

现今涠洲三婆庙(2010年)中大殿的右厢，祀奉一块长约70公分的神主牌。神主牌上写着：“三婆庙始创人黄开广大人位。”询问庙祝此庙为何人所建，庙祝也只知道涠洲三婆庙是黄开广所建，但不知他的身份、来历，以及何时建立这所庙宇。据当地传说：

> 黄开广是名朝廷武官。有一次，他奉命率兵船到涠洲岛征剿海盗，初到涠洲时，盗贼无踪，人烟无影，但见岩洞里有间用茅草搭的小三婆庙。黄大人找不到海盗，一怒之下便将小三婆庙烧毁了。不久，大雾笼罩，乌天暗地，黄大人的兵船也难驶出港湾。此时，黄大人以为庙神作怪，复又转回小庙的残址烧香朝拜，并向庙神许愿，如果庙神能保佑官兵平定海贼，平安回去，日后将重新建一间新三婆庙以酬谢神灵。正巧，天气转晴了，不时还听到港湾的西岬角有狗吠声。兵船循声而去，在山崖下的海蚀洞穴中，发现有个贼老[佬]洞。此洞穴深不可测。于是，他们运来一批熟烟(烟草)在洞口点燃，用木风柜不断地煽风，将浓烟灌入贼老[佬]洞里，并派兵在南湾港、西角口和北港口等地严密封锁。经过七日七夜不停地烟熏，此后，海盗便销声匿迹了。为了酬谢庙神的保佑显灵，武官黄开广日后便从内地运来一批砖瓦等建筑材料，重新修建了一间三婆庙来还愿。后人为了纪念黄大人建庙的功德，遂在

庙内做了个神主牌来供奉他。

又根据张贴在涠洲三婆庙墙上的《三婆庙五次建筑简况》，涠洲三婆神的来历又有不同说法，可以追溯到元朝。不过，故事中有关烧毁原始三婆神（天后）的草寮及修建庙宇的故事，与上述黄开广修建涠洲三婆庙的故事雷同。

> 元朝忽必烈（1215—1294）皇帝下旨，派京都巡官到沿海一带巡查，来到荒凉的涠洲岛时，士兵上岸找淡水，发现港湾处有一间茅草房。取足淡水后，巡官见四处无人就放火烧了这间茅草房。但士兵起锚返航的时候，用尽力气也无法把锚拉起来。巡官再派士兵下去看个究竟，士兵上来报告说："有一位姑娘压住锚。"这姑娘就是今天的妈祖娘，当时巡官心想这是神仙也，双足跪下说："请求神明在上，不怪小人之过，我把你茅草房放火烧了，敬请神明大发慈悲，放我回朝，向皇上汇报，再来此地建间庙宇给你。"回朝后，巡官马上向皇上汇报此事，皇上即派巡官准备好材料运到涠洲岛，同时雕刻妈祖神像。

根据涠洲《三婆庙五次建筑简况》庙史叙述，三婆庙的建庙年代就要推到元代。虽然庙中有"三婆庙始创人黄开广大人位"，1840 年左右，道光朝有位黄开广驻守于海南岛，并曾于 1849 年在雷琼一带追剿并平服著名的海盗张十五仔。所以，涠洲三婆庙，不太可能是黄开广所建，也许，当年他只是路过并祭拜，或是他曾参与此庙的重建。第二次世界大战时，日军占据涠洲岛，岛上庙宇损毁，直到 20 世纪 80 年代，才又在现址，重修三婆庙。

现今，涠洲三婆庙的主要庆典日期为：阴历二月二日（土地公神诞）、阴历三月二十三日（传统的妈祖神诞）、阴历八月二日。涠洲三婆庙在庆典活动中，会有热闹的过火山、爬刀梯、神明附身、"穿令"等古老的民间宗教仪式。庆典中还会有三婆神巡行港湾的仪式，被抬出的三婆神，是一尊用长剑穿腮的女性神明。

涠洲三婆庙与氹仔三婆庙除了地理上的相似性之外，它还与清朝香山地区（包括氹仔三婆庙）有关三婆神的庆典仪式相似。香山地区的三婆神，根据光绪《香山县志》所述："三婆神者……能降灵附人身……神降时左右跳舞，语喃喃，自以铁贯两颊，无血……"又据咸丰九年《重修三婆庙碑记》，氹仔三婆神可以附人身，"神或凭人以告诫"，而涠洲三婆庙的庆典仪式，至今仍与光绪《香山县志》所述相仿。庆典中抬出打扮成"三婆"模样的人贯以长剑穿过双颊。

当笔者拜访涠洲三婆庙时，曾询问庙祝"三婆"是谁，他回答："三婆就是妈祖！"笔者进一步询问："为什么称为三婆呢？"庙祝答复："妈祖在家行三。"不过，关于三婆由来及涠洲三婆庙来历的探寻并没有在这里就结束。另有一说，涠洲三婆庙的主神"三婆"或"妈祖"，是由当年固定往返于此处海域的海商及船家从福建所带来；他们在经过这片海域时，常停留在（涠洲）岛上，借以补充物资，他们带来在家乡所崇奉的海上保护神祇，在岛上建立庙宇以供奉。另一个说法是，三婆神，家中有三姐妹，大姐在福建（妈祖?），二姐在氹仔，第三位就是“三婆”，在涠洲。

六、雷州三婆神的传说

差不多同一时期（2009—2015 年），笔者开始在雷州半岛从事田野调查有关“三婆”神的来历。在雷城夏江有座最具规模的天后宫，当地人称夏江天后宫。庙中供奉三座女性主神，当地统称这三位女性主神为“三姐妹”。大姐是“天后”，二姐是“招宝夫人”，三姐是“青惠夫人”；而青惠也被当地人称为“三婆”。雷城当地，会在阴历七月二十一日庆祝青惠夫人（三婆）生日。

当时笔者在雷州半岛做调研，漫步在不同的村落中，发现一卷老旧的当地人使用的《青惠经卷》。经卷中陈述青惠的来历：她生于阴历七月一日，以神秘神力降生于福建莆田林姓家族，也就是妈祖所降生的林家。在这段叙述中清晰地表明青惠是妈祖的姐妹。在雷州，青惠（三婆）有许多信众，许多村庄城镇都有祀奉她的庙宇。

2009 年，再度回到供有三尊女性神祇的夏江天后宫，笔者发现在庙墙上有一帧巨幅的《青惠夫人简介》，说明青惠是一位苏俄公主，降生于公元 976 年（北宋年间）阴历七月二十一日。这位来自苏俄的公主（青惠），有许多帮助宋人抵抗外敌的英勇事迹，最后她与妈祖及招宝结拜为姐妹，于是也被中国民间尊崇为神明而祭祀。

有关夏江天后宫的三婆神，还有另一种可能，宫内有一块明万历十五年的石碑《重修天妃龙应宫记》，碑文描述在涠洲的蜑家及采珠者等，因海盗、珠盗等亡命之徒在涠洲窃盗珠池，当地居民有些会与这些不法之徒交易补给酒水食物等，当地官兵为肃清奸民及不法之徒，乃迁岛民至雷州夏江并重建天后宫（此庙）。在夏江天后宫内的“三婆”神应该是这些迁离涠洲的岛民所带来的：

> ……涠洲孤岛，立于海中，沃壤而邻于珠池，亡命啸聚……阑入剽窃，则居民载牛酒，酏糈饷之……乃以事白制府吴公，请尽罢涠洲税，而徙其民于内地……（万历《雷州府志》第 313 页）

七、钦州地区三婆神的传说

为寻找三婆神的由来，笔者继续在北部湾沿岸的广西（清时为广东省）北海及中越边境一带做调研，发现在合浦、钦州、防城、东兴一带有许多祀奉三婆神的庙宇。在地方志中也找到许多有关三婆神的记载，如民国《防城县志》。《续修四库全书》也提到当时（清朝）钦州、廉州（今北部湾）一带，三婆信仰极为盛行。

> ……国朝许联陛《粤屑》云，廉州、钦州有三婆婆庙，州人祀之甚虔，官此地者，朔望行香必诣焉。三月二十二日为婆婆生日，迎神遍游城内外，铙鼓嘲轰，灯彩炳耀，爆竹之声，震动一城……浔州有天后庙，崇碑屹立，叙天后世系云，有第三姐，亦同修炼成仙……

也有一些不知来源出处的"三婆"庙分布。这些庙宇中所供奉的三婆神，名称各不相同。如广西藤县龙母庙中供奉的"三婆"，是龙母、妈祖、刘三姐。钦州三娘湾的"三婆"，是三块坐落在西头海岸边，各约十多米高的花岗岩；当地人称这群石块组合为"三婆石"。在北海地区，"三婆"庙供奉的是妈祖、妈祖的姐姐、冼夫人三位女性神明。

在钦州，三婆神是三位女神的化身。20 世纪 50 年代，据当地人述说，最初有苏、杨、李姓三个年轻人在今三娘湾的海边谋生，他们虽生活艰辛，但彼此互相合作：

> 一日，三位仙女下凡人间，看到这独特亮丽的人间海湾和三个勤劳美貌的小伙子，便决定留下来与他们结为夫妻。玉帝得知，允许她们在人间居住三年。丈夫出海打鱼，妻子在家织网，夫妻恩爱，生下子女，过着美满的生活。三年后，玉帝不见仙女回来，大怒之下，掀起狂风恶浪，将正在打鱼的三个小伙子吞没。三位娘子在岸边并排站立，顶着狂风恶浪，等候丈夫几天几夜，最终竟化成了三柱并排站立的花岗岩石。这就是"三婆(娘)石"的由来。(翁宽《文史春秋》2004 年第 2 期)

传说中化为巨大岩石的三位女神，就永久地矗立在海边，永远地守候。如今这化为三块巨大海石的"三娘"或"三婆"，常年有来往渔船及信众等献上鲜花香烛等供奉，历年香火不断。

举几个例子，笔者在钦州市外滨海地区发现一座康王庙，除康王外，庙中左侧神龛所祀奉的神明，竟是"三婆"神及她的两位侍者。不过，笔者去的时机可能不对，没有找到庙祝或附近信众询问这所康王庙中"三婆"的来历。

防城三婆神，冯子材是 19 世纪末中法战争中的抗法英雄，也是三婆神信徒之一，他曾在故居（今钦州白水塘村）建有三婆庙。但该三婆庙已在"文化大革命"时损毁。

《防城县志》记载，1784 年防城墟重修二圣庙。该二圣庙又称青惠庙，时人也称之为三婆庙。防城二圣庙（三婆庙），在 20 世纪 30 年代曾用作小学，但笔者未曾到访该地，也不知防城三婆庙是否依然存在。

另外，在防城有关三婆神的庙宇，还有在1786年，三位潘姓孀居姑嫂，在当时的竹山村（今防城东兴竹山）捐地建三婆庙；这座位于中越边界北仑河边的三婆庙，现称三圣宫。三位主神之一，就是三婆神。根据文献记载，此庙（三圣宫）初建于1876年，但是原来的祭祀神龛等（三婆），应该早就存在。

田野调查最后来到今广西北部湾边的江平（旧称江坪）和京族聚居的地区。京族是一支人数不多，聚居在靠近北部湾内靠近江平的民族。他们原来是越南北部的渔民，明朝时，开始居住在江平附近的巫头、沥尾、山心三个小岛上。这群在中国境内的京族，至今依然保留他们在越南的风俗习惯、语言、宗教等。2011年笔者与博士班研究生到此地做调研时，发现他们崇奉的神祇之一就是"三婆"。在沥尾和山心两个岛上，还发现三婆庙。但是京族有关三婆神的来历，却与妈祖或苏俄公主没有丝毫关系。在京族的传说中，三婆神是观音菩萨的化身。在佛龛中的三婆神，都坐在莲花座上，与佛教中的观音菩萨造型无异。

八、寻访惠州地区三婆信仰

在2012年底，笔者与笔者的三位惠州本地的研究生，来到清代惠州府的沿海地区（今惠州东莞、汕尾、河源、海丰、陆丰等地）做田野调研。希望可以在当地找到关于"三婆"神或"清惠"（青惠）信仰与沿海族群的线索。

来到汕尾、陆丰和海丰等沿海地区后，笔者在大小庙宇中寻访女性神明，想从她们之中寻得"三婆"神（青惠）的影子。我们找到了好几座天后宫，里面所供奉的主神也是三位女性神祇；但是，这些女性神明中没有一位被称为三婆或青惠。例如，在庙中，主祭坛上是三位女性神明，其中一位是传说中郑成功的妹妹——郑祖禧。

陆丰的甲子港是一个历史悠久的海港，因地理位置及渔讯贸易而发展的市镇，镇上有一座宋代始建的天后宫。天后宫内所祀奉的三位女性主神为：大妈（妈祖），神诞阴历三月二十三日；二妈，神诞阴历八月二十日；三妈，神诞阴历四月十日。这位神明——三妈可不可能是《靖海氛记》中的三婆神呢？当时甲子港天后宫的78岁林姓庙祝立即否认。林老先生从来没听过任何女性神明被称为"三婆"或"青惠"；而且据他所说，在当地人的习俗中，若用"婆"字来取代"妈"来称呼"妈祖"，如《靖海县志》中所用的"三婆"或《续修四库全书》中所称的"三婆婆"，这些都是大不敬的。

九、结　　论

于是，惠州不但在地方志里，在当地庙宇的寻访中，也完全没有"三婆"

这一个称呼或这一位神明，当然也没有青惠夫人这一位神明。那么“三婆”神到底是谁呢？三婆信仰是如何发展和传播的？三婆神发源于何处？

笔者根据现有线索推论，明代及清代，中国东南沿海地区，有许多未曾被官方承认的地方庙宇及地方信仰，在文献中习称这些为“淫祠”，而大加打压。如清代，在香山地区曾盛极一时的三婆神信仰，就被官方抑制，“知县邱君，杖附神者数十，灵响遂息”（光绪《香山县志》卷二十二《杂记》八十）。这些东南沿海村落，自有一套生存法则，如在海上随机应变、恃强凌弱的渔捕劫掠，如以海上交通与异地互通有无的贸易。这些生活手段，很可能不为朝廷所容。同样，这些遥远（相对于当时位于北方的朝廷）地区的地方信仰，也很难为官方承认。通常东南沿海一带的民间信仰及地方神明，可能只是一块象形的天然石头，或因风浪漂流而来的木片雕像，或从他处请来的一尊神像，只是供奉在一些简陋的草棚或可以遮风避雨的天然洞穴中。他们的崇拜方式会有热闹的过火山、爬刀梯、神明附身等古老的民间宗教仪式。这些东南沿海地区的地方神明及民间信仰，不止为沿海渔民和地方乡勇等所信奉，又因为地缘关系耳濡目染，当他们在海上活动时，这些信仰随着他们的船只而传播到他们所到达的地方。

综上，笔者认为三婆神的信仰，很可能是这样一种在当时不为官方所承认的地方信仰，其真正起源，仍然未知。三婆信仰自明代即已传入钦州一带（今防城地区），例如京族，这些海上人家靠着船只自由地来往于中越边境北部湾的沿海地区。虽然，京族称他们所祀奉的神明为三婆神，但是可能三婆神信仰，在当时是一种不为官方所承认的地方信仰，为了不被打压，就合理地附会他们所习知又被官方承认的神祇——观音菩萨。

而与中国境内海上人家有关的“三婆”神，则依附于从福建一带海上行商传过来的妈祖信仰。这种“三婆”与“妈祖”的附会，大约在清朝初期就已形成。从现存最古老的涠洲三婆庙来看，这种附会发生的年代应该距离当代较近，而且这种与正统神明（妈祖）附会的行为，应该也与“神明”身份是否为官方“认可”有关。

从北部湾沿岸三婆庙地区散布情形来看，防城三婆庙（三圣宫）、钦州三婆庙、涠洲三婆庙、合浦三婆庙（冼太庙）、雷州三婆庙（青惠宫）等，由西向东，由明代渐进至清代，从 15 世纪末到 19 世纪初，从中越边境到珠江三角洲一带的沙地、牛口山、氹仔等地。

今江平及涠洲一带的北部湾，在明、清两朝均为著名的海盗巢穴，三婆神信仰非常可能随着海盗（亦渔亦盗）的迁徙而向东传播。袁永纶在《靖海氛记》中记载，张保是虔诚信奉三婆神。张保之所以成为三婆神的信仰者，很可能与他少年时被郑一掳至北部湾一带的海盗巢穴（涠洲而不是惠州）有关。三婆神信仰的崇拜方式，与非正统的民间宗教有关，引神附身、口吐预言等，与中国南方地区的萨满（女巫或神婆）信仰雷同（参见表 1）。

表 1　广东与广西沿海的三婆庙

地　方	庙名称	始建年	主　　题
涠洲岛	三婆庙（天后宫）	乾隆三年（1738）（明朝?）（元朝?）	在当地乡民传说和庙史记录中，早期的三婆庙只是海湾岩壁下一处天然洞穴，直到宋代才在洞外搭建茅草房，几经修葺慢慢建立庙宇；目前乡民们声称三婆就是涠洲妈祖
北海南康镇	三婆庙（冼太庙、妈祖庙）	乾隆年间	供奉妈祖、冼夫人、妈祖的姐姐；妈祖有五个姐姐，其中排行第三的叫三娘，即三婆；庙内还保存着同治三年时（1864）记录着当时该庙进行重修的碑记，碑文更提及三婆曾显灵救了剿匪遇难的清兵
合浦窑头村	三婆庙	乾隆年间	
合浦党江	三婆庙		
钦州白水塘村	三婆庙（已散佚）		冯子材故居正门有个三婆庙；因为在冯子材之前有过三次遇难，都是被一个婆婆形状的东西所救，所以便修建了三婆庙供奉
钦州	康王庙		供奉康王大帝、关帝、三婆婆
钦州	三婆婆庙		三婆婆的诞辰与三月廿三日
防城	二圣宫（青惠庙、三婆庙）		供奉青惠（三婆）等
竹山村（广西东兴）	三圣宫（三婆庙）	光绪二年（1876）	庙宇中的三婆婆叫妈祖，复姓三卫，名林默，后皇帝赐封为三圣
藤县（广西）	龙母庙（三婆庙）		供奉龙母、妈祖、刘三姐
（京族）江坪山心村	三婆庙		供奉观音老母、柳杏公主、德昭婆婆；主神是观音；在农历二月十九、六月十九和九月十九三个被京族人称为“观音诞”的日子
（京族）江坪巫头村	三婆庙		
雷州夏江村	天后宫	宋代建（1446 年重修；1574 年重修；1587 年涠洲岛天妃迁入雷州天后宫）	（明万历后?）供奉三姐妹，妈祖、招宝、青惠（三婆）
雷州山尾村	青惠宫		供奉青惠（三婆）
雷州乌石村	青惠宫		供奉青惠（三婆）

（续表）

地 方	庙名称	始建年	主 题
雷州西门关	夫人宫（天后庙）	宋代建	供奉天妃，后来也供奉青惠（三婆）
雷州企水港	邬王庙		供奉邬蛇大王、青惠（三婆）
雷州企水港	王娘庙		供奉青惠（三婆）等
雷州企水港	雷首庙		供奉邓天君、青惠（三婆）等
香山县（今中山）牛口山	三婆庙		据光绪年间《香山县志》记载三婆神者，船人所信奉也；相传神出自惠州，能降灵附人身，言休咎；神降时，左右跳舞，语喃喃，自以铁贯两颊，无血
澳门氹仔	三婆庙	道光廿四年（1844）	供奉三婆，据传说是天后的第三姊；三婆的诞辰与三月廿三的天后诞只差一天；咸丰九年（1859）的《重修三婆庙碑记》提及三婆曾经显灵拯救清朝剿匪遇难的官兵，则三婆非但受渔民敬奉，可能亦是官兵的守护神
香港大屿山东涌村	天后庙（三婆庙?）	道光年间	据传说张保后人（张九元、张九省）有一次出海时无法起锚，派人下水后看见锚钉被石头卡住了，正要把石搬开时，石头化身为天后（俗称三婆神）警告海盗们以后不准再抢劫渔民，此后海盗就为这位女神建庙供奉并从此收山从良
甲子港（陆丰）	天后宫	宋代建	供奉三妈

因为三婆神不是朝廷正统承认（赐封）的神明，所以她的信仰流演及发展，就不像妈祖信仰般的统一，因此，有关“三婆”神的由来和传说就有各种不同的版本。当然，“三婆”神，所代表的也许不仅是“一位”神明，而是“三位”神明。然而，无论三婆神是一位或多位，我们都可以从档案文献和田野调查中判断出：三婆神及其信仰是数百年前起源于北部湾一带的民间信仰；而且很可能以北部湾一带为中心向邻近港湾散布，直到今天，三婆信仰依然在北部湾沿岸活跃，为广大的沿海族群所信奉。笔者认为，三婆信仰分三个阶段发展。第一阶段，可能是元朝，甚至于更早的时期，流行在沿海族群之间的泛灵信仰（animistic entities），如涠洲岛上石穴中的鼓状石头及木杖，或钦州三娘湾的三块巨石。第二阶段，一段时间之后，这些原始泛灵崇拜，转化为对一位或多位女性神明的崇拜，这种崇拜叫“三婆”崇拜，流行在北部湾一带以海为生的族群之间。第三阶段，大约在清代，因三婆崇拜非正统，不为官方所认可。于是，三婆信仰就附会于妈祖信仰，以在神坛上占一席之地。经过不同阶段的转变，三婆信仰不再只是海盗们的保护神明，而是一位正统的能保护商、民、渔、官的神明。

Who is "San Po"? —A Preliminary Investigation on a South China Sea Goddess

Abstract: Many years ago when I first started doing research on south China's pirates, in Yuan Yonglun's Jinghai fenji, published in 1830, I came across a passage that said the great pirate chief, Zhang Baozai, worshipped a sea deity named San Po whose temple was located in Huizhou prefecture, Guangdong. I was very curious because I had never heard of San Po, nor had any of my Chinese friends and colleagues. Then in 2007, after arriving in Macao to teach at the university, I discovered a Sanpo Temple in old Taipa. Thus began my research on this little-known Chinese sea goddess. In my search for the illusive goddess I visited countless temples and villages all along the Guangdong coast from Shantou to the border with Vietnam. What I discovered was not one but many San Pos. This paper tries to make sense of my preliminary findings, and to tentatively answer to three fundamental questions: first, where are the San Po temples located; two, who is San Po; and three, why do people worship San Po?
Keywords: Sea Deities, San Po, Pirates, Macao, Guangdong, Weizhou Island, Leizhou, Mazu (Tianhou), Guanyin (Goddess of Mercy)

清代篆书书论对江户时期日本篆书书论的影响

曹　悦*

摘　要：德川家康所建立的江户幕府统治时期，施行文教政策，兴起了书道的革新风潮，出现了唐样与和样两种样式的书法风格。篆书作为唐样书法的一部分，从江户时代才开始得到真正意义上的发展。其中唐样书论深受中国书论的影响，自然篆书书论也受到了中国书论的影响。本文就此以江户时代历史记载很少的城户桓为例，从理论方面，对其代表书论《书谭》进行分析，将文章内容逐字逐句在中国文献资料中查找比对，探究其对中国文献的引用情况，借此来考察江户时期对于中国篆书书法理论的接受情况。

关键词：清代中国　江户日本　篆书书法　影响

一、前　　言

中国篆书书法发展源远流长，自秦始皇统一文字以来，随着文字的演变和实用性的需求，篆书的地位日渐衰落，但在唐代、清代分别发生了两次大的篆书复兴思潮，使得篆书恢复其影响力，而清代篆书对同时期的日本产生了很大的影响。

清代是继唐代之后篆书复兴的又一个高峰，在当时著名的碑学运动中，篆书的复兴也是其兴起和提出碑学理论的一个重要依据，出现了一大批与篆书相关的书家和学者，其中一部分书家继承了传统篆书，一部分书家如孙星衍、王澍等结合其学者身份以及特殊的文化修养，形成了有别于前代的独特的篆书风格。总之，清代在复古的基础上又为篆书的发展注入了新的活力，在当时的中国影响深远，与此同时，对江户时代的日本书法也产生了影响。

江户时代的日本随着海上贸易的频繁，佛教、文化等方面也得到了交流，商人、僧侣等随唐船进入日本，带来了物产及文化，同时得到了日本的接

*　作者简介：曹悦，日本关西大学东亚文化研究文化交涉学博士研究生，日本学术振兴会特别研究员 DC1。

纳和传播。中国书法在日本的发展主要受六朝书风的影响，楷书、行书风靡，而篆书却鲜有人知，在此基础上清代篆书复兴，从某种意义上说，对日本篆书书法的发展产生了极大影响。篆书在江户日本的传播和发展，使得日本书家对中国篆书进行全面的认识和学习，出现了许多与篆书相关书法理论，例如泽田东江、松下乌石等人的书论，有很多来自中国古代书论，通过这些在日本可以被参考的中国书论书籍，便可以了解江户日本对中国篆书书法的认识和接受程度，而这些书家不仅在理论方面有所造诣，在书法艺术方面对日本书道的发展也有十分重要的作用。

在目前已有的研究中，岩坪充雄①已有类似论题的研究成果，他主要整理和讨论的是江户时代与篆书相关的出版刊物的问题，而对中国篆书所带来的影响涉及较少，本文以江户时代历史记载很少的城户桓为例，从理论方面，对其代表书论《书谭》进行分析，将文章内容逐字逐句在中国文献资料中查找比对，探究其对中国文献的引用情况，以此来考察江户时期对于中国篆书书法理论的接受情况。

二、清代中国与江户日本篆书书法的发展状况

1. 清代篆书书法的发展状况

清代初期，由于明代的遗民学者、画家等对隶书的喜好，使得隶书最先开始复兴，而篆书相比之下并没有得到人们广泛的关注，只有一部分人从中意识到篆书的古拙美感，并将其运用在书法创作和书学理论中。之后随着金石学、文字学的不断展开，书家、学者学习篆书，对字法的要求更加严格，这也使得他们对于篆书有了更深层次的看法和理解，在遵从古法的基础上进行学习，夯实了习篆的小学基础，为篆书的复兴和发展提供了契机，使其在篆书发展史上的地位显著提升。

清代是篆书复兴的又一个高峰期，在当时著名的碑学运动中，篆书的复兴也是其兴起和提出碑学理论的一个重要依据，出现了一大批与篆书相关的书家和学者。王澍、钱坫、孙星衍等人，由于学者的身份和特殊的文化修养，“以古为师”，遵从古法，学习李斯、李阳冰等先人的篆法，并从碑版中习得篆书精髓。对古代碑版的严格遵守以及深厚的字学基础，也使得王澍等书家的篆书风格显得较为古板，多为古人的影子，自我创新较少，但尽管如此，对古法严谨的要求规范了当时混乱的篆书风格，对篆书的复兴提供了良好的规范。除此之外，一些书家糅合了古今篆法之精髓，在古法之上大胆创新，钱泳在《书学》中提道：

---

① 岩坪充雄：《江户时代の篆書体受容について—篆書関連書籍の翻刻・出版の事情より》，《書学書道研究》(15)，2005 年，第 55—69 页。

本朝王虚舟吏部颇负篆书之名，既非秦非汉，亦非唐非宋，且既写篆书，而不用《说文》，学者讥之。近时钱献之别驾亦通是学，其书本宗少温，实可突过吏部。老年病废，以左手作书，难于宛转，遂将钟鼎文、石鼓文及秦汉铜器款识、汉碑题额各体参杂其中，忽圆忽方，似篆似隶，亦如郑板桥将篆、隶、行、草铸成一炉，不可以为训也。惟孙渊如观察守定旧法，当为善学者，微嫌取则不高，为梦瑛所囿耳。献之之后，若洪稚存编修、万廉山司马、严铁桥孝廉及邓石如、吴山子俱称善手，然不能过观察、别驾两公中年书矣。①

这段话中提到各书家作篆，如王虚舟在当时以篆书闻名，但其篆书没有出处，非秦汉、非唐宋，且不用《说文》，为学者所贬斥，而钱献之等人则宗李少温等传统，老年更是将钟鼎文、石鼓文、秦汉铜器款识、汉碑碑额等书风杂糅其中，形成较为复古的书风，还有许多书家也与此类似，继承传统，汲取古人篆书之精华，书风古朴，笔画均匀细长，是清初篆书复兴时的主要篆书风格。

清代中期，篆书的地位得到重新确立，受古法的影响，篆书的发展日益规范化，有了坚实的基础，同时受到当时多种思想的冲击，如碑学思想、民族怀旧思想、外来艺术思想等，书家的创作不再拘泥传统，更加关注艺术性，其中邓石如也是篆书发展中里程碑式的人物。包世臣在《艺舟双楫》中称："神品一人　邓石如隶及篆书"，在继承古法的基础上，结合碑学兴盛的背景，加入清人自己的想法，形成清代篆书独有的风格，包括吴熙载、杨沂孙、赵之谦、吴昌硕等书家，基本都遵循这种体势偏长或偏方、追求线条质量和流畅性的特点，具有较强的书写意味。清篆在篆书发展史上具有十分重要的地位，成为后人学习篆书的楷模和范本②。

总而言之，篆书从李阳冰的复兴直到明清，一直在不断变化发展，明清时期已经是书法走向成熟的时期，各种体系基本完备，尽管"以古为师"，但有了自己的特点和规范，此时书家在继承传统的基础之上，更加注重创新，同时融入了很强的书写意趣，突破了前代单一的用笔，使得篆书作品秀美端庄但不失圆滑，结构多上紧下松，用笔节奏感极强，而且在苍劲有力的用笔中，圆润灵动的气息酣畅淋漓地展现出来，形成了一种新颖独特、具有创新性的篆书风格③。

2. 江户时代日本篆书书法的发展状况

江户早期篆刻家池永一峰（1674—1737 年）撰写《篆髓》，梳理篆书的特点，虽然文中以小篆为主，但仍然掺杂了古文、籀文、异字的写法。享保十一

---

① 钱泳：《履园丛话》卷上《书学》，中华书局，1979 年，第 285 页。

② 曹悦：《清代篆书的日本影响》，载《近代东亚海域交流：航运、台湾、渔业》，博扬文化事业有限公司出版，2016 年，第 57—75 页。

③ 曹悦：《唐代书家李阳冰篆书书法的复兴及其影响》，载近代东西言语文化接触研究会编：《或问》2015 年第 28 期，第 169—176 页。

年(1726年),细井广泽的《篆体异同歌》出版,该书将明代郑大郁《篆林肆考》与清代傅起儒《字学津梁》中的记载合并校勘,除此之外,细井广泽还根据需要增加了四十四条新句,该书最大的特点就是在于完全使用《说文》的小篆,为当时书法界及篆刻界提供了学习的捷径。

享保十六年(1731年)冈恒忠玄编纂的《篆林捷径》,将汉字部首及常用汉字按笔画数编排,最大的特点是与《篆体异同歌》一样为小篆所作,小篆由此与古文等有所区分并被普遍使用。

宝历三年(1753年),关口忠贞的《篆书唐诗选五言绝句》刊行,使用小篆来书写唐诗;宝历六年(1756年),关口横山的《篆书唐诗选七言绝句》刊行,同样也使用了篆书书写唐诗。安永四年(1775年),佚山的《古篆论语》刊行,使用小篆书写《论语》全文。自此,日本开始流行使用篆书书写大篇幅的诗词文赋。

安永七年(1778年),佚山撰写《补阙篆体异同歌》,模仿细井广泽《篆体异同歌》,据赵宧光《说文长笺》补细井广泽的不足,增加百五十联。安永九年(1780年)泽田东江撰写《篆说》,该文使用标准的小篆述说篆书的起源、流传、种别等,认为"麒麟、鸾凤、龟、龙、鸟、鱼"等杂体篆书多为妄作,提出"学篆则以李斯、阳冰为法"的学篆观念。

天明元年(1781年),玉洲矢道成编纂字书《古篆千字文》,所印字书及法帖为《说文解字》《字汇》《正字通》《康熙字典》《古篆汇选》《金石韵府》《摭古遗文》《篆字汇》《文徵明篆书千字文》等。

宽政九年(1797年),由高芙蓉编辑、弟子曾之唯增修的字书《汉印千字文》出版,该书根据千字文顺序收录所见篆书书论及印谱中的篆书的用字,内容详细,编纂十分精细,成为江户时代中晚期篆刻界使用汉字的重要依据。

文化九年(1812年),市河米庵的《米庵墨谈》刊行,文中提到篆书,通过王澍《虚舟题跋》、都穆《金薤琳琅》、郭宗昌《金石史》,以及米芾等的篆书书论提到当时所见的篆书法帖,如《因宜堂法帖》所收篆帖、《石鼓文》、《峄山碑》、《三坟记》、徐铉小篆、《周伯温千字文》等,都在其列。文化十年(1827年),市河米庵《米庵墨谈续编》刊行,文中《篆法摄要》,讨论了篆书的写法。

弘化二年(1845年),卷菱湖的《十体源流》刊行,文中利用所见文献资料,仿照张怀瓘《书断》的体例,考证"古文、大篆、小篆、古隶、章草、八分、今隶、行书、今草、破体"的源流。嘉永元年(1848年),古森厚孝的《偏类六书通》刊行,该书是将《六书通》仿照《康熙字典》的体裁编辑而成的字书。

天保八年(1837年),《大全童子往来百家通》出版,该书属于教导孩童学习书信写作的启蒙书,可见在江户时代末期,除了知识阶层使用并深入研究篆书之外,普通民众也逐步开始对篆书有所认识。篆书可以说在江户时代才迎来了真正意义上的发展和传播。

三、以城户桓为例看江户日本对中国清代篆书书论的接受情况

城户桓，初名广文，字仲华，祖上世世代代在丰前小仓侯任职，后隐居企救郡蒲生村，专攻书法，最擅长草书和楷书，晚年居住在京都天龙寺后，改名桓，字亭一，号南华。生于正德二年（1712 年），卒于天明八年（1788 年）二月，享年七十七岁。

历史上对于城户桓的记载较少，传世的书法作品也几乎没有，相比于同时代的书法家略显逊色，没有得到时代相应的重视，但在西川宁编撰的《日本书论集成》①中收录了城户桓的一篇名为《书谭》的书论，全文一共有三十七条，如表 1 所示，叙述了有关书体、书法、书品、文房用品等一系列内容，通过对各段进行统计，这三十七条书论当中，文章篇幅最多的为《谭之十六》，共 552 字，主要讲述了有关书法之书的内容，而篇幅最少的是《谭之二十四》，共 65 字，讲了在作书时，时下的状态，只有书家在当时才能感受得到，后人所学并不能及。同时，文章从《谭之一》到《谭之十三》都是关于书体的论述，占了全文内容的三分之一，与中国传统文字演变过程是基本一致的；《谭之十四》到《谭之三十》介绍了学书的基本要素及书写状态等，最后七条则以朝代为顺序介绍了当时最著名的书家或是书论内容。文章中书论的论述并不只是一家之言，例如《谭之十六》叙述了抽象的书法理论，《谭之二十二》提及了具体的执笔方法等，从中可以看出城户桓所参考和见过的中国书法理论内容十分广泛，该书论可以称得上在当时书论水平之上。由此可见在江户时代的日本，中国书法影响的不仅仅是上层的书法人群，在没有名气的书家群体中也影响深远，本文截取城户桓《书谭》中有关篆书的部分来看中国篆书书法在日本的接受情况及其影响。

表 1 《书谭》内容关键词及字数一览表

序　号	内容关键词	字数	序　号	内容关键词	字数
谭之一	古文、奇字	446	谭之七	隶书（佐书）	292
谭之二	大篆（籀文）	130	谭之八	八分（汉隶）	204
谭之三	款识篆	84	谭之九	行书	92
谭之四	小篆	287	谭之十	草书	286
谭之五	摹印篆（缪篆）	215	谭之十一	楷书	100
谭之六	鸟虫龙蛇等篆	273	谭之十二	梵书	437

① 西川宁编：《日本书论集成》，汲古书院，1979 年。

（续表）

序　号	内容关键词	字数	序　号	内容关键词	字数
谭之十三	飞白书	324	谭之二十六	书法传授谱系	118
谭之十四	六书	182	谭之二十七	镌刻	123
谭之十五	古籀	213	谭之二十八	品第	232
谭之十六	书法之书	552	谭之二十九	章草	116
谭之十七	帖	183	谭之三十	临摹	132
谭之十八	纸墨效果	139	谭之三十一	唐代李阳冰篆书	98
谭之十九	影书（响拓）	83	谭之三十二	唐代张旭草书	261
谭之二十	文房	375	谭之三十三	唐代孙过庭书论	166
谭之二十一	虚神净虑（书写状态）	157	谭之三十四	宋代苏、黄、米论书	257
谭之二十二	执笔	92	谭之三十五	唐代鼎钟文传宋	80
谭之二十三	章法	118	谭之三十六	元、明书家	112
谭之二十四	风神气象（时下状态）	65	谭之三十七	书与诗	140
谭之二十五	书写效果	138			

古书犹今书，今书犹古书，象有淳醨，体有文质，而出于自然，贯于一揆，孰知千里之差于毫厘耶？古今时也，因革变也，推时处变，百世可知。故登高者观远也矣，迈古者知明矣，加之以研精，申之以岁月，服而不厌，虽不中不远矣。人亦有言，百而千之，恍焉有会，虽则云而，鲍师之子不觉臭焉，白沙入缁不染而黑。苟滞末途而不见上方，则终身劳悴陷于魔境。故该古今之书，察因革之际，得诸心而应于手，怪马之就于坦途不啻也。此二端者难易之所由而邪正之所分焉，谭之不可以已也。①

上述文字是城户桓《书谭》的序言，论述了古今书论会在时代的变革与流传中发生变化，会加入时下人的想法和认识，如此而已，将会进入一种恶性循环而难以自拔，因此就要辩证地去看待古今书论，理智地进行分析，而不是一味地盲从，《书谭》就是要在此基础上论述书法理论。

如表1大致可以看出，共有九条涉及篆书，分别为《谭之一》《谭之二》《谭之三》《谭之四》《谭之五》《谭之六》《谭之十五》《谭之三十一》和《谭之三十五》，接下来逐一对此进行分析。

① 城户桓：《书谭》，载《日本书论集成》，汲古书院，1979年，第173页。

谭之一

古文，科斗也，仓颉创之，而不详颉何时之人。《易》曰：上古结绳而治，后世圣人易之以书契，百官以治，万品以察，盖取诸夬。颉之初作书，依类象形，故谓之文。后形声相益，即谓之字。字孳乳而浸多也，所谓六义纲之。书诸竹帛谓之书。书，著也。其章至夏殷或不一律。周监于二代，无所不合，始可得而写也。盖自仓颉至史籀，通谓之古文，及王愔作《文字志》，以科斗、古文为二种。其意以仓颉之字为古文，以三代之字为科斗。余按不然，古文者，从今指古称耳，《古文尚书》《古文孝经》可见焉。孔安国因形称科斗，后遂有正俗，其正即阙里之漆书，其俗即巧象虾蝶子者也。王氏眩于此乎，按卫恒《四体篇》云，汉世秘藏孔壁之古文，至魏初传之者出邯郸淳，淳之石经之后转使其法，因科斗之名，遂巧效其形。晋人之言犹若斯矣。奇字者，古文而异者也，汉刘菜从扬雄所学，而王莽居摄，使甄酆定六书部，一曰古文，二曰奇字是也。张怀瓘《书断》，以石鼓文为奇字，又以为籀文，是亦不然，奇者不解文义，称石鼓岂尽可奇哉，籀文盖大篆之别称，故《说文》所载，其义皆明矣。张氏又云，史籀作大篆，又作籀文，如果然乎，古人何不谓籀文奇字，谓古文奇字哉？夫字本于文，文本于形，事与意各有所合，初未有奇，一涉讹脱则有此称耳。故奇字若得其解即复古文。张氏之说不可从矣。①

这是《书谭》的第一条，这段文字主要论述了古文、奇字等篆书成熟之前的文字，有别于同时期书论直接摘录中国古代书论的是，城户桓有自己的见解和看法，完全引用的文字并不多，在开头部分有完整的两处，一处是"《易》曰：上古结绳而治，后世圣人易之以书契，百官以治，万品以察，盖取诸夬"。这句话来摘自《周易》②，还有一处是"颉之初作书，依类象形，故谓之文。后形声相益，即谓之字。字孳乳而浸多也，所谓六义纲之。书诸竹帛谓之书。书，著也"，这句话大体上节录了许慎的《说文解字》，对一些语句进行了精简：

仓颉之初作书，盖依类象形，故谓之文，其后形声相益，即谓之字。字者言孳乳而浸多也，著于竹帛谓之书，书者如也。③

城户桓在理解的基础上修改了这句话，紧接着引用了唐代郑滑节度贾耽所述的《说文字源序》中的短句"盖自仓颉至史籀，通谓之古文"，原文如下：

庖牺氏观鸟兽之文，篆形指事作书契以代结。降及夏殷周，通谓之

① 城户桓：《书谭》，第173—174页。

② 卜商：《子夏易传》卷八，载《钦定四库全书》第7册，上海古籍出版社，1987年，第108页。

③ 许慎：《说文解字》卷十五下，载《钦定四库全书》第223册，第369—371页。

> 古文，至宣王太史史籀，著大篆十五篇，古文小异。七国分裂，篆与古文随其所尚。始皇兼并海内，丞相李斯作《仓颉》七章，车府令赵高作《爰历》六章，太史令胡毋敬作《博学》七章，并约籀文而篆体转工，即世谓之小篆。①

认为从仓颉到史籀的文字都成为古文，然后城户桓还提及王愔的《文字志》。《文字志》认为科斗和古文为两种，仓颉之字为古文，三代之字为科斗。城户桓否定了这种说法，而认为可以从孔安国的《古文尚书》《古文孝经》看出，因为字形而被称为科斗；按卫恒《四体篇》所说，汉代将孔壁中所藏的称为古文，魏初传出自邯郸淳，之后立《三体石经》，淳法失传，以其形状而命名为科斗；晋人所说奇字与古文是不同的，汉王莽居摄，甄酆定六书，一是古文，二是奇字，而张怀瓘《书断》认为石鼓文是奇字，又称作籀文，但城户桓认为并不是这样的，"奇"是并不能用文辞解释的，石鼓文更不能完全表现"奇"，籀文是大篆的别称，《说文》所记载的意思是很明了的，张怀瓘也称史籀作大篆，又作籀文，那么如果是这样的话，古人为何不称籀文奇字，古文奇字呢，事与意各有所合，这样是误称，要想得到奇字的正解就要先上溯到古文，张怀瓘的说法并不能站得住脚。

城户桓通过对各朝代书家学者的书论进行分析和比对之后，认为古文即科斗，是仓颉创造的，否定了王愔《文字志》中古文和科斗是两种不同文字的说法，之后有理有据地推翻张怀瓘《书断》中对于奇字的说法，认为奇字并不能单纯用石鼓文来替代，要追溯历史，还原古文，从而得到奇字的正解。从中可以看出他对中国古代文献有一定的掌握和钻研，并没有像当时其他书论一样单纯只是通过摘录和节选来表达自己的观点，这在江户时代的书论中是罕见的。透过这段文字可以大致看出城户桓在撰文时可能看到和参考的中国文献资料，整理如表 2：

表 2 《谭之一》中涉及的中国文献书目一览②

序　号	朝　代	作　者	书　　名
1	周	卜　商	《子夏易传》
2	东汉	许　慎	《说文解字》
3	春秋战国	孔　子	《论语》
4	宋	陈　思	《书苑菁华》
5	北朝	王　愔	《文字志》

① 陈思：《书苑菁华》卷十六《说文字源序》，载《钦定四库全书》第 814 册，第 161—162 页。

② 若无特别说明，下文各表所列书目均按文章内出现的先后顺序排列。

（续表）

序号	朝代	作者	书名
6	西汉	孔安国	《古文尚书》
7	西汉	孔安国	《古文孝经》
8	西晋	卫 恒	《四体书势》
9	唐	张怀瓘	《书断》

谭之二

大篆，籀文也，篆传也，言使之传久远也，周宣王时史籀所作，与古文大同而小异也。石鼓十章即籀之所书，宣王之猎碣，或云秦穆公之文也，虽无定据，要词藻之古，非秦后之物，累代剥落之余，小大正欹，而存其篇章，所摹传三百余言，后世以为大篆之典模，然近世所出之篆韵等，以屈曲填密文为大篆，凡屈密者摹印篆也，说详摹印中。①

这段文字中，“石鼓十章即籀之所书，宣王之猎碣”引用了王厚之的《复斋碑录》，其余都是自己的理解。他认为大篆即籀文，传播久远，周宣王时史籀所作，与古文大同小异，石鼓文的十章即用籀文所写，是宣王时期的石鼓文还是秦穆公时期的，虽说还没有定据，但依据文辞可以判断并不是出现在秦后，世代摹刻剥落，文字错落有致，文章流传下来，有三百余言，是后世大篆的典范。而近世所出的篆韵等，以盘曲密集为大篆的标准，与之有所出入。文辞中能看出城户桓对于传统定义的认可。

谭之三

款识篆，列国时之字也，后世得诸金物，因以为称盖款识，本阴镂阳雕之称也。《郊祀志》曰：美阳得鼎，献之，有司议以为宜荐见宗庙，如元鼎故事。张敞好古文，按鼎铭勒而上议云，此鼎细小，又有款识，不宜荐见宗庙是也。②

《谭之三》叙述了款识篆，是列国时的文字，阴镂阳雕而成，因为在当时称作盖款识，所盖文字就被称作款识篆，该段的最后两句截取整理了汉代班固《汉书》中的《郊祀志》下的一段内容：

是时，美阳得鼎，献之。下有司议，多以为宜荐见宗庙，如元鼎时故

① 城户桓：《书谭》，第 174 页。
② 城户桓：《书谭》，第 174 页。

事。张敞好古文字，桉鼎铭勒而上议曰："臣闻周祖始乎后稷，后稷封于蘩，公刘发迹于豳，大王建国于郊梁，文武兴于丰镐。由此言之，则郊梁、丰镐之间周旧居也，固宜有宗庙坛场祭祀之臧。今鼎出于郊东，中有刻书曰：'王命尸臣："官此栒邑，赐尔旂鸾黼黻雕戈。"尸臣拜手稽首曰："敢对扬天子丕显休命。"'臣愚不足以迹古文，窃以传记言之，此鼎殆周之所以褒赐大臣，大臣子孙刻铭其先功，臧之于宫庙也。昔宝鼎之出于汾脽也，河东太守以闻，诏曰：'朕巡祭后土，祈为百姓蒙丰年，今谷嗛未报，鼎焉为出哉?'博问耆老，意旧臧与？诚欲考得事实也。有司验脽上非旧臧处，鼎大八尺一寸，高三尺六寸，殊异于众鼎。今此鼎细小，又有款识，不宜荐见于宗庙。"制曰："京兆尹议是。"①

截取内容是对《郊祀志》中一段文字的删减，用最简短的语言复述了这一段话的中心思想，删去了中间不必要的对话内容，阐述了当时款识篆多勒于鼎上，受到人们的喜爱，但有时也因为款识的内容等因素难荐见于宗庙，由此可以知道当时款识篆的用途及地位等。

通过对《谭之二》《谭之三》的分析可以发现，城户桓在撰写这篇书论时可能参考的中国文献资料如表 3 所示：

表 3 《谭之二》《谭之三》中涉及的中国文献书目一览

序　号	朝　代	作　者	书　　名
1	南宋	王厚之	《复斋碑录》
2	东汉	班　固	《汉书》

谭之四

小篆，秦李斯所作，皆取史籀大篆，或颇省改。《峄山》《泰山碑》，即斯之所书，藏奸猾于朴茂，寄权巧于端庄，以执古今之中。野火煨烬之后，摹传者仅二十余字，大为世重焉。《宣和书谱》云：人皆谓李斯为小篆之祖，然以秦穆公时诅楚文考之，则字形直是小篆，而人未之为宗师，独李斯擅其名。余按诅楚文本非先秦之文，巫咸、大沈夂、湫湿驼三种，皆后秦之所伪作，《学古篇》辨之详矣。夫李斯劝始皇焚诗书，至其刻石文乃本诗书，更制文字，使天下同文，而因革之迹，乃百世可知。又世有《钱谱》，伪附葛天氏金币、黄帝刀布，其文亦小篆。按管子云，夏商之世，珠玉上币，黄金中币，刀布下币。又平准书云，夏殷币金为三等，刀布居其一，盖始称刀布也。故班固云，凡货金钱布帛之用，夏殷以前其

① 班固：《汉书》卷二十五下《郊祀志》下，载《钦定四库全书》第 249 册，第 591—607 页。

详靡记，且上古以贝物为宝，故货、财字皆以贝，不俟辨可知焉。[①]

这段文字主要论述了小篆，认为是秦李斯所作。“皆取史籀大篆，或颇省改。”[②]这句话摘自许慎的《说文解字》，认为小篆取于史籀的大篆，是对其进行的省改，《峄山碑》《泰山碑》就是李斯所写。“藏奸精于朴茂，寄权巧于端庄，以执古今之中。野火煨烬之后，摹传者仅二十余字，大为世重焉。”这句话则是对明代赵宧光《论九体书》第四句的整理，原句如下：

> 四曰小篆，秦斯为古今宗匠，一点一画槩度不苟，聿遒聿转，冠冕浑成，藏妍婧于朴茂，寄权巧于端庄，乍密乍疏，或隐或显，负抱向背，俯仰乘承，任其所之，莫不中律，大篆敦而圆，骨而逸，小篆柔而方，刚而和……书法至此无以加矣，唐李阳冰得大篆之圆而弱于骨，得小篆之柔而缓于筋。后世莫不由此而出，各就偏长，别立门户。及野火煨烬之后，《泰山》《峄碑》可拓者二十余言，世有徐铉摹本，而先秦之文仅存百一矣，反为所掩也。[③]

城户桓看似十分赞同赵宧光的观点，小篆在秦李斯省改之后，遵循其规律特点，经过历史的流传，虽只有二十余字，但却是小篆十分重要的一部分。城户桓还对北宋徽宗宣和二年（1120）夏秋间，由内臣奉徽宗之命而编纂的历代书法作品评汇编《宣和书谱》卷二的篆书叙论进行汇总：

> 篆书所自来远矣。其古文科斗之书，已见于鼎彝金石之传，其间多以形象为主，而文彩未备也。自古文科斗之法废而后世易以大篆，而大篆实出史籀也。籀在周宣王时为太史氏，其书今之所存者，石鼓是也。以其籀之所创，故名之曰籀书，以其为太史氏而得名，故又谓之曰史书。若夫小篆则又出于大篆之法，改省其笔画而为之。其为小篆之祖，实自李斯始。然以秦穆公时诅楚文考之，则字形真是小篆，疑小篆已见于往古而人未之宗师，而独李斯擅有其名。[④]

城户桓将这段文字总结为两句话：“人皆谓李斯为小篆之祖，然以秦穆公时诅楚文考之，则字形直是小篆，而人未之为宗师，独李斯擅其名”，人们都将李斯奉为小篆之祖，然而以秦穆公时的诅楚文进行考究，字形真为小篆，追根溯源并未见宗师，唯独李斯可以胜任这一名号，城户桓则认为诅楚

---

① 城户桓：《书谭》，第 174—175 页。
② 许慎：《说文解字》，第 369—371 页。
③ 赵宧光：《寒山帚谈》卷上，载《钦定四库全书》第 816 册，第 273 页。
④ 佚名：《宣和书谱》卷二《篆书叙论》，载《钦定四库全书》第 813 册，第 214—215 页。

文不是先秦的文字，巫咸、大沈攵，湫湴驼这三种，都为后秦所伪作，在吾衍《学古编》中有详细的解释：

《诅楚文》（俗云《诅足文》，李斯篆，在凤翔府）。有巫咸、大沈攵（音故）、湫湴（音夸）驼三种，辞则一。乃后人假作先秦之文，以先秦古器，比较其篆，全不相类，其伪明矣。篆文"皇"，本从"自"，世传始皇谓与臬臭相似，因去一画。不足为病，在前亦有如此者。《峄山》"数""成"等字，皆与古异，此碑用之，及用《秦权》"殹"字作"也"。盖知见《峄山》《秦权》而后创造者，未必不欲人曰峄山用此法，诚古也。其如辨者何？①

城户桓对吾衍这一解释较为认可，当时李斯劝秦始皇焚诗书，将其自己刻写的文字定为范本，使得天下同文，然而当时有《钱谱》，金币、刀布上的文字也是小篆，宫梦仁《读书纪数略》记载：

五币，黄帝立

珠玉上币，黄金中币，刀布下币。管子上中下为三币，玉币七筴。管子对威公，此谓以少为多，以狭为广，天下之数尽矣。②

称珠玉为上币，黄金为中币，刀布为下币，司马迁在《史记·平准书》中提道："虞夏之币，金为三品，或黄，或白，或赤；或钱，或布，或刀，或龟贝。及至秦，中一国之币为二等，黄金以溢名，为上币。铜钱识曰半两，重如其文，为下币。而珠玉、龟贝、银锡之属为器饰宝藏，不为币。"③城户桓从中凝练出一句话："夏殷币金为三等，刀布居其一，盖始称刀布也。"很简洁的概括了《史记》中刀币的大致含义，而《平准书》作为《史记》的八书之一，对班固《汉书·食货志》的撰写产生了十分重要的影响，《食货志》中记载：

凡货，金钱布帛之用，夏殷以前其详靡记云。太公为周立九府圜法：黄金方寸，而重一斤；钱圜函方，轻重以铢；布帛广二尺二寸为幅，长四丈为匹。故货宝于金，利于刀，流于泉，布于布，束于帛。④

城户桓节录了第一句话的内容，金钱布帛的用处在夏殷之前没有详细的记载，同时上古时期将贝类当作宝物，因此"财""货"这些字都属"贝"，很容易辨别出来，城户桓认为小篆除了是被誉为小篆之祖的李斯所改订的文字之外，当时有存世的《钱谱》，金币、刀布上的文字也是小篆，并通过中国古代文

① 吾衍：《学古编》之《碑刻品九则》，载《钦定四库全书》第839册，第846页。
② 宫梦仁：《读书纪数略》卷三十七"人部"，载《钦定四库全书》第1033册，第552页。
③ 司马迁：《史记》卷三十《平准书》，载《钦定四库全书》第243册，第660—672页。
④ 班固：《汉书》卷十五下《食货志》，载《钦定四库全书》第249册，第546—565页。

献进行了考证，不拘泥于传统书论和记载，从历史的角度得出自己的结论，因此，该段可能参考的文献资料整理如表 4：

表 4 《谭之四》中涉及的中国文献书目一览

序　号	朝　代	作　者	书　　名
1	东汉	许　慎	《说文解字》
2	明	赵宧光	《论九体书》
3	宋	佚　名	《宣和书谱》
4	元	吾　衍	《学古编》
5	清	宫梦仁	《读书纪数略》
6	西汉	司马迁	《史记》
7	东汉	班　固	《汉书》

谭之五

摹印篆即缪篆，秦汉异其称耳，吾衍误谓汉有摹印篆，如篆如隶，后人不知古印，妄以屈曲填密者为摹印篆。又云缪篆，小篆而弱者，如李阳冰，非也。吾氏独识押印式而不知佩印式。按《汉书》《说文》并云，秦曰摹印篆，汉曰缪篆。颜师古、徐锴并云，其文屈曲填密，即秦玺文也，可见焉。又按官者佩印咸铸物，纽饰因尊卑各有品，其文亦屈密，目之为信也，故印面之文左向，汉文有押印，咸雕物，纽饰从其所好，其文篆隶杂法，任字而略章，以擅其美，以朱押于诏奏私文，亦以为信也，故印面之文右向，刀笔如之，遂以为式，且夫缪亦绸缪屈曲之义，岂小篆而弱者哉。①

这段叙述的是摹印篆，也即缪篆，秦和汉对此的称呼不同，吾衍误称汉代有摹印篆，后人不知道有古印，盲目地将屈曲填密的称为摹印篆，同时还认为吾衍所说的只有“押印式”是不合理的，应该还有“佩印式”，这两句话来源于对吾衍《学古编》中《三十五举》的第十八举和第十九举的理解，原文如下：

十八举曰：汉有摹印篆，其法只是方直，篆法与隶法相通。后人不识古印，妄意盘曲，大可笑也。多见故家藏汉印，字皆方正，近乎隶书，此即摹印篆也。王球《啸堂集古录》所载古印，正与相合。凡屈曲盘回，唐篆始如此。今碑刻有颜鲁公官诰，尚书省印，可考其说。

十九举曰：汉魏印章，皆用白文，大不过寸许。朝爵印文皆铸，盖择

① 城户桓：《书谭》，第 175 页。

日封拜，可缓者也。军中印文多凿，盖急于行令，不可缓者也。古无押字，以印章为官职信令，故如此耳。自唐用朱文，古法渐废。至宋南渡，绝无知者，故后宋印文皆大谬。①

城户桓大胆地对古人提出质疑，并没有盲目地遵循中国传统书论，在质疑的同时用更有说服力的文献来证明自己的观点，文中在质疑吾衍的同时提到，《汉书》和《说文》有记载秦代时称为摹印篆，汉代时称为缪篆，颜师古与徐锴也曾说文字屈曲填密，称作秦玺文，同时还称当时为官者佩戴印章，纽饰也因身份的尊卑而有所区别，上面文字也屈曲填密，印面文字向左；汉代印章，吊饰，纽饰都依据个人的喜好，文字风格篆隶杂糅，以朱印押于奏折诏书之上，印面向右，缪有绸缪屈曲的意思，这段解释目前并没有发现完全对应的中国文献。

除此之外看颜师古与徐锴出现频率最高的文献书籍为《汉书》和《史记》，因此推测《谭之五》在撰写时城户桓可能参考过的中国文献资料如表 5：

表 5 《谭之五》中涉及的中国文献书目一览

序　号	朝　代	作　者	书　　名
1	元	吾　衍	《学古编》
2	东汉	班　固	《汉书》
3	东汉	许　慎	《说文解字》
4	西汉	司马迁	《史记》

谭之六

鸟虫龙蛇等之篆，其目存而其字不存。汉末蔡邕闻六篆之目，而识二篆之字。后索靖所目二十余种始有异闻。及王愔三十六种，而愔云，见其目未见其书。又庾元威之目者三百余种，王南取而更增六十余种。今见其字流之一端，不啻所谓丁谓之怪，古因脚引垂者，今因垂引脚，锐而为悬针，坠而为垂露，纵者柳叶，收者倒薤，钝则科斗，折则蜩虫，芝英蹲墨，飞白枯笔，煨象鸟兽，慢形草木，遂亏工于翰墨，争能于舟青，莫知其所由师，许慎有言，诡更正文，向壁虚造不可之书，变乱常行，以耀于世，假使许氏见此数者，其以如何，夫书王者之所制，而通于四海达于古今，故曰非天子不制度，不考文，天下车同轨，书同文古者，文字疑则阙之，故孔子曰，吾犹及史之阙文也，今此怪物，翰墨之异端，书艺之大厄。②

《谭之六》主要论述了鸟虫龙蛇等篆，认为虽然流传下来这些名称，但并

① 吾衍：《学古编》之《三十五举》，第 843 页。

② 城户桓：《书谭》，第 175—176 页。

不存在这样的字，为了论证这一观点，提及了汉末蔡邕，及之后的索靖、王愔、庾元威、王南取等人对于这类篆书的分类，然后对赵宧光的《论九体书》的第六部分进行了整理：

> 六曰奇篆，采择杂体，就简避烦，趋逸去拙。其本来之形与夫累代之制，皆不泥也。格借玉箸，体间碧落，情杂钟鼎，势分八分，点画以大篆为宗，波折以真草托迹，规矩绳墨终束于斯。昔之文字因脚引垂，今此奇篆，因垂引脚，书法之变，此大谬也。所尚者简洁飞动，妍态取容，举世尚奇，去彼取此。从兹而降，好古之士，锐其垂而为悬针，注其重而为垂露，纵其垂而为柳叶，收其垂而为倒薤，顿而为科斗，折而为蜩虫，蹲墨为芝英，枯笔为飞白，龙蛇云鸟，转宿偃波，此其滥觞也，而莫知其所由师。昔存其名，迹则莫考，效颦臆说，书法外道，翰墨之厄。①

这是这篇文章中第二次引述赵宧光的《论九体书》，将文章内容理解后转述为自己的语言，叙述了一系列如悬针、垂露、飞白、顿、折等笔法及名称，但不知其所出，许慎也称这些是虚造之书，假如许慎见过以上篆法，那必将流传于世，所以说是由于秦统一天下，车同轨，书同文，有些文字被移除，是历史的缺失，书法的遗憾，对秦始皇统一文字提出批评，认为这一制度抑制了书法全面的发展和一些文字的流传。针对以上文字，整理出城户桓有可能参考的文献书目如表 6：

表 6 《谭之六》中涉及的中国文献书目一览

序 号	朝 代	作 者	书 名
1	明	赵宧光	《论九体书》
2	东汉	许 慎	《说文解字》
3	东汉	班 固	《汉书》

> 谭之三十一
>
> 汉而后传文绝品者，独以唐李阳冰为其人也，自谓李斯后一人也。人不以矜，是以有二李之号。至其字形，或有异法。吾衍云，本于崔子玉，阳冰之侄腾，亦不乏家声，世有腾说文字原帖，宋始徐铉以篆文名于时，古形犹存，后趋奸巧，而二李之法殆亡矣。②

《谭之三十一》主要讲了唐代篆书家李阳冰，汉代以后篆书逐渐衰落，到

① 赵宧光：《寒山帚谈》卷上，第 274 页。
② 城户桓：《书谭》，第 185 页。

唐代李阳冰，自称为李斯之后一人也。对李阳冰的评价问题，本人在《唐代书家李阳冰篆书书法的复兴及其影响》[①]中有详细的论述，关于李阳冰这一自称的说法有很多记载，如康有为的《广艺舟双楫》：李阳冰以篆名一时，自称"于天地、山川、衣冠、文物皆有所得，斯翁以后，直至小生"。

中国书法史上对李阳冰的评价褒奖居多，但也有贬斥，城户桓在文中就对李阳冰进行了批驳，认为李阳冰"自谓李斯之后一人也"并不谦虚，历史上是有李斯、阳冰"二李"之称，但是字形有所异同，同时借用吾衍的《学古编》所云：

> 《新泉铭》乃阳冰最佳者，人多以舒原舆之言，称《新驿记》。殊不知，此碑胜百倍也。阳冰名潮，杜甫甥也。后以字行，因以为名，而别字少温。《木玄虚海赋》有云："其下阳冰不治，阴火潜然。"则知与潮，又且有理。人多不知，因详其说。又有李腾，善伪作阳冰书。[②]

对于李斯之后只有李阳冰一人的说法，不应一概而论，阳冰的侄子李腾擅长伪作李阳冰篆书，有可能传世之作并不是阳冰所作，到了宋代徐铉因篆书名于一时，古风犹存，但已经有所改变，"二李"之法也就消失殆尽了。这段文字内容虽短小，但可以看出参考了许多中国古代文献，如表 7：

表 7 《谭之三十一》中涉及的中国文献书目一览

序　号	朝　代	作　者	书　　名
1	元	吾　衍	《学古编》

通过上述对《书谭》有关篆书的部分分析之后发现，城户桓在日本书法史上并没有受到太多的重视，历史上的记载也很少，但《书谭》这篇书论有别于同时代的书论，《书谭》并没有直接摘录中国古代书论中的内容，而是在对中国文献理解的基础上开展论述，对一些理论提出质疑并考证，使用了大量的中国文献资料，当时在撰文时可能参考到的书目在上一节中已进行整理，即表 1 到表 7，将这些书目汇总起来如表 8：

表 8 《书谭》中涉及的中国文献书目一览

序　号	朝　代	作　者	书　　名
1	周	卜　商	《子夏易传》
2	东汉	许　慎	《说文解字》
3	春秋战国	孔　子	《论语》

---

① 曹悦：《唐代书家李阳冰篆书书法的复兴及其影响》，载《或问》2015 年第 28 期，第 169—176 页。

② 吾衍：《学古编》之《石碑刻品九则》，第 846 页。

（续表）

序　号	朝　代	作　者	书　名
4	宋	陈　思	《书苑菁华》
5	北朝	王　愔	《文字志》
6	西汉	孔安国	《古文尚书》
7	西汉	孔安国	《古文孝经》
8	西晋	卫　恒	《四体书势》
9	唐	张怀瓘	《书断》
10	南宋	王厚之	《复斋碑录》
11	东汉	班　固	《汉书》
12	明	赵宧光	《论九体书》
13	宋	佚　名	《宣和书谱》
14	元	吾　衍	《学古编》
15	清	宫梦仁	《读书纪数略》
16	西汉	司马迁	《史记》

以上表 8 所罗列的是城户桓在撰文时可能参考到的书目，结合《书谭》的成书时间，即宝历六年（1756 年），在此之前随唐船传入日本的书籍可能有如表 9：

表 9　《书谭》中涉及的中国文献书目随唐船舶入日本的情况

序　号	作　者	书　名	版　本	输入日本时间	西　历
1	卜　商	《子夏易传》	单行本	享保十年	1725
2	许　慎	《说文解字》	单行本	正德四年	1714
				享保十二年	1727
3	卫　恒	《四体书势》	说郛本	享保四年	1719
				宽延四年	1751
4	张怀瓘	《书断》	百川学海本	宝永七年	1710
				宽延四年	1751
				宝历四年	1754
			说郛本	享保四年	1719
				宽延四年	1751
			读书敏求记本	元文二年	1737
5	班　固	《汉书》	单行本	正德四年	1714
6	吾　衍	《学古编》	说郛本	享保四年	1719
				宽延四年	1751

（续表）

序号	作者	书名	版本	输入日本时间	西历
7	司马迁	《史记》	单行本	宝永七年	1710
				正德四年	1714
				享保十年	1725
				享保二十年	1735

比对之后发现，城户桓可能参考的资料如表9，其中可能性最大的有5本，分别是：《子夏易传》《说文解字》《汉书》《史记》《说郛》，而其他书目，如《寒山帚谈》等一些参考可能性大的书目在唐船持渡书中没有记载，但有可能在江户时代之前就已经传到日本并为人们所学习。

四、小　结

中国书法的历史，从秦始皇统一六国，正定文字，篆书即作为当时中国普遍通用的书体，并逐渐形成完备的体系。之后，随着文字的演变和实用性的需要，汉代隶书逐渐占据统治地位，成为官方标准字体，到后来演变为草书、楷书，还有介于两者之间的行书，在关注实用性的同时，共同为中国书法艺术的发展奠定了基础。

而在日本，由于航海、贸易、佛教等一系列因素，中国书法随之传入日本，最开始盛行的是六朝书风。其后唐代书法对日本书法的发展起到很大的作用。六朝、唐代的楷书在日本风靡，并被普遍接受，然而当时的日本却很少有人知道篆书书法，这一现象可能与中国书法史的发展有一定的关系。在文字演变、书法发展这一过程中，随着新书体的产生以及实用性的增强，作为书法发展源头的篆书逐渐衰弱，一直到唐代李阳冰才得以复兴，随后又走向低谷，直到清代，篆书的地位及影响重新确立，也广泛传播到日本，松下乌石等可能也是受到这股篆书复兴风潮的影响。

城户桓学习中国书论，在收录整理的基础之上加入自己的认识，形成较为客观的书论内容。关于城户桓的历史记载相对较少，可见城户桓在当时并没有什么名气。撰写《书谭》可能参考的书目有《子夏易传》《说文解字》《汉书》《史记》《说郛》。城户桓受到了中国篆书书法很大的影响，在参考中国文献的基础之上加入自己的想法，形成了《书谭》有关篆书的书论内容。以此为例，当时江户日本的书论等内容受到清代复古书风的影响，日本书家在摘录和整理中国书论的基础上形成自己的书法理论，对篆书书法广泛接受。由此看出，中国篆书书法对于江户时期的日本影响深远，并在日本得到了广泛的传播和接受。

The Influence of Chinese Seal Script on the Theory of Calligraphy in Edo Japan

Abstract: The Edo period witnessed the emergence of two distinct styles of calligraphy: Karayō and Wayō. The seal script, just like Karay as a whole, was heavily influenced by its Chinese counterpart. This paper examines Kido Kan, an obscure Edo calligrapher, and his seal-script theory, and compares it to the development of seal script in China during the same period. Calligraphy provides an important window into understanding the close exchange between Tokugawa Japan and Qing China.

Keywords: Qing Dynasty, Edo Japan, Seal Script Calligraphy, Influence

上海地名与上海航运文化

陈　晔　李晓雪*

摘　要： 上海因海而生，因港而兴，航运在上海城市发展历史上，起着关键性作用。上海"四个中心"建设目标之一就是建设国际航运中心。城市地名是城市历史记忆的"活化石"。上海的行政区、交通运输设施、居民点和单位类地名，充分彰显上海航运文化的历史底蕴及其无穷魅力。

关键词： 上海　地名　航运文化

一、引　言

上海"以港兴市"，素有"江海之通津，东南之都会"之称。远在唐代，古港青龙镇作为上海地区最早的河口海港，已可接纳海内外来船。入宋后，青龙镇港更是海舶辐辏，风樯浪楫，成为公认的"江南第一贸易港"。元代，以上海为集散中心的漕粮海运盛极一时。明清时期，因受"海禁"令阻挠，上海海洋运输一度衰落。清康熙年间海禁解除，航运贸易得以恢复和发展。19世纪初，上海因沙船运输日渐繁华，被称为"沙船之乡"①。1989年，沙船和螺旋桨作为主题元素被纳入上海市徽中(图1)。

图1　上海市徽

地名承载着一定地域历史时期以来的地理、历史及文化状况，具有较高的研究价值。上海地区，最早方志明

* 作者简介：陈晔，上海海洋大学经济管理学院、海洋文化研究中心讲师；李晓雪，上海海洋大学经济管理学院学生。

① 上海市地方志办公室网站 http://www.shtong.gov.cn/dfz_web/DFZ/Info?idnode=190695&tableName=userobject1a&id=273406，最后访问日期：2019年1月19日。

代《弘治上海志》，对"上海"地名进行解释，"其名上海者，地居海之上洋故也"①。耶稣会传教士利玛窦记载，"上海"因其位置靠海而得名②。1983年至1985年，《上海师范大学学报(哲学社会科学版)》连续刊登13篇陈金林撰写的有关上海地名研究的学术论文，之后相关研究如雨后春笋，络绎不绝，如郑祖安的《近代上海城市地名研究》③、张鸿奎的《移民与上海地名的变迁》④、周辉的《上海"钩玉弄"地名由来考——语言学和历史学角度的考察》⑤、冯梅椿的《上海闸北地区若干地名的由来》⑥、赖世鹏的《从地名看上海南汇盐业发展与岸线迁移的关系》⑦、邓军和李萍的《佛教与上海地名文化》⑧、吴俊范的《景观更替与城市区片地名的生命力——以上海棚户区地名为例》⑨、亢娜和贾文毓的《基于GIS的上海市地名文化景观特征及其成因分析》⑩、陈晔的《上海路名与上海海洋文化》⑪等。

上海位于长江入海口，西太平洋沿岸我国海岸线的中点，上海因海而生，因港而兴，航运在上海城市的发展历史上起着关键性作用。上海的行政区域、交通运输设施、居民点和单位等均有与航运相关的地名，是航运文化研究不可多得的珍贵资料。

二、行政区域类地名与航运文化

位于上海东北部的宝山区有着悠久的历史和深厚的文化底蕴，宝山地名就源自航运。明代宝山因商而起，见证我国航运历史的兴盛。据《宝邑志乘》记载："明成祖时，以地无高山大屿义为之标帜，值风涛晦冥，舟行多迷罔失事，特命相地筑土山，并置烽堠，以资瞭望，宝山之名盖肇此。清雍正三年，始析嘉定东境为宝山县，以吴淞所为县治。" 宝邑据吴淞江之咽喉，为兵家重地。明洪武间即筑有土城，嘉靖十六年(1537年)于原吴淞所地附近增

① 熊月之：《上海通史》第一卷《导论》，上海人民出版社，1999年，第2页。
② 利玛窦、金尼阁、何高济：《利玛窦中国札记》上，中华书局，1983年，第598页。
③ 郑祖安：《近代上海城市地名研究》上，《史林》1987年第1期，第96—100、10页。
④ 张鸿奎：《移民与上海地名的变迁》，《史林》1995年第3期，第86—92页。
⑤ 周辉：《上海"钩玉弄"地名由来考——语言学和历史学角度的考察》，《中国历史地理论丛》2001年第4期，第71—74页。
⑥ 冯梅椿：《上海闸北地区若干地名的由来》，《中国地名》2010年第2期，第28页。
⑦ 赖世鹏：《从地名看上海南汇盐业发展与岸线迁移的关系》，《中国地名》2011年第6期，第49—50页。
⑧ 邓军、李萍：《佛教与上海地名文化》，《中国地名》2012年第12期，第48—49页。
⑨ 吴俊范：《景观更替与城市区片地名的生命力——以上海棚户区地名为例》，《中国历史地理论丛》2014年第3期，第34—47页。
⑩ 亢娜、贾文毓：《基于GIS的上海市地名文化景观特征及其成因分析》，《山西师范大学学报(自然科学版)》2016年第3期，第123—128页。
⑪ 陈晔：《上海路名与上海海洋文化》，《地域文化研究》2018年第4期，第89—95、155页。

筑新城，城毁于倭寇战火。明永乐中叶命筑土山，为航海标的，故名宝山。一云土山筑成后明成祖朱棣撰御文纪之。御者，宝也。碑今存，见于吴淞中学校园。清雍正三年置县，遂以"宝山"名之①。

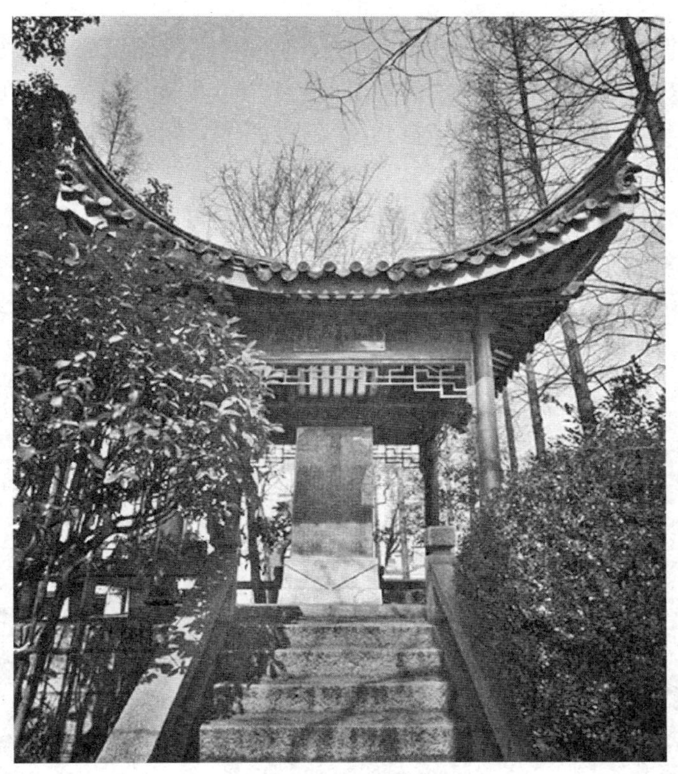

图 2　宝山烽堠碑

三、交通运输设施类地名与航运文化

上海地处江南，历史上河流密布，上海交通运输设施类地名，尤其是渡口地名与航运文化关系最密切。

(一) 吴淞江、苏州河沿岸渡口地名②

20 世纪前，吴淞江、苏州河沿岸没有桥梁，往来两岸只得依靠船渡，曾经出

① 陈金林：《上海郊县地名考(八)：宝山考》，《上海师范大学学报(哲学社会科学版)》1984 年第 1 期，第 18 页。

② 上海开埠以后，英国商人发现沿吴淞江溯流而上，乘船可以一直抵达苏州，索性就叫它 Soochow Creek，即"苏州河"。此后相沿成俗，上海市区下游河段习称苏州河，而北新泾以西上游河段仍称吴淞江。(详见段炼：《残存的苏州河古道》，《文汇报》2018 年)

现过很多渡口，比较著名的有万狮渡、小沙渡（西康渡）、谈家渡、曹家渡等。

万狮渡口，位于青浦区白鹤镇万狮村、上海与江苏交界处的吴淞江水域，曾是上海2007年15个郊区渡口改造中的首个建成项目。随着沿岸交通建设的发展，其他渡口陆续取消，目前只剩下万狮渡口仍在运营①。

小沙渡，位于普陀区东南部，泛指长寿路东段两侧至吴淞江一带地区。以吴淞江（西康路桥处）原小沙渡得名。1943年，小沙渡路更名为西康路，渡口亦改名为西康渡。1981年撤渡建西康路桥，“小沙渡”地名逐渐湮没不用②。

谈家渡，位于普陀区南部。南北渡口分别在今胶州路街道和东新村街道内。20世纪初，吴淞江南岸曹家渡至叶家宅一带，陆续兴建了工厂；稍后，在北岸瞿巷、东瞿巷一带，也开办了工厂。两岸工人聚居，乃由谈姓船民在此设渡，名谈家渡。1931年，上海市工务局在武宁路桥东侧的苏州河上建设人行桥，因与“谈家渡”相近，称之为“谈家渡桥”③，相邻的马路，被称为谈家渡路。

图3　苏州河上之谈家渡桥

曹家渡，位于苏州河南岸，地跨普陀、长宁、静安3区。隆庆、万历年间，曹氏于吴淞江南北两岸、三官堂及长生庵间建渡亭，设义渡，名曹家渡④。

---

① 上观：《看一眼少一眼，上海吴淞江“最后的渡口”》，https://www.jfdaily.com/news/detail?id=64230，最后访问日期：2019年1月19日。

② 《上海地名志》编纂委员会：《上海地名志》，上海社会科学院出版社，1998年，第293页。

③ 上海热线：《小沙渡、谈家渡……普陀为啥有那么多“渡”?》，https://hot.online.sh.cn/content/2018-11/26/content_9123114_3.htm，最后访问日期：2019年1月19日。

④ 《上海地名志》编纂委员会：《上海地名志》，第300页。

（二）黄浦江沿岸渡口地名

老白渡，位于浦东新区西部，泛指老白渡路、浦东南路、潍坊西路之间区域。原为黄浦江渡口，名万安渡，俗称老摆渡，谐音老白渡，因名①。

杨家渡，位于浦东新区西南部。泛指黄浦江以东、浦东南路以西、杨家渡路两侧一带。昔有杨姓船民泊居，兼营摆渡，名杨家渡，故名②。

周家渡，位于浦东新区西南部，上南路北端沿黄浦江一带。相传有周姓船民在此摇船摆渡，由此得名③。

董家渡，位于南市区东部，泛指董家渡路、外马路交会处附近一带。董家渡之名最早见于清《嘉庆上海县志》，溯其渊源，还须上溯至明嘉靖二年(1523 年)，上海知县郑洛书在此设义渡，名为北仓渡，为当时黄浦江八长渡之一。后来一位姓董的浦东人，购置可坐 23 人的大船来回摆渡，于是有董家渡之名，清嘉庆前已改称董家渡④。

南码头，南码头区片有两处，分别在浦西和浦东，约于 17 世纪中叶已设渡口⑤。

上海路名中不少包含航运文化元素，其中不少由相关带有航海文化的地名衍生出来。

南浦路，民国三十七年(1948 年)填海塘浜筑路，以南码头及浦东南路首字命名⑥。

曹杨路，民国二十四年(1935 年)拓宽原有官路所筑，取曹家渡与真如两地首字命名为曹真路，1950 年以曹家渡、杨家桥两地首字改今名⑦。

雪龙路，“雪龙号”极地考察船中国极地考察国内基地在上海浦东新区，在中国极地研究中心的积极推动下，浦东新区大力支持极地考察事业，开展港建路延伸段(雪龙路)建设。2016 年 1 月 28 日，浦东新区建交委正式批复同意港建路延伸段改名为“雪龙路”。

四、居民点类地名与航运文化

上海居民点类地名如西渡镇、漕泾镇、漕河泾镇和临港新城等，无不包含航运文化元素。

---

① 《上海地名志》编纂委员会：《上海地名志》，第 295 页。
② 《上海地名志》编纂委员会：《上海地名志》，第 297 页。
③ 《上海地名志》编纂委员会：《上海地名志》，第 298 页。
④ 许洪新：《董家渡沙船朱家发迹史》，《档案春秋》2017 年第 3 期，第 58—61 页。
⑤ 《上海地名志》编纂委员会：《上海地名志》，第 298 页。
⑥ 《上海地名志》编纂委员会：《上海地名志》，第 412 页。
⑦ 《上海地名志》编纂委员会：《上海地名志》，第 413—414 页。

西渡街道，位于奉贤区北部。清末成聚落，民国二十一年（1932年）沪闵南柘路（今沪杭公路一段）筑成后渐成市集。以渡口名为名。聚落呈东西向矩形。民国设置萧塘乡、西渡乡，1957年西渡乡并入萧塘乡，1959年成立萧塘人民公社，1984年改称萧塘乡，1994年撤乡建镇，并更名为西渡镇①。2003年镇转社区，2015年镇析街道，是奉贤第一个行政区划意义上的街道。街道东接金汇港及南桥镇五宅村、益民村村界，南至南桥镇发展村、金港村、益民村村界，西至黄浦江②。

漕泾镇，位于金山区东南部，得名于镇旁运送漕粮的漕溪河。漕泾镇始建于宋朝，共有大小河道1 279条，全长425.7千米。河网密度为每平方千米9.46千米，是金山区河网密度最高的地区③。民国元年（1912年）为漕泾乡，属松江县。民国十八年（1929年）设区，民国三十六年（1947年）为镇，1957年又为乡，1958年成立漕泾人民公社，1966年划归金山县，1984年复为乡，1993年撤乡建镇。镇境东与奉贤区接壤，南濒杭州湾，西与山阳镇、北与朱行镇为邻④。

漕河泾镇，位于徐汇区中部偏西。因古代运送漕粮的漕河泾港得名。原属上海县，清初成镇，宣统二年（1910年）设乡，民国十七年（1928年）划归上海市，改置漕泾区，日伪统治时期并入沪西区，民国三十四年（1945年）属第二十六区，即龙华区。1950年复为乡，1953年改镇，先后属龙华区、西郊区、上海县。1958年属七一人民公社，1959年属梅陇人民公社。1961年为上海县属镇，1984年划入徐汇区⑤。

临港新城，位于浦东新区东南角，地处长江口和杭州湾交汇处，北临上海浦东国际机场，南接洋山深水港。洋山深水港是中国首个在微小岛上建设的港口，全球最大的智能集装箱码头，临港新城因配套洋山深水港而得名。临港新城是上海沿海大通道的重要节点和中国（上海）自由贸易试验区的直接腹地⑥。

陆家嘴，位于浦东新区的黄浦江畔，与外滩隔江相望。关于其名称的来源，说法甚多，其中一种说法认为，有一位巧嘴的陆家姑娘在此处渡口修造码头，方便渡船停泊，往来行人纷纷称颂，遂将渡口及周边地区称为陆家嘴⑦。

---

① 《上海地名志》编纂委员会：《上海地名志》，第152页。

② 上海市奉贤区人民政府网站：http://www.fengxian.gov.cn/xdjd/jdgk/014001，最后访问时间，2019年5月16日。

③ 魏枢、Jorg Michel：《大城市远郊区农村建设与乡村旅游发展——以上海金山漕泾镇水库村“休闲水庄”规划为例》，《上海城市规划》2006年第6期，第16—19页。

④ 《上海地名志》编纂委员会：《上海地名志》，第160页。

⑤ 《上海地名志》编纂委员会：《上海地名志》，第131—132页。

⑥ 上海市临港地区开发建设管理委员会网站：http://www.lgxc.gov.cn/pages/memorabilia.aspx?year=2004&month=1，最后访问日期，2018年5月3日。

⑦ 佚名：《上海浦东陆家嘴——一个由巧嘴姑娘与痴情儒生演绎的爱情故事而流传开的雅丽地名》，《中国地名》2011年第8期，第31页。

五、结　论

上海因海而生，因港而兴。上海“四个中心”建设目标之一就是建设国际航运中心。城市地名是地区开发过程中人地关系变迁的重要记录，城市历史记忆的“活化石”，具有十分重要的文化遗产价值[①]。上海的行政区、交通运输设施、居民点，充分彰显了上海航运文化的历史底蕴及其无穷魅力。

① 吴俊范：《城市区片地名的演化机制及其历史记忆功能——以上海中心城区为例》，《史林》2013 年第 2 期，第 15—26 页。

Placenames and the Culture of Sea Transportation in Shanghai

Abstract: Shanghai was born out of the sea and prospered because of it. The placenames of administrative districts, transportation facilities, residential areas, and company names fully reflect the rich shipping culture and maritime historical heritage of the city.

Keywords: Shanghai, Placename, Shipping Culture

唐宋青龙港与明清上海港

戴鞍钢*

摘　要：本文着重论述唐宋青龙港与明清上海港之间的联系与演进。

关键词：唐宋　青龙港　明清　上海港　海运　贸易

广受瞩目的青龙镇遗址最新发掘成果，被列为"2016年度全国十大考古新发现"①。已经出土的大量文物，确证青龙港所在的青龙镇是唐宋时期海上丝绸之路上重要的贸易港口②。它也开启了上海港后续发展并在海上丝绸之路担当重要角色的历史篇章③。本文拟在前人研究的基础上，着重论述唐宋青龙港与明清上海港之间的联系及其与江南经济社会演进的关系，以期丰富和加深对相关历史问题的认识④。

一

青龙镇遗址历年考古发掘出土了来自福建、浙江、江西等窑口可复原瓷器6 000余件及数十万片碎瓷片，绝大部分为南方窑口，唐代以越窑、德清窑、长沙窑为主，至宋代渐转为以福建闽清义窑、龙泉窑、景德镇窑产品为主。其中，大量的福建窑口的瓷器与朝鲜半岛、日本等地发现的瓷器组合非常相似，说明当时许多瓷器产品运到青龙镇后，进而转口外运，主要销往高丽与日本。当年建于吴淞江畔的隆平寺，则以佛塔点亮的灯，作为指引航向的标志⑤。其盛景，令人遐想。然而，受地理及水文状况等影响，南宋中叶以后，随着上海地区海岸线的东移和吴淞江的淤浅，闻名遐迩的青龙港渐趋衰

---

*　作者简介：戴鞍钢，复旦大学历史学系教授。

①　《光明日报》2017年4月13日，第1版。

②　《唐代"东南巨镇"揭面纱》，《解放日报》2016年12月9日，第1版。

③　相关的宏观研究，可参阅黄仁伟、张晓东：《历史时期的上海地区与海上丝绸之路》，载黄仁伟主编：《江南与上海：区域中国的现代转型》，上海社会科学院出版社，2016年。

④　本文所称的明清上海港的下限是1843年，上海开埠后的史实拟另文论析。

⑤　《唐代"东南巨镇"揭面纱》，《解放日报》2016年12月9日，第5版。

落，海船多改从吴淞江南岸支流宋家浜入泊上海浦，渐次形成市镇[①]。明《嘉靖上海县志》载："迨宋末，该地人烟浩穰，海舶辐辏，即其地立市舶提举司及榷货场，为上海镇。"青龙港的地位，已由上海港取代。

但时至元末明初，受潮汐作用的影响，吴淞江的泥沙淤积殃及下游诸河道，上海港所凭借的上海浦航道也渐为淤浅，来往海船纷纷转趋位于江苏太仓长江边的浏河港。直到明永乐元年（1403 年）户部尚书夏元吉主持太湖流域治水工程，下令疏浚源于淀山湖的吴淞江支流黄浦下游范家浜等河道，形成一条黄浦江水道，上接泖湖诸水，下径达海。后又经过多次整治，终成河道宽深、水量丰沛的出海航路，取代了吴淞江的干流地位。黄浦江的形成，奠定了上海港的发展基础。清康熙二十四年（1685 年）江海关在上海设立，"凡运货贸迁皆由吴淞口进泊黄浦，城东门外舢舻相衔，帆樯比栉，不减仪征、汉口"[②]。上海港的形成与发展，可见既得力于先天的通江达海独特优势，也是后天人们努力进取的结果。在日后上海港的历史进程中，依然如此。

上海所在的江南诸港口间，曾有一个盛衰兴替的过程。在清前期，堪与上海比肩的曾有浏河港。浏河港位于太仓州境内，距长江入海口不远，宋元以后因江南经济的发展和海上贸易的开展渐趋兴盛，"外通琉球、日本诸国，故元时南关称六国码头"[③]。明代达鼎盛期，永乐年间郑和数次下西洋均从这里启航。"明季通商，称为天下第一码头"[④]。它与江南首邑苏州府城有刘河直接沟通，是为苏州通海之门户，"凡海船之交易往来者必经刘家河，泊州之张泾关。过昆山，抵郡城之娄门"[⑤]。苏州的海船修造业因而称盛，清康熙帝南巡姑苏，"见船厂问及，咸云每年造船出海贸易者多至千余"[⑥]。当时浏河港海运之盛可见一斑。

但受潮汐的影响，浏河港有一个泥沙淤积问题，"其患在潮与汐逆而上，淀积浑沙，日以淤壅，几十年间必再浚之"[⑦]。同时，受地球科里奥利力和海潮的影响，浏河港沿江河岸在明代中后期崩塌入江[⑧]。因疏于治理，港口状况恶化，"乾隆五年开浚之后，浅段未深，深处亦浅"[⑨]，且越演越烈。"乾隆末，河口陡涨横沙，巨艘不能收口"，海船进出受阻，交通苏州等地的刘河也日渐淤狭，货物集散转运不畅，浏河港渐趋中落[⑩]。

---

① 本文所称的上海地区是指今上海市辖区范围。

② 乾隆《上海县志》卷一《风俗》。

③ 崇祯《太仓州志》卷七《水道》。

④ 道光《刘河镇记略》卷四《形势》。

⑤ 嘉靖《太仓新志》卷三。

⑥ 《清圣祖实录》卷二七〇。

⑦ 黄与坚：《吴郡文编》卷三《刘河镇天妃闸记》。

⑧ 梁志平：《明代江南水系的变迁、刘家港的兴衰及郑和下西洋》，载[加] 陈忠平主编：《走向多元文化的全球史——郑和下西洋（1405—1433）及中国与印度洋世界的关系》，三联书店，2017 年，第 238 页。按：浏河港，又称刘家港。

⑨ 道光《刘河镇记略》卷五《盛衰》。

⑩ 光绪《太仓州镇洋县志》卷二《营建》。

原先入港的海船相继转往邻近的上海港,《嘉庆上海县志》载:“自海关通贸易,闽、粤、浙、齐、辽海间及海国舶虑刘河淤滞,辄由吴松(淞)口入,舣城东隅,舢舻尾衔,帆樯如栉,似都会焉。”嘉庆中叶,曾因港而兴的浏河镇已是“南北商人皆席卷而去”,往昔的繁盛景象一去不返[①]。咸丰初年,京杭大运河滞阻,江苏漕粮拟就近由浏河港海运,然而时过境迁,刘河口淤塞积重难返,虽于“癸丑、甲寅(1853—1854 年)之间捞浚以通舟楫”,终无明显改观[②]。这时的浏河港,与上海已不能同日而语。

上海的南端,乍浦港一度也颇兴旺。它地处杭州湾畔浙江平湖县境内,直接面海,西与嘉兴府城相距不远,有河道相通。元明两代,海运往来曾有一定规模。自清康熙年间海禁放开,聚泊该港的海船接踵而至,“南关外灯火喧阗,几虞人满”[③]。其中大多往返于华南及日本。《乾隆乍浦志》载:“乍浦贾航麇至,三山、鄞江、莆田并设会馆,宾至如归。”[④]在经由乍浦港输入的食糖中,“广东糖约居三之二”,来自广东的“糖商皆潮州人,终年坐庄”[⑤]。

与日本间的贸易往来也很活跃,据东京都立中央图书馆藏航船日志记载,运抵乍浦港的货物,多由水路经嘉兴至苏州分销[⑥]。但它偏离长江入海口,与江南经济富庶地区的交通联系不及浏河、上海便捷,港口外又“有沙滩二三四里不等,滩外又有浅水数里,凡有重大货船,皆泊于浅水之外,用小船乘潮驳载登岸”。退潮时,“商船难拢口岸”,贸易规模终受制约,不少原先停泊该港的闽、广商船,后来“多汛至江南之上海县收口”[⑦]。

咸丰元年(1851 年),浙江海运漕粮曾拟从乍浦入海,终因铁板沙阻碍,无船可雇,主事者决定“仍应由江苏上海放洋”[⑧]。后人曾感叹:

> 乍浦当上海未繁盛以前,为浙西巨埠,单以糖而论,由福建及汕头航海来者,年达二十万包,故乍浦有福建会馆,灯光山下复有漳泉公所及真君殿,祠保生大帝,有闽人某驻此,尝亲为余道之,想见当时万里梯航、客商云集盛况。自上海盛后,群舍此而趋彼,于是乍浦就衰,今昔异势矣。[⑨]

---

① 道光《刘河镇记略》卷五《盛衰》。

② 光绪《太仓州镇洋县志》卷五《水利》。

③ 乾隆《乍浦志》卷三《武备》。

④ 乾隆《乍浦志》卷一《城市》。

⑤ 道光《乍浦备志》卷六《关梁》。

⑥ 陈吉人:《丰利船日记备查》,载杜文凯等编:《清代西人见闻录》,中国人民大学出版社,1985 年。

⑦ 《浙江粮道为筹议海运漕粮上常大淳禀》(1851 年 7 月 8 日),载太平天国历史博物馆:《吴煦档案选编(第六辑)》,江苏人民出版社,1983 年,第 113 页。道光《乍浦备志》卷六《关梁》。

⑧ 《浙江推行漕粮海运之难呈折》(1851 年 11 月 30 日),载太平天国历史博物馆:《吴煦档案选编(第六辑)》,第 116 页。

⑨ 朱契:《汗漫集》,凤凰出版社,2008 年,第 141 页。

浏河、乍浦港的衰退，使开埠前的上海作为太湖流域主要出海港和中国沿海南北货物转运港及与周边国家贸易往来港的地位愈发突出。道光二十二年（1842 年）江苏布政使李星沅称，上海乃“小广东”，海船辐辏，洋货聚集，“稍西为乍浦，亦洋船码头，不如上海繁富。浏河亦相距不远，向通海口，今则淤塞过半”①。唯有上海港货物进出频繁，名闻遐迩。

二

与唐宋青龙港主要面向海运贸易相比较，明清上海港依托江南水乡与内河水系的联结更为紧密。上海地区水系是太湖水系的一部分，古今太湖尾闾大都经过今上海市境入海。由于受地理环境变迁和人类生产活动的影响，历史时期上海地区水系曾发生过较大的变化，从初期的三江水系，逐步演变为吴淞江水系和黄浦江水系②。上海境内最主要的航运河道，是历史悠久的吴淞江以及明初整治后的黄浦江。

吴淞江源自太湖，唐宋时长 250 余华里，宽 150 余丈，其入海口南跄浦阔达 9 华里。宋庆历二年（1042 年）因风涛多毁漕船，吴淞上游太湖入口处筑起长堤，使江流渐淤渐狭，历朝历代多事挑浚。尽管如此，明清时期它仍然是上海地区内河航运的主要干流之一。其东会黄浦可出入南北大洋，西溯运河可抵苏、常，北连安亭等浦港可通太仓浏河、常熟白茅港；此外江之南还有赵屯浦、大盈浦、顾会浦、崧子浦、盘龙浦五大支流，南通青浦、松江城，接秀州塘还可直抵浙西。黄浦江又称大黄浦，其上游据传为古东江遗迹。明永乐初，户部尚书夏原吉整治江南水利，采纳上海人叶宗行的建议，疏浚黄浦下游范家浜河道，数百年来水量充沛，河道深畅，成为“漕船商舶日夕往来要路”③。

吴淞、黄浦之外，上海地区境内还有不少重要的通航支流，除上述淞南五大浦外，介于吴淞江与黄浦江之间东西走向的蒲汇塘，东接肇家浜直抵上海县城并注入黄浦，西与五大浦交会，经青浦过湖泖可达运河而抵浙西、苏南，是横贯浦西的重要水道。黄浦以东的主要水路有周浦塘、下沙浦、闸港等，它们东连各盐场团灶运盐河，西接黄浦，南经其他塘浦可达浦南、浙西。吴淞江以北重要的支流有练祁塘、盐铁塘、马路塘等。以马路塘为例，西可达罗店至嘉定县城，东达宝山，南至泗塘达吴淞，为嘉定县北境通邑干河。

这些河道以及为数众多的其他小泾、小浜，不仅把整个上海地区连接成

---

① 《李星沅日记》，载陈左高等编：《清代日记汇抄》，上海人民出版社，1982 年，第 208 页。

② 详可参阅赵永复、傅林祥：《历史时期上海地区水系变迁》，载《上海研究论丛（第十二辑）》，上海社会科学院出版社，1998 年。

③ 崇祯《松江府志》卷二五《兵防》。

一个舟楫便利的水路运输网，而且它们还辐射四方，与国内各大水系沟通，其中最重要的是运河和长江水系。上海地区入江南运河水系的河道甚多，既可以溯湖泖从苏南进运河，也可以下浙西经秀州塘入运河。而后，南可抵杭州、宁波；北可至苏州、常州、镇江以至更北之地。上海地区从水路入长江既可以走运河西折，也可以出吴淞上溯长江流域各省市。

内河航运把上海地区与长江三角洲连为一体。其在上海西邻的通航干流如娄江，“为太仓、松江、崇明、昆山必由之要道”；福山塘，为输运必经之路，商贾必由之所，舟楫赖以通行①。明清时期，上海地区同江南各地的贸易往来，多经上述航道沟通。如吴淞江北岸的孔泾，又称林道浜，沿浜有江湾、真如、南翔、娄塘诸镇，“嘉（兴）、湖（州）贾贩多从此道以避江潮之险”。又如淀山湖西有双塔镇，因地处苏松水路适中之地，客商往返至此时近傍晚，多“住此停榻”，故又称商榻镇②。

清前期，随着上海港的崛起，上海连接浙西、苏南，特别是苏州的内河航运更为发达③。当时从上海至苏州有两条航路，或过黄浦江，或过泖湖，商船载外洋商货运出内地土特产。如福建漳州、泉州海船载糖、靛、鱼翅等到上海，然后用内河船只运往苏州，折返时运回布匹、绸缎、凉暖帽子、惠泉酒等。《淞南乐府》称之为：“船之运盐者曰盐拖，又名湖船，今则惯载洋货赴苏。”据1832年夏乘坐“阿美士德”号船闯入上海港窥探的英国人记述：“在进入上海的时候……我们看到了大批的平底帆船，今天有200艘进入了港口，它们都是同样大小的四桅平底帆船，全都属于这个港口。海边野鸡、野鸭、大雁的数量十分惊人。当我们沿着一条河向城里驶去的时候，河上船只那种密密麻麻的程度，我以前从未见过，港口里船只的数量不会少于2 000艘。”④1843年到访上海的英国人罗伯特·福琼曾有更生动具体的描述：

> 上海现在是中国海岸线上最重要的外贸港口，自然也就吸引了公众更多的注意。我到过的那些城镇中，没有哪个具有上海这样的优势，它是中华帝国的门户，进出中国的主要关口。沿着黄浦江进入上海，扑入眼帘的是一片林立的船桅，马上就能让人意识到这儿的贸易规模有

---

① 道光《元和唯亭志》卷三《风俗》；万历《常熟水利全书》。

② 正德《松江府志》卷二《水》；崇祯《松江府志》卷三《镇市》。

③ 原为江南首邑苏州通海门户的浏河港，清中叶后日渐淤狭，渐趋中落。至道光八年（1828），据陶澍目击：“浏河即古之娄江，其上游自太湖东北迤逦而来，至新阳县界之新造桥，与吴淞分流而东，绕太仓州城南，历镇洋、嘉定等界，东入于海，绵长七八十里。自嘉庆十七年挑浚之后，屡经水患，沙泥淤垫，旱涝无从灌溉。不但太仓州属农田失收。兼为上游苏松一带水道之梗。近来淤垫更甚，以致岁收屡歉。臣陶澍前因公经过该处，目击情形，几同平陆。其出海之处，有拦门沙一道，阻遏海口。”（陶澍：《会同江督借款挑浚浏河折子》（道光八年），载《陶澍集》上册，岳麓书社，1998年，第463—464页。）

④ 《伦敦新闻画报》（1842年10月15日），载沈弘编译：《遗失在西方的中国史：〈伦敦新闻画报〉记录的晚清1842—1873》，北京时代华文书局，2014年，第18页。

多大。来自沿海各地的船只云集于此，不仅有华南的，还有来自华北山东、北直隶的，每年还有相当多的船只来自新加坡和马来群岛。上海便利的内陆中转优势也举世无匹。它位于扬子江冲积平原上，平原上众多美丽的河流纵横交错，其间又有很多运河往来钩连，大多数运河近乎天然形成，另外一些则是人类的伟大作品。由于这一地区地势低平，潮水在起起落落之间，能够深入到内陆很远的地方，有利于地方上的人们将其出口货物运送到上海，也方便他们把进口来的货物分送到很远的内陆去。上海港内聚集了很多大大小小航行于内河上的船只，在内陆的各个地方，人们都可以见到这些航船四处往来的身影。①

上海地区内河航运之便捷，确实在中国沿海各港口城市中首屈一指。作为一名植物学家，他注意到其背后是相对富庶的江南：

作为一个农业地区，上海平原就像一个巨大的花园，有着迄今为止我在中国看到的最肥沃的土地，其面积之大，世界上可能也罕有其匹。

他具体描述：

这儿的土地属于肥沃的壤土，土层很厚，出产丰富，包括小麦、大麦、水稻、棉花等，此外还出产大量绿色蔬菜，如卷心菜、萝卜、山药、胡萝卜、茄子、黄瓜以及其他诸如此类的，这些蔬菜主要种植在城市附近，土地虽然平整，但总体而言，地势还是要比山谷和宁波附近的平原高得多，所以非常适合种植棉花，棉花也就成了这儿的主要农产品。②

他的观察是敏锐的。唐宋以后，中国经济重心逐渐从中原南移至江南。明清江南，已是全国范围内经济相对最发达地区，“以苏、松、常、镇、杭、嘉、湖、太仓推之，约其土地无有一省之多，而计其赋税实当天下之半，是以七郡一州之赋税，为国家之根本也”③。据统计，上海地区国内大市场贸易中的粮、棉、布三项主要商品的贸易额，明后期约为620万两，清中叶则增至1 700万两以上。明以前，上海地区约有城镇共37处，明中叶为72处，至明末增至115处，清嘉道年间已达304处，为明初原有数目的8倍多，其常住人口在100万人以上④。明清上海港的崛起和屹立，正是得力于这一雄厚的物质基础。

① ［英］罗伯特·福琼著，敖雪岗译：《两访中国茶乡》，江苏人民出版社，2015年，第69—70页。
② ［英］罗伯特·福琼著，敖雪岗译：《两访中国茶乡》，第71—72页。
③ 钱泳：《履园丛话》卷四《水学》。
④ 张忠民：《上海：从开发走向开放（1368—1842）》（修订版），上海社会科学院出版社，2016年修订版，第364、437、438页。

三

应该指出，明清上海的商贸活动虽很繁盛，但较之江南首邑苏州仍瞠乎其后。原因在于明清上海港及城市的发展，都受到了人为的束缚。明中叶后，出于防范倭寇等目的，明朝政府实行"海禁"，即禁止或严格限制私人商船出海贸易与外国商船进口贸易的政策。清初，为对付反清势力，沿袭明代海禁政策且更严厉，如顺治十二年(1655 年)颁布"禁海令"，康熙十七年(1678 年)实施"迁海令"。1683 年康熙帝统一台湾，1685 年开放海禁，设江、浙、闽、粤四海关①。清中叶后，各种社会矛盾日趋尖锐，清朝政府为稳固其统治，重又加强了对海外贸易的限制，于乾隆二十二年(1757)停闭江、浙、闽三处口岸，限定广州一口通商，以后又陆续颁布了一些相关的条例章程。这些措施的推行，反映了面对日渐东来的西方资本主义势力，清朝政府封闭自守的消极对策②。

在这种背景下，明清上海港的发展以及它与内地的经济联系，受到内向型经济格局的很大制约。这种经济格局，是自给自足的自然经济和统治者相应的思想观念的产物，所谓"天朝物产丰盈，原不借外夷货物以通有无"③。海外贸易，不仅在地域上有严格规定，对进出口货物的种类、数量和交易方式等也有很多限制，"向来粤洋与内地通市，只准以货易货，例禁甚严"④。已有学者指出："所谓'广州一口通商'的提法一定要与英国联结，不能扩大到包括所有与中国贸易的国家，也不能包括中国人自己经营的海外贸易。"⑤就上海港而言，与不属欧美的日本及东南亚的贸易往来虽得维持，上海地区乡土史料《阅世编》载："邑商有愿行货海外者，较远人颇便，大概商于浙、闽及日本者居多。据归商述日本有长耆(崎)岛者，去其国都尚二千余里，诸番国货舶俱在此贸易，不得入其都。"⑥但受广州一口通商政策的束缚，其内容和规模均很有限。

经上海港输往日本的有丝、棉纺织品、手工艺品和药材等，从日本运回

---

① [美] 马士著，区宗华译，林树惠校，章文钦校注：《东印度公司对华贸易编年史(1635—1834 年)》，广东人民出版社，2016 年，第 1 卷第 4 页。

② 对清朝政府闭关政策的评价，学术界尚有分歧。笔者认为其重点是防范外来势力，其中也包括所谓"防微杜渐"(《清高宗实录》卷五一六，第 17 页)的考虑，即防范国内民众与外国人接触后对清朝统治可能带来的冲击。这种政策推行的结果严重阻碍了中国与外部世界的联系，也没有能使中国免遭外来侵扰。

③ 中国第一历史档案馆：《英使马戛尔尼访华档案史料汇编》，国际文化出版公司，1996 年，第 57 页。

④ 《章沅奏》(道光九年正月)，载姚贤镐：《中国近代对外贸易史资料》，中华书局，1962 年，第 175 页。按：有关限制的条例、章程、规定等，可参见该书第 174—231 页。

⑤ 陈国栋：《清代前期的粤海关与十三行》，广东人民出版社，2014 年，自序第 9 页。

⑥ 叶梦珠撰，来新夏点校：《阅世编》，中华书局，2007 年，第 93 页。

的是铜、海产品、漆器等。19世纪30年代（道光年间），暹罗出产的蔗糖、海参、鱼翅等，吸引不少中国商人前去采购，“他们的帆船每年在二三月及四月初，从海南、广州、汕头、厦门、宁波、上海等地开来”。道光九年（1829年），驶抵新加坡的中国商船有8艘，1830年10艘，次年又增至18艘，其中除闽、广外，“来自上海及浙江省宁波附近者2艘，一艘载500吨，另一艘175吨”①。马六甲、槟榔屿、爪哇、苏门答腊，也都有中国商船前去交易，并将当地特产返销上海②。

尽管上海地处长江入海口，但因不能与欧美国家通商，邻近地区的丝、茶等出口商品均不得不舍上海而辗转运往广州。因此就总体而言，海外航线在上海港贸易总量中的比例甚微，约仅占3%至4%③，上海港与国外的经贸往来是相当有限的。直到1843年11月13日上海开埠后，上述格局才有巨大变化。

考察唐宋青龙港与明清上海港之间的联系及其与江南经济社会演进的关系，可以认为其一，明清上海港与唐宋青龙港有着密不可分的渊源传承，并都曾在海上丝绸之路中发挥重要作用；其二，明清上海港在江南诸港口中脱颖而出，既得力于其通江达海的独特区位优势，也是当时人们努力改造其作为内河性海港诸多先天不足的结果；其三，唐宋以后，中国经济重心逐渐从中原南移至江南，明清江南已是全国范围内经济相对最发达地区，上海港的崛起和屹立正是得力于这一雄厚的物质基础；其四，受明清禁海政策的束缚，本应在海外贸易中大有作为的上海港未能一展身手，令人扼腕叹息。俱往矣，放眼当下，以洋山深水港领衔的上海港，自2010年始连续七年集装箱吞吐量排名世界第一；2017年，年吞吐量又突破4 000万箱，连续第八年问鼎世界，创全球港口集装箱运输史最高纪录④。在“一带一路”及长江经济带建设伟业中，上海港的作用不可限量。

---

① 聂宝璋编：《中国近代航运史资料（第一辑）》，上海人民出版社，1983年，第53—56页。

② ［英］胡夏米著，张忠民译：《阿美士德号1832年上海之行记事》，《上海研究论丛（第二辑）》，第286页。

③ 《上海港史话》编写组：《上海港史话》，上海人民出版社，1979年，第20页。

④ 《新民晚报》2017年7月9日，第8版。据统计，2016年上海港完成集装箱吞吐量3 713万标箱，其中长江支线的集装箱货源在1 000万标箱以上，约占总数的三分之一（详可参阅《团结报》2017年9月21日，第4版）。上海《文汇报》2017年12月30日，第4版。

Qinglong Port in Tang and Song Dynasties and Shanghai Port in Ming and Qing Dynasties

Abstract: This paper traces the evolution from Qinglong Port during the Tang and Song Dynasties to Shanghai Port in the Ming and Qing, and undertakes a comparison between the two.

Keywords: Tang and Song Dynasties, Qinglong Port, Ming and Qing Dynasties, Shanghai Port, Maritime Transportation, Trade

龙江船厂与"宝船厂"关系考辨

顾苏宁　王　艺*

摘　要：明初郑和七下西洋的空前壮举能得以实现的原因之一就是当时极为发达的造船工业。明太祖朱元璋建国之后便设立了造船专局和造船厂，在今江苏、山东、福建、浙江等省都设有大小不等的官办船厂，而其中名声最大、最重要的船厂是工部所属的设立最早、规模最大、专造大型船只的龙江船厂，以及因郑和下西洋而应运而生的"宝船厂"。龙江船厂和"宝船厂"地理位置相近，且在永乐时同为制造出使西洋大型船只的主力船厂，那么两船厂到底是何关系，这仍是学界迄今争论的焦点问题。因此为厘清龙江船厂与"宝船厂"的关系，本文从地理位置、"宝船厂"的厂名、《龙江船厂志·官司志》船厂岗位设置以及龙江船厂租佃面积四个方面来考辨梳理龙江船厂与"宝船厂"的关系。

关键词：龙江船厂　"宝船厂"　两者关系

明太祖朱元璋登基以后，积极开展"宣德化以柔远人"①的和平外交活动以谋求和平安定的国内外环境。成祖即位后，为治理由于"靖难之变"四年内战造成的破坏，继承了朱元璋的政策，开展和平外交活动，而其中最重要、最著名的外交活动便是永乐三年到宣德八年（1405—1433 年），以中官郑和为首的外交团队七次出使西洋、远航亚非三十余国，这一壮举不仅带来了明初海外交通事业的繁荣，更是对中国乃至世界航海产生了极为深远的影响。

郑和七下西洋的空前壮举能得以实现的原因之一，就是当时极为发达的造船工业。在元末群雄竞起、逐鹿中原的战争中，水战在一些关键性的战役中起了决定性作用，因此建立明朝后朱元璋非常重视造船业的建设，设立了官办造船厂。在今天的江苏、山东、福建、浙江等省都设有大小不等的官办船厂，而其中名声最大、最重要的船厂，即是工部所属的设立最早、专造大型船只的龙江船厂，以及因郑和下西洋而应运而生的"宝船厂"。龙江船厂

*　作者简介：顾苏宁，南京市海上丝绸之路遗产研究中心研究馆员；王艺，南京市海上丝绸之路遗产研究中心助理馆员。

①　《长乐南山寺天妃之神灵应记》，载《西洋番国志》附录二，中华书局，2000 年，第 53 页。

和“宝船厂”地理位置相近，且在永乐时同为制造出使西洋大型船只的主力船厂，那么两船厂到底是何种关系，这便是本文分析阐述的核心问题。

龙江船厂与“宝船厂”关系研究综述

依据《明宪宗实录》中成化十八年十二月乙丑朔(初六)“南京工部火”所存一切档案均焚于火[①]的记载，以及《龙江船厂志》“成化以前文案灰烬”[②]、嘉靖二十八年龙江船厂“毁于火，室宇荡然，三十一年，主事李昭祥重建”[③]等记载，可以认为龙江船厂的相关文献仅见于嘉靖年间南京工部主事李昭祥所著的《龙江船厂志》。“宝船厂”所有官方资料则在明代中期遭毁，根据严从简《殊域周咨录》的记载，“成化间，有中贵迎合上意者，举永乐故事以告，诏索郑和出使水程。兵部尚书项忠命吏入库检旧案不得，盖先为车架郎中刘大夏所匿。忠笞吏，复令入检三日，终莫能得。大夏秘不言。会台谏论止其事，忠诘离谓‘库中案卷宁能失去?’大夏在旁对曰：‘三保下西洋费钱粮数十万，军民死且万计，纵得奇宝而回，于国家何益！此特一敝政，大臣所当切谏者也。旧案虽存，亦当毁之以拔其根，尚何追究其无哉！’”[④]又见顾起元《客座赘语》“宝船厂”条载：“成化中，中旨咨访下西洋故事，刘忠宣公大夏为郎中，取而焚之……”[⑤]从这两段史料可知关于“宝船厂”的详细资料早在明代中期便已无迹可寻了，因此与“宝船厂”相关的文献就只能在《龙江船厂志》《明史》《明实录》等中寻找一些蛛丝马迹了。

由于历史文献资料的缺乏，至今学界对龙江船厂和“宝船厂”两船厂究竟为何种关系仍无定论，回顾学术界对此问题的研究成果，大致有以下三种观点。

第一种观点认为龙江船厂与“宝船厂”实际为同一厂，龙江船厂和“宝船厂”是一个厂的不同的名称。

赵彦先生认为龙江船厂的范围是以今热河南路为中轴线，东至绣球公园、小桃园的护城河，西至永宁街、复兴街、二板桥中段，北至建宁西路，“宝船厂”是郑和下西洋时龙江船厂越过秦淮河发展出来的[⑥]。

罗宗真先生认为龙江船厂就是“宝船厂”，因为“宝船厂”档案被刘大夏焚毁，所以《龙江船厂志》没有详细记载宝船资料。龙江船厂仅在郑和下西

---

① “中央研究院历史语言研究所”校勘：《明宪宗实录》卷二百三十五，中华书局，2016 年，第 4002 页。

② 李昭祥著，王亮功点校：《龙江船厂志》，江苏古籍出版社，1999 年，第 101 页。

③ 李昭祥著，王亮功点校：《龙江船厂志》，第 103 页。

④ 严从简：《殊域周咨录》，中华书局，2000 年，第 307 页。

⑤ 顾起元：《客座赘语》，南京出版社，2009 年，第 28 页。

⑥ 赵彦：《郑和下西洋与下关的繁荣》，载南京下关区人民政府：《从龙江关走向世界·郑和与下关》，2005 年。

洋期间改名为“宝船厂”，这一阶段也是龙江船厂最繁荣的时期，厂址也相应地扩大了很多，直到禁海和停造宝船后，厂址才开始荒芜，但厂名仍存，因此两厂是一厂①。

王梅影先生认为，龙江船厂作为明王朝的都船厂，在世界航海史上空前规模的郑和下西洋伟大实践中，为了制造“宝船”得到很大的发展，从洪武初创时原仪凤门外的厂址，向南扩展到今三汊河下保、中保、上保村一带，其南界曾达到上保村及定淮门以南一线。由于该厂曾以承造“宝船”为主要任务，曾一度被称为“宝船厂”，以后因罢海运而停止制造宝船，于嘉靖间恢复“龙江船厂”原名，也就是说其实“宝船厂”只是一种泛称，并不是一个造船厂的专用名称。而位于今中保村一带所谓“宝船厂”则隶属于龙江船厂的一个总装巨型船舶的场所②。

彭德清先生主编的《中国航海史(古代航海史)》也写道“宝船厂”是龙江船厂扩建而来。他认为永乐元年平江伯陈瑄督海运，龙江船厂承造海船，特别在郑和下西洋以后，龙江船厂有突飞猛进的发展，在原址的基础上向南扩展，越过秦淮河，扩建到下保、中保、上保三个村的地面以及定淮门外三汊河地区。后扩建的厂址即为龙江船厂下属的“宝船厂”③。

第二种观点认为龙江船厂和“宝船厂”互相独立，各自为政，并无隶属关系。

杨斌先生认为龙江船厂和“宝船厂”是两个各自独立的厂。龙江船厂建于洪武初，地处秦淮河以北、惠民河以东，其范围基本包括今天姜家园、热河南路一带；而“宝船厂”是地处秦淮河以南，西临大江，其范围在今上保、中保、新华船厂和三汊河一带。他的依据是《龙江船厂志》的记载，以及明代书籍记载郑和及“宝船厂”事从不提龙江船厂④。

王亮功先生现场踏勘龙江船厂遗址南面的马鞍山，认为龙江船厂不是“宝船厂”，他主要从地理位置出发，另指出《明实录》永乐十八年(1420)龙江船厂仍称龙江提举司，洪熙元年(1425)仍称“宝船厂”为南京海船厂，认为龙江船厂和“宝船厂”在隶属关系上毫不相干，并根据以上两点，认为龙江船厂和“宝船厂”是各自独立、互不相统、各有其所的两个厂⑤。

洪长倬先生认为龙江船厂不是“宝船厂”的原因有四：一是龙江船厂不靠大江，宝船无法下水；二是龙江船厂所造五类二十九种船舶，最大的长九丈有余，在秦淮河或城壕岸边施工，并没有很大的船坞设备，船无法承造；三是郑和

① 罗宗真：《郑和宝船厂和龙江船厂遗址考》，载《郑和下西洋论文集(纪念郑和下西洋580周年)》，南京大学出版社，1985年。

② 王梅影：《龙江船厂遗址调查》，南京市雨花台区文物事业管理委员会：《南京市雨花台区文物志》，南京大学出版社，1994年。

③ 彭德清主编：《中国航海史(古代航海史)》，人民交通出版社，1988年。

④ 杨斌：《试解明代宝船厂之谜》，《郑和研究》2001年第1期。

⑤ 王亮功：《龙江船厂遗址与宝船厂关系述论》，载《传承文明、走向世界、和平发展：纪念郑和下西洋600周年国际学术论坛论文集》，社会科学文献出版社，2005年。

下西洋是轰动一时的大事，如果龙江船厂承造过这种巨舶，是值得骄傲的事，应该大书特书，但《龙江船厂志》却只字未提宝船；四是《龙江船厂志》所记“宝船厂”尚有仓库，龙江船厂要派人看守“宝船厂”，这也说明两厂非一[①]。

刘义杰先生辨析明代南京除了龙江船厂、“宝船厂”，还有黄船厂、马船厂、快船厂，比前人研究更加全面，他认为龙江船厂属于工部，又根据宝船形制认为郑和下西洋所用宝船为海船，那么其制造与管理应属兵部，则“宝船厂”属兵部管辖，也就是说龙江船厂和“宝船厂”既然不同属于一个部门，那么两厂便是各自为政的[②]。

第三种观点认为龙江船厂与“宝船厂”两船厂是相互协作的关系。

周运中先生认为，“宝船厂”与龙江船厂是相互协作关系，它建在龙江船厂和新江口两大船厂中间，是考虑到三个地区的船厂协调互助，虽然宝船有些特别，但是很多物资和人员还是可以通用，所以建造在龙江船厂和新江口之间有利于人力与物资的运转[③]。

由于龙江船厂和“宝船厂”在郑和下西洋中所起的重要作用，对今天我们研究郑和航海壮举以及申报世界文化遗产均具有极为重要的现实意义，因此对两船厂相互关系问题的梳理辨析就显得十分的重要与必要。

在搞清楚此问题之前，有必要对郑和下西洋伟大航海活动戛然而止的历史背景加以介绍。永乐二十二年明成祖去世，明仁宗（洪熙）即位后即宣告停止下西洋活动。其在即位诏书中下令：“下西洋诸番国宝船，悉皆停止。如已在福建、太仓等处安泊者，俱回南京，将带去货物仍于内府该库交收。诸番国有进贡使臣当回去者，只量拨人船护送前去，原差去内外官员速皆回京，民梢人等各发宁家。”[④]“各处修造下番海船，悉皆停止。其采办铁梨木，只依洪武中例，余悉停罢”[⑤]；“买办下番一应物件，并铸造铜钱，买办麝香、生铜、荒丝等物，除见买在官者，于所在官库交收，其未买者，悉皆停止”[⑥]。而郑和及其下西洋官军则全被派往守卫南京，以致被充作漕运和修理殿宇的劳动力。虽然明宣宗（宣德）因“外番贡使多不至”而复遣郑和第七次下西洋，但已经是回光返照，至此名噪一时的下西洋活动归于终结。这在当时不是一次光荣的使命完成，而是一次带有浓重否定与悲情色彩的强制性的停航。到成化间，虽“有中贵迎合上意者，举永乐故事以告，诏索郑和出使水程”[⑦]，但当时任车驾郎中的刘大夏却以下西洋为“弊政”为由，将出使水程的档案资料销毁。到嘉靖年间李昭祥著《龙江船厂志》时，距离郑和下西洋被

---

① 洪长倬：《宝船厂遗址查考》，《航海》2005 年第 5 期。
② 刘义杰：《明代南京造船厂探微》，《海交史研究》2010 年第 1 期。
③ 周运中：《郑和下西洋新考》，中国社会科学出版社，2013 年。
④ “中央研究院历史语言研究所”校勘：《明仁宗实录》卷一，第 15 页。
⑤ “中央研究院历史语言研究所”校勘：《明仁宗实录》卷一，第 16 页。
⑥ “中央研究院历史语言研究所”校勘：《明仁宗实录》卷一，第 17 页。
⑦ 严从简：《殊域周咨录》，第 307 页。

朝廷否定已经过去120年了。

对龙江船厂与“宝船厂”关系的基本判断

通过对上述各方面情况的梳理，结合文献资料、考古发掘报告及出土文物，并在实地考察的基础上，笔者认为，龙江船厂和“宝船厂”既不是截然分开、互不隶属、互不相关的两个厂，也不是互相协作的两个厂，而是关系极为密切、不可分割、各具自身特点的海船制造工厂，极有可能为同一船厂的两个厂区，做出这一判断的依据主要有以下四点。

一、从地理位置看两厂可视为制造海船的两个厂区，不排除同属工部管辖的可能性

李昭祥撰写的《龙江船厂志·建置志》非常清楚地记载了明初建厂时的龙江船厂的四至范围：“洪武初，即都城西北隅空地，开厂造船。其地东抵城濠，西抵秦淮街军民塘地，西北抵仪凤门第一厢民住官廊房基地（阔壹百叁拾捌丈），南抵留守右卫军营基地，北抵南京兵部苜蓿地及彭城伯张田（深叁百伍拾肆丈）。后因承平日久，船数递革。厂内空地，暂召军民佃种，止留南、北水次各一区，以便工作。畎浍中界，而厂遂分为前后矣。二厂各有溪口，达之龙江，限以石闸、板桥，以时启闭。”①

根据《龙江船厂志》记载的四至范围，结合地图，我们可以基本确定洪武初建厂时龙江船厂的位置。首先从“西北抵仪凤门”来看，仪凤门的位置从明代至今变化不大。该门1928年改名兴中门，即现在的兴中门经挹江门以南的一段，挹江门外北侧的绣球公园还可以看到原护城河的遗迹，那么结合“东抵城濠”可以推测仪凤门城濠一带为船厂东界，也就是现在兴中门及挹江门外，船志说船厂“阔壹百叁拾捌丈”②，那么从上述作为东界的护城河向西138丈处应为该船厂的西界。按杨宽先生《中国历代尺度考》所记：“明尺固依唐宋之旧。武进袁氏藏有一嘉靖牙尺，有款曰：‘大明嘉靖年制’，长〇.三一公尺，和营造尺一尺微弱。”③即明代每尺合现代0.31米，那么船厂东西宽约合现代的427.8米，经地图测距，厂址西界大概在现在的惠民路附近。船厂“西抵秦淮街军民塘地”，这里所说的“秦淮街军民塘地”即指原来的这一段秦淮河东岸的塘地。再看船厂的北界，从“西北抵仪凤门第一厢”及“北抵南京兵部苜蓿地及彭城伯张田……”可知船厂的北面既然是兵部苜蓿地及彭城伯张田地，必然要有农民为其耕耘，加上龙江船厂的工人等，这些人当时在仪凤门外一带集居成厢，据《同治上江两县志》记载：“在城曰厢。远

---

① 李昭祥著，王亮功点校：《龙江船厂志》，第97页。

② 李昭祥著，王亮功点校：《龙江船厂志》，第97页。

③ 杨宽：《中国历代尺度考》，商务印书馆，1955年，第88页。

城曰里，皆有役。”[①]可知厢是城郊的居民组织。据此我们推断今兴中门外向西到建宁西路和郑和中路交界口一线是其北界。船厂“深叁百伍拾肆丈”[②]，依上述算法，船厂南北进深约为1 097.4米，那么由北界向南1 097.4米处，即船厂的南界，应即所谓“留守右卫军营基地”。根据这个四至界，我们可以清楚地推断出龙江船厂的四至：以今热河路及热河南路北段为中轴，东面至挹江门外的绣球公园，西面至惠民路、郑和中路一带。我们按吴承洛先生《中国度量衡史》所记尺度，唐至清，每步5尺，每亩240步[③]，每亩约合666.67平方米。据以上分析可知龙江船厂占地范围约合704亩，这与李昭祥在《龙江船厂志》中所记的明初龙江船厂厂址“阔壹百叁拾捌丈”[④]、“深叁百伍拾肆丈”[⑤]范围相当一致。

在龙江船厂在建厂之初四至范围确定的情况下，我们再来分析“宝船厂”的位置。由于“宝船厂”资料在明中期就已悉数被毁，我们无法从文献记载中得知“宝船厂”的四至范围，只能根据文献中提到的蛛丝马迹、《自宝船厂开船从龙江关出水直抵外国诸番图》(即《郑和航海图》)以及“宝船厂”出土文物来对其位置进行大概的判断。

首先文献中对“宝船厂”位置记载的并不十分明确，如“南京城西北有宝船厂焉，创于永乐三年”[⑥]。又如明万历罗懋登《三宝太监西洋记通俗演义》有“就于下新河三叉口草鞋夹，地形宽阔，盖造宝船官厂一所，工完奏闻”[⑦]。从文献中我们可以得知，“宝船厂”大致在今天南京西北三汊河地区一带。《自宝船厂开船从龙江关出水直抵外国诸番图》，即我们所知的《郑和航海图》则明确标出了“宝船厂”位置，可知“宝船厂”三面临水，位于长江东岸，秦淮河西南岸，与江中的太子洲遥遥相对，与龙江船厂隔秦淮河南北相望。据此不少学者推断“宝船厂”在现下保、中保、上保三个村以及定淮门外三汊河地区。1949年后在这一带发现的文物似也证明了这一观点，如在“四作塘”发现长2米多的绞关木，“六作塘”发现长11米的巨型舵杆等，根据这些出土文物可推测出的船体大小与文献中所载郑和宝船大小相仿。2003年到2004年，南京市博物馆对“宝船厂”遗址现存的“六作塘”进行了抢救性发掘，出土了“长度为11米和10.1米的两根舵杆……相当数量的铁制工具，如斧、锯、凿、锉、钻、锥、刀……高为1.5米的四爪铁锚，其制式与明代以来流行的四爪铁锚颇为一致……发现大量的棕绳，直径在1.5厘米到11厘米不等”[⑧]，根据这些出土遗物，有不少学者认为这里

---

① 莫祥芝、甘绍盘：《金陵全书·同治上江两县志》，南京出版社，2013年，第125页。
② 李昭祥著，王亮功点校：《龙江船厂志》，第97页。
③ 吴承洛：《中国度量衡史》，上海三联书店，2014年，第76页。
④ 李昭祥著，王亮功点校：《龙江船厂志》，第97页。
⑤ 李昭祥著，王亮功点校：《龙江船厂志》，第97页。
⑥ 范景文修：《南枢志》卷一百一十三，南京出版社，2015年，第347页。
⑦ 罗懋登：《三宝太监西洋记通俗演义》，上海古籍出版社，1985年，第209页。
⑧ 南京市博物馆：《宝船厂遗址》，文物出版社，2006年，第112、158、211页。

是“宝船厂”遗址。在此笔者特别需要指出的是这次发掘可以证明这是一处明代大型造船厂遗址，但十分遗憾的是，并没有发现可以证明这是“宝船厂”的直接考古证据。

由上述可知，龙江船厂和“宝船厂”厂区位置不在一处，龙江船厂在北，“宝船厂”在南，两厂隔秦淮河南北相望。众所周知“宝船厂”是应永乐下西洋之命而新建的一个厂。就客观规律而言，新建厂区必然需要得到有丰富经验的既有厂区的支持，才能快速形成生产力。就当时情况而言，当时南京的既有造船厂有龙江船厂、马船厂、快船厂等，就地理位置远近以及技术力量等方面考虑，马船厂、快船厂位置，和龙江船厂相比，距“宝船厂”要远得多（见图1），因此龙江船厂是最适合就近支援“宝船厂”的。我们认为当时“宝船厂”主要的技术力量和管理人员都应该来自龙江船厂。

图1　明代南京四大船厂在《南枢志》卷四十六《国朝都城图》上的位置①

至于船厂的主管部门，龙江船厂是有明确记载归属工部管辖，“宝船厂”

① 转引自周运中：《郑和下西洋新考》，中国社会科学出版社，2013年，第67页。

则未见此方面记载。有学者认为“宝船厂”归属兵部管辖，我们认为这种可能性是不大的，且不论缺乏文献记载依据，但就工作职能而言，兵部是主管军队与作战的部门，不是造船造舰的部门，这样的分工从古到今是没有多大变化的。以当时短时间内建立“宝船厂”并建造一批下西洋海船的急迫任务来看，让不熟悉造船业务的兵部来操作此事无异于盲人瞎马、事倍功半，可能性极低。因此我们认为不排除龙江船厂与“宝船厂”同属一个主管部门管辖的可能性。

二、“宝船厂”的厂名并不是最初的厂名，最初应该另有其名

“宝船厂”这一名称见诸明、清以来的史籍，而且由于它与郑和下西洋的壮举是紧密相连的，因此名声很大。但是，笔者在仔细查阅相关资料后发现，最初文献记载并无“宝船”这一称谓，目前可见最早的文献记载是，永乐二年朱棣提出“将遣使西洋诸国，命福建造海船五艘”①，永乐五年“命都指挥汪浩改造海运船二百四十九艘备使西洋诸国”②，《龙江船厂志》记载：“永乐五年又改造海运船二百四十九只，备使西洋诸国。”③这些造船或改造海船的行为都明确是为了遣使西洋诸国，但都只用“海船”或“海运船”而没有提到“宝船”一词。“宝船”一词最早见于永乐六年，即郑和第一次下西洋回来之后，有“命工部造宝船四十八艘”④的记述。根据上述文献记载，笔者推断，当时“宝船厂”最初的厂名可能为“海船厂”或其他名称，绝无“宝船厂”厂名的可能，这也是完全符合工厂命名的原则。按照通常的规律，一个厂名最初是不会以其产品作为名称的，只有其产品在社会上产生广泛影响之后，才会有以产品的名称命名的工厂。郑和下西洋使得“宝船”名声大噪，“海船厂”的名称也就渐渐被“宝船厂”这一名称所取代，“海船厂”一词倒反而变得少有人知。

此外还有一点值得我们注意的是，《龙江船厂志》有载：“嘉靖十五年，主事王利建工部分司于路口(今易其额曰：龙江船厂)……”⑤这段话含有两个信息：一是说明龙江船厂之前并不称为“龙江船厂”，改称“龙江船厂”是在李昭祥任船厂主事之前；二是李昭祥写《龙江船厂志》时就已刻意回避了之前的厂名。为什么要回避？难道李昭祥不知道之前的厂名吗？答案显然是否定的。我们认为李昭祥这样做很可能是要回避龙江船厂和“宝船厂”的关系问题，因为当时郑和下西洋已经被作为“弊政”遭到了朝廷的否定。李昭祥作为享受朝廷俸禄的官员，是不可能违逆朝廷的旨意而自说自话的。李昭祥为什么要刻意隐瞒或回避之前的厂名，一定存在着不可叙述的难言之隐。据此，笔者认为，在李昭祥主政之前的龙江船厂厂名并不排除与“宝船厂”一

① “中央研究院历史语言研究所”校勘：《明太宗实录》卷二十七，第498—499页。
② “中央研究院历史语言研究所”校勘：《明太宗实录》卷七十一，第988页。
③ 李昭祥著，王亮功点校：《龙江船厂志》，第6页。
④ “中央研究院历史语言研究所”校勘：《明太宗实录》卷七十五，第1032页。
⑤ 李昭祥著，王亮功点校：《龙江船厂志》，第100页。

致的可能性。

当今学者往往以茅元仪《武备志》中收录的《自宝船厂开船从龙江关出水直抵外国诸番图》以及《龙江船厂志》中单独提到"宝船厂"来证明"宝船厂"与龙江船厂是互不隶属的两个厂。但笔者认为，这是值得商榷的，就史学研究而言，越接近事件发生时间的文献记载就越准确可信。《自宝船厂开船从龙江关出水直抵外国诸番图》最早的刻本为明天启年本(1621年)，《龙江船厂志》则成书于嘉靖三十二年即1553年，分别距郑和下西洋结束的时间点1433年有188年和120年之遥，而记录"海船"厂名称的《明太宗实录》成书于宣德年间(1426—1435年)，上述文献的可靠性之比较，自然是无须赘言。我们不否认《自宝船厂开船从龙江关出水直抵外国诸番图》及《龙江船厂志》记载郑和下西洋活动史料的珍贵性与不可替代性，同时我们也认为在探究"宝船厂"名称由来方面，应更加注重《明太宗实录》的记载，因为这是最贴近郑和下西洋事件时间点的官方记录，如此方能廓清迷雾，还历史本来面目。

三、从《龙江船厂志·官司志》船厂岗位设置可知龙江船厂对"宝船厂"旧厂区拥有管理权

在李昭祥的《龙江船厂志·官司志·杂役》中有如下记载："宝船厂匠二名。洪武、永乐中，造船入海取宝。该厂有宝库，故取拨匠丁，赴厂看守。今厂库鞠为茂草，而匠丁之输钱者如故。"[①]从这段记述中我们看出以下问题：一是说明"宝船厂"设有宝库需人看守；二是表明李昭祥在嘉靖年间任主事时的"宝船厂"现状，即"厂库鞠为茂草"，也就是说嘉靖时"宝船厂"已经废弃；三是既然"宝船厂匠二名"被记在了"官司志"中，也即表明"宝船厂匠"在嘉靖年间是龙江船厂的固定职位之一，换作现代语言就是"正式编制"。"取拨匠丁"看守"宝船厂"的"宝库"是龙江船厂的职责所在，并不是经相互协商或奉上指示而为，这一记载的关键之处是表明嘉靖年间，"宝船厂"的"宝库"已经属于龙江船厂管理了。反过来说，如果龙江船厂和"宝船厂"不同属一个单位又无隶属关系的话，像"宝库"这样的要害部门，肯定应从本厂派人看守，而断然不会由毫无关系的船厂设专门的岗位来派人看守。因此，李昭祥在这里正是记述了龙江船厂与"宝船厂"间密不可分的关系，即嘉靖时已废弃的"宝船厂"是隶属于龙江船厂的。有人认为李昭祥在记述这一事件时用了"本厂"和"该厂"这两个词，作为两厂互不隶属的证据，而我们认为这恰恰是李昭祥刻意回避两厂隶属关系的不得已的做法，原因还是在于上文所述郑和下西洋遭到了明朝政府的否定。

四、从明代赋税制度也可推断出龙江船厂和"宝船厂"密不可分的关系

李昭祥在《龙江船厂志》中明言龙江船厂的厂区范围自建厂之日起就未有大的变化，但我们注意到，李昭祥对龙江船厂的厂外空地租佃情况做了详

---

① 李昭祥著，王亮功点校：《龙江船厂志》，第93页。

细记载,根据这方面内容,结合上文龙江船厂和"宝船厂"的位置,我们可以更清楚地看出龙江船厂与"宝船厂"的关系。

《龙江船厂志・敛财志・地课》记载当时(即李任主事时的嘉靖年间)"龙江场墙外空地,亦愿照例承佃开垦……于是土地日辟,课税益增。通计田地塘沟埂共三千九百四十二亩四分……"①,这里引出一个问题,即这时的空地面积已经大大超出了洪武初建厂时的面积,是上述洪武初709亩的5倍以上。遗憾的是,《龙江船厂志》并没有记载这一面积的四至范围,但我们可以从明代赋税制度及当时的周边地形地势来推测这一范围。

明代的赋税制度在万历张居正改革之前,仍然实行的是两税法,这一点在《明史・食货志》中记载得十分明确:"赋役之法,唐租庸调犹为近古。自杨炎作两税法,简而易行,历代相沿,至明不改。"②何为两税法?即取消租庸调及一切杂役杂税;不分主户、客户(外来户),只要在当地有资产、土地,即算当地人,一律上籍征税,按田亩数量征收地税。因每年分夏秋两季征收,俗称"两税法"。从两税法的概念可知,两税法最大的特点就是改变了以人丁为主的赋税制度,而"唯以资产为宗,不以丁身为本",即按土地财产纳税。明代赋税包括税和租两项。税是政府利用国家机器强制性无偿征收的财富,而租最常见的含义是指地租,即农民因租种地主土地而付予地主的报酬。因此,政府可将官署所属的土地租佃给农民来收租以增加政府的财政收入。

又"明土田之制,凡二等:曰官田,曰民田……学田,皇庄,牧马草场,城壖苜蓿地,牲地,园陵坟地,公占隙地,诸王、公主、勋戚、大臣、内监、寺观赐乞庄田,百官职田,边臣养廉田,军、民、商屯田,通谓之官田。"③"……官田相当于国有土地,政府征收的官米是地租与赋税的合一,故民田赋轻,官田赋重……"④因此笔者认为由于官田赋重,因此政府会尽可能地扩大官田的面积以增加政府财政税收。

明确了明代赋税的基本制度,我们再从《龙江船厂志・敛财志》中所记载的龙江船厂租佃的情况来作一番分析。

龙江船厂从洪武建厂之初便将厂外田地租给农民开垦,"国初设厂以来,厂外原有田地塘埂,递年召人佃种,比照税粮计亩,出办桐油、黄麻,收贮司库,以待修造黄、战等船之用。不敷,又将瓦屑坝、抽分场空地俱拨提举司召佃"⑤。到"(嘉靖)十二年,又据黄淮告称,龙江抽分场墙外空地,比照瓦屑

① 李昭祥著,王亮功点校:《龙江船厂志》,第112页。

② 张廷玉等:《明史・食货志》卷七十八,中华书局,2015年,第1893页。

③ 张廷玉等:《明史・食货志》卷七十七,第1881页。

④ 刘志伟:《在国家与社会之间——明清广东里甲赋役制度研究》,中山大学出版社,1997年,第74页。

⑤ 李昭祥著,王亮功点校:《龙江船厂志》,第109页。

坝事例自愿承佃开垦……实得田地塘贰百陆拾壹亩壹分叁厘贰毫伍丝”①，到了“（嘉靖）三十一年，又据本司匠户王用等告称，龙江场墙外空地，亦愿照例承佃开垦”②。“于是土地日辟，课税益增。通计田地、塘、沟、埂共叁千玖百肆拾贰亩肆分肆厘伍毫肆丝陆忽伍微贰圭，内除无主无租坟、荒地外，实在三处共叁千玖百贰拾捌亩壹厘壹毫肆丝陆忽伍微贰圭”③。从这几段史料我们可以看出两个问题：一是龙江船厂从洪武初建厂开始就不断地扩大厂外空地面积，招佃开垦收租，目的就是以收租来增加政府的收入，龙江船厂就是地主，拥有对上述土地的管理权；二是嘉靖三十一年，龙江船厂租佃的面积已经达到3 900余亩，是洪武初年建厂时面积的5倍有余。

我国著名明清经济史学家梁方仲先生在《中国历代户口、田地、田赋统计》一书中写道：“至于土地方面，在当时由于买卖而转手的毕竟是不甚频繁的，且又有税契登记，其情形较易为政府所掌握。它如新垦、坍没、被灾、抛荒等事情，皆属偶然的现象。所有这些改变的情况，只要随时在各户名下的田产项内（或地籍内）作出注明便可。”④“……历朝将各项田赋收数往往不变，田地顷亩数亦然（甲编表60—63）。一方面，我们固然要注意到中国封建社会的田赋一向采取定额制的事实，但明中叶以后政治腐败，制度混乱，是造成田赋册报已成具文的主要原因。”⑤根据上述可知，明代官田大多传自前代，龙江船厂收租面积应该从明初到嘉靖时变化不大，同时政府又尽可能增加官田面积招佃开垦收租以增加财政收入。据此，笔者认为，嘉靖时龙江船厂的官田面积是极有可能包括所谓的“宝船厂”在内的。

为什么这样说？我们只要看看龙江船厂所处的地理位置就能得到答案。以龙江船厂原有厂区为中心，若向东，不远就是护城河和城墙；若向北，距狮子山脚只有大约不到一公里，已是长江水面，发展余地十分有限；若向西，秦淮河岸的居民已聚集此处，而且龙江关就在附近，当时已是南京的水运咽喉要地，有相当规模的集镇，人口众多，也没有大的空地供龙江船厂招租；最后，只有在原厂址的基础上向南，越过秦淮河，在今鼓楼区中保村以及定淮门外一带，也就是今天的三汊河地区，当时仍是一片河汊成网的平地。这片地区是距龙江船厂最近的开阔地，从管理的角度讲这里是最适合招佃承租的。根据现代测距，秦淮河以北的区域，东西平均约500米，南北平均约2 000米，面积1 000 000平方米，合明代的1 400亩左右（包括原有厂区的704亩）；秦淮河南岸的区域，东北以秦淮河为界，西抵长江夹江，南至上保村，不算秦淮河的宽度（最宽处约为90米），这一片东西约1 210米，南北约1 400米，其实际面积为1 694 000平方米，合明代2 541亩。以上南北二区总

① 李昭祥著，王亮功点校：《龙江船厂志》，第111页。
② 李昭祥著，王亮功点校：《龙江船厂志》，第111页。
③ 李昭祥著，王亮功点校：《龙江船厂志》，第112页。
④ 梁方仲：《中国历代户口、田地、田赋统计》，第11页。
⑤ 梁方仲：《中国历代户口、田地、田赋统计》，第12页。

面积约合明代 3 941 亩，这与《龙江船厂志》所记 3 942 亩相当接近，而今天发现的所谓“宝船厂”遗址恰恰就在这一区域内。

根据明代赋税制度规定，出租土地的地主就是这片土地的管理者，毫无疑问龙江船厂出租土地给佃户，那么它就是这片土地的管理者。如前所述，这片土地从明初到嘉靖时没有太大变化，据此我们认为“宝船厂”所占土地应该是由龙江船厂管理的。如果两厂没有隶属关系的话，那么“宝船厂”所在这片区域完全可以不由龙江船厂管理。李昭祥《龙江船厂志》所记述的“叁千玖百肆拾贰亩肆分肆厘伍毫肆丝陆忽伍微贰圭”[①]又从何而来呢？

结　论

在“宝船厂”资料极度缺乏以及李昭祥《龙江船厂志》刻意回避两船厂关系的情况下，笔者为厘清龙江船厂与“宝船厂”的关系，从地理位置、“宝船厂”的厂名、《龙江船厂志·官司志》船厂岗位设置以及龙江船厂租佃面积四个方面阐述了龙江船厂与“宝船厂”的关系。我们认为，永乐时龙江船厂与“宝船厂”是隔秦淮河相望的、共同承担建造郑和下西洋船舶的两大船厂，这两个厂拥有共同厂名与同一主管部门的可能性绝对是存在的。只不过“宝船厂”专事“宝船”等大型船舶制造，盛极一时。随着宣德年间郑和最后一次下西洋结束，到成化年间“郑和出使水程”档案俱毁[②]，明朝政府彻底否定了郑和及其下西洋的壮举，而“宝船厂”也随之荒废，昙花一现。至于龙江船厂则继续作为明代重要船厂承担着造船的任务，并且将已经荒废的“宝船厂”管理起来，而“宝船厂”的宝库也成了龙江船厂的内设部门之一，需要派专人看守。李昭祥在《龙江船厂志·敛财志》所提及的租佃情况也隐晦地表达出“宝船厂”原有的土地都归属龙江船厂管理的信息，只是囿于郑和下西洋被明廷否定，李昭祥小心翼翼地回避了两厂关系的表述。综上所述，我们认为龙江船厂与“宝船厂”绝不是互不隶属、毫无关系的两个厂，而是早期密不可分、后期具有明确隶属关系的两个厂。

（本文写作过程中得到金陵图书馆宣传推广部同志的大力支持，摘要等英文翻译由南京市海上丝绸之路遗产研究中心特约翻译顾乐乐完成，在此表示诚挚的感谢。）

① 李昭祥著，王亮功点校：《龙江船厂志》，第 112 页。
② 李昭祥著，王亮功点校：《龙江船厂志》，第 101 页。

Relationship between the Longjiang Shipyard and Treasure Shipyard during the Ming Dynasty

Abstract: The advanced shipbuilding industry of the early Ming provided a solid foundation for Zheng He's voyages to the Southern Seas. Shortly after founding the dynasty, Zhu Yuanzhang, the Hongwu Emperor, ordered the establishment of bureaus to supervise the construction of ships. Numerous shipyards were established in the present-day provinces of Shandong, Jiangsu, Zhejiang, and Fujian. However, the largest and most famous ones were the Longjiang and Treasure Shipyards, which were supervised by the Board of Works and produced the biggest and most famed vessels for Zheng He's maritime expeditions. Located in close proximity to one another, their exact relationship has remained a subject of debate among scholars. This study contributes to the conversation by looking at the geographic locations of the two shipyards, the etymology of their names, the physical layout, and personnel.

Keywords: Longjiang Shipyard, Treasure Shipyard, Relationship and Comparison

“龙飞”纪年与海外华人社会政治认同的变迁

杭 行*

摘 要：本文探讨龙飞纪年习俗在中国的起源及其在17、18世纪海内外华人社会中的发展。通过对中国东南沿岸以及马六甲、越南铺宪与河仙等地带有龙飞纪年的文本和碑文的实地考察，并且和文献资料进行对照，笔者认为“龙飞”最初并没有政治色彩，而仅仅用于赞美当政皇帝以及在私人文件和宗教信仰中作为非正式与吉祥的日期记载。可是在17世纪明清转折时期变成了政治反抗的标志。当清朝统一全国，在公开地赞同忠明的政治理念有可能构成危险的情况下，龙飞提供了一个含糊却安全的表达政治异议的方式。

关键词：龙飞 东南亚 反清复明 郑氏

侨居海外的华人经常透过在当地建立庙宇、会馆以及义山来维持他们的身份和生活方式的延续性。为能更深入了解华人移民史，我在日本和东南亚做考察期间参观了很多这些华人社区的标志性建筑，并详细观察墓碑、石碑、牌匾、香炉以及屋顶梁上的刻字。我对这些碑文篇末的日期产生了浓厚的兴趣。这些日期记录的形式各异：有的使用清代年号、有的使用天干地支、有的使用东南亚本地的纪年习俗如佛历、有的甚至使用西洋历法来标记。

在众多纪年中，最为引起我兴趣的是带有“龙飞”一记的铭文。龙飞乍看像是一个皇帝年号。不过，它总是出现在干支的字符之前，而从来没有具体的执政年份。况且，当我把这些铭文的内容与其他碑文与史料记载一起研究时，发现以龙飞记载的日期往往与清朝重叠。令人更意外的是，这一纪年方式的广泛流行程度。我在越南南部、河内地区，以及马六甲的华人庙宇和坟场中都见过龙飞纪年的铭文。我不禁好奇：龙飞的意思是什么？有什么来历？这些海外华人社区为什么要选择用它来纪年？

傅吾康和陈铁帆在他们对马来西亚的碑文研究报告中断言马六甲当地华人是由于对已故明朝还保留了一定的忠诚而不愿意使用清朝皇帝的年

* 作者简介：杭行(Xing Hang)，美国布兰戴斯大学历史系副教授。

号，所以选用“龙飞”作为清代年号的替代词①。美国的中国海洋史专家卫思韩（John E. Wills，Jr.）也觉得“龙飞”一词必定是忠于明朝的标志，并指出龙在中国与东南亚的传说中都是象征权力的动物②。知名的潮汕地方史专家饶宗颐却认为“龙飞”一词只是用来突出某些日期的吉祥性，并没有其他特别意义③。法国学者苏尔梦（Claudine Salmon）和广东社会科学院的李庆新教授则在他们对越南碑文的详细研究中强调龙飞作为便利的双关语的角色：它让华人在安全地表达忠明情绪的同时，又不抵触东道国的统治年号的合法性④。

本文旨在综合这些学者深刻的见解，并利用他们丰富的墓志集和我在中国、日本，以及东南亚实地考察时收集的资料文本来研究纪年系统在17至19世纪，尤其是明、清朝代的变革之际，对东亚海域以及海外华侨的影响。此外，本文更结合了海外华人社区的经历与同时期中国的发展情况。

本文主张“龙飞”在1644年后的五六十年间的普及乃华人在缺乏一个强有力的组织的情况下对清朝统治的消极抵抗。然而，到了18世纪中叶，为免引起与清朝友好的东亚各国统治精英的敌意，很多海外华侨只好调和自己的反清情绪。此外，在1684年后，来自清朝领土的商人和移民的大批涌入也迫使原先海外明朝遗民与新王朝开展更紧密、广泛的接触，在此接触中也渐渐形成了接近现代意义的民族主义情怀。

一、“龙飞”在中国国内的起源和应用

“龙飞”唯一一次被官方使用是在4世纪。狄族将领吕光在今甘肃省建立十六国之一的后凉时曾宣布以“龙飞”作为他的统治年号⑤。不过，“龙飞”一词早在西汉著名历史学家贾谊的著作中出现。贾谊把“龙飞”用作“飞龙在天”的简写，并将之定义为“人主”或当今执政皇帝。后期著作更精确地把“龙飞”等同新统治者的登基或加冕⑥。

---

① 傅吾康、陈铁帆编：《马来亚华文铭刻萃编》第一册，马来亚大学出版社，1982年，第223—225页。

② John E. Wills，Jr. “A Very Long Early Modern? Asia and Its Oceans，1000-1850”，*Pacific Historical Review* 83.2 (2014)，p.201.

③ 饶宗颐：《星马华文碑刻》，载《饶宗颐二十世纪学术文集》第七卷，新文丰，2003年，第3—4页。

④ Claudine Salmon. “Réfugiés Ming dans les Mers du sud vus à travers diverses inscriptions (ca. 1650 - ca. 1730)”，*Bulletin de l'Ecole française d'Extrêm-Orient* 90.1 (2003)，pp. 204—205. 李庆新：《海上明朝：鄚氏河仙政权的中华特色》，《学术月刊》2008年第10期，第133—138页。

⑤ Piero Corradini. “The Barbarian States in North China”，*Central Asiatic Journal* 50.2 (2006)，p.215.

⑥ 饶宗颐：《星马华文碑刻》，第843页。

在中国国内使用"龙飞"的实例多数来自清朝。它一般与帝皇年号的实际年份和日期一起出现在石碑和牌匾上。在广州著名的怀圣寺的大殿上悬挂的一个牌匾上的款识展示了这类文字的典型顺序。牌匾上所展示的年份"龙飞康熙戊寅"(1698 年)明显是要透过强调执政皇帝自登基后已流逝的时间来增加他的权威。龙飞所代表的"飞龙在天"的意象亦为匾文增添神秘和吉祥的因素。在广州的其他地方——例如广州市博物馆所在的北城门——也能找到含有类似纪年格式(如龙飞顺治和龙飞嘉庆)的石碑和牌匾。这些碑文上详尽的纪年风格证明了它作为公开展示及炫耀的作用。

清代的一些非官方或用于私人流通的文献和碑文中也有引用"龙飞",但通常没有相应的年号。在一位退休水电专家与文物收藏家刘勇先出版的一本书中,有一块由福建兴化知府冯晋祚所题写的牌匾。这块牌匾是冯晋祚献给一位名叫柯文峰的当地老人家以祝贺他八十二岁寿辰的。冯晋祚是在"龙飞岁次辛丑元春谷旦"(即 1781 年)完成这牌匾的①。

另外,一班日本研究人员于 19 世纪末至 20 世纪初在台湾进行考察时发现一大批以龙飞纪年的合约。这些合约主要涉及家庭事宜,包括离婚、妻子买卖和媒人的聘请等婚姻相关事宜②。我在一个国内拍卖网站上也找到一个大概来自同时期的只以"龙飞"纪年、规定了兄弟之间土地权分配的合约③。民间信仰又是一个经常找到这种纪年方式的领域。当复旦大学教授王振忠在徽州进行实地考察时,他发现了一些源自 19 世纪、含有龙飞标志的祷词。这些祷词明显是为了方便外行人士在到九华山等著名的宗教圣地去朝拜期间能够跟着背诵而写的,内容包括向佛祖或受欢迎的神灵祈求减轻痛楚、分娩顺利和农作物丰收等。

从这些文献对"龙飞"的用法可见,要么正式的皇帝年号对缔约双方来说不重要,要么缔约双方拥有足够的社会共识与信任来省略年号纪年。事实上,与龙飞同样含糊的纪年方式偶尔也会出现。在王振忠的研究中有祷文以"皇号"或"太岁"年作结。此外,这类纪年方式通常在婚姻、与神灵沟通、执行祖先遗产及住宅的继承,或是生日献词等场合出现。因此,利用代表强大的神话生物翱翔天际的"龙飞"来纪年能增加得到理想结果的概率,比如家庭和睦、神灵的祝福,或健康长寿④。

在这些中国国内私人文件和碑文中出现的"龙飞"与反清复明的政治立场关系不大。事实上,这些铭文的内容里很多明确提及与清朝的隶属关系。

---

① 刘勇先:《蚶江拾贝》,暨南大学出版社,2012 年。

② 参见《台湾私法人事编》,台湾银行经济研究室,1961 年。

③ "龙飞年号旧书",7788 商城(2017)http://www.997788.com/pr/detail_auction_4_14316502_0.html。

④ 王振忠:《清代前期徽州民间的日常生活:以婺源民间日用类书〈目录十六条〉为例》,摘自陈锋编:《明清以来长江流域社会发展史论》,武汉大学出版社,2006 年,第 706—707 页。

在上文提及的送给柯文峰的牌匾上，冯晋祚把自己从乾隆朝廷所获得的学历与官衔明确地列出来：即赐进士出身吏部文选司江西典试知兴化府事加五级纪录八次冯晋祚①。在徽州发现以“龙飞”纪年的宗教讲词是以“大清国江南徽州府婺源县万安乡长城里某社奉佛进香酬愿延生祈安……”对神灵的祈祷开始②。就像那些用于公开展示的石碑和牌匾般，那些台湾找到的合约有时候会在“龙飞”之后加上相应的光绪年号③。我在拍卖网上找到的有关宗族财产分配的合约亦附加了其三次修缮祖祠的信息，每次都按照清帝年号来记录，分别为光绪二十七年（1901 年）、光绪三十年（1904 年）和光绪三十三年（1907 年）④。

二、一种含糊的反抗标志

清代期间在中国境内使用“龙飞”的情况通常都没有特别的政治含意。不过，一旦与其他具有政治色彩的表达方式或行为结合在一起，“龙飞”就可能成为一种有力的反抗象征。有些学者甚至把它定性为反政府人士为了建立一个新的王朝而宣布的年号。魏常乐在他的论文中认为“龙飞”一词是由16 世纪在潮汕地区一位与明朝抗争、名为张琏的海盗为了自立为王而首次使用。魏常乐提出张琏虽然最终于 1561 年被明朝官军击败，但他可能逃到了印尼的苏门答腊或越南中部的会安，从而把“龙飞”一词带到该地并由海外华人继承，在明清转折时期尤其流行⑤。

魏常乐所讲述的故事有说服力，也为“龙飞”一词的起源提供了可信的论点，但这个观点还是值得商榷。饶宗颐和程章灿在他们对潮州乡土史资料的研究和田野调查中所得出的结论是张琏从未使用龙飞的年号，亦没有自立新的王朝；他只是称自己为“飞龙人主”。注意“龙”和“飞”两字的顺序是倒过来的。再者，明朝政府为了庆祝胜利所建的一座纪念碑上明确地记载了张琏死于明军之手⑥。

通过笔者对历史资料的研究，追溯了“龙飞”最早被用于表达政治立场的记录是在 17 世纪中叶，正逢明清朝代的更替。它出现在两篇由忠明人士

---

① 刘勇先：《蚶江拾贝》。

② 王振忠：《清代前期徽州民间的日常生活：以婺源民间日用类书〈目录十六条〉为例》，摘自陈锋编：《明清以来长江流域社会发展史论》，第 706 页。

③ 《台湾私法人事编》，第 440 页。

④ “龙飞年号旧书”。

⑤ Charles Wheeler. “Cross-Cultural Trade and Trans-Regional Networks in the Port of Hội An: Maritime Vietnam in the Early Modern Era”PhD diss., Yale University, 2001, pp.135—136.

⑥ 饶宗颐：《星马华文碑刻》，第 442 页；程章灿：《古刻新诠》，中华书局，2009 年，第 249 页。

为《隐元禅师语录》而写的序言中。隐元是福清黄檗寺的住持，是当时佛教界里一位知名人物，同时也同情反清复明运动。为了进一步传播黄檗宗的理念，他于1657年离开家乡前往日本①。因此，他的语录汇编在日本得以最完整地保存下来并出版。

《隐元禅师语录》的第一篇序言由刘沂春执笔，并以“龙飞乙酉长至日”作结②。如果从干支推算公历，唯一与刘沂春的事业和寿命相符的年份是1645年。这是一个充满动荡的时期。就在一年前的1644年，李自成领导的农民起义军攻破北京，明崇祯帝自杀身亡。不久后，清朝军队进入北京，并开始其统一全中国的大业。在长江以南，明朝的官员奉宗室朱由崧为弘光帝，建立了南明政权。然而，清军于1645年6月渡江，攻占南京并消灭了弘光朝廷③。因此，刘沂春是在经历巨大的政治变迁时撰写此序言的，虽然他在浙江沿海及福建北部重新建立的以鲁王为中心的南明政权里担任官职，但这些都是1645年8月以后的事④。他写序言时还没发生。在不确定该奉谁为新的明朝皇帝和拒绝承认清朝统治的情况下，他合理地选择了以“龙飞”来代替年号纪年。

第二个序言的作者陈遂捷也是在类似的环境下写就这篇序言的。本为福建兴化人的他在明朝统治全国时在附近的惠安县担任教谕⑤。虽然后人对他在北京陷落后的下落所知甚少，但他的活动区域基本属于鲁王的管辖范围，应该能假设他在某程度上拥护鲁王政权。在他写的序言末端出现的“龙飞辛戊”(1652) 又是一个动荡的年份⑥。面对清朝持续的攻击以及内部的严重不和，鲁王与他主要的将领和官员放弃了他沿海的基地南逃至厦门向郑成功寻求保护⑦。由于郑成功效忠身在粤西的永历皇帝，他说服鲁王接受永历历法⑧。从这个角度看，陈遂捷使用“龙飞”能避免冒犯鲁王或郑氏两个反清复明阵营的任何一方，为适应这迅速变更的外部环境提供最大的回旋余地。

在广东东部沿海的碣石镇所发现的墓碑铭文为政局不稳定与龙飞纪年方式之间的关联提供了额外的证据。当中包括著名抗清领袖卢锻和他的父亲卢体深的墓碑。据碑文显示，他们的宗亲于龙飞乙酉年(1645)埋葬卢体深，并于龙飞壬子年(1672)埋葬卢锻。此外，在附近的村落里几乎所有于这段时期竖立的墓碑都采用了这种纪年方式。

潮汕地方史学家陈守继认为“龙飞”代表17世纪从40年代至60年代支

---

① 倪学新：《隐元留日不归原因探析》，《哈尔滨学院学报》2008年第7期，第83—87页。

② 平久保章编：《新纂校訂隠元全集》第一册，開明書院，1979年，第25页。

③ Lynn Struve. *The Southern Ming: 1644-1662*, Yale University Press, 1984. pp.15—74.

④ 查继佐：《鲁春秋》，台湾银行经济研究室，1962年，第1、45页。

⑤ 孙尔准：道光《重纂福建通志》，凤凰出版社，2011年，第460页。

⑥ 平久保章编：《新纂校訂隠元全集》第一册，第33页。

⑦ Lynn Struve. *The Southern Ming: 1644-1662*, pp.114—115.

⑧ 查继佐：《鲁春秋》，第56—57页。

配广东东部并垄断当地商业网络的两位兄弟苏成和苏利使用的年号，并称他们有自立称帝的野心①。的确，在他们整个职业生涯中，他们一直徘徊于建立一个独立王朝还是归顺于答应赐他们高度自治以换取他们协助消灭沿岸地区抗清斗士的清朝政府②。可是，很难想象卢氏父子使用龙飞纪年是为了拥护苏氏兄弟的统治。苏成和苏利不仅从未全心全意要拥护明朝的复兴，并且对士绅阶层相当的敌视，对他们百般侮辱和剥削。这些并不符合卢锻想象的忠明统治者类型③。

况且，苏氏对碣石镇以及广东东部其他地区的控制并不稳固。事实上，碣石镇及其邻近地区的控制权在17世纪50年代频繁地在苏氏兄弟、郑成功、清政府和当地权贵之间易手，饱受战火的摧残。清朝于1664年成功消灭苏利。但在一年后，台湾郑氏政权的领导人，郑成功的长子和继承人郑经，利用这一期间相对的权力真空来占领此地，并建立走私贸易的根据地。经历多次持续的进攻，以及对沿海居民进行残酷的迁界令，清朝才成功于80年代在广东东部确立绝对权威④。卢氏父子的墓碑铭文分别刻于1645年和1672年，恰好处于这个政局混乱时期。尽管当地的士绅家族的忠明情绪大都如卢氏父子，但基于对敌方夺得控制权后加以惩罚的担心，他们都不敢公开使用“永历”这样的南明年号。透过从政治现实中抽离，龙飞似乎是最适立与最安全地表达抗清思想的选择。

三、郑氏的海洋霸权

明清两朝的交替促使大批难民流亡到日本和东南亚。这些流亡人士在刚抵达新家园后都会公开地表达他们的政治立场。作为一种非常正式的纪念已故亲属的方式，也为了确保后人能在正确的日子祭祀先人，神殿和庙宇里的神主牌对日期的准确性与合法性(包括年号)十分讲究。通过对它们的研究，我们可以了解该海外华人社区对当政朝廷普遍的态度。

日本学者日比野丈夫曾对马六甲的青云亭里保存的神主牌做了深入的

---

① 陈守继：《苏成、苏利历史资料拾遗》，《陆丰文史》1993年第6期，http://www.lfxcw.gov.cn/623.html。

② 杨英：《从征实录》，台湾银行经济研究室，1958年，第4页；Cheng Wei-chung. *War, Trade and Piracy in the China Seas, 1622–1683*, Brill, 2013, pp.166–167; Robert J. Antony. *Like Froth Floating on the Sea: The World of Pirates and Seafarers in Late Imperial South China*, Institute of East Asian Studies, University of California, 2003, p.34.

③ 陈守继：《苏成、苏利历史资料拾遗》。

④ Cheng Wei-chung. *War, Trade and Piracy*, p.167; Dahpon David Ho. “Sealords Live in Vain: Fujian and the Making of a Maritime Frontier in Seventeenth-century China”PhD diss., Uuiversity of California, Sam Dieg, 2011, pp.200–297.

研究。在众多的神主牌中，郑贞淑的神主牌尤其引起日比野教授的注意。神主牌上记录了郑贞淑于“隆武戊子年闰三月初三未时”（1648 年 4 月 25 日午后）去世。文字是由他儿子郑芳扬所刻写。郑芳扬是当时统治马六甲殖民当局荷兰东印度公司所任命的第一位甲必丹，即负责管治当地华人社区的领袖。“隆武”指的是于 1645 年在郑成功的父亲郑芝龙的军事支援下在福州拥护的南明皇帝所公布的年号。不过，仅仅一年以后，清军夺取了福州，把郑芝龙带回北京作为人质并杀害了隆武帝①。那么，郑芳扬为何要在此政权灭亡后仍然用“隆武”年号来标记 1648 年？两年应该有足够的时间让此政权已灭亡的消息传到马六甲的。

日比野教授认为郑贞淑来自隆武统治范围内的漳州，为了避免清朝攻击才逃离家园，因此是基于他情感上对这个政权的忠诚而继续使用隆武年号的。我想引入另一个与隆武帝没有直接关系的可能性。事实上，郑成功在隆武政权灭亡后仍继续使用隆武年号，直至 1648 年他才舍弃隆武年号并选择承认永历，即南明诸多小朝廷中持续最久的政权。这刚好是郑贞淑去世之年。漳州地区及郑成功在厦门的基地的第一道防线与势力范围②。因此，郑贞淑和他的儿子很有可能有参与郑氏家族庞大的海上贸易网络，专门负责处理马六甲与中国沿海地区之间的商业往来以及确保与荷兰的和谐关系。对郑芳扬来说，这身份会与他被荷兰当局选为甲必丹的任命重叠。不过，在荷兰东印度公司在东亚海上地区的控制范围内，卓越的中国人同时对两个政权效忠是很普遍的安排。只要荷兰与郑氏家族保持友好的关系这双重忠诚便能够继续。

同样地，我们能安全地假设由郑成功所选择用以替代“隆武”的“永历”年号从 17 世纪 40 年代末至 70 年代末在中国以外的华人社区中得以广泛流传。虽然永历皇帝于 1662 年已在清军的手里遇害，郑成功及其后人继续以永历纪年至 1683 年。至少，郑氏旗下经营的商人以及他们在东亚海域港口的华商伙伴都用永历年号。由于郑氏家族控制了该地区约七至八成的中国航运，与他们有商业来往的海外华人占了大多数③。事实上，郑成功与郑经特别开设了印刷局来出版与派发年历。隶属于郑氏家族的帆船会在他们执行商业任务时把这些年历携带上船④。正如美国学者贝睿葆所指，使用共同的年历计算令商业习惯（如账目记录）得以标准化⑤。因此，郑氏对时间计算

---

① 日比野丈夫：《マラッカのチャイニーズ・カピタンの系譜》，《東南アジア研究》1969 年 6 月，第 91—94 页。

② 《海东逸史》，台湾银行经济研究室，1961 年，第 6 页。

③ Xing Hang. *Conflict and Commerce in Maritime East Asia: The Zheng Family and the Shaping of the Modern World, c.1620-1720*, Cambridge University Press, 2016, pp.265—294.

④ 成海应：《丁未传信录》，韩国古典综合数据库，2007 年，http://www.itkc.or.kr/MAN/index.jsp。

⑤ Robert Batchelor. *London: The Selden Map and the Making of a Global City, 1549-1689*, University of Chicago Press, 2014, p.188.

的定义，一方面对与北至日本长崎南至印尼万丹有复杂贸易关系的中国商人有利，另一方面能加强郑氏家族对这些商人在东亚海上活动的管制和影响。

此外，永历年历亦是作为官方礼物送给其他国家的外交工具。这些在国外的年历由于没有受政权变迁的影响而能被保存至今。台湾的杨永智教授发现在一个日本私人收藏中保留了一个由郑氏统治者送给朝鲜国王的永历二十一年(1667 年)的年历[①]。贝瑞葆教授提及另一个在牛津大学的图书馆里找到的永历二十五年(1671 年)的年历。它是英国东印度公司驻台湾商馆在 1671 年 1 月与 1672 年 11 月派送到位于万丹的公司总部的共一百部年历中唯一保存下来的样本。贝教授认为这种印刷并传播已故皇帝年号的行为是为了对外界宣传郑经所拥护的南明政权比清朝更有合法性[②]。因此，永历历法与年号把东亚海域的华人团结成一个以抵抗清朝统治为中心的政治阵营。

郑氏家族在东亚海域所形成的强大军事和经济存在令该地区许多统治者感到不安。1662 年，郑成功收复了台湾，并在这资源丰富的岛屿上建立了比在厦门更大规模的基地。这一举动促使清朝与荷兰东印度公司联手遏制郑氏的扩张计划并限制郑氏家族获取产品资源与市场的机会。清朝在中国实行严酷的迁界令，把中国海岸线变成无人之地。荷兰海军则对公海实行严格的封锁，对没有公司通行证的中国帆船进行拦截和掠夺。与此同时，两者均对该地区的国家施加巨大压力迫使他们配合削弱郑氏家族的势力[③]。尽管如此，许多华侨商人仍然在当地统治者的秘密或公开支持下与郑氏保持联系。然而，到了 17 世纪 70 年代末，郑氏在与清军的一些关键的战役中失败，其在海外的影响力亦迅速下降。到了 1683 年，郑氏投降，并把台湾交给了清朝，郑氏政权正式告终。

四、没有明朝的反清复明思想

在郑氏投降前的五六年间已有大批来自郑氏势力范围的福建和广东难民逃往他们曾与之做过贸易或有亲戚居住的东亚海域各港口寻求庇护[④]。由于本来为他们提供保护的郑氏政权正处于崩溃边缘，他们所面对不明朗

① 杨永智：《明清时期台南出版史》，台湾学生书局，2007 年，第 16—17 页。

② Robert Batchelor. *London*, p.188.

③ Xing Hang. *Conflict and Commerce in Maritime East Asia: The Zheng Family and the Shaping of the Modern World*, pp.150-151、173、193-194.

④ Anthony Reid. "Flows and Seepages in the Long-term Chinese Interaction with Southeast Asia", in Reid, *Sojourners and Settlers: Histories of Southeast Asia and the Chinese* Allen and Unwin, 1996, pp. 41-42.

的未来完全取决于当地统治者对他们的态度。由于与郑氏的关系可能会对自己不利，甚至会使生命受到威胁，这些流亡者必须在表达自己反清意识和思乡之情的同时特别注意不要与郑氏扯上关系。这个推测可以从对历史资料以及在明朝遗民的集中地，包括马六甲和越南北部的铺宪，所找到的碑文的研究得出。

首先，让我们重访在自己父亲的灵牌以隆武纪年的马六甲首任甲必丹郑芳扬。在他死后一年(1677)，他的孩子为他在当地三宝山的华人墓地竖立的墓碑是以龙飞和干支组合来纪年的①。在青云亭亦能找到同样的纪年方式，特别是于1685年为纪念他的继任人李为经而立的石碑，以及于1706年为歌颂后期的一位甲必丹曾其禄而写的牌匾②。很明显，荷兰东印度公司对郑氏的敌意，特别是在失去台湾后，意味着它在如马六甲般主要殖民地所挑选的华人社区领袖必须避免与郑氏家族有任何关系，包括不能使用永历年号。否则，他们可能会被撤去特权和没收财产，甚至有可能会破产。

因此，这些华人只能以其他形式来表达他们对明朝的忠诚。在青云亭侧殿的墙上所悬挂的李为经的肖像就是一个例子。在肖像中他穿着明朝衣冠。这与清朝统治下的服饰形成鲜明的对比。曾其禄与他妻子的小雕像也显示他们穿着类似的明朝装扮。曾其禄的神主牌描述他是一位“故明避难义士”，而纪念他的石碑上也记载他“少有大志，卓荦不群，遭沧桑，故避地甲邦”③。这一段文字表示由于他不能融入清朝的习俗与制度而选择逃到马六甲。曾其禄小心地用过去式来形容明朝，借此表示当前没有政治取向。

由于地理和文化上与中国接近，越南是流亡海外的明朝遗民最多并且最集中的地方。铺宪是首都河内的主要港口。在那里，几乎所有曾有华人组织的地方都能找到龙飞纪年。我亲自到过其中的一些地方视察，包括北和寺、东都广会、温氏祠堂等。在这些建筑物内外的牌匾均有“龙飞”单独或作为对联的一部分出现在结尾语中。

由于它们采用龙飞干支组合而非一个确实年份来纪年，而干支是每六十年循环一次，所以有时候并不能确定某牌匾和碑文是何时所写。根据越南学者 Châu Hải 的研究，华人社区在铺宪的起源可以追溯到17世纪中叶明清两朝交替的前后几十年④。不过，从苏尔梦教授的观察推断，很多建筑物更像是18、19世纪修复甚至重建的。因此，牌匾和石碑上的日期应该更可能是属于18、19世纪的年份。苏尔梦于1993年参观过妈祖庙(即福建会馆)时发现了一个现今已不复存在的石碑，上面所刻立碑日期为龙飞甲午年，这可以

① 日比野丈夫：《マラッカのチャイニーズ・カピタン》，第91页。
② 傅吾康、陈铁帆编：《马来亚华文铭刻萃编》，第224—225、228—229页。
③ 日比野丈夫：《マラッカのチャイニーズ・カピタン》，第98—99页。
④ Châu Hải."The Chinese in Phố Hiến and Their Relations with Other Chinese in Other Urban Areas of Vietnam", *Phố Hiến: The Centre of International Commerce in the XVIIth-XVIIIth Centuries* Thế giới, 1994, pp.210-216.

推算1654年、1714年、1774年，甚至是1834年。通过与在妈祖庙附近的东都广会（广东商人所建立的会馆）里找到的一些更精确纪年的碑文作比较，她推测一个牌匾上的龙飞戊子相当于1768年①。

正如在马六甲的情况一样，在石碑与牌匾上的"龙飞"纪年方式是人们表达反清复明的多种渠道之一。铺宪的几个佛教寺庙在石碑上列出了支助寺庙维修的捐赠者名单，当中不少为华人。碑文刻于18世纪的首二十年，并均使用越南的黎朝年号。最引人注目的是每位华人捐赠者的名字都以"大明"开首，然后才是他们的祖籍地（主要在福建和广东）和他们与配偶的名字，偶尔也会有他们商行的名称。这些人无疑是刚才提到的各自会馆（如妈祖庙和东都广会）的成员。直到近代，铺宪华裔对明朝的认同仍旧根深蒂固。在温氏宗祠里藏有一个在20世纪中叶建的石碑。碑文自豪地吹嘘温氏的先祖原为忠明义士，为了躲避潮州的动荡才于17世纪末逃离家园来到铺宪定居。另外，我研究了在东都广会对出墙上的一个石碑，它上面同时列出了龙飞甲申与公历1944年以表明刻写这座碑文的时间。

明朝遗民能够在越南完美地保留他们的认同与黎朝于中国朝代交替时期所制定的政策有很大的关系。郑氏家族一直视越南为重要的贸易市场和收集清朝军事情报以及与位于中国西南部的永历皇帝交流的后勤基地。此外，随着战况对郑氏越加不利，越南及其人口稀少的边缘地区成了郑军逃避清廷攻击的避风港。

因此，黎王朝受到来自清朝的巨大压力要限制郑氏家族在越南的政治与商业网络。1660年，它正式放弃了摇摇欲坠的南明永历政权，把宗祖国转换为清朝。1666年，清廷派军跨越边境企图缉拿几名从邻近雷州半岛逃往越南寻求庇护的效忠于郑氏的海盗同盟，但是遭到抵抗后撤退②。在1683年台湾投降后，福建水师提督施琅派遣他的下属陈昂率领海军远征五年，其间到访过长崎和东南亚多个港口。虽然这次任务名义上是为了说服郑氏的残余部队投降并回归原籍，但其真实意图可能是要收集有关成员去向的情报以便计划未来的对应措施。在船队回中国不久后的1688年，广东巡抚去信给割据越南中南部的阮主要求他进攻湄公河三角洲并拔除驻守那里避难的郑氏残余势力。在郑氏旧部陈上川、杨彦迪的经营和管理下，这块土地肥沃但人烟稀少的边陲之地几年之内变成了繁荣的农业定居地和商业中心。他们还控制了泰国湾北岸富战略性的贸易路线③。

广东巡抚的命令无疑是利用陈昂远征军所收集的信息来采取相应的行

---

① Salmon."Réfugiés Ming", p.188.

② Junkai Niu, Qingxin Li."Chinese 'Political Pirates' in the Seventeenth-Century Gulf of Tongking", in Li Tana, Nola Cooke, James Anderson. *The Tongking Gulf through History*, University of Pennsylvania Press, 2011, pp.38-139.

③ 林春齋、浦廉一編：《華夷變態》，《東洋文庫》，1958—1959年，第一册第431页、第二册第1127页。

动。基于清政府对中国外围的反清情绪采取积极且令人不安的关注，作为南边邻居的越南均不得不限制反清复明的活动。为了增强对流亡此地的明朝遗民的监视，割据北越的郑主把居住的华人限制到几个特定的港口，包括铺宪和河内城墙外的一个专区①。实际控制中南部的阮主虽然没有北部那么严格，但还是把明朝遗民以有别于本地人的人口登记分类，把他们分配到特殊的村落，即明香社，居住，并在他们当中挑选领导进行自治。迄今为止，有关明香社最早的铭文记录来自 17 世纪 50 年代越南中部海外贸易的首要港口会安。该社的成员享受较好的福利：既被免除税务与劳役，又有资格参加本地的科举考试并当官②。

为了满足清政府要求避免其南部边境地区继台湾之后成为又一个新的反清复明的根据地，并乘机扩大自己的领土，阮主在 17 世纪 80 年代末发起了对湄公河三角洲的攻击。在消灭杨彦迪的军队和确保陈上川的归降后，阮主于 1690 年在西贡建立了一个军事基地并将所有华侨聚集到这个城市的周围组成明香社③。

名义上效忠黎朝的越南南北两个割据政权制定的这些政策原意是为了确保能对明朝流亡人士的行动进行更密切的监视，可是通过明香社的组织，它也间接起到了维系这些华侨的身份认同的作用。即使对明朝的政治忠诚已不再重要，相关的习俗与仪式还是得以持续，有些甚至保存至今。

总括来说，正如马六甲和铺宪的例子所显示，在石碑、牌匾与墓碑上所找到的龙飞纪年无疑代表了对清朝统治的反抗与否认。当与其他明确表示对明朝忠诚的铭文和文本一起研究时，这反清的立场就显得更加清晰。然而，"龙飞"也是一种含糊与沉默的抵抗象征。清廷在其附属国和东亚海域其他国家的巨大影响力迫使流亡的明朝遗民小心行动，以免遭到军事或其他形式的报复。因此，"龙飞"的运用既能含蓄地表达对亡明的认同，又能让他们与该地区最强大和活跃的反清运动——郑氏与他们的永历年历——保持距离。

五、与清朝的和解

18 世纪初以后，"龙飞"在铭文或其他历史文献中大幅减少。其中一个原因是随着 1683 年郑氏被消灭，光复明朝的可能性变得更加渺茫。或许更大的因素是清廷取消它长期以来对海外贸易的禁令，从而引发了大批中国人移民海外，其数量远超较早前的明朝遗民。就像他们的前辈一样，这些主

---

① Cheng Wei-chung. *War, Trade and Piracy*, pp.214-215.

② Salmon."Réfugiés Ming", pp.181-184.

③ 林春齋、浦廉一編：《華夷變態》，第二册第 1128 页；郑怀德：《嘉定城通志》，教育出版社，1998 年，第 205—206 页。

要来自福建和广东的人成群结队地涌到东南亚的不同地方，从繁忙的港口到人烟稀少的内陆地区都能见到他们的踪影。作为商人、水手和劳工，他们在长途帆船贸易、采矿、农业和自然资源开采等方面都作出了关键的经济贡献。历史学家如包乐史和 Carl Trocki 把清朝取消海禁后的一个世纪描述为海上东亚与全球经济史上的“华人世纪”①。

从这批来自清朝的中国移民与定居者使用清朝年号可见他们大致上对新朝廷感到满意。我在泰国南部的洛坤郊外一条偏僻的乡村小道发现了福建莆田人林二君的墓碑。这大概是中国境外第一个用清朝纪年系统的例子之一。根据洛坤博物馆的描述，林二君在 17 世纪中叶抵达该地后很快便被暹罗国王册封为管治这个城市的诸侯。在他过身后不久竖立的这个墓碑上铭刻了康熙癸戊（1663 年）。林二君在清朝实施海禁之前移民到暹罗。此外，大城王朝自 1651 年起正式向清朝纳贡②。作为隶属大城的华人管辖者，不管他的实际政治立场是什么，林二君都必须采用清朝年号。

然而，此纪年方式是在清朝于 1684 年取消海禁后不久才开始在海外普遍出现。苏尔梦教授在会安发现了一些最早由华侨使用清代纪年的例子，其中包括一个刻有“康熙二十七年”(1688 年)的钟和一个刻有“康熙二十八年”(1689)的香炉。两个都是由商人在广州城外的工作坊定做的，然后捐赠给本地的一座著名庙宇。在随后的几十年，清朝年号迅速扩散成东南亚海域的华人最主要的纪年方式，一直到 19 世纪中叶。对于早期的明朝遗民和他们的后代来说，与清朝及其臣民建立友好关系对于维持与中国内的产品来源和市场的有利商业联系至关重要。与此同时，由于他们拥有共同的文化背景，许多流亡海外的明朝遗民被居留国安排专门负责处理与清朝商人和移民有关的事宜。例如，越南的明香人经常担任港口官员，负责征收关税并为中国帆船的船员作翻译③。

明朝遗民及其后代即使私底下对清朝的统治反感，面对其日益繁荣强大，他们也只能接受清朝在短期内不会被推翻的现实，无奈地选择采用清朝的纪年习惯。马六甲为他们这种务实的态度提供了一个典型的例子。与郑芳扬和较早时期的甲必丹相反，他们的后代与接班人公开地接受清代年号。李为经的儿子为他竖立的神主牌刻写了他过身之年为康熙二十七年(1688)。曾宪魁是继曾其禄后的甲必丹。他的神主牌不单只刻写了清朝年

① Leonard Blussé. “The Chinese Century: The Eighteenth Century in the China Sea Region”, *Archipel* 58 (1999), pp. 107 - 129; Carl Trocki. “Chinese Pioneering in Eighteenth-Century South Asia”, in Anthony Reid, *The Last Stand of Asian Autonomies: Responses to Modernity in the Diverse States of Southeast Asia and Korea, 1760-1840*, St. Martin's, 1997, pp. 83-102.

② Sarasin Viraphol. *Tribute and Profit: Sino-Siamese Trade, 1652-1783*, Harvard University Press, 1977, pp. 11-12.

③ Salmon. “Réfugiés Ming”, pp. 183-184、201.

号，还在他的名字之前加上“皇清”二字[①]。随后几年，在青云亭和三宝山的牌匾和石碑上都广泛使用这种纪年方式。这些铭文多由甲必丹或其他社区长老，甚至是特别邀请中国故乡的著名士绅或官员来书写，从而增加青云亭和三宝山的威望和权威感。

虽然在曾其禄结束其甲必丹的任期后反清复明的理念甚少被广泛强调，此潜在的意识在纪念青云亭的翻新时以石碑刻文的形式再次公开出现。这石碑由邱华金录写，并以龙飞辛酉年(1801)作结。虽然我找不到有关此人的其他资料，但从石碑上所列出翻新工程的捐款名单上许多人都跟他同姓可见，他是来自当地有巨大影响力的家族。他在这种通常要求使用更正式的纪年方式的公共场合选择使用龙飞纪年，表明了至少某些在马六甲的重要的老家族，即使在明清朝代交替一个多世纪后，仍然反对任何承认清朝统治的方式。更重要的是，这石碑高度赞扬当时的甲必丹蔡士章的领导与其对社区的贡献，并把他列入捐助者名单的首位。虽然蔡士章个人的墓碑和石碑上的铭文都统一依照清朝惯例记录，邱华金在对他的褒扬中暗示了他最低限度有对反清复明的立场表达宽容，这才会赢得明朝遗民和后代的欢迎与支持[②]。

在湄公河三角洲的西端以及泰国湾北岸，毗邻柬埔寨、越南和暹罗的河仙政权，反清复明的意识比马六甲更浓厚：亲明言论基本上是统治和日常生活的一部分。这个自治政体是由流亡的明朝遗民鄚玖建立的。到了1735年，他的长子鄚天赐掌权后，河仙的力量达到了顶峰。在18世纪的大部分时间里，其主要港口成为中国与东南亚之间大米、锡等商品以及中国输出劳动力的最大转运中心[③]。由莫天赐的亲信于19世纪初编辑的《鄚氏家谱》是从鄚玖拒绝屈服于清朝管治开始记载的。根据叙述，鄚玖于1671年逃离位于雷州半岛的家乡，“因不堪胡虏侵夏之乱，越海投南……为客乡”。在河仙的鄚公庙也在当眼处摆放了一副对联：“自家肤发完浮海波涛外死生”[④]。也就是说，鄚氏宁死不肯遵从清朝的制度，尤其是剃发令。逃避到海外一方面让他们的家族既能履行身体发肤受之父母不敢毁伤的儒家孝道，另一方面能表达对已故明朝的忠诚。

位于鄚公庙后面的屏山是鄚氏家族和随从的官员、将领的墓地。很多墓碑在标志被埋者的头衔和名字之前都刻有“皇明”二字。其他的如鄚玖与鄚天赐的墓碑碑文虽然没有提及明朝，却是以“龙飞”格式来纪年。跟马六甲和铺宪的情况一样，反清复明与“龙飞”这两种表达方式从未一起出现。带

---

① 日比野丈夫：《マラッカのチャイニーズ・カピタン》，第101页。

② 傅吾康、陈铁帆编：《马来亚华文铭刻萃编》，第236—238页。

③ Li Tana, Paul A. Van Dyke."Canton, Cancao, and Cochinchina: New Data and New Light on Eighteenth-century Canton and the Nanyang", *Chinese Southern Diaspora Studies* 1, 2007, pp.13-18.

④ 武世营编：《河仙镇协镇鄚氏家谱》，世界出版社，2006年，第93页。

有忠明字句的铭文只用干支纪年，而以“龙飞”纪年的墓碑不是政治中立便是承认19世纪初控制河仙的越南阮朝。而且，“龙飞”刻文主要出现在鄚玖和鄚天赐等最高领导人的陵墓上。

这种忠明字句与“龙飞”的分离跟河仙在东亚海上的地缘政治地位有很大的关系。作为商业中心，河仙的生计取决于与中国稳固的贸易联系，特别是进入广州利润丰厚的市场的机会。与此同时，为了换取军事保护以对抗暹罗与柬埔寨，河仙向强大但亲清朝的越南中南部的阮主称臣①。因此，河仙还是要想尽办法避免与清朝对抗。而鄚天赐更积极地培养与广州地区的士绅和低级官员的关系，甚至自费邀请他们以贵宾身份造访河仙。他创办了一个诗歌俱乐部，让身在河仙、越南与中国的文人能以诗词交流②。

鄚天赐甚至主动为清朝服务。李庆新教授认为，自18世纪40年代至70年代，河仙成了中国收集东南亚的信息与情报的主要来源。鄚天赐所信任的商人会定期向两广总督汇报该地区发生的最新状况。如果清朝认为信息有战略价值，清政府会邀请这些商人到北京亲自向乾隆皇帝陈述或派遣清朝特使到河仙了解细节③。鄚天赐更称赞乾隆皇帝是一位“素有仁声”的明智统治者④。

由此可见，到了18世纪，流亡海外的明朝遗民及其后代已经成功把他们的忠明意识与反清抗争分离。如此一来，基于清朝规定无法在中国境内做到的保留传统明代服饰与发型变成了对儒家思想中忠诚、孝顺和正义等美德最真实的履行。对于那些丧失家园并永久困在异国的流亡者来说，这种对明朝认同的新定义让他们能在海外环境中保持他们的华侨身份。“龙飞”纪年在把反清复明从带有革命意义转代成只是一种抽象的反抗标志这方面起了关键性的作用。

六、结　　论

本文追溯了“龙飞”纪年习俗在中国与海外的起源与发展。本文显示，“龙飞”最初是用于赞美当政皇帝以及在私人文件和宗教信仰中作为非正式与吉祥的日期记载，可是在17世纪明清转折时期变成了政治反抗的标志。“龙飞”作为代表人民拒绝承认清朝统治的标志可以从刻有“龙飞”字眼的铭文的公众性、对清朝年号避而不谈，以及其他忠明表现而推断出来。在公开

---

① 许文堂、谢奇懿编：《大南实录清越关系史料汇编》，“中央研究院”，2000年，第7、9页。

② 鄚天赐：《河仙十咏》，汉喃研究院，A.441。

③ 李庆新：《鄚氏河仙政权（“港口国”）及其对外关系》，《海洋史研究（第五辑）》，2013年，第133—135页。

④ 武世营：《鄚氏家谱》，第129—130页。

地赞同某一政治理念有可能构成危险的情况下,“龙飞”提供了一个含糊却安全的表达政治异议的方式。

研究中国东南沿岸以及马六甲、铺宪与河仙等明朝遗民集中的据点里带有“龙飞”纪年的文本和碑文能为东亚海域华人对明清两朝交替的态度之演变提供宝贵的线索。在北京于 1644 年沦陷后,海外华人主要效忠于掌控着该地区商业与政治影响力的郑成功及其后代周边。然而,随着清朝逐渐巩固其对中国的统治和剥夺郑氏在海上的优势,明朝遗民大量流亡到东亚海域各地并对公开表达他们的理想变得更为谨慎。为了能继续接触中国市场,再加上大批来自清朝领土的移民和商人的到来,这些早代的流亡者被迫有意识地淡化他们反清复明的情绪。

这种反抗情绪的淡化过程早在 1683 年郑氏投降之前便开始。正如贝瑞葆教授所指,郑氏在永历皇帝灭亡后仍继续使用永历历法数十年,正是把主权问题重新定义成与现成的中央朝廷无关的概念。换言之,反清复明的理念渐渐从复兴明朝演变成对中国传统文化特征与制度的认同。在所有可靠的反清抗争都被消灭后,“龙飞”配以六十年一循环的干支组合为流亡海外的遗民提供了一个理想且含糊的纪年方式。东南亚历史学者 Anthony Reid 断言此纪年方式为身在中国以外的华人提供了第一个具体的身份认同方法。

虽然反清复明的理念具有民族排外性,但它的非政治化让海外华侨有足够的弹性去接纳当地的统治者。他们也能与清朝的臣民友好地相处以及承认清朝在东亚海域的强势地位。他们对两地的熟悉使他们能够对海外华人社会产生巨大的影响力。这影响力并没有在 1684 年后由于大批清朝移民与商人的到来而被削弱。因此,当清朝在 19 世纪末开始瓦解时,反清复明作为强大而有影响力的旗帜再次把东南亚的海外华侨聚集在一起。以抗清的名义,他们为太平天国叛乱、秘密组织起义,以及最终推翻清朝统治的辛亥革命提供了重要的支持。

Soaring Dragon amid Dynastic Transition: Dates and Legitimacy among the Post-Ming Chinese Diaspora

Abstract: This paper examines the origins of the Longfei dating system and its usage in China and among overseas Chinese in Southeast Asia during the seventeenth and eighteenth centuries. Through the study of epigraphic evidence in Chinese coastal settlements, Melaka, and Pho Hien and Ha Tien in Vietnam, along with textual sources, it concludes that Longfei was originally apolitical and merely referred in flattering terms to the current reigning emperor in China. It also served as an informal and auspicious marker of time in private documents and religious incantations. However, during the seventeenth-century Ming-Qing dynastic transition, it transformed into a statement of political resistance. However, with the Qing in full control of China after 1683, Longfei represented an ambiguous and "safe" form of dissent, when an open embrace of Ming loyalism would prove dangerous for the community in question, whether in China or Southeast Asia.

Keywords: Longfei, Southeast Asia, Ming Loyalism, Zheng Family

海交馆《山形水势图》简述*

刘义杰**

摘　要：我国古代航海家使用航海罗盘导航过程中，除了记载针位等导航要素的针路簿外，还存在着一种称作"山形水势图"的航海图。自章巽出版《古航海图考释》后，山形水势图首次面世，后在美国耶鲁大学发现了另外一套山形水势图，这种我国航海家独有的航海图始为人所知，但对它在航海中的作用还有待新资料的发现。本文以福建泉州海外交通史博物馆（海交馆）收藏的一套山形水势图为解读对象，指出这是迄今为止发现的第三套山形水势图，通过对现存三套山形水势图的比较，指出这三套航海图虽有不同的特点，但都是我国古代航海家使用的航海图。

关键词：针路簿　航海图　山形水势图　海交馆

帆船航海时代，如何操纵帆船航海，以明代海道针经《顺风相送》描述最为详备："若行船难者，则海水连接于天，虽有山屿，莫能识认。其正路，全凭周公之法，罗经、针簿为准。倘遇风波，或逢礁浅，其可忌之，皆在地罗经中取之。其主掌人观看针路，船行高低，风汛急缓，流水顺急，机变增减。或更数针位，或山屿远近，水色浅深，的实无差。又以牵星为准，保得宝舟安稳。"①保障航海安全，主掌人即火长以航海罗盘（罗经）和航海指南针路簿（针簿）为主要导航工具，但海况多变，还要辅之以观察山形水势（图）和观察星座（牵星），方能达到航行的目的。晚出的《指南正法》亦有相似描述。证之明初郑和下西洋，关于航海过程，巩珍在其《西洋番国志》中说："惟观日月升坠，以辨西东，星斗高低，度量远近。皆斲木为盘，书刻干支之字，浮针于水，指向行舟。经年累旬，昼夜不止。海中之山屿形状非一，但见于前，或在左右，视为准则，转向而往。要在更数起止，记算无差，必达其所。始则预行福建、广、浙，选取驾船民梢中有经惯下海者称为火长，用作船师。乃以针

* 本文为国家社科重大基金项目"中国古代海上丝绸之路图像资料的收集、整理与研究(18ZDA186)"阶段性成果。

** 作者简介：刘义杰，福建师范大学教授。

① 佚名：《顺风相送》之《顺风相送序》，中华书局，2000 年，第 21—22 页。《指南正法》中亦有相似文字。

经、图式付与领执，专一料理，事大责重，岂容怠忽。”①则知郑和下西洋时，火长除了掌握航海罗盘的使用技巧外，还有“针经”和“图式”。清康熙二十二年(1683)，琉球国人程顺则得福建籍航海家“闽之婆心人也，将航海《针法》一本，内画牵星及水势山形各图，传授本国舵工，并告知曰：‘此本系前朝永乐元年差官郑和、李恺、杨敏等前往东、西二洋等处，开谕各国，续因纳贡累累，恐往返海上针路不定，致有差错，乃广询博采，凡关系过洋要诀，一一开载，以作舟师准绳。’”②由此可知，孔珍所说的“图式”即程顺则的水势山形图。但程顺则在《指南广义》所附一航海图(如图1)，并非真正的山形水势图，而是一幅中琉航海示意图。程顺则还透露了一个很重要的信息，他说，在福建籍火长赠送给他的《针法》中，“内画牵星及水势山形各图”，可见，有一种针路簿是将山形水势图“内画”在针路中的。

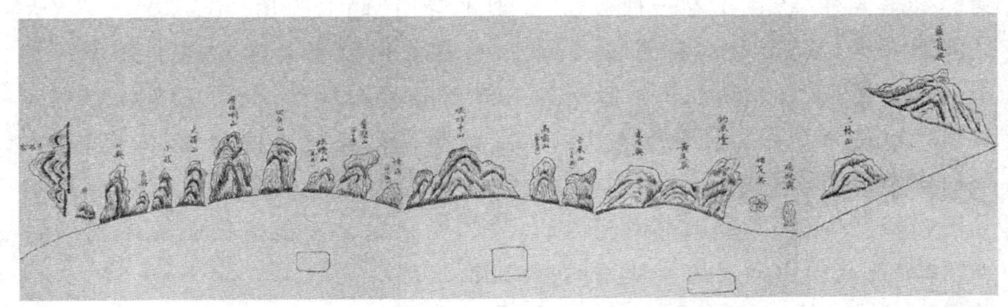

图1　程顺则《指南广义》中的“中琉航海示意图”

而我们此前所见的两套山形水势图，都是单独存在的，并不与针路簿结合在一起。1980年章巽先生考释出版的《古航海图考释》(章巽图)，仅见有独立存在的69幅山形水势图。1974年被发现于美国耶鲁大学的122幅山形水势图(耶鲁图)，似乎都是独自成篇，都与针路簿关联不大。2016年12月，借泉州海交馆举办学术会议之机，承蒙该馆郭育生副馆长肯允，得以借读了该馆征集的一本《针路簿》，展读之中，发现这本针路簿就是程顺则所说的那种“内画牵星及水势山形各图”的针路簿。如上述，这应该是目前面世的第三套山形水势图，也是唯一一套山形水势图和针路簿整合在一起的海道针经，它的出现和解读，有助于我们加深了解我国帆船航海时期的导航技术，对古代海上丝绸之路如何开拓和运营也会有所帮助，有鉴于此，遂不揣简陋，对泉州海外交通史博物馆收藏的这套山形水势图做一浅层次的解读，以就教于方家。

一、海交馆《针路簿》概况

海交馆图的特点是与针路簿整合在一本针路簿中，原为无名抄本，据海

---

① 巩珍：《西洋番国志》之《自序》，中华书局，2000年，第6页。

② 程顺则：《指南广义》之《传授航海针法本末考》。

交馆介绍，该本征集自泉州沿海，入藏装帧时在封面上加题“针路簿”作为册名（如图 2），暂将其命名为海交馆《针路簿》，而将其中的山形水势图部分提取出来，称作海交馆《山形水势图》（为方便起见，下文简称“海交馆图”）。

图 2　海交馆《针路簿》封面

复制件未编码，今依序编码，得 193 页，其中第 163—189 页绘有山形水势图 26 幅，另外，在第 26、29、31 页上，还有 4 幅附着在针路上的小型山形图。从复制件中可见原件墨书抄录在一公司用笺上，笺纸上下双栏，双栏外有黑（红）色边框，右框下角有“锦源 GG”字样，当为公司内部用笺（图 3）。

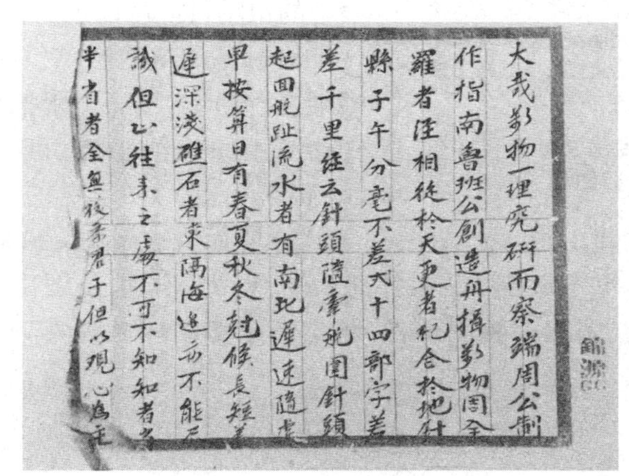

大哉萬物一理究研而察端周公制
作指南魯班公創造舟楫萬物周全
羅者注相從於天更者紀合於地針
縣子午分毫不差大十四部字差
差千里經云針頭隨潮兆圍針頭
起回舵趾流水者有南北遲速隨處
早按算日有春夏秋冬氣候長短差
遲深淺礁石者來隔海遠而不能已
識但以往來之處不可不知知者多
半省者全無於柔君子但以觀心為主

錦源
GG

图 3　海交馆图抄本首页右下见有“锦源 GG”印记

针路的正文及山形水势图均抄录在框内，竖排，超出上框的文字为岛礁名称，同时也是该岛礁针路的起始处。该针路簿起首也是一篇无标题的“序言”，其内容与《顺风相送》及《指南正法》等针路簿上的“序言”相类，应该都是转抄自某针路簿且稍加改造而已。序言后一如其他针路簿，为一篇“请神文”，题为《放洋下针请神仪式》，篇首有“大清国□府□县”，显系为清朝时期使用的针路簿。针路簿注明为针路的针路仅有 13 条：（1）太武往海南针路；（2）海南回厦门针路；（3）太武往广东针路；（4）广东回厦门针路；（5）大担放洋澎湖针路；（6）西山放澎湖西屿头针路；（7）澎湖回西山针路；（8）崇武岛屿放霞港针路；（9）放大敦针路；（10）落头从倚针路；（11）往北对开针路；（12）往北从倚山步针路；（13）厦门至北对坐针路。但个别针路体量庞大，针路中大量使用对坐针，针路范围主要是以福建厦门港为起航港，针路南到海南岛的海口，北到长江口，但如依其中山形水势图所描绘的，其所覆盖的海域则北起渤海，南到东沙群岛南澳气。

该针路簿中的第 5 条、第 6 条和第 7 条针路是从厦门港到台湾澎湖列屿及台湾岛南部的针路，故被大型丛书《台海文献汇刊》收编，以影印件的形式收编在该汇刊第三辑第36册中，名为《乘舟必览》①(图4)，全文共244页。据最早发现它的刘南威先生介绍，该针路簿收藏在厦门大学，《乘舟必览》是转录者添加的，抄本中除了三处小型的山势图外，海交馆《针路簿》中位于《往北从倚山步针路》和《厦门至北对坐针路》之间的山形水势图均未见转绘，殊为可惜。海交馆《针路簿》与《乘舟必览》之间，针路部分完全相同，是同一祖本的两种抄本，两个抄本之间个别字句可以互校补正。从"序言"和针路中的个别地名注记上分析，该抄本的祖本可能可以远溯到明代中叶。

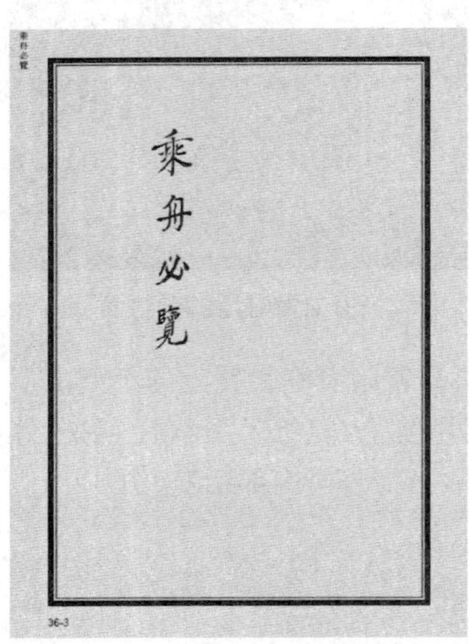

图4　收录在《台海文献汇刊》中的《乘舟必览》封面

从新见的这本针路簿上可以证明程顺则在《指南广义》上所描述的那样，在针路簿中原本绘制有山形水势图的，但如《顺风相送》和《指南正法》那样，转录者一是认为这些山形水势图没有导航价值而弃之不顾；二是转绘中图形容易走样而不得不放弃，仅在针路簿中保留山形水势图上的注记文字。另外，也有章巽图和耶鲁图那样，将山形水势图单独保存，独立于针路簿之外的。

二、海交馆图概况

海交馆《针路簿》中的海交馆图，不仅有山形水势图，而且还有4幅小型的山形图，这是以往针路簿极为少见的现象。海交馆《针路簿》中，在《往北从倚山步针路》和《厦门至北对坐针路》两条针路之间绘制有26幅山形水势图。另外在4条针路上附有4处小型的山形图，这4幅小山形图与大型的26幅山形水势图，并无关联。

4幅附在针路中的山形图都是简单的山形图，均无水势的注记文字。图5为附在"牛屿"针路中的山形小图，由上下两个小图组成。上图在山形下注"船在未坤，见如此形"，是船在西南方向(217.5°)时看到的牛屿山形；下图的注记文字原来抄录时误将上图的注记文字抄写下来，后来发现有误作了涂

① 刘南威等在《记载郑和下西洋的海图》(《地理科学》第25卷第6期，2005年12月，第748—753页)一文中首次披露该针路簿收藏于厦门大学博物馆图书资料室。2014年9月，厦门大学出版社出版陈支平主编的《台海文献汇刊》，在第三辑中收录了该影印件。

改，故“辰巽”为涂改时写上去的，为衍文。修正后的注文为：“船在辰巽，见如此形”，即船在辰巽即东南方向（127.5°）时看到牛屿的山形是这样的。上下两座牛屿的山形从不同角度观察时山形发生形变，这从图中可以明显看出。《乘舟必览》本亦有此图，注文亦相似，但所绘山形变化极大，应是转录者不经意间造成的误差。

牛屿，在《郑和航海图》中注为“牛渚”，在《安南国志》和《四夷广记》中误植为“片屿”。牛屿在福建闽江口南，平潭岛岛北端，今名牛尾岛，是从闽江口起航南下针路中的一个重要望山，故各针路簿均有注记，唯本针路簿对牛屿的注记最为详细，并专门在针路中标绘出牛屿的山形。

图 5 中尚有附在“白犬”针路中的两幅白犬山形图，略显简单。图 6 为南

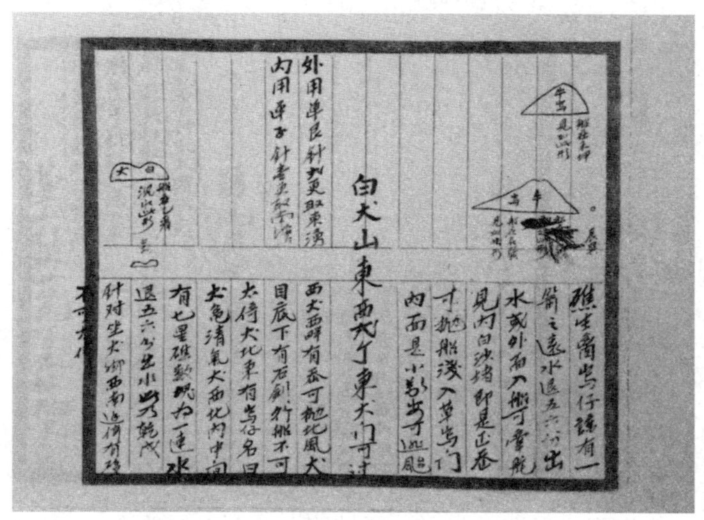

图 5　附于牛屿针路中的山形图

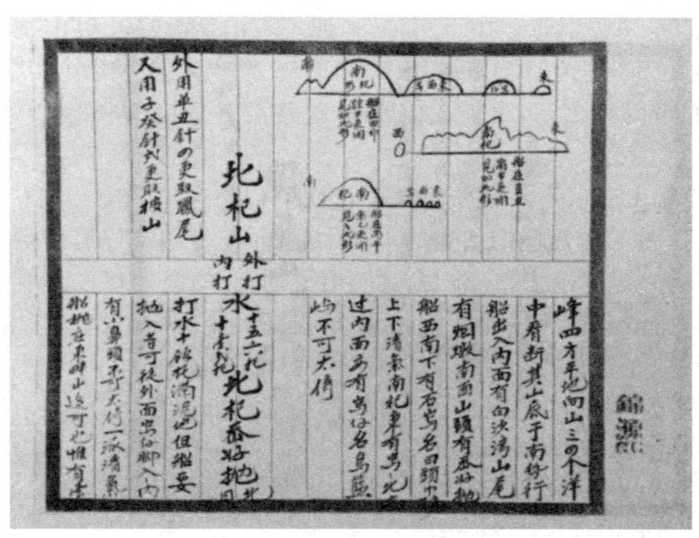

图 6　附于南杞山针路中的山形图

杞山针路中的山形图，由三幅小图组成。上图的山形注有东南走向，注文为“船在甲卯(82.5°)，谅半更开，见如此形”；中图走向为东西向，注文为“船在艮丑(37.5°)，离半更开，见如此形”；下图亦为东南走向，注文为“船在丙午(172.5°)，离乙更开，见之此形”。该图山形较上图显小，东面的岛屿也小了许多，这是因为离岛较远的缘故。

图7为附在渔山针路中的山形图，由上下两幅小图组成，上幅为东西走向，注文为“船在丁未(202.5°)，看上如此形”；下图注文为“船在午(180°)，看上更半开，如此形”。因两个角度相差不大，故山形变化不大。

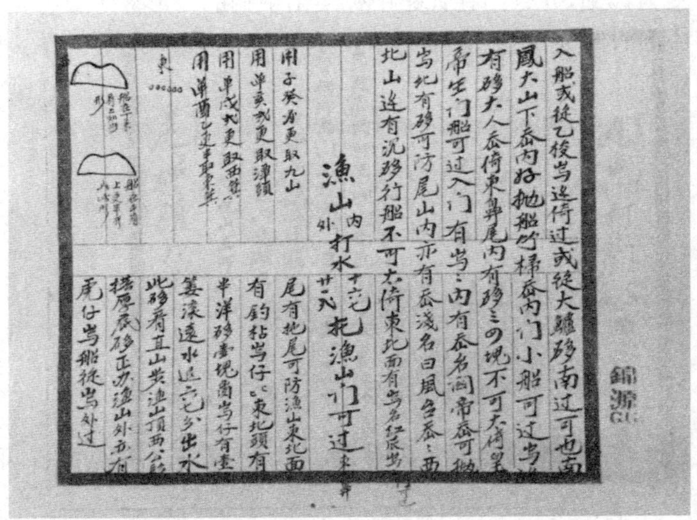

图7　附于渔山针路中的山形图

以上4幅小型山形图是为了注释针路而绘制在针路上的，可为火长提供船只定位和导航作用。明人董谷在描述吴朴的《渡海方程》时曾说：“海中山甚多，皆有名，并图其形。山下可泊舟，或不可泊，皆详备。”①海交馆图在针路中绘制山形图是否即如其说，尚不得而知。除这4幅小型山形图外，在《往北从倚山步针路》之后，绘制有与前后针路没有直接关联的26幅山形水势图。

这26幅山形水势图有明显的序列意图，以厦门港为中心左右展开。第1幅图(1②，图8)是厦门港周边的山形水势图，与针路簿以厦门港为始发港有关。图中心为“浯屿”和“南太武”的山形，此时的浯屿仅仅是航海家心中的“圣地”，已经没有导航的价值，故浯屿仅是一个圆圈，没有其他注文。真正的山形是“九十九尖”，在南太武南面的古雷半岛，注文“内用辰戌(120°—300°)，取南岙”，此为闽粤交界处，是航向南澳岛的必经之处，在山形水势图中采用“辰戌”对针，比较少见。

① 董谷：《碧里杂存》卷下《渡海方程》。

② 为叙述方便，将26幅图依原图排序，1即第一幅山形水势图，下同。

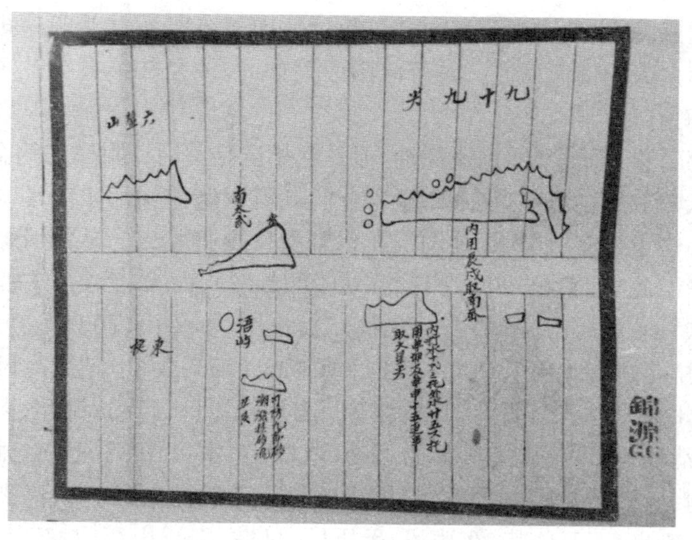

图 8　海交馆图之浯屿

第 2 幅图(2,图 9)的针路继续南下为闽粤交界处的莱屿列岛的山形水势,但将“南澳气”绘入其中。南澳气为今东沙群岛中的东沙岛,大约在明嘉靖万历年间出现在针路中。而最早被绘制在海图上,则为收藏在牛津大学鲍德林图书馆的《明代东西洋航海图》。明末清初的针路簿如《指南正法》开始注记经过南澳气的针路,其他如章巽图和耶鲁图,亦绘有南澳气的山形水势,但这里出现的南澳气,虽说毫无道理,但至少说明,这本海交馆《针路簿》的祖本中是有南海一带山形水势图的。

图 9　海交馆图之南澳气图

此后的各图,依图原序为乌猪山、弓鞋山(3);东姜山(4);南亭门、甲子栏(5)和赤澳(6)。但按针路,应从厦门港(南太武山)沿闽粤近岸南下,经珠江口外南亭门，过乌猪山到海南岛。故这些图幅不是按针路顺序排列，只是都位于南太武的南面而已。是否原图序列如此，或是转绘者错乱了次序，则不得而知。

从第 7 图开始，又回到厦门港，但是起始港是厦门岛附属岛屿金门岛，该图中所绘的“仙人倒地”（图 10）即为金门岛料罗湾的山形水势图，在章巽图和耶鲁图中也都有“仙人倒地图”，尤以耶鲁图更加精细。从第 7 幅开始，针路沿海岸向北，乌龟屿（8）；海坛、东犬、西犬（9）；白犬、台山、东涌（10）；北杞、南杞（11）；凤尾山、吊邦山、拔山（12）；渔山、小鱼山、西萁（13）；朱家尖、普陀山、桃花山、北乌龟（14）；两广、海照屿（15）；尽山、花鸟、大戢、茶山（16）；通州港、浩河、崇明港（17）；张家、云台、海门口（18）；海州、黄河、龙王宫（19）；清场口、两头屿、虚文营、海州港（20）；水灵山、千里岛、棉花屿、蛇屿、槟榔屿（21）；马头嘴、青山头、苏山（22）；养鱼池、圭鸣岛、乌驴岛、理顺口、金州、铁砧（23）；蛇屿、小凌河、天祈厂、皇城（24）；山海门、东港、大松、蹄胱屿（25）；马头嘴、青山头、苏山、马头水、茶山、乌仔屿（26）。此中的第 26 幅图与第 22 幅图有大半幅是重复的，尤其是注文完全相同。按针路顺序，似乎应该止于第 25 幅处，这与“南澳气”绘于第 2 幅一样不可理喻。如上序列，针路从金门岛经闽江口南面的白犬列岛，北上经浙江南部的南麂列岛到舟山群岛，再到长江口的崇明岛。在第 16 幅中，在茶山山形的注文为：“茶山是南京港口，有见一条青水，是港，硬地。”耶鲁图中亦有长江口的山形水势图若干幅，其中茶山山形的注文与此相似：“茶山，茶山乃是南京港口，有一条青水港，港心铁板沙，打水十二托。”可见，这套山形水势图与耶鲁图之间有某种关系，可能出自同一祖本。

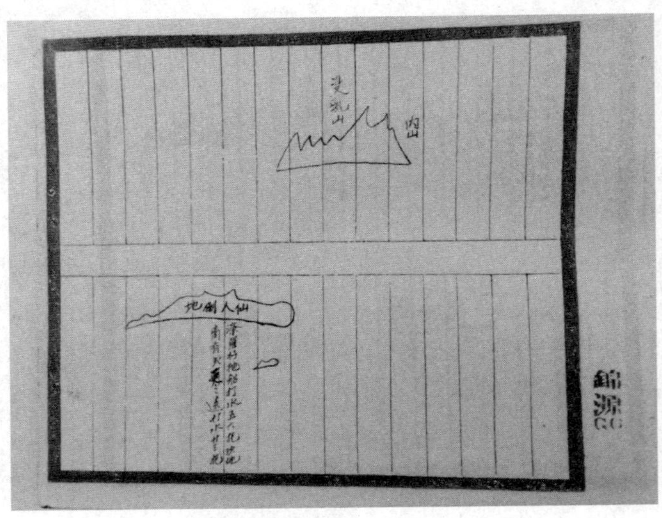

图 10　海交馆图之仙人倒地图

这 26 幅山形水势图所描绘的海域，北起山海门（山海关），这与章巽图及耶鲁图都很相像，从辽东半岛到胶东半岛，经鲁苏沿海到长江口，南下到舟山群岛，再沿浙闽海岸经闽江口到厦门港，以厦门港为始发港，向南沿闽粤海岸到珠江口，经乌猪岛到海南岛的埔前港（铺前港）。山形水势图中所描绘的长江口以南的山形水势图与针路簿记载的针路基本一致，所不同的是长江口以北的海域，在针路簿中基本空白。而在第2幅图上莫名其妙地绘制了一幅南澳气山形图，说明转录者所依据的母本上有南澳气的专题图，我们在章巽图和耶鲁图中都可看到南澳气图。

相较于章巽图和耶鲁图，海交馆图所绘制的山形图略显简单，但比章巽图要更接近于实际的山形，没有耶鲁图那样接近水墨画的水平。它的注文也比较简洁，甚至有误抄和删节的现象。从针路上看，这套仅有26幅图的山形水势图，仍然覆盖了我国除北部湾海域外的所有面向太平洋的岸线。体量上比其他两套图都小，但作为山形水势图，在导航意义上说，应该具有实用的价值。

三、小　结

就山形水势图来说，目前仅遗存三套，而且耶鲁图还远在他乡。海交馆图虽然仅有26幅，但仍然是具有导航价值的实用航海图。它的出现，再次证明我国古代航海家（火长）在航海中用来导航的工具有航海罗盘、针路簿和山形水势图，与明清时期传留下来记载相吻合。这种迥异于西方航海图的山形水势图，其表达方式虽然不同，但对航行中船舶的定位和导航的功能是一样。

以往发现的章巽图和耶鲁图都是独立存在的，唯有海交馆图是与针路簿组合在一起，这是偶然的现象还是转录者的行为尚不得而知，需要将来进一步地发现与验证。

最后，值得我们进一步关注的是，三套山形水势图有很多地方仅有绘制手法的不同，大部分的注文都相似，尤其是辽东湾内的几幅山形水势图，可以说是如出一辙，诸多迹象说明，这三套山形水势图具有同源的可能，仅从“南京”一词反复出现在长江口用来说明长江航道的情况分析，这些山形水势图都源自明代，应用到清代，在航海家手中传承和校正。

Brief Description of *the Map of Mountainous Terrains and the Flow of Water* in the Quanzhou Maritime Museum

Abstract: Ancient Chinese navigators not only relied upon the needle positions found in navigation guidebooks when sailing, but they also created nautical maps that displayed the terrain and the direction of currents. The Maps of Mountainous Terrains and the Flow of Water first appeared in Zhang Wei's *Annotations of Ancient Nautical Charts*. A second collection of such maps was later discovered at Yale University. The Quanzhou Maritime Museum holds yet another set. This paper looks at this third collection, and compares it to the other two sets of maps, highlighting their distinct characteristics and how all of them were used in navigation.

Keywords: Ancient Chinese Navigation Guidebook, Nautical Charts, Map of Mountainous Terrains and the Flow of Water, Quanzhou Maritime Museum

海洋文化：人类文明加速发展的内在根本动力*

宁　波　刘彩婷**

摘　要：在人类文明发展史中，海洋文化实际上长期扮演着内在动力的角色。在史前时期，人们为获取食物，受浮叶、浮木等启发而发明舟。西方因此催生地中海文明，成为西方文明发展的重要源泉。中国东周之际，管仲以"渔盐之利"使齐国民富国强而率先称霸诸侯，加速了由春秋到战国的快速演进，使中华文明大大超过了以往的发展节奏。秦汉之际肇始的"海上丝绸之路"，促进了东西方文明的交流与互鉴，使中华文明吸收借鉴了众多人类文明成果，日趋走向繁荣昌盛，以致成就唐宋经济文化的空前繁荣。在约2 000年左右的历史跨度中，中华文明通过"海上丝绸之路"，向韩国、日本、东南亚等地不断流布与传播，既凸显了海洋文化的内在张力，联通亚洲、欧洲与非洲，通行太平洋、印度洋，也促进了人类文明发展进程。西方则在历经漫长而黑暗的中世纪后，方于滨海之国意大利率先兴起文艺复兴运动，对古希腊海洋文明予以再发现、再认识和再创造，冲破宗教枷锁和束缚，催生"平等、自由、博爱"等西方人文主义精神的发展，触发了人类文明发展方式的根本变革。尤其是大航海时代以后，"发现新大陆"极大推进了全球化进程，也加速了人类文明的快速变迁与发展。而今，海洋更成为联系世界各国的重要载体和桥梁，海洋文化默默助推着世界各国经济贸易、文化交流和文明进程。纵览古今中外，海洋文化或隐居幕后，或位居前台，但在人类文明发展进程中始终扮演着内在动力的角色。未来，海洋还将成为人类生活的重要空间，使人类文明真正进入蔚蓝色的海洋时代。

关键词：海洋文化　人类文明　发展　动力

海洋占据地球表面积的71%。这注定海洋在人类文明发展进程中扮演着不可或缺的角色，也注定海洋文化是人类在文明进程中所创造又进而大

---

* 本文是与上海中国航海博物馆合作项目(项目编号：D-8005-16-0176)的阶段性成果。

** 作者简介：宁波，上海海洋大学经济管理学院副研究员，上海海洋大学海洋文化研究中心副主任；刘彩婷，上海海洋大学经济管理学院硕士研究生。

大促进人类文明发展的重要动力。

一、海洋文化的本质是人类超越自我的实践

黑格尔等哲学家认为海洋文化有别于大陆文化，具有开放进取的特征。实际上，海洋文化的本质是人类超越自我的实践。人类认识海洋的过程，是随着生产力的进步而不断拓展和深入的过程。人类天然有探究未知的冲动，与其说开放或保守的思想左右着人们对海洋的态度和探索，不如说是生产力发展水平决定着人们走进海洋、亲近海洋、拥抱海洋的广度、维度和深度。历史上，人类每一次迈向海洋的伟大一步，莫不伴随着生产力发展水平"质"的飞跃。

人类起初为寻找食物不断走向海洋的过程，也是不断突破身体条件限制的自我超越过程。对远古人而言，找寻食物、获取食物是生存发展的第一大事。由最初在海滨采集被海水冲上沙滩的鱼虾，到浅涉海水采集鱼虾贝藻，再到发明鱼叉、渔网、舟船等捕鱼工具，渐渐提高了离岸作业能力，进而踏波逐浪成为海洋的弄潮儿。这一过程不仅使远古人逐步获取更多食物，而且在实践中发明了推动生产力发展的各种生产工具。其中，每种生产工具都是对人自身身体条件的延伸和突破。如鱼叉是手臂的延长，渔网是双手十指交叉的模仿和放大，舟船是对人游泳的再突破。比如在浙江河姆渡遗址，出土有 8 支用整块硬木加工制成的桨，是迄今世界上发现的最古老的木桨。从器物功能演化逻辑分析，船的发明一般要早于桨，因此可以推断在史前河姆渡时期，远古先民已可以通过舟船向大海获取食物。此外，跨湖桥遗址出土的独木舟也表明，早在 8 000 年前生活在今天浙江萧山的远古先民就已经使用舟船工具①。舟船的发明是远古人对自我的超越，也是海洋文化史上具有突破意义的重大发明。有了舟船，人的想象力和创造力得到巨大释放，为人们从有限走向无限提供了可能。

人类为生存发展向海洋获取资源的过程，也是促进生产力不断发展的生产实践过程。从原始人在海边拾取贝壳与海鱼为食，到夏商时期规定沿海地区向中原王朝贡献海产品，到《周礼》《逸周书》等记载至西周春秋时期已形成较为系统的海洋资源（鱼、盐、海珍品）征收法令，说明人们对海洋资源的需求不断扩大，并正在逐步纳入国家管理范畴，这在某种程度上推动了人们对海洋认识的不断深入，反映着人们海洋意识的不断加强②。这些早期的海上活动，不仅是中华海洋文化滥觞的有力佐证，而且反映了人类为生存而勇于探险，积极发展生产力的开拓实践过程。

---

① 张开城：《海洋文化与中华文明》，《广东海洋大学学报》2012 年第 5 期，第 14 页。

② 陈智勇：《试论夏商时期的海洋文化》，《殷都学刊》2002 年第 4 期，第 24 页。

早期的渔盐之利不仅是强国富民之策，也是人类超越陆地限制，创造海洋文化的过程。渔盐之利在古时可以强国富民，迄今仍是国民经济中的重要组成部分。司马迁在《史记》中记载："兴渔盐之利，齐以富强。"不仅姜子牙时通渔盐之利使齐地由贫而富、人口大幅增长，至管仲时更是兴渔盐之利，为齐国成为春秋五霸之首提供重要经济基础。《汉书·地理志》载："太公以齐地负海舄卤，少五谷而人民寡，乃劝以女工之业，通鱼盐之利，而人物辐辏。"到春秋时，管仲建议齐桓公，"海王之国，谨正盐策"（据《管子·海王》）。齐国因此走向富强，成为春秋时期雄踞五霸之首。渔盐转变为利，需要交换，从而成为海洋文化与大陆文化交流互动的桥梁。由于盐是难以自给自足却又是普遍需求的产品，因此从某种意义上说，海洋文化促进了人们早期交换的维度和深度，进而促进了经济贸易形态的发展。

海洋文化的本质是人类超越自我的实践。在这种超越中，中华民族创造了灿烂而辉煌的海洋文化。"我国海洋文化是近代以前世界史上占有重要地位的五大文化系统之一，对中国乃至世界文化都曾产生过积极的影响。中华民族的海洋文明史是中国人民在长期不断的接触海洋、利用海洋和征服海洋的实践过程中所创造的历史，并且留下了宝贵的海洋物质文化遗产和非物质文化遗产，体现了沿海人民的生命力和创造力，是我国文化瑰宝的重要组成部分。"①

二、海洋文化促进人类早期的商业贸易活动

大约在四五千年前的原始社会，因生产力低下，缺衣少食，各个家庭甚至部落之间几乎没有剩余产品用于交换，即使偶尔发生交换，一般也是以物易物，不存在一般等价物。随着生产力的发展和社会进步，社会物质财富逐步丰富，人们对物质生活的需求不断扩大，以物易物的交换方式渐渐凸显不便，比如用羊换米费时费力，为此人们找到一种大小适中、易于携带、便于计数的贝壳作为交换中介物。贝壳小巧、瑰丽、耐用，逐渐充当商品交换的一般等价物。原始贝币约产生于 3 500 年前的商代，在河南安阳殷墟妇好墓等地均有出土。这些贝币所用贝类主要出产于东海、南海等地，从一个侧面反映了海洋文化对商代贸易交换的促进意义。

随着商品经济的发展，天然贝币逐渐供不应求，人们又逐渐创造出石贝、骨贝、蚌贝、绿松贝等变通贝币，其长度约 1.2 厘米至 2.4 厘米。在商代晚期，又出现中国最早的金属货币"铜贝"，如河南安阳和山西保德等地商代晚期墓葬中均有发现。后为满足大额货币使用需求，在铜贝表面包金的"包

① 刘家沂：《中华文明的瑰宝：海洋文化遗产》，《今日中国论坛》2006 年第 9 期，第 92 页。

金贝”应运而生。河南辉县东周大墓葬出土有1 000余枚包金贝，可谓中国金属包金币的鼻祖。

春秋战国时期的“货贝”，其背部均被磨平，也因此被称为“磨背式货贝”。在北方地区还发现有“金贝”“银贝”“鎏金铜贝”等金属贝币，在南方原楚国地区出土有刻着文字的“铜仿贝”，又称“文铜贝”，因其外形像蚂蚁爬鼻或鬼脸，又俗称“蚁鼻钱”或“鬼脸钱”，均为瓜子形，背部平整，通行于南方地区。最早记载蚁鼻钱的是宋代洪遵所撰《泉志》，“此钱上狭下广。背平，面凸，有文如刻镂，不类字，世谓之蚁鼻钱”。“蚁鼻钱”铸行于战国早期，“鬼脸钱”则铸行于战国中晚期。1963年，湖北孝感野猪湖出土面文为“咒”字的鬼脸钱5 000枚。“仿铜贝”的出现是中国货币史上一次质的飞跃。

到公元前221年，秦朝废除贝币体系。贝币、仿铜贝都是中国货币史上的重要发明，大大推进了中国货币史发展进程，促进了商贸交换活动的开展。来自海洋的贝，以其浓郁的海洋文化特征，赋予人类早期商业活动挥之不去的海洋文化色彩。它为人类商贸交换提供了一种最早的一般等价物，在物物交换中提供了一种媒介，从而极大拓展了人类商贸交换的空间、物品种类和复杂性，使集市发展步入新层级，使贸易能力步入新境界。

三、中国的海上丝绸之路促进了全球化进程

“海上丝绸之路”是人类早期跨越大洲、大洋的全球化探索与实践。

秦汉之际肇始的“海上丝绸之路”，促进了东西方文明的交流与互鉴，使中华文明吸收借鉴了众多人类文明成果，走向繁荣昌盛，并为造就唐宋经济文化的古代高峰创造了基础。在约2 000年的历史跨度中，中华文明通过“海上丝绸之路”，向韩国、日本、东南亚等地不断流布与传播，甚至突破东亚范围，远及欧、非，既凸显了海洋文化的内在张力，也促进了东方人类文明发展的进程。

魏晋时，孙吴政权黄武五年(226年)置广州(治今广州市)，加强了南方海上贸易。东晋时期广州成为海上丝绸之路的起点，远涉十几个国家和地区，不仅与东南亚诸国开展贸易，而且西到印度和欧洲的大秦。隋统一后，南海、交趾成为著名商业都会和外贸中心，义安(今潮州市)、合浦也成为对外交往重要港口。唐朝时北航高丽、新罗、日本，南通东南亚、印度和波斯等国。特别是由广州往西南的海上丝绸之路，历经90多个国家和地区，航期约89天(不计中途停留时间)，全程共约14 000公里，是公元8—9世纪世界最长的远洋航线。宋朝的海上丝绸之路使经济贸易空前繁荣。明初尽管有“不得擅出海与外国互市”的闭关政策，但依然维续着官方的海上丝绸之路：一是准许非朝贡国家船舶入广东贸易，二是唯存广东市舶司对外贸易，三是允许葡萄牙人进入和租居澳门。清代，从海禁到广东“一口通商”，是清代对

外贸易史的重要转折点①。

如果说地中海贸易还只是停留于内陆海的商品交换活动,“海上丝绸之路”则是人类跨越大海、大洋和大洲的重要海上活动,不仅促进了海上经贸文化交流,而且促进了中国航海业发展,创造了海洋文明史上的辉煌篇章。英国科学家李约瑟博士认为,“中国人被称为不善于航海的民族,那是大错特错了。他们在航海技术上的发展随处可见”。不仅如此,中华海洋文明还是中华原生文明的一支,与中华农业文明的发生几乎同时。中国历史文献中的百越族群,与人类学研究的南岛语族,属于同一个范畴,两者存在亲缘关系。百越族群逐岛漂流航行活动的范围,穿越东海、南海到波利尼西亚等南太平洋诸岛,是大航海时代以前人类最大规模的海上移民。东夷、百越被纳入华夏文明(即内陆文明、农业文明、大河文明)为主导的王朝统治体系以后,海洋文明被进入沿海地区的汉族移民所承继、涵化,和汉化的百越后裔一道,铸造了中华文明的海洋特性,拉开了海上丝绸之路的帷幕②。

因此,从某种意义上说,“海上丝绸之路”是人类经贸全球化的伟大创造和海洋文明史的重要篇章。

四、西方大航海时代加速了世界全球化浪潮

西方早期文明肇始于两河流域和尼罗河畔。“海洋文明”首见于希腊语,最早用于指称克里特岛上依赖海上商业、海盗劫掠和殖民征服起家的米诺斯文明(前3000—前1400年)。前1000—500年,位于亚、非、欧三大洲之间的地中海贸易兴起。米诺斯文明及后继的迈锡尼文明中的海洋商业文明因素为希腊文明和罗马文明所继承。500—1500年的中世纪时期,北欧维京人创造了300年(800—1100年)的“海盗时代”③。14世纪,意大利的佛罗伦萨、威尼斯等城市共和国以海上贸易为立国基石,对古希腊海洋文明予以再发现、再认识和再创造,率先冲破宗教枷锁和束缚,开创文艺复兴运动,催生了“平等、自由、博爱”等西方人文主义精神的发展,触发了人类文明发展方式的根本变革。其后,海洋文明中心从地中海先后转移到大西洋沿岸的葡萄牙、西班牙、荷兰、英国、德国和美国。“发现新大陆”开启大航海时代,极大推进了世界一体化,加速了人类全球化进程,促进了农作物、食物、语言和生活方式等重大转变和深刻变革,促使人类文明前所未有的快速变迁与发展。

值得指出的是,大航海时代所启动、提速的全球一体化进程,一方面四溢着野蛮和血腥,一方面粉饰太平,以文明中心者自居,用“新发现”渲染对

① 张开城:《海洋文化与中华文明》,《广东海洋大学学报》2012年第5期,第17页。
② 杨国桢:《海洋丝绸之路与海洋文化研究》,《学术研究》2015年第2期,第94页。
③ 杨国桢:《中华海洋文明论发凡》,《中国高校社会科学》2013年第4期,第44页。

世界地理和历史认识的浅薄，而不知或有意忽略海洋亚洲和海上丝绸之路存在的历史，把海洋东南亚叫作“前印度”，称海洋东亚为“东印度”，称自己的探险是发现“新大陆”。他们闯入海洋亚洲以后，搭上海上丝绸之路的顺风车，那时海洋伊斯兰、海洋印度、海洋东南亚式微，海洋中国因明朝实施海禁从印度洋、东南亚退缩，欧洲海洋势力得以轻易地填补海洋权力的真空，用暴力掠夺、征服和殖民的手段，在亚洲海洋上兴风作浪，冲击海洋亚洲世界体系①。

抛却负面因素不论，大航海时代在客观上的确促进了全球化进程，将各大洲、各大洋联系为一个整体，使人类文明进入日益频繁的政治、经济、军事、文化等方面的交流与互动。汤因比曾说：“西方划时代的发明是以‘海洋’代替‘草原’，作为全世界交往的主要媒介。西方首先以帆船，然后通过轮船利用海洋，统一了整个有人居住的以及可以居住的世界，其中包括南北美洲。”②如果说“海上丝绸之路”联系了太平洋、印度洋，沟通了亚洲、欧洲和非洲贸易，属于一个区域化全球化过程，那么“大航海时代”催生的模式却是联通了五大洲四大洋，使人类进入一个真正意义上的全球化发展阶段，是“海上丝绸之路”全球化基础上的再提升、再创造和再超越。

五、21 世纪海上丝绸之路开启人类文明新局

2013 年 9 月，习近平主席在哈萨克斯坦纳扎尔巴耶夫大学发表演讲，首次提出共同建设“丝绸之路经济带”的战略倡议。次月，习近平主席在访问东盟“领头羊”印度尼西亚时，提出中国愿同东盟国家加强海上合作，共同建设“21 世纪海上丝绸之路”的倡议。2014 年 6 月，李克强在希腊中希海洋合作论坛上提出：“我们愿同世界各国一道，通过发展海洋事业带动经济发展、深化国际合作、促进世界和平，努力建设一个和平、合作、和谐的海洋。”2015 年 3 月，商务部发文阐述共建“一带一路”旨在促进经济要素有序自由流动、资源高效配置和市场深度融合，推动沿线各国实现经济政策协调，开展更大范围、更高水平、更深层次的区域合作，共同打造开放、包容、均衡、普惠的区域经济合作架构。“一带一路”是“中国梦”的延伸，是中国坚持改革开放的进行曲。

2017 年 1 月 17 日，国家主席习近平在达沃斯出席世界经济论坛 2017 年年会开幕式发表主旨演讲时指出，“一带一路”倡议提出 3 年多来，已经有 100 多个国家和国际组织积极响应支持，40 多个国家和国际组织同中

① 杨国桢：《海洋丝绸之路与海洋文化研究》，《学术研究》2015 年第 2 期，第 93 页。

② 转引自［美］斯塔夫里阿诺斯：《全球通史：从史前史到 21 世纪》上，吴象婴等译，北京大学出版社，2006 年，第 335 页。

国签署合作协议。中国企业对沿线国家投资达到500多亿美元，一系列重大项目落地开花，带动了各国经济发展，创造了大量就业机会。“一带一路”倡议来自中国，但成效惠及世界。在“一带一路”倡议下，“21世纪海上丝绸之路”将会进一步提升全球化质量和内涵，开创人类文明发展的新局面。

综上所述，海洋文化在人类文明发展史中，始终扮演着根本动力角色。而今，海洋更成为联系世界各国的重要载体和桥梁，海洋文化默默助力世界各国经济贸易、文化交流和文明进程。著名海洋经济社会史学家、厦门大学教授杨国桢指出：“世界经济、社会、文化最发达的区域，集中在离海岸线60公里以内的沿海，其人口占全球一半以上。世界贸易总值70%以上来自海运。全世界旅游收入1/3依赖海洋。目前，全世界每天有3 600人移向沿海地区。联合国《21世纪议程》估计，到2020年全世界沿海地区的人口将达到人口总数的75%。”①未来，人类或许还会在海洋恒温层建设社区、商场、公园、游乐场等，构建温暖舒适的海中家园，使人类文明真正进入蔚蓝色的海洋时代。

在数千年的人类文明发展史中，海洋文化或内在或外显地成为了举足轻重的动力和源泉，在生产力发展上扮演着渐行渐近的文明发展动力角色，今后必将更加广泛、更加深入、更加多元地推动人类文明发展进程。

① 杨国桢：《海洋丝绸之路与海洋文化研究》，《学术研究》2015年第2期，第92页。

Maritime Culture: The Fundamental Driving Force behind Civilizational Progress

Abstract: Maritime culture plays a powerful role in the development of civilization. In prehistoric times, by following the model of floating leaves and driftwood, people invented ships. The emergence of the maritime-oriented Mediterranean civilization proceeded in tandem with the rapid expansion of Chinese civilization toward the sea. Under the Qin and Han Dynasties, the Maritime Silk Road promoted mutual learning and exchange between the two ends of Eurasia. The Tang and Song Dynasties were times of unprecedented economic and cultural prosperity. China's influence spread along the maritime Silk Road to her neighbors, from Korea and Japan to Southeast Asia and the Indian Ocean. By the sixteenth century, Europe had emerged out the Dark Ages and rediscovered her classical Mediterranean past. The Renaissance broke the ancient shackles of religion and stimulated a spirit of capitalism. The Age of Navigation brought European ships around the world, accelerating the pace of globalization. Today, the ocean continues to serve as an important bridge and transportation artery for trade and cultural exchange. Maritime culture thus constitutes the driving force behind the progress of human civilization.

Keywords: Maritime Culture, Human Civilization, Development, Power

魏源对1826年漕粮海运活动的参与和贡献

潘君祥*

摘　要：1826年清朝廷因河运受阻，被迫组织沙船实施漕粮海运，150余万石漕粮从上海如期运达北京。时任贺长龄幕僚的魏源深入地参与了该次漕粮海运，事后他以敏锐的思维分析了海运成功的各种原因，这些思想至今仍值得我们思考。

关键词：魏源　漕粮海运　沙船　贡献

一、清代政府第一次组织的漕粮海运活动

道光初年，运河淤塞严重，朝廷漕粮运输困难，终于再次引出了关于海运的讨论。这时，早就从《永乐大典》等资料中了解元、明海运情况的协办大学士、户部尚书英和上疏建言："治道久则穷，穷必变。小变之小益，大变之大益。未有数百年不敝且变者。国家承平日久，海不扬波。航东吴至辽海者，昼夜往返如内地。今以商运决海运……臣以为无如海运便。"[①]比较实际地提出了从苏州、松江等府到山东、辽东港口的海运可替代河运，并说明了漕粮在海运途中的防止霉变，商船的利用和运输费用的筹措等理由，海运派终于在朝廷的争论中占得上风。

于是，道光发布上谕："朕思江苏之苏、松、常、镇，浙江之杭、湖等府，滨临大海，商船装载货物，驶至北洋，在山东、直隶、奉天各口卸运售卖。一岁中乘风开放，每每往来数次，似海道尚非必不可行。朕意若将各该府属冬纳漕米照常征兑，改雇大号沙船，分起装运，严饬船水人等小心管驾，伊等熟悉水性，定能履险如夷。"[②]于是，次年的漕粮海运就成为朝廷的正式决策。

在运河一时淤塞的条件下，道光皇帝想试用海运放手一搏，一时主张海

* 作者简介：潘君祥，上海市历史博物馆原馆长。

① 魏源：《道光丙戌海运记》(代李景峰作)，见《江苏海运全案》。

② 《清宣宗实录》卷七九"道光五年二月"，中华书局，1986年。

运的务新求实力量开始集结。

包世臣是调查上海沙船现状的第一人，也是朝廷最早漕粮海运的设计者。早在清嘉庆年间，上海沙船业发展就已经进入一个高峰时期。嘉庆九年（1804 年），包世臣就曾受上海县地方官员的邀请，考察抵御海盗侵扰上海的对策。他在调查中了解到出吴淞口，"迤北由通海、山东、直隶及关东皆为北洋。南洋多矶岛，水深澜巨，非鸟船不行。北洋多沙碛，水浅礁硬，非沙船不行"。"沙船聚于上海，约三千五六百号，其船大者载官斛三千石，小者千五六百石，船主皆崇明、通州、海门、南汇、宝山、上海土著之富民。每造一船须银七八千两，其多者至一主有船四五十号，故名曰'船商'"。他还说：上海人往关东、天津，一岁三四至，"水线风信，熟如指掌"[①]。在嘉庆年间，包世臣的这一主张没能上达朝廷，但他没有气馁，最终写出了《海运南漕议》，告诉世人以上海沙船的运输力量，漕粮海运是完全可能实行的[②]。

在道光初年，时任无锡县令的齐彦槐在上级官员的委派下，也对上海沙船运输力量进行过调查。包世臣就将自己十几年前就写出的漕粮海运计划——《海运南漕议》出示给齐彦槐，大大便利了齐彦槐对上海沙船的调查。经过齐彦槐对船商沙船底册的核对，齐彦槐终于对沙船现状有了更加符合实际的认识。于是，上海沙船运输力量的实际情况不但为主张漕粮海运的江浙主要地方官员所了解，也为当时朝廷一些掌权官员所接受，这就进一步加强了主张漕粮海运力量的结集。

主张海运的官员在朝廷的辩论中获胜后，道光皇帝又调整了江南地方的主要官员。他委派支持海运的琦善出任两江总督，委派有改革精神的陶澍出任江苏巡抚，加上原先就主张海运的江苏布政使贺长龄和浙江巡抚程含章，组成了江浙两省主张漕粮海运的中坚力量。

道光五年（1825 年），朝廷决定漕粮北运的区域为长江下游苏州府九县，松江府七县一厅，常州府七县，镇江府四县，太仓州三县一州，额定运送漕粮总数为 151 万余石，包括一般的漕米和专供皇室和百官廪禄的白粮。苏州、松江、常州、镇江、太仓各地的漕米均运到上海县黄浦江江面交兑，由江苏巡抚陶澍组织招雇沙船等 1 100 余艘，运送漕粮直至直沽（现天津）。于是，就有了道光六年（1826 年）的漕粮海运。

1825 年，陶澍等被委任为江苏巡抚后，就赶赴上海落实沙船承运漕粮的任务，并部署江南四府一州漕粮在上海集中装运的措施。

当年七月，江苏巡抚陶澍再度亲赴上海召集各帮船商，发布了著名的《筹办海运晓谕沙船告示》，这是一份具体实施 1826 年漕粮海运的文件。它在漕粮运费、商船可以捎带客货、漕粮卸载后准至奉天揽装豆饼南运，及事后奖励等方面规定了多项措施，调动船商的积极性。1826 年的漕粮海运在

---

① 包世臣：《安吴四种》卷一《海运南漕议》。
② 胡朴安：《包慎伯先生年谱》卷一，载《朴学斋丛刊》。

运输管理上实行了新的革新，这些管理革新主要体现在以下三个环节，即招商雇舟，在南兑米，在北交米。招商雇舟的主要内容是政府出资，雇佣民间商船承运漕粮，政府不再包揽一切。

稍后，江苏布政使贺长龄在上海协助陶澍落实了关于沙船水脚雇值和驳兑章程。上海川沙同知李景峄、苏州府督粮同知俞德渊主管的上海海运总局也设立启用。漕粮运输涉及皇室和政府的供需，需要委派武职大员押坐商船赴津，以资稽察弹压。经过严格遴选，水师川沙营参将关天培任押运委员，酌带随从一人，押头运船只。沿海洋面的巡护，专责沿海各水师分段负责。

各府县征收的漕粮定于冬季开征，在 1825 年 12 月至 1826 年 1 月由各地雇佣船只运漕粮到上海。上海县东门外起南至横潦泾一带黄浦分为九段，雇募本地谙习岸线的小船，作为对各县剥粮船只的引导，每船派兵役各一人分段巡查。政府征雇的沙船、浙船按照预先规定的时间停泊在上海黄浦江的指定泊位。张春华在《沪城岁事衢歌》中描写 1826 年千余艘沙船停泊黄浦江十六铺的壮观场景时说："丙戌正月，各郡（运船）并集，自南及北五六里，密泊无隙。元夜，万艘齐灯，寻丈桅樯，高出水面，恍如晴霄星斗，回映水心，上下一色，诚巨观也。"歌咏了那时浦江江面"夜珠万颗千船火，星斗一天水印圆"，千艘装运漕粮沙船整装待发的壮丽场面。

装运漕白粮米的沙船桅上一律悬挂长方号旗，分别用五色写明某府厅县编列号数，苏州府漕粮船用黄旗黑字，松江府用白旗红字，常州府用蓝旗红字，镇江府用红旗黑字，太仓州用五色旗黑字，排列成行，等候各地船只将漕米运来交验、交兑。上海验米由苏松督粮道宋潢暂驻上海，会同苏松太道潘常恭查验交兑。商船以木桶封贮样米，随船带至天津，由交米钦差大臣在沙船上对比米色，按册交收。

沙船等在上海验收漕粮后，每装满一船即开往吴淞口，听候在汛员弁查验放行。各船先在崇明县十滧停泊，守候风讯出海。道光六年农历二月初一日，清廷首次实行漕粮海运船只初次放洋前，江苏巡抚陶澍到宝山县漕运的出海口祭风神、海神，并前往上海县黄浦江岸的天后庙敬香，以祈求海运平安。

从道光六年二月十三日至三月初，船队陆续北上。出发时，史称黄浦江十六铺到吴淞口，"万艘欢呼，江海澄明，旌旗飚动，鼋龙踊跃"，一派喜庆祥瑞的景象。头批出发的沙船在二月二十八日就有沙船到达天津口，交兑漕米后从四月下旬开始陆续离津返沪，五月下旬返抵上海。六月上旬，第二批运粮船将剩余漕粮 50 万余石再次北运，至九月海运全部完成，漕粮海运获得了成功。

在 1826 年清朝廷组织的漕粮北运中，据有关记录，共计押运漕米 1 510 706 石。全年共投入的沙船、浙船 1 261 艘，其中沙船 1 098 艘，浙船 163 艘。动用的沙船占全部漕粮船数的 87%，浙船占全部漕粮船数的 13%。

漕粮海运的船只共实施了 1 562 航次的运输，共分头运和二运两次，二运由部分完成头运后回沪的船只再运。松江川沙营参将关天培任头运押运委员，京口副将汤攀龙作为二运督押护送。其中沙船海运 1 392 航次，浙船海运 170 航次。

二、魏源参与的 1826 年漕粮海运活动

重视经世之学的魏源早期对海运就有一定的了解，他考察过元代海船航行和新航道的开辟。嘉庆二十四年(1819 年)他进入山西学正贺长龄幕下。道光五年，贺长龄延魏源辑《皇朝经世文编》。该年道光皇帝将琦善从山东派往江南任两江总督，陶澍从安徽调往江苏任巡抚，与已经在江苏任职的贺长龄负责漕粮海运的具体事项。那时，他对沿海沙船的航行和运输能力就有具体的认识，“夫海舟不畏深而畏浅，不畏风浪而畏沙礁。江南沿海，横亘五大沙，舟行所最畏。元初沿海求屿，逾年始至，旋辟其险，径放大洋，而旬余即达”①。

1825 年陶澍、贺长龄等奉旨议论海运后，魏源也参与了关于海运现状的了解，并进行了紧张的调查工作。他自己说，“自二月中旬蒙示廷寄命筹海运以来，宵旦讨论，寝食筹度，征之属吏，质之滨洋人士，诹之海客畸民，众难解驳，愈推愈审，万举万全”②。可见，他们寻访过解沙船海运的下属，求教过沿海熟悉运输的人士，咨询过海上搞运输的船老大和水手。由于进行了较为深入的调查，于是一些海运的难题得以正确认识，计划中的海运具体措施也更加周密，并能一一落实。

魏源以贺长龄幕僚的身份就曾经为海运的筹划提供过不少有价值的分析和宣传。那时他就指出：“海运之事，其所利者有三：国计也，民生也，海商也。所不利之人有三：海关税侩也，天津仓胥也，屯弁运丁也。而此三者之人，所挟海为难，使人不敢行者亦有三，曰：风涛也，盗贼也，霉湿也。所挟人为难，使官不能行者亦有三，曰商船雇价也，仓胥勒索也，漕丁安置也。”③

基于对海运的正确了解，魏源坚定地批驳了顽固地反对海运的一些理由，如“盗贼”“风涛”“霉湿”，像漕粮海运会遭到海盗的袭击，漕粮运输没有安全保障。魏源认为，现今海盗大多为闽、浙人。海盗出没常在南洋水深多岛的地域，那里易于躲藏。但海盗船“船锐底深”，统称为鸟船，它不适合在“北洋水浅多礁”的海域航行，长江以北的海域“非船平底，熟沙线者不能行，

① 魏源：《筹漕篇上》，载《魏源集》，中华书局，2009 年，第 403 页。

② 魏源：《复魏制府询海运书》，载贺长龄编：《皇朝经世文编》卷四八，岳麓书社，2004 年，第 627 页。

③ 魏源：《复魏制府询海运书》，载贺长龄编：《皇朝经世文编》卷四八，第 627 页。

故南洋之盗不敢越吴淞而北"[①]。今天南洋尚无盗贼,在北洋哪有这样的盗贼势力?至于海运会遭到风涛的袭击,漕粮海运不安全的说法,魏源分析说,"大洋飓风,率在秋冬,若春夏东南风,有顺利,无暴险。既不难蹈不测,出万全,岂有海若效灵,独厚于商船而险于粮舶?且遭风搁浅,斫桅松舱,即秋冬亦仅千百之一二,何况春夏?"[②]这里,魏源将沙船利用春夏两季的沿海东南季风作为扬帆北上动力的事实,告诉人们运货的商船可行,运漕粮的沙船也是同样可行的。海上的风涛威胁,主要在秋冬两季,春夏的东南季风对沙船的航行是非常有利的,虽不能说是没风险,但可以说是"无暴险"。关于漕粮在海运中有"霉湿"的危险,魏源认为更是不值一驳。"夫运河经数月抵通,积久蒸热,米或黯坏。而沙船抵津,则不过旬日"。若谓"海风易霉变,盐水易潮湿",那么最怕海风的莫过于娇嫩的茉莉、珠兰等花卉,最忌潮湿的就莫过于豆麦等粮食。这些货物都靠沙船南北转运,难道海风盐水不能损坏花卉、豆麦而专门损毁漕米,哪有这种道理?[③]

魏源还分析了从事北洋运输沙船的制造特性,"盖北洋风寒,非似南洋风暖,而海船舱底有夹板,舷旁有水槽,其下有水孔,水从槽入即从孔出,舱中从无潮湿"[④]。这就是当时专门从事南北沿海贸易的沙船船体建造中的"水道眼"装置,它是沙船运输漕粮防"霉湿"的又一道保险装置。

琦善、陶澍奏请把苏、松、常、镇、太仓四府一州的漕粮改为海运后,陶澍、贺长龄等先后到上海,开始召集船商,他们"许免税,许优价,许奖励,海商翕然,子来恐后"[⑤],并在上海设立了海运总局。由川沙厅同知李景峄、苏州府督粮同知俞德渊负责,又增派了人员带了档案簿册和十余万银两经费先从陆路赶赴北方,与北方的相关官方人员在天津设局进行管理。政府还派遣了理藩院尚书穆彰阿为钦差大臣,专管验米,驻在天津分管漕米收兑事宜。

1826年,上海的漕米收兑快而有效。"正月,抚臣亲莅海上,部先后,申号令,各州县剥运之米,鱼贯而至,鳞次而兑,浃旬得百三十余万为首运,余三十余万归次运。"[⑥]陶澍、贺长龄等告祭了上海的风神、海神、天后,还邀集了年长三老,对他们犒赏了酒食银牌。漕粮开运的时候,上海黄浦江江面上"万艘欢呼,江澄海明,旌旗飙动,鼋龙踊跃。由崇明十滧而东,绕出千里长沙,逾旬毕至天津。回空再运,讫五月而两运皆竣,勺粒无损。视河运之粟莹洁过倍,津、通之人觏未曾有,先后诏奖任事各臣有差"[⑦]。漕粮海运得以

① 魏源:《复魏制府询海运书》,见贺长龄编:《皇朝经世文编》卷四十八,第627页。
② 魏源:《复魏制府询海运书》,见贺长龄编:《皇朝经世文编》卷四十八,第628页。
③ 魏源:《复魏制府询海运书》,见贺长龄编:《皇朝经世文编》卷四十八,第628页。
④ 魏源:《复魏制府询海运书》,见贺长龄编:《皇朝经世文编》卷四十八,第628页。
⑤ 魏源:《道光丙戌海运记》(代李景峰作),见《江苏海运全案》。
⑥ 魏源:《道光丙戌海运记》(代李景峰作),见《江苏海运全案》。
⑦ 魏源:《道光丙戌海运记》(代李景峰作),见《江苏海运全案》。

完成。

魏源认为1826年海运获得成功的原因主要有三个，这就是抓好了三个最重要的环节，具体说来，就是"招商雇舟""在南兑米""在北交米"。招商雇舟是指漕粮海运政府没有现成的官船，就采用雇佣民间船只的办法。一艘沙船运米至少能运五百石以上，大船可以一次运二千石。四府一州的漕粮共需沙船运行1 500多艘次，每石运费为银四钱，每航次给赛神银四两，犒赏银三两，天津挖泥压空钱一千，每百石垫舱芦席银一两三四钱左右。每运米一石，白粮给耗粮一斗，一般漕粮给耗粮八升，每艘沙船可以免税载货二成。凡受雇之船，限十一月在上海候兑，过迟者罚。在南兑米是指沙船齐泊黄浦江，按各县先至之粮，以次派给，每船均给该县的旗号，各县剥运船到后，监兑官率领船商对船用的铁斛进行验明，验米官对运送的漕粮进行验收，仿运河之例，每船各封样米一斗，到天津后再次呈验米官验收。如符合，再发给三联执照：一联存局，一联给船户，一联移交天津收米官，以稽其真伪，随兑随放。在北交米是指沙船到了天津口，由直沽河上溯流百八十里，停泊待验。如在洋遇风斫桅松舱者，可依漕船失风例奏请豁免。其他故缺坏者以耗米补之，再不足者责其偿，其领运万石以上者赏以级。到津验米后，兑交剥船，即与沙船无涉。其余米政府还可收买，货物免税，仍给三联执照如上海之例①。

魏源甚至还总结了次年海运需要进一步完善的三方面工作：一、载米运货沙船"宜一运以毕，无烦再运"；二、上海至天津段海船运输管理工作改进，即选定商船到天津靠泊，严查沙船在山东各岛的停靠逗留，以免商船的滞缓，在天津备好挖泥官地，供沙船压舱运输，以防争夺，以免勒索，旗缴再用，节省靡费；三、天津至通州内河运输段严禁对剥船的侵耗，"令通仓各胥于天津收米具结后，即令押剥运通，再有损湿，惟各胥是问"②。

魏源以1826年的漕粮海运为例，估算了海运和以前河运漕粮的支出账。苏、松、常、镇、太仓四府一州的漕粮，每年运粮发给旗丁之运费为银369 900两，运送的漕粮为411 893石，需要的运粮费为银936 759两，以上两项共计给丁银米两项，为银1 295 758两（注：以上两项实际应为1 306 659两，非1 295 758两，少10 901两）。这是由国家拿出的钱财，除此之外漕粮河运还需一笔由地方上支出的所谓"津贴帮船"费用，其数额"殆不啻再倍过之"。这就是说地方上还要支出津贴给船帮的费用，至少还需加倍付给。这样一来，种种公私费用加起来，就需要花费几两白银才能把一石漕粮运送到北京。这种高额的费用绝不是非是政府乐意给的，也不是老百姓乐意承受的，旗丁也没有全部得到了厚利。军船在运河里开行数千里，过浅滩过水闸要

① 魏源：《道光丙戌海运记》(代李景峰作)，见《江苏海运全案》。
② 魏源：《道光丙戌海运记》(代李景峰作)，见《江苏海运全案》。

交费，督运、催攒要花费，到淮安通过闸坝验米又要花销，有谁都知道这些钱是从哪里出的吗？以1826年的漕粮海运为例，该年运漕粮达1 633 000多石，而总共费用仅1 400 000两白银，与河运漕粮的费用相比所多无几，而那笔数量巨大的“帮船之浮费丝毫无有焉”①。也就是说，实施海运后，由于“不经闸河，不饱重壑”，只要一次拿出国帑公款所需，就足以将漕粮运送的公事办成了，取得了“实用实销，三省其二，而河运所未有”的效果②。

所以，魏源说1826年的江苏漕粮海运“举百余年丁费之重累，一旦释然如沉疴之去体，岂非东南一大快幸事哉！”③

魏源把1826年海运的成功看成是时势造成的，他认为“国朝都海，与前代都河、都汴异，江、浙滨海，与他省远海者异，是之谓地势。元、明海道官开之，本朝海道商开之，海人习海，犹河人习河，是之谓事势。河运通则渎以为常，河运梗则海以为变，是之谓时势”④。

这样，魏源清楚地看到了清代沙船完全具备了漕粮海运的条件，即“道不待访也，舟不更造也，丁不再募，费不别筹也。因商道为运道，因商舟为运舟，因商估为运丁，因漕费为海运费”⑤。

魏源以独具慧眼的历史观点揭示了道光六年漕粮海运超越历代漕粮运输的贡献：“三代有贡道无漕运；汉唐有漕运无海运；元、明海运矣，而有官运无商运。其以海代河，商代官，必待我道光五年乘天时人事至顺而行之。”⑥以海运代河运，以商运代官运确实是超越前代前朝的一次历史新创举。

为此，魏源还将清代的海运对内地、江苏和苏松地区的作用做出了精辟的分析，盛赞了1826年上海实行海运的地域优势。他说：“海运之利，非河运比；本朝之海运，又非前代比；江苏之海运，又非他省比；而苏、松等属之海运，又非他府比。诚欲事半而功倍，一劳而永逸，百全而无弊，人心风俗日益厚，吏治日益盛，国计日益裕，必由是也，无他术也。”⑦他的这一论说，今天我们读来还有一种给人以一泻千里的气度。

三、余　论

元代是由成吉思汗及其继承者们用武力建立起来的空前大帝国，在对

① 魏源：《海运全案跋》（代陈銮作），见《江苏海运全案》。
② 魏源：《道光丙戌海运记》（代李景峰作），见《江苏海运全案》。
③ 魏源：《海运全案跋》（代陈銮作），见《江苏海运全案》。
④ 魏源：《筹漕篇上》，载《魏源集》，第404页。
⑤ 魏源：《筹漕篇上》，载《魏源集》，第404页。
⑥ 魏源：《海运全案序》（代贺长龄作），见《江苏海运全案》。
⑦ 魏源：《海运全案跋》（代陈銮作），见《江苏海运全案》。

外的征战中，他们在政治、经济、文化上吸取了被征服地区原有的文明和传统，并加以发扬。他们收纳了许多原先就从事航海的人士，并用其所长，如让曾在宋朝时任提举泉州市舶司三十年，富有航海经验的蒲寿庚升任各级地方官职，还放手让他诏谕海外，重新发展海外贸易。忽必烈还收编了出生在长江口的海商朱清和张瑄，他俩曾贩过私盐，当过海盗，但十分熟悉从长江口到渤海附近的海道，他们为元朝政府开创了将南方漕粮运送到北方政治中心大都的海运。所以使宋代发展起来的海上交通在元代获得了更快的发展①。

在清代，1685年上海海关设立以后，沙船“凡运物贸迁，皆由吴淞口进舶黄浦。城东门外，舳舻相衔，帆樯栉比”②。民间沙船运输力量增强的现实，也促使清代的一些有识之士在漕粮北运上不再沿用建造官船的老方法，而是大胆地提出了招商承运的新办法，称“雇船转漕”③。为此，魏源总结道：“元、明海道官开之，本朝海道商开之。”④

在试行海运中，魏源的改革思想的着眼点不仅是国计，而且极注重民生，他要使改革措施能够减轻民众的负担。他认为海运方式的改进是符合社会和经济发展方向的，实行海运是一个涉及民生和社会全局的大政策。由于河运漕粮一路有“剥浅费、过闸费、过淮费、屯官费、催攒费、仓胥费，故上既出百余万漕项以治其公，下复出百余万帮费以治其私”，造成了河运费用的高昂。海运则由于“不由内地，不经层饱，故运米百六十余万而费止百四十万金，用公则私可大裁，用私则公可全省，实用实销，三省其二，而河运所未有也”。两相比较，由于海运取消了各种杂费以及中饱、勒索、贿赂等名目繁多的费用，堵住了吏治腐败的源头，这就大大减轻了民众的负担。在魏源看来，“故知法不易简者，不足以宜民；非夷艰险而勇变通者，亦不足以易简”。“诚欲事半而功倍，一劳而永逸，百全而无弊，人心风俗日益厚，吏治日益盛，国计日益裕，必由是也，无他术也。”⑤

魏源改革思想的另一个着眼点是关注市场经济条件下沙船商人的作用和商人的合法利益。据包世臣的《海运南漕议》所记，在道光初年上海和乍浦进行南北贸易的海上运输商船达“三千五六百号，其船大者载官斛三千石，小者千五百石”。他们常年航运在南北洋航线上，掌握着熟练的航海技术，“习于风涛，熟于沙线”；在货物的保管、防潮、防霉等方面有着丰富的经验。魏源提出的漕粮海运革新就在于“以海代河，商代官”，以海代河是运输途径的变化，以商代官才是运输制度的变革，他改变了历代官府依靠行政手段的漕粮运输办法，开始依靠市场运作的经济手段。在魏源看来，沙船商人

① 章巽：《我国古代的海上交通》，商务印书馆，1986年，第57—58页。
② 乾隆《上海县志》卷一。
③ 阮元：《海运考上》，载贺长龄编：《皇朝经世文编》卷四十八，第579页。
④ 魏源：《筹漕篇上》，载《魏源集》，第404页。
⑤ 魏源：《海运全案跋》（代陈銮作），见《江苏海运全案》。

熟悉海运业务,遵守商业信用,而且运输效率高。由此,他主张注意照顾商人利益。漕粮海运理应合理地给予船商必要的运费,还要合理地估算海运风险,给予船商规定的漕粮损耗,在漕粮运输中还准予船商免税搭载两成的私人商货。在海运告成后对有功船商给予行政奖励等措施。在运河河道被堵的险情下,提出了"官告竭,非商不为功也"①的救急措施,构思出"以海代河,商代官"的漕粮海运蓝图,实质上是在官方垄断的漕粮运输中植入了私人商业的经营机制。由此,已经有学者提出了1826年海运"开启了道光时期漕运、盐政等大政改革重视私商力量的先河,在清代后期的财政经济史和思想文化史上均值得给予足够的重视"②。

魏源以"便民",即顺应民心为改革思想的原则,他提出:"专主于便民者,民便而国亦利,专主于利国者,民不便而利归中饱,国乃愈贫",他认为政府的措施只要对民众有益处,"小更革则小效,大更革则大效"③。清代的漕粮海运只要"根柢于民依而善乘夫时势",就能"举一事而百顺从之"④。1826年的海运的成功就是因为那时已经到了非改不可,改革顺理顺章的时候了。

---

① 魏源:《海运全案序》(代贺长龄作),见《江苏海运全案》。
② 张岩:《包世臣与近代前夜的"海运南漕"》,《近代史研究》2000年第1期。
③ 魏源:《御书印心石屋诗文录叙》,载《魏源集》,第243页。
④ 魏源:《海运全案跋》(代陈銮作),见《江苏海运全案》。

Wei Yuan and his Contribution to the Transport of Rice to Beijing by Sea in 1826

Abstract: In 1826, owing to difficulties with the Grand Canal, the Qing Dynasty was forced to arrange large junks to transport rice to Beijing by sea. More than 150,000 *dan* of rice was brought to the capital in a timely manner. Wei Yuan, an aide to He Changling, took part in this special shipment, and left behind a valuable record that highlights the advantages of the sea route.

Keywords: Wei Yuan, Sea Transportation of Rice to the Capital, Junks, Contributions

德国占领青岛时期上海与青岛间的航运

松浦　章*

摘　要: 根据1898年胶州湾租借条约,德国开始控制山东半岛,并建青岛港。1910年至1911年间,有大量中国轮船驶入青岛港,本文旨在叙述这些轮船驶入青岛港的情况与目的。

关键词: 德国占领青岛时期　上海　青岛　航运　中国轮船

一、序　　言

青岛是山东半岛东南部的代表性港口城市,清末之前它只不过是一个小小的渔村。1891年(光绪十七年)设登州镇军营,成了北洋舰队基地。然而德国却借口本国宣教师被害,于1898年把胶州湾及周边区域变成本国租借地,并把青岛港从东洋舰队基地改造成近代化港口,一改往日面貌①。

据明治四十一年(光绪三十四年,1908年)的《青岛经济事情》记载:

> 独逸锐意经营的青岛是没有海的时候,崂山的余脉。在腹背上拥有二小湾,在外海的地方称为青岛。胶州湾内的地方称作太包岛。青岛村是东西不到二里的小湾,在湾口有小岛。这就叫作青岛,青岛的名字由此产生。以青岛村和太包岛村建设了一个大都府,在大包岛施行

* 作者简介:松浦　章(Matsuura Akira),日本关西大学东西学术研究所客员研究员,关西大学名誉教授,郑州大学外国语学院特聘博士指导教授;翻译马成芬,关西大学文化交涉学博士,首都师范大学图书馆馆员。

① 东亚同文会编纂:《支那省别全志第四卷山东省》,东亚同文会,1917年,第146—163页;本庄比佐子编:《日本の青島占領と山東の社会経済1914-22年》,財団法人東洋文庫,2006年;ヴォルフガング・バウフー著,大津留厚监译,森宜人・柳沢のどか译:《植民都市青島1914—1931　日・独・中政治経済の結節点》,昭和堂,2007年;任银睦:《青岛早期城市现代化研究》,生活・读书・新知三联书店,2007年。

大工程，期待山东与香港一样的规模。[①]

德国对青岛投入近代化的港口设施，旨在把青岛从一个小渔村打造成类似于香港的港口。

1905 年 5 月 20 日上海发行的报纸《中外日报》中的“杂事汇报”栏目中关于胶州湾青岛有如下记载：

> 青岛之名称，虽如一小岛之岛名，然实则为山东之北要地之一部，包括胶州湾而言。若将青岛详细区分之，则可分为三部：一为欧洲街之青岛，一为杂居地域之大包岛，一为筑港区域之小包岛。总括之，则名曰青岛。

可见，青岛是根据城市规划需要人为改造的土地。

因此本稿利用 20 世纪初青岛和上海两地发行的报纸中关于轮船航运的时事记载，探明 19 世纪后半期中国沿海中心港上海港与青岛港之间的航运情况。

二、清代胶州湾与沿海帆船

此节主要考察德国占领之前包括青岛在内的胶州湾及其航运状况。道光二十五年（1845 年）《重修胶州志》卷十五志四“风俗”中记载“商大者曰装运。江南、关东及各海口，皆有行商”[②]，可见在那个时期胶州已经与江南及东北地区各沿海港口有航运往来。在同书卷一图“全海疆图”序中记载：

> 康熙十八年，海州云台初复给事中丁泰请弛海禁略曰：由胶州抵云台山，仅半日程。南至庙湾镇里河口，通淮扬，亦一日可转运米豆，南北互济，犹不过轻舟，沿岸赍粮百石而止，连樯大艘未尝至也。其后海氛靖而禁防弛，遂为商船辐辏之所，南至闽广。[③]

可见，从胶州湾沿山东半岛到达江南沿海地区是比较容易的，之后，随着迁界令等海禁政策的解除，大型商船可以航行至福建及广东北部港口。

---

① 《支那经济报告书》第 11 号，東亞同文支那経済調查部，1908 年，第 13 页；《明治後期産業発達史資料》第 304 卷，龍渓書舍，1996 年。

② 《中国地方志集成・山东县志辑 39》，凤凰出版社・上海书店・巴蜀书社，2004 年，第 163 页。

③ 《中国地方志集成・山东县志辑 39》，第 27 页。

一般认为，康熙后半期以胶州为中心的山东航运才逐步活跃起来。

上述资料中所提到的胶州位于胶州湾西北部，与胶州湾口东南部的青岛位置不同。而现在所说的青岛港在清代隶属即墨县。同治十三年(1873)《即墨县志》卷一方舆志“岛屿”条目中有如下记载：

> 东海环围东南两面以山为岸，诸麓咸在巨浸，女姑口、金家口为海舶所泊，颜武岛董家湾为筏网所聚，岛外大洋为商帆所由。①

在即墨县西有适宜帆船航行的女姑口和金家口。这两个港口都在胶州湾东海岸，尤其近海岛屿更适合大型海洋帆船停泊。同在《即墨县志》中有“青岛，县西南百里”②，在卷四，武备、海口条目中有“青岛口，县西南百里”③，目前看到的都是关于青岛地理位置这样的简单记录，未见更详细内容。

但并不是完全没有青岛港航运的记录，比如同在《即墨县志》卷十，艺文、文类中收录了万历六年(1578年)到九年(1581年)时任即墨知县的许铤④在“地方事宜议”中关于青岛的通商情况，有如下记载：

> 本县系本省之末邑，僻居一隅，与海为邻，既非车毂辐辏之地，绝无商贾往来之踪。近城市者，别无生理，止以耕田度日；滨海洋者，田多盐碱，则以捕鱼为生……本县淮子口、董家湾诸海口，系淮舟必由之路，而阴岛、会海等社，则海口切近之乡。⑤

在这则记录中可知，因为临海，所以很适合船舶往来。即墨县在近代以后才逐渐发展起来，既然它的地理位置是固定的，所以在地理位置上看很适合江南来航船舶停靠。

直至民国时期，青岛与沿海地域的航运往来也没有什么变化，在民国十七年(1928)的《胶澳志》中的交通志“航运”条目中记载：

> 帆船往来沿海各口岸，以海州为最繁，民国八九年增至七八千只，可载二百余万至三百万担。

胶州湾来往江苏省东北部的海州，即现在的连云港最为频繁，也有很多

---

① 《中国地方志集成·山东县志辑47》，第36页。
② 《中国地方志集成·山东县志辑47》，第36页。
③ 《中国地方志集成·山东县志辑47》，第72页。
④ 《中国地方志集成·山东县志辑47》，第86页。同书131页记载：“徐铤，号静峰……万历六年知县事。”
⑤ 《中国地方志集成·山东县志辑47》，第248页。

来自山东以南各地方的船。在同书中可见如下记载：

> 钓船，即福建船。大者装货一二千担乃至六千担，小者二千担内外。每艘船员二十五人以上。福建船初禁赴山东贸易。故来者恒在宁波象山县另行领取牌照。所载货物，进口以纸为最，往年盛时岁载十六七万担。其次则竹杆、陶器、花席、砂糖为主。出口则载豆、落花生、米、落花生油、胡桃、甜瓜、粉条、柿饼、药材等项，回南贩售。

在山东把福建船称为“钓船”，当初是禁止与山东通航的，如果要航行至山东，要先在福建省以北的浙江宁波以及象山县拿到通行证后方可至山东。驶入山东的福建船所载货物以纸类，尤其是福建产的纸为最多，其他的还有竹材、陶瓷器、花席、砂糖等物品，从山东返航时所带货物大部分是山东产的谷物类。

从宁波驶入山东的船舶被称为“宁船”，同书中记载：

> 宁船，即宁波船，由浙江之鄞县、镇海来者为多，其形状与钓船相等，但船体稍狭小，载货物多属塔埠头、女姑口等处土产商委托贩卖，进口后即时装卸开回南方。

宁波船中大部分来自宁波的鄞县和甬江口的镇海县，船体较小，这些船所载货物多在胶州湾东北部港口塔埠头以及西岸的女姑口之间交易。

关于江南沙船[①]，同书也有如下记载：

> 沙船，江苏境内之船，多属于此。概属平底，是其构造之特征。分大中小三级。大级者往来上海，容量约二千五六百担，船员二十人内外，装来之货物多为棉花，空船开回为常。中级者容量一千五百担，船员二十人，大都内盐城、海州，装载棉花、芝麻进口，归程则载洋广杂货火柴豆油出口。小级者六百担左右，船员六名上下，由青口、海州装胡桃、芝麻、谷类进口，秋季则装水果，出口其余季节无货则空船开回。

除以上船只以外，还有来自江南的平底型海船即沙船。沙船可分大、中、小三种类型，大型沙船可有 2 500～2 600 担的承载能力，中型 1 500 担，小型 600 担左右。大多数沙船来自江苏省东北部的青口、海州及现在连云港附近。这些沙船运载的大部分货物为杂货，归航时的货物多为山东特产，比如胡桃、芝麻、谷物类等。

另据青岛档案馆所藏落款为光绪二十五年(1899)十月初三日的“胶海

---

① 松浦　章：《清代上海沙船航運業史の研究》，関西大学出版部，2004 年。

关民船报关章程”①：

为民船进胶澳口，须先在青岛停泊报关。抵关时，将船票并货物总合单。上注时，各货妆自程，抵由海关発给号旗一面。此旗须常插桅上方，准在青岛卸货，或开往胶澳别口至卸货时，各驳船须开验货单，到海关码头验货时呈缴。为船装出货，先在海关查验完税。船出口时，必须在青岛停泊抵关，查验呈缴号旗，由海关发这船票，留给出口，准单即为放洋。贸易船只由胶澳此口运货至胶澳枝口，此须在出口时，将所装货物，抵民先于准单到彼口，赴海关呈缴源领，准原俯查验。

民船进口各货，为未曾超岸，仍以源船源货，出口此呈缴，抵海关验时，征税厘。

捕鱼船如装货物，亦送以上章程。

违背章程，此罚铭至查百元，单卸货余，注单装货，均将货物罚充入官。

青岛　女姑　沧口　塔埠头

光绪二十五年十月初三日

凡到达胶州湾口、胶州湾内的所有帆船都必须在青岛接受货物检查。并且，去胶州湾内港时，都必须出示能证明已经在青岛税关接受入港许可的旗印。同样，从湾内出港时也必须接受青岛税关的检查。上述资料中所提及的青岛港是位于胶州湾口东部港口，女姑是距离现在青岛飞机场较近的一个港口。沧口也是位于青岛北部胶州湾东岸的一个港口，在女姑南部，但离胶州湾东北部最近的港口是塔埠头。现在修建了横跨胶州湾的青岛跨海大桥，但之前胶州湾内有多个小港，很适合来往贸易的帆船停泊。

直到 1898 年德国占胶州湾周边为租借地以后，胶州湾的状况就发生了重大变化。

三、德国占领期的青岛轮船航路

据明治四十一年(光绪三十四，1908)的“青岛经济概况”中，记录了 20 世纪初期青岛交通状况：

青岛的繁荣，最先想到的是交通便利。为此，山东实施铁路铺设、海运保护的政策。一是包含山东的内地和直隶、河南的贸易圈内，一是期待以上海、长崎、仁川、大连诸港的中心点。因此现在交通海运与陆

① 青岛档案馆所藏(图书编号：B47 001 0652 マイクロ 64R　1168B、1169Aコマ)。

运分开记述。①

铁道和海运是青岛最为重要的两种交通手段，铁道②连接山东省内、直隶，以及郑州、开封等，通过海运连接上海、辽东半岛的大连、日本长崎、朝鲜半岛的仁川等。

海运中尤其以轮船为主，在同书中也记载了关于轮船航运的状况：

> 独逸将补助金给汉堡亚米利加汽船公司，以低廉的运费运送。特别是在欧洲航路上，青岛、欧洲各港口间的运费比其他的清国港和欧洲间的运费更低。期待着青岛贸易的发展，并从上海的附体港的相互羁绊中获得直接的进出口。在青岛寄港的船舶上也有招南局及怡和、太古二公司，但对抗与受德国政厅保护的独逸船是很困难的，而德国以外的汽船公司却处于极其不振的状态。③

德国占领下的青岛也有德国政策方面的支援，德系轮船公司、汉堡阿美利加拉因公司(Hamburg-Amerika Lin)因有政治上的后援，所以通过压低运费来打压中国、英国系轮船公司。

1905年5月20日的上海《中外日报》中的“杂事汇报”中记载了青岛与上海之间的轮船航路信息：

> 从上海至青岛之邮船(汉堡阿美利加拉因公司)则有新近建造极为清洁之塘沽号，每一礼拜往返一次。此外另有德国船二艘，专航行上海、青岛、烟台、天津各埠，又有支那印度轮船公司之邮船三艘，亦航行以上各埠。故一礼拜内，到青岛与由青岛起程之邮船约有五六艘。

往返上海与青岛的轮船有德国汉堡阿美利加拉因公司，航运频率为每周一次，另有两艘德国船航行路线是从上海出发经由青岛，到达烟台和天津。除此之外还有“支那印度轮船公司”即Indo-China Steam Navigation Co. Ltd.、怡和轮船公司④的轮船。

德国占领青岛后，在青岛发行了名为“Tsingtauer Neueste Nachricen”的报纸，中国名为“Tsingtau Sin Pau 青岛新报”。在1904年10月1日刊行的Probenummer样刊号和同年11月1日刊行的第1号中记载了Hamburg-Amerika Linie的轮船航行预告。据此可知德国轮船公司Hamburg-Amerika

---

① 《支那经济报告书》第11号，第114页。
② 连接青岛与济南的铁路总长412公里，1899年9月开工，1904年6月竣工。根据《支那省别全志第四卷山东省》，第406页。
③ 《支那经济报告书》第11号，第14页。
④ 黄光域：《近代中国专名翻译词典》，四川人民出版社，2001年，第73页。

Tsingtauer Neueste Nachrichten

Tsingtau Sin Pau 青島新報

ABONNEMENTS nehmen alle DEUTSCHEN POSTANSTALTEN entgegen

JAHRLICHER ABONNEMENTS-PREIS MEX. DOLLARS 15.— ZAHLBAR IM VORAUS

TELEPHON NO. 10

DRUCK VON ADOLF HAUPT, TSINGTAU.

Redaktion und Expedition:

Telegramm Address:

Jahrgang | Tsingtau, den 1. November 1904. | Nummer 1.

图 1　德国人创办的青岛新报

ngtauer Neueste Nachrichten　3

Hamburg-Amerika Linie.

KAISERL. DEUTSCHE REICHSPOST-DAMPFER:

Schanghai-Tsingtau-Linie:

Dampfer „Gouverneur Jaeschke"
(I. II. III. Classe).
Jeden Mittwoch Morgen von Schanghai,
„ Sonnabend Abend 6 Uhr v. Tsingtau.

Schanghai-Tsingtau-Tschifu-Tongku-Tientsin-Linie:

D. „Tsintau", „Vorwärts" u. „Knivsberg"
(I. u. II. Cl.)　(I. u. III. Cl.)　(I. u. III. Cl.)
Jeden Sonnabend Abend von Schanghai,
„ Dienstag Mittags 12 Uhr v. Tsingtau nach Norden

Hamburg-Tsingtau.

nächster Dampfer: „Armenia" . . . . Ankunft in Tsingtau ca: 26. Nov. 1904.

Tsingtau-Hamburg.

nächster Dampfer: „Armenia" . . . . Abfahrt von Tsingtau ca: 30. Nov. 1904 (via Yokohama und Kobe)

Tsingtau-Kobe-Dienst

14tägige Verbindung mit D. „Dagmar" Capt. Carl
nächste Abfahrt von Tsingtau ca: 10. Nov. 1904

Nähere Auskunft über Fracht und Passage erteilt

15-b.1.11.05　Hamburg-Amerika Linie, Tsingtau.

图 2　汉堡阿美利加拉因公司的轮船航行预告

Linie 的轮船从青岛出发的航运线路。

上海、青岛之间的航运轮船 Gouver Jaeschke“每周三上午，上海出发；每周六晚 6 点，青岛出发”。上海、青岛、芝罘（山东烟台）、塘沽（天津）的航运，由 Tsintau Vorwärts Knivsberg 这三艘轮船，“每周六晚，上海出发；每周二正午 12 时，青岛出发，向北部航行”。

Tsingtauer Neueste Nachrichten　3

Hamburg-Amerika Linie.

FAHRPLAN:

Kaiserlich Deutscher Reichspostdampfer-Dienst.

nach Schanghai: (2 mal die Woche).
ab Tsingtau: Sonnabend 31. Dezember 1904. D. „Gouverneur Jaeschke"
„ ca. Dienstag 3. Januar 1905. D. „Tsintau"
Sonnabend 7. „ „ D. „Gouverneur Jaeschke"

nach Tschifu und Chinwantao (Tientsin). (regelm. wöchentl. Verbindg.)
ab Tsingtau: Dienstag 3. Januar 1905. D. „Vorwärts"
„ „ 10. „ „ D. „Knivsberg"

von Schanghai ab: (2 mal die Woche):
Sonnabend 31. Dezember 1904. D. „Vorwärts"
Mittwoch 4. Januar 1905. D. „Gouverneur Jaeschke"
Sonnabend 7. „ „ D. „Knivsberg"

nach Tschemulpo: (ca 14täg. Verbindg.)
ca. Dienstag 3. Januar 1905. D. „Medan"

nach Japan (Kobe): (regelm. wöchentl. Verbindg.)
ca. Montag 2. Januar 1905. D. „Süllberg"
ca. „ 9. „ „ D. „Dagmar"

Hamburg-Tsingtau.
nächster Dampfer: Ankunft in Tsingtau ca:
D. „Spezia" . . . . . . 10. Jan. 1905.
D. „Scandia"*) . . . . . . 6. März „

Tsingtau-Hamburg.
nächster Dampfer: Abfahrt nach Japan ca:
D. „Spezia" . . . . . 14. Jan. 1905. (via Japan).
D. „Scandia"*) . . . . . 10. März „

*) Der Dampfer hat Passagiereinrichtungen I. Klasse, Arzt an Bord.

Nähere Auskunft über Fracht und Passage erteilt

15-b.1.11.05　Hamburg-Amerika Linie, Tsingtau.

图 3　1905 年 1 月 1 日“Tsingtauer Neueste Nachricen”
刊载的汉堡阿美利加拉因公司的轮船航行预告

1. Februar 1905. Tsingtauer Neueste Nachrichten. 3

Hamburg-Amerika Linie.

Kaiserlich Deutscher Reichspostdampfer-Dienst.

nach Schanghai: (2 mal die Woche).
ab Tsingtau: Dienstag 31. Jan. 05. D. „Tsintau"
„ Sonnab. 4. Febr. „ D. „G. Jaeschke"
„ Dienstag 7. „ „ D. „Knivsberg"
„ Sonnab. 11. Febr. „ D. „G. Jaeschke"

nach Tschifu u. Chinwantao (Tientsin). (1 mal die Woche).
ab Tsingtau: Dienstag 31. Jan. 05. D. „Knivsberg"
„ „ 7. Febr. „ D. „Vorwärts"
„ „ 14. „ „ D. „Tsintau"

von Schanghai ab: (2 mal die Woche).
Mittwoch 1. Februar 1905. D. „Gouv. Jaeschke"
Sonnab. 4. „ „ D. „Vorwärts"
Mittwoch 8. „ „ D. „Gouv. Jaeschke"
Sonnab. 11. „ „ D. „Tsintau"

Tsingtau-(Korea)-Kobe-Linie.
(1 mal die Woche).
ab Tsingtau: ca. Donnerst. 2. Febr. 05. D. „Dagmar"
(via Chefoo und Korea)

Schanghai-(Tsingtau)-Chemulpo-Linie.
Wöchentliche Verbindung mit dem Passagier und Fracht-Dampfer:
„Medan"

Schanghai-Hongkong-Canton-Linie.
Wöchentliche Verbindung mit den Passagier- und Frachtdampfern:
„Lyeemoon", „Loongmoon" und „Kowloon."

Yangtze-Dienst:
regelmässige Verbindung mit den Fracht-Passagier Dampfern:
„Sui-tai" und „Sui-an."

von Europa:
D. „Andalusia" an Shanghai ca. 20. Januar
D. „Spezia" „ Tsingtau „ 24. „
D. „Alesia" „ Shanghai „ 30. „
D. „Sambia" „ „ „ 8. Februar
D. „Rhenania"*) „ „ „ 24. „
D. „Scandia"*) „ Tsingtau „ 6. März

nach Europa:
D. „Sithonia" ab Shanghai ca. 20. Januar
D. „Spezia" „ Tsingtau „ 28. „
D. „Arcadia" „ Shanghai „ 2. Februar
D. „Andalusia" „ „ „ 16. „
D. „Scandia"*) „ Tsingtau „ 10. März
D. „Rhenania"*) „ Shanghai „ 17. „

*) Die Dampfer sind für Passagiere eingerichtet. Arzt an Bord.

Nähere Auskunft über Fracht und Passage erteilt

15-b,1,11.05

Hamburg-Amerika Linie, Tsingtau.

图 4　1905 年 2 月 1 日"Tsingtauer Neueste Nachricen"刊载的汉堡阿美利加拉因公司的轮船航行预告

1. März 1905. Tsingtauer Neueste Nachrichten. 3

Hamburg-Amerika Linie.

Kaiserlich Deutscher Reichspostdampfer-Dienst.

nach Schanghai: (2 mal die Woche).
ab Tsingtau: Dienst. 28. Febr. 05. D. „G. Jaeschke"
„ Sonnab. 5. März 05. D. „Tsintau"

nach Tschifu u. Chinwantao (Tientsin). (1 mal die Woche).
ab Tsingtau: Dienst. 7. März 05. D. „Vorwärts"

von Schanghai ab: (2 mal die Woche).
Sonnab. 5. März 1905. D. „Vorwärts"

Tsingtau-(Korea)-Kobe-Linie.
Wöchentliche Verbindung mit den D. „Süllberg", „Progress", und „Dagmar"
nächster Dampfer:
ab Tsingtau: ca. Freitag 3. März 05. D. „Dagmar"
(nach Kobe direkt.)

Schanghai-(Tsingtau)-Chemulpo-Linie.
14tägige Verbindung mit dem Passagier- und Fracht-Dampfer: „Medan"

Schanghai-Hongkong-Canton-Linie.
Wöchentliche Verbindung mit den Passagier- und Frachtdampfern:
„Lyeemoon", „Loongmoon" und „Kowloon."

Yangtze-Dienst:
regelmässige Verbindung mit den Fracht-Passagier Dampfern:
„Sui-tai" und „Sui-an."

nach New-York: (via Suez.)
D. „Nubia" ab Shanghai ca 30. März

von Europa:
D. „Suevia" an Shanghai ca. 28. Februar
D. „Scandia"*) „ Tsingtau „ 10. März

nach Europa:
D. „Sambia" ab Shanghai ca. 2. März
D. „Rhenania"*) „ Shanghai „ 12. „
D. „Scandia"*) „ Tsingtau „ 14. „
D. „Suevia" „ Shanghai „ 30. „

*) Die Dampfer führen Passagiereinrichtungen I. Classe.

Nähere Auskunft über Fracht und Passage erteilt

15-b,1,11.05

Hamburg-Amerika Linie, Tsingtau.

图 5　1905 年 3 月 1 日"Tsingtauer Neueste Nachricen"刊载的汉堡阿美利加拉因公司的轮船航行预告

另外也开通了青岛与汉堡、青岛与日本神户间的海外航运路线①。

从以上记载可看出，由汉堡阿美利加拉因公司运行的中国沿海轮船航运路线基本是以青岛为基点，南从上海，北从青岛以北的芝罘出发至天津海河口的塘沽。从青岛至上海每周有一次直行往返航运，上海到青岛每周有一次单程航运。

在"青岛经济概况"中也记录了 1907 年出入胶州港的轮船只数和载货吨数②：

---

① "Tsingtauer Neueste Nachricen" Rrobenummer，den 1.Oktober 1904，p.3.
"Tsingtauer Neueste Nachricen" Nummer 1，den 1.November 1904，p.3.
"Tsingtauer Neueste Nachricen" については関西大学図書館所蔵のマイクロフィル（MF6/073 資料 ID：610478320）によった。

② 《支那经济报告书》第 11 号，第 14 页。表中数字是汉文数字，这里改为阿拉伯数字。

表 1　1907 年按国别出入胶州湾的轮船数和载货吨数

国　籍	入　港		出　港	
	只　数	吨　数	只　数	吨　数
英　国	127	145 781	126	142 311
德　国	281	314 200	280	313 671
日　本	58	69 363	58	69 363
挪　威	18	17 739	18	17 729
中　国	5	4 331	5	4 332
俄国及瑞典	3	5 051	3	5 051

从上表可以看出，德国轮船无论是从只数还是货物吨数，都远超英国。在同书中也记载了轮船公司的具体名称：

> 现在，在青岛的轮船公司名及航线如下。
> 汉堡・美国轮船公司(Hamburg・America Line)(亨丰洋行)
> 1) 上海青岛线
> 　该路线将由德国邮船运营，每周一次，于周日晚上从青岛出发。
> 2) 上海青岛芝罘唐沽(天津)线
> 　该路线将由德国邮船运营，每周一次航海
> 3) 青岛神户线
> 　该路线每两周一次定期航行
> 4) 上海青岛仁川线
> 　该航路每周一次定期航行
> 盎斯洋行(日本邮船会社代理店)
> 1) 青岛香港线
> 　每周一次的航行的运营

在以青岛为基点的轮船航运上占据优势地位的是汉堡阿美利加拉因公司即亨宝轮船公司[①]。汉堡阿美利加拉因公司所运行的航路主要以青岛为据点，从上海、山东青岛北部的芝罘、天津的塘沽间航路，日本神户间的航路以及青岛与上海、朝鲜半岛的仁川这四条线路。只有日本邮船公司运行青岛到香港的航线。除此之外，还有一些轮船公司开展不定期的航运路线：

> 左边有几家公司，他们为轮船公司经营代理商，经营不规则的运输。

① 黄光域：《近代中国专名翻译词典》，第 150 页。

一、禅臣洋行（招商局、印度支那航业会社、大阪商船）

一、橳成洋行

一、礼和洋行（支那航业会社、东京汽船会社）

一、天成栈（以下为中国人的会社）

一、连升栈

一、悦来公司

一、亚东栈

从青岛到日本间航线是汉堡美国轮船公司运营，除此之外，从明治三十九年（光绪三十二年，1906年）开始，在神户留华商东源号运营日本船北辰丸（最近搁浅了），每月二次定期航行。除此之外还有中越丸和香取丸，他们不定期航行①。

清朝招商局以及英国的印度支那航业公司、日本大阪商船公司来开展不定期的航运业务，但汉堡阿美利加拉因公司仍处于不可动摇的优势地位。

表2　青岛上海间主要运载的货物②

货　名	单位	运费(美元)	货　名	单位	运费(美元)
盐　鱼	一担	20.00	卷烟草	一箱	1.30
盐　菜	同	10.00	茧	一担	0.40
昆　布	同	0.30	棉　花	同	0.80
豆　粕	同	0.18	绵衣服	同	0.50
豆　类	同	0.18	胡　麻	同	0.30
豆　油	同	0.40	海　老(干物)	同	0.40
猪　毛	同	0.55	绢丝上等、白及黄	同	1.75
栗	同	0.45	绢丝黄丝	同	1.25
柞蚕丝	同	0.70	刻烟草	同	0.50
屑　丝	同	0.50	麦　秆	一俵	1.00
绢织物	同	3.00	草　帽	百个	0.40
牛　皮	同	0.50	同	一担	0.90
山羊皮	同	0.50	砂　糖	同	0.30
脂　肪	同	0.45	杂　货	一箱	0.35

① 《支那经济报告书》第11号，第14—15页。

② 原文是汉文数字，这里转换为阿拉伯数字。

表 3　运送旅客费用①　　（单位：美元）

	一等	往返	二等	往返	三等	往返
青岛至上海	35.00	55.00	24.00	37.00	14.00	21.00
上海至青岛	20.00	40.00	17.50	27.00	10.00	15.00

从青岛运往上海的货物主要是腌制的鱼类和大豆制品，而上海运往山东的主要是棉花及棉制品。旅客运送方面，从青岛去往上海的旅客需要支付高昂的费用，而从上海去往青岛则会廉价许多。

下面表 4 中整理的是德国开始占领青岛时，上海发行的《申报》中记录的 1904 年 9 月到 12 月这三个月期间，上海至青岛以及胶州的轮船航运情况。

表 4　1904 年 9—12 月上海港出入胶东航路轮船表

年月日	旧历月日	船　名	进出	时刻	航　行　地	公司名	《申报》号数	页数
19040902	722	顺　和	进口		胶州	怡和行	11271	12
19040902	723	顺　和	出口	晚	青岛	怡和行	11271	12
19040902	723	阜　利	出口		胶州、烟台、天津	美最时行	11271	12
19040903	723	胶　州	进口		胶州	美最时行	11272	20
19040905	726	北直隶	出口	晚	胶州、烟台、天津	怡和行	11274	34
19040906	727	塘　沽	出口		胶州	美最时行	11275	42
19040906	727	安　徽	出口	晚	胶州、烟台、天津	太古公司	11275	42
19040908	729	胶　州	出口		胶州、烟台、天津	美最时行	11277	58
19040909	729	顺　和	进口		胶州	怡和行	11278	64
19040909	730	顺　和	出口	晚	胶州	怡和行	11278	64
19040913	803	塘　沽	进口		胶州	美最时行	11282	92
19040913	804	塘　沽	出口		胶州	美最时行	11282	92
19040913	804	镇　安	出口	晚	胶州、烟台、天津	太古公司	11282	92
19040915	806	青　岛	出口		胶州、烟台、天津	美最时行	11284	104
19040916	807	顺　和	出口	晚	青岛	怡和行	11285	110
19040916	807	青　岛	出口		胶州、烟台、天津	美最时行	11285	110
19040917	807	顺　和	进口		胶州	怡和行	11286	118
19040920	810	塘　沽	进口		胶州	美最时行	11289	138
19040920	811	塘　沽	出口		胶州	美最时行	11289	138

① 原文数字是汉文数字，这里改为阿拉伯数字。

（续表）

年月日	旧历月日	船　名	进出	时刻	航　行　地	公司名	《申报》号数	页数
19040920	811	安　徽	出口	晚	胶州、烟台、天津	太古公司	11289	138
19040923	814	顺　和	出口		青岛	怡和行	11292	158
19040923	813	顺　和	进口		胶州	怡和行	11292	158
19040923	814	胶　州	出口		胶州、烟台、天津	美最时行	11292	158
19040927	817	阜　利	进口		胶州	美最时行	11296	184
19040927	818	塘　沽	出口		胶州	美最时行	11296	184
19040927	818	镇　安	出口	晚	胶州、烟台、天津	太古公司	11296	184
19040930	821	顺　和	出口	晚	青岛	怡和行	11299	202
19040930	820	顺　和	进口		胶州	怡和行	11299	202
19040930	821	阜　利	出口		胶州、烟台、天津	美最时行	11299	202
19041001	822	通　州	出口	晚	胶州、烟台、天津	太古公司	11300	208
19041004	825	安　徽	出口	晚	青岛、烟台、天津	太古公司	11303	228
19041004	825	塘　沽	出口	晚	胶州	美最时行	11303	228
19041007	827	顺　和	进口		胶州	怡和行	11306	246
19041007	828	顺　和	出口	晚	胶州	怡和行	11306	246
19041007	828	青　岛	出口		胶州、烟台、天津	美最时行	11306	246
19041010	902	塘　沽	出口	晚	胶州	美最时行	11309	264
19041011	903	镇　安	出口	晚	胶州、烟台、天津	太古公司	11310	272
19041014	905	顺　和	进口		胶州	怡和行	11313	294
19041014	906	阜　利	出口		胶州	美最时行	11313	294
19041014	906	顺　和	出口	晚	胶州	怡和行	11313	294
19041014	906	胶　州	出口		胶州、烟台、天津	美最时行	11313	294
19041018	909	塘　沽	进口		胶州	美最时行	11317	322
19041018	910	安　徽	出口		胶州、烟台、天津	太古公司	11317	322
19041021	912	顺　和	进口		胶州	怡和行	11320	342
19041021	912	青　岛	进口		胶州	美最时行	11320	342
19041021	913	顺　和	出口	晚	胶州	怡和行	11320	342
19041021	913	阜　利	出口		胶州、烟台、天津	美最时行	11320	342
19041025	916	塘　沽	进口		胶州	美最时行	11324	370
19041025	917	塘　沽	出口		胶州	美最时行	11324	370

（续表）

年月日	旧历月日	船　名	进出	时刻	航　行　地	公司名	《申报》号数	页数
19041025	917	镇　安	出口	晚	胶州、烟台、天津	太古公司	11324	370
19041028	919	顺　和	进口		胶州	怡和行	11327	390
19041028	920	顺　和	出口	晚	胶州	怡和行	11327	390
19041029	920	青　岛	进口		胶州	美最时行	11328	396
19041101	924	塘　沽	出口		胶州	美最时行	11331	418
19041101	924	通　州	出口	晚	胶州、烟台、天津	太古公司	11331	418
19041104	926	顺　和	进口		胶州	怡和行	11334	442
19041104	927	顺　和	出口	晚	胶州	怡和行	11334	442
19041104	927	胶　州	出口		胶州、烟台、天津	美最时行	11334	442
19041108	1001	塘　沽	进口		胶州	美最时行	11338	468
19041108	1002	塘　沽	出口		胶州	美最时行	11338	468
19041111	1005	顺　和	出口	晚	胶州	怡和行	11341	488
19041111	1005	阜　利	出口		胶州、烟台、天津	美最时行	11341	488
19041115	1008	塘　沽	进口		胶州	美最时行	11345	518
19041115	1009	塘　沽	出口		胶州	美最时行	11345	518
19041117	1010	青　岛	进口		胶州	美最时行	11347	534
19041117	1011	通　州	出口	晚	胶州、烟台、天津	太古公司	11347	534
19041118	1012	顺　和	出口	晚	胶州	怡和行	11348	542
19041118	1012	青　岛	出口		胶州、烟台、天津	美最时行	11348	542
19041119	1012	顺　和	进口		胶州	怡和行	11349	548
19041119	1013	顺　和	出口	晚	胶州	怡和行	11349	548
19041122	1015	塘　沽	进口		胶州	美最时行	11352	568
19041122	1016	塘　沽	出口		胶州	美最时行	11352	568
19041122	1016	山　西	出口	晚	胶州、威海、烟台	太古公司	11352	568
19041125	1019	顺　和	出口	晚	胶州	怡和行	11355	588
19041125	1019	胶　州	出口		胶州、烟台、天津	美最时行	11355	588
19041126	1019	顺　和	进口		胶州	怡和行	11356	596
19041129	1022	塘　沽	进口		胶州	美最时行	11359	618
19041129	1023	塘　沽	出口		胶州	美最时行	11359	618
19041202	1025	顺　和	进口		胶州	怡和行	11362	636

（续表）

年月日	旧历月日	船　名	进出	时刻	航　行　地	公司名	《申报》号数	页数
19041202	1026	顺　和	出口		胶州	怡和行	11362	636
19041202	1026	西　安	出口	晚	胶州、烟台	太古公司	11362	636
19041202	1026	阜　利	出口		胶州、烟台、天津	美最时行	11362	636
19041206	1029	塘　沽	进口		胶州	美最时行	11366	662
19041206	1030	塘　沽	出口		胶州	美最时行	11366	662
19041209	1102	顺　和	进口		胶州	怡和行	11369	680
19041209	1103	青　岛	出口		胶州、烟台、天津	美最时行	11369	680
19041213	1106	塘　沽	进口		胶州	美最时行	11373	704
19041213	1107	塘　沽	出口		胶州	美最时行	11373	704
19041216	1110	顺　和	出口		胶州	怡和行	11376	722
19041216	1110	胶　州	出口		胶州、烟台、秦皇岛	美最时行	11376	722
19041219	1113	武　昌	出口	晚	青岛、烟台	太古公司	11379	740
19041220	1113	塘　沽	进口		胶州	美最时行	11380	746
19041220	1114	塘　沽	出口		胶州	美最时行	11380	746
19041220	1114	阜　利	出口	晚	胶州	美最时行	11380	746
19041220	1114	武　昌	出口	晚	胶州、烟台	太古公司	11380	746
19041222	1116	武　昌	出口	晚	胶州、烟台	太古公司	11382	760
19041223	1116	顺　和	进口		胶州	怡和行	11383	766
19041223	1116	青　岛	进口		胶州	美最时行	11383	766
19041223	1117	顺　和	出口	晚	胶州	怡和行	11383	766
19041223	1117	青　岛	出口	晚	胶州、烟台、秦皇岛	美最时行	11383	766
19041227	1121	塘　沽	出口		胶州	美最时行	11387	792
19041230	1124	顺　和	出口	晚	胶州	怡和行	11391	810
19041230	1124	阜　利	出口		胶州、烟台、秦皇岛	美最时行	11391	810
19041231	1124	顺　和	进口		胶州	怡和行	11392	816

表 4 中所见怡和行指的是英国的怡和轮船公司，英文名为 Indo-China Steam Navigation Co.Ltd。怡和洋行即 Jardin，Matheson & co. Ltd.轮船公司。太古公司即太古轮船公司，也同样是英系轮船公司，英文名 China Navigation Co.，Ltd。1816 年在英国创业的 Jhon Smuel Swire（1725—1898）1872 年在上

海创办了轮船航运业，这是太古轮船公司的前身。禅臣行指的是禅臣洋行与禅臣公司的德系 Simenssen & Co.美最时行指的是美最时洋行，英文名 Melchers China Coporation，此公司创办于 1806 年，之后进军亚洲①。

只有怡和洋行的顺和号出入港目的地是青岛港，而太古公司的一部分轮船先在青岛停泊后，经由烟台到达天津。大部分的轮船则都是以胶州为目的地的。因为这一时期的青岛对当时的中国人来讲还是不知名的地名，比起青岛，胶州在各方面都有着较为便利的优势。

下面是根据同时期上海英文报纸"North-China Herald and Supreme Court & Consular Gazette"No.1936—1951 作成的从胶东来上海的轮船一览表。

表 5　1904 年 9—12 月胶东来往上海港轮船一览表

刊载年月日	船　名	船　长	船籍	吨数	到达日	来港地	公　司　名	NCH 页数
19040916	Tsintau	Hansen	Ger.str	978	908	Kiaochow	Meleher s& Co	672
19040930	Vorwärts	Sohnemann	Ger.str	643	926	Kiaochow	Melehers & Co	784
19041007	Tsintau	Hansen	Ger.str	978	1004	Kiaochow	Melehers & Co	836
19041014	Knivsberg	Kayser	Ger.str	646	1011	Kiaochow	Melehers & Co	892
19041019	Loogmoon	Kalkofen	Ger. Str	1 245	1019	Tsingtau	Siemmen & Co	948
19041021	Vorwärts	Sohnemann	Ger.str	643	1014	Kiaochow	Melehers & Co	948
19041104	Knivsberg	Kayser	Ger.str	646	1011	Kiaochow	Melehers & Co	1060
19041111	Chena	Hunter	Br. Str	1 350	1109	Tsingtao	Butterfield & Swire	1112
19041111	Ravn	Dedkam	Nor. str	725	1106	Tsingtau	Wallenm & Co.	1112
19041118	Tsintau	Hansen	Ger.str	978	1004	Kiaochow	Melehers & Co	1164
19041125	Knivsberg	Kayser	Ger.str	646	1120	Kiaochow	Melehers & Co	1220
19041216	Knivsberg	Kayser	Ger.str	646	1211	Kiaochow	Melehers & Co	1392
19041230	Dundas	Cate	Br. str	1 964	1216	Tsingtau	Arnhold, Karberg & Co	1496
19041230	Vorwaerts	Sohnemann	Ger.str	643	1227	Kiaochow	Melehers & Co	1496

出自"*North-China Herald and Supreme Court & Consular Gazette*."No.1936-1951.

表 5 中只限定从山东半岛的东南部即胶东地域来往上海港口的船只，并且能够从地名上判明是青岛比如 Tsingtau，胶州即 Kiaochow。在上述提到的"Tsingtauer Neueste Nachricen"这则出港预告中可见 Tsintau、Vorwärts、Knivsberg 这三只轮船的名字。这三只轮船正是出港预告中通

① 关于欧美企业名称参考黄光域编：《近代在华企业名一览》，四川人民出版社，2005 年。

航的轮船。从《申报》的轮船一览表中我们可知，Tsintau 的中国名是“青岛”，Vorwärts 代表“阜利”，Knivsberg 代表“塘沽”。

下面表 6 是 1910 年 5 月上海出发至胶东地区的轮船航运表。从表 5 我们可知上海至青岛间的航行轮船不多，主要以上海至天津及山东烟台的轮船居多。

表 6　1910 年 5 月上海出发至胶东地区的轮船航行一览表

西历年月日	旧历月日	船名	出港时刻	航　行　地	轮船公司	《申报》号数	页数
19100523	415	广西	晚	青岛	太古公司	13393	360
19100507	328	大臣		青岛、烟台、天津	亨宝公司	13377	108
19100514	406	提督	晚	青岛、烟台、天津	亨宝公司	13384	216
19100525	417	塘沽		青岛、烟台、天津	亨宝公司	13395	392
19100531	423	西江		青岛、烟台、天津	亨宝公司	13401	492
19100503	324	西洋		青岛、大连、天津	亨宝公司	13373	44
19100510	402	塘沽		青岛、大连、天津	亨宝公司	13380	156
19100511	403	塘沽		青岛、大连、天津	亨宝公司	13381	172
19100517	409	西江		青岛、大连、天津	亨宝公司	13387	264
19100521	413	大臣		青岛、大连、天津	亨宝公司	13391	328
19100528	420	提督		青岛、大连	亨宝公司	13398	442
19100503	324	德生		胶州	怡和洋行	13373	44
19100510	402	德生	晚	胶州	怡和洋行	13380	156
19100517	409	德生	晚	胶州	怡和洋行	13387	264
19100524	416	德生	晚	胶州	怡和洋行	13394	376
19100531	423	德生	晚	胶州	怡和洋行	13401	492
19100513	405	乐生	晚	胶州、牛庄	怡和洋行	13883	204
19100514	406	德生	晚	胶州、牛庄	怡和洋行	13384	216

从表 6 可见，很少有从上海至青岛的定期航运，或者是从青岛出发经由烟台到达天津，或者是青岛出发经由大连到达天津。也有像怡和洋行那样，定期航运到港的不是青岛而是胶州湾的胶州港。还有从胶州出发到达辽东辽河港即牛庄的航运路线。

四、小　　结

清代胶州湾口东部的青岛在被开发以前，胶州湾内的塔埠头、湾东部的港女姑以及沧口是帆船贸易的繁荣之地。但因流入胶州湾内的河水带来很多沙土，这些沙土逐渐沉淀致使胶州湾北部地域难以停泊船只。

而此时恰逢德国占领山东半岛的胶州湾周边区域，视线开始转向适合建成近代化港湾都市的青岛。成为近代港湾城市的青岛与 1904 年以后，尤其是鸦片战争以后中国沿海最大港口上海港之间开展了轮船航运往来。

从上述的轮船航运记录来看，把青岛作为进出亚洲基地的德国，最为重视的还是中国沿海最大的国际贸易都市上海。德国轮船公司汉堡阿美利加拉因以青岛为基点，开展了南与上海每周一班的直通往返航运，北从山东半岛北部的芝罘到天津还河口的塘沽港的航运。除此之外，德国轮船公司还开通了每周一班的从上海到青岛的单程航运，可见，德国非常重视与上海之间的关系。

The Steamship Line between Shanghai and German-Occupied Qingdao in the early 20th Century

Abstract: According to the 1898 Jiaozhou Bay Lease Treaty, Germany took control of the Shandong Peninsula and built the port of Qingdao. This article describes the large number of Chinese steamships that sailed into Qingdao Port between 1910 and 1911, and the purpose of their visits.

Keywords: German Occupation, Shanghai, Qingdao Port, Shipping, Chinese Steamships

“郡县安南”与“宣慰旧港”：明初治理南海地区的两种模式

苏月秋*

摘　要：“郡县安南”与“宣慰旧港”是明初永乐时期对外交往的两大重要事件。两者地域同在南海地区，开始设置时间相近，分别从陆上和海上体现了明朝治理南海地区政策的变化。本文通过对“郡县安南”与“宣慰旧港”两个事件的还原，比较明朝在海外设置郡县与宣慰司的治理机制，探讨明成祖朱棣处理南海地区宗藩关系和华夷关系的两种不同模式，同时也为今天的“一带一路”建设提供文明互鉴。

关键词：明朝　郡县安南　旧港宣慰司　南海　历史借鉴

明成祖朱棣在位的永乐年间是明朝较为强盛的一段时期，外交活动频繁，“欲远方万国无不臣服”①，呈现出四海宾服、万邦朝贺的盛世之景。其中“郡县安南”与“宣慰旧港”是明成祖处理对外关系的两项重要举措，体现了明朝治理南海地区的两种模式。安南即今越南北部，位于我国南海地区接壤的邻邦。永乐五年（1407年）五月到宣德二年（1427年），明朝出兵安南，将其地改名“交趾”，设置交趾三司及府州县等行政机构管辖，从此安南成为明朝的省级行政区。旧港宣慰司，位于今苏门答腊岛的巨港，是明成祖于永乐五年九月派遣郑和下西洋途中设置的治理当地华人的机构。国内外学者对明朝“郡县安南”和“宣慰旧港”的研究成果不少②，但大都对两个事件进行

---

*　作者简介：苏月秋，上海海事大学海洋文化研究所讲师。

①　张廷玉：《明史》卷三三二，中华书局，1997年，第8616页。

②　学术界对“郡县安南”这一历史事件及影响进行专门研究的成果主要有：郑永常的《征战与弃守——明代中越关系研究》（成功大学出版社，1998年）详细论述了永乐年间明朝出兵安南始末。罗荣邦的《安南之役——明初对外政策的检讨》（《清华学报》第1—2期，1970年8月）通过对明太祖、成祖、宣宗三朝对安南政策及效果进行考察，说明在两国关系中实力才是决定性因素。朱亚非的《明初中越关系与成祖征安南之役》（《烟台大学学报（哲学社会科学版）》1994年第1期）对明朝出兵安南提出了自己的看法。吕士朋的《明成祖征伐安南始末考》（《第六届明史国际学术讨论会论文集》，1995年）详细论述明朝出兵征讨安南的经过，以及在安南设置郡县制及管理措施。学界对明朝“宣慰旧港”的研究成果主要有：管劲丞的《永乐二十二年郑和受命未行考》（载《郑和研究资料选编》，人民交通出版社，1985年）对郑和于永（转下页）

孤立研究，并未对两者的深层关系进行探讨。本文采用比较的研究方法，从“郡县安南”与“宣慰旧港”的设置原因、治理机制、对南海地区管理的作用等方面试作分析，考察明朝治理南海地区的两种不同模式。

一、“郡县安南”与“宣慰旧港”的设置原因

明初朱棣出兵安南，在此设郡县制，“使安南成为明朝的一个直属辖区，和永乐初期的政治环境有关”[①]。学者郑永常认为，为了转移南方卫所军的注意力，朱棣策划一些大的举措来丰富自己的政绩，其中一项就是发动对安南的战争[②]。明朝永乐年间与安南之间的战争，其实在洪武二十一年(1388年)就已埋下祸根。当时，安南宰相黎季犛杀死了安南王父子，继而夺取王位。永乐元年(1403年)，黎季犛父子为了镇压反对派，大肆用兵，使得国内矛盾尖锐异常。许多原安南政权的一些重要官员逃入中国，向明廷揭露黎氏父子暴行，并希望中国以宗主身份加以制止。明廷了解情况后，认为这是安南国的内政问题，不过分干预，采取了观望的做法。但是黎季犛不断对外扩张，直至将矛头对准占城。

自永乐元年开始，占城为安南侵扰所苦，屡次向明廷求援。如永乐元年，占城国王占巴的赖遣使婆甫郎等入明上奏：“言其国与安南接壤，数苦其侵掠，请降敕戒谕。”[③]永乐二年(1404年)，占城又向明廷奏言：“今年又以水军攻掠其境，拘虏人民，其朝贡人回，所赍赐物，皆被邀夺，及逼与冠服印章使为臣属，越礼肆虐有加无已。”[④]永乐四年(1406年)，占城国王再派遣使者入明求援，“言安南黎贼数侵略，其境土人民，请兵讨之”[⑤]。明成祖多次写信劝解安南统治者放弃扩张政策，安南不但不予理睬，反而认为明朝软弱，肆无忌惮将侵略的触角深入到中国的广西、云南境内，彻底触怒了明朝。

(接上页)乐二十二年正月，奉命出使旧港封施进卿之子袭宣慰使职一事进行考证，提出因受命后伺风期间未及出洋，遇永乐帝去世和仁宗下诏停止下西洋事，故此未行。郑闰的《郑和与旧港宣慰使史实辩证——兼论印尼华侨史实》(《郑和研究》2002年第2期)考证了旧港发生施二姐与施济孙争位，郑和前往诏谕，以施济孙继任旧港宣慰使，提出由于郑和的外交斡旋，稳定了旧港的稳定。晁中辰的《郑和赴旧港册封宣慰使史事考论》(《郑和研究》2006年第3期)，详细了论述郑和到旧港册封宣慰使的经过。张佳玮的《永乐“郡县安南”与“郑和下西洋”之关系研究》(山西大学硕士学位论文，2014年)以及杨永康、张佳玮的《论永乐“郡县安南”对“郑和下西洋”之影响》(《文史哲》2014年第5期)主要探讨“郡县安南”和“郑和下西洋”两者动态的发展联系，重点叙述“郡县安南”对“郑和下西洋”的影响。

① 杨抗军：《明代前期对安南的政策》，《河南大学学报(哲学社会科学版)》1993年第6期，第40页

② 郑永常：《征战与弃守——明代中越关系研究》，成功大学出版社，1998年，第57页。

③ 《钞本明实录》第2册，线装书局，2005年，第525页。

④ 《钞本明实录》第2册，第525页。

⑤ 《钞本明实录》第3册，第52页。

最终导致安南与明朝战争爆发的是陈天平被杀事件①。黎季犛从明军手中强行杀死陈天平，对明廷和明成祖来说都是一种羞辱，由此惹得龙颜大怒，朱棣曰："蕞尔小丑，罪恶滔天，犹敢潜伏奸谋，肆毒如此。朕推诚容纳，乃为所欺，此而不诛，兵则奚用能。"②明成祖终于决定出兵讨伐安南。但战争的根本原因是"明政府要安定南方，阻止安南政权肆无忌惮地向外扩张"③。明成祖征安南之役在军事上进展顺利，整个战役不到一年。永乐五年五月，黎季犛、黎苍父子被明军俘获，其政权至此灭亡。

明朝消灭安南黎氏政权后，因陈氏宗室无继立之人，新城侯张辅认为"安南本中国之地，陈氏子孙已诛尽，无可继"④，上疏建议设置郡县进行管理。其实，在明军正式出兵安南之时，朱棣就有设置郡县之意。永乐四年八月二十七日，朱能收到明成祖的敕谕，提出在安南实施郡县制的计划："前者谕尔等焚其庐舍，今立郡县，凡一应室庐，不可焚毁，平安之后，即用居守，切宜戒戢军士。"⑤九月二十日，朱棣派出太监苗青前往安南协助朱能镇守，要求朱能"凡都司、布政司、按察司有合行事务，与之讨议而行"⑥。这也表明，明军还未进入安南，明成祖就已经开始筹划战后安南的治理策略。

安南本地有声望之人也纷纷表示愿意恢复郡县制。永乐五年三月初十，莫邃等率千余耆老禀称：

> 惟陈氏子孙，向被黎贼歼夷已尽，无有遗类，莫可继承。安南本古中国之地，其后沦弃，溺于夷俗，不闻礼义之教。幸遇圣朝扫除凶孽，军民老稚得睹中华衣冠之盛，不胜庆幸，咸赖复古郡县。⑦

明成祖对这份奏报十分谨慎，认为"俟黎贼父子悉就擒，而后处置"⑧。朝廷不久接到张辅的捷报，"黎贼父子违天逆命，今悉就擒，皆由圣德合天，神人助顺"，朝臣再次请求在安南设郡县及三司，"群臣复以开设三司及郡县为请"，此次明成祖同意，"命降诏行之"⑨。于是安南在独立400余年后，又被纳入中国版图，成为行省之一。

如果说安南郡县制的设立是建立在战争的基础上，那么旧港宣慰司的

---

① 吕士鹏：《明成祖征伐安南始末考》，载《第六届明史国际学术讨论会论文集》，1995年，第744页。
② 《钞本明实录》第3册，第36页。
③ 朱亚非：《明初中越关系与成祖征安南之役》，《烟台大学学报(哲学社会科学版)》1994年第1期，第63页。
④ 谷应泰：《明史纪事本末》卷二二，中华书局，1977年，第349页。
⑤ 李文凤：《越峤书》卷二，载《四库存目丛书》史部第162册，第699页。
⑥ 李文凤：《越峤书》卷二，第700页。
⑦ 《钞本明实录》第3册，第70页。
⑧ 《钞本明实录》第3册，第74页。
⑨ 《钞本明实录》第3册，第77页。

设置则和平得多。旧港宣慰司在唐代称为室利佛逝，及至宋代，称室利佛逝为三佛齐，是当时中国与印度洋地区贸易的中转站。《诸蕃志》记载："其国在海中，扼诸番舟车往来之咽喉。"①而中国人远至阿拉伯贸易也在三佛齐中转，"华人诣大食，至三佛齐修船，转易货物"②。同时三佛齐也是当时东西方南海航线的必经之路，史载"三佛齐者，诸国海道往来之要冲也"③。

洪武时期，虽然朱元璋有意紧缩与海外各国的交往活动，但鉴于三佛齐区位的重要，明朝仍与三佛齐保持互派使者的记录。如洪武三年（1370年）八月，明太祖朱元璋"遣使持诏往谕三佛齐、浡泥、真腊等国，赵述等使三佛齐"④。由于三佛齐与明朝朝贡关系的修复，为南海诸国的贸易提供了保障，呈现"自是比诸番国，朝贡不绝"⑤的盛况。由此可见，旧港历来都是中国连接东南亚、印度洋重要地区。洪武十年（1377年）冬十月，明太祖遣使赍金印，立三佛齐国王嗣子麻那者巫里为三佛齐国王，并赐予诏书⑥。

永乐初年，是明朝与旧港关系发生重大变化的时期。在郑和下西洋之前，当时南海地区海盗纵横，剽掠商旅，所以郑和船队"附带有解决海盗，肃清航路的使命"⑦。永乐五年，郑和第一次下西洋时途经旧港，居住在此的海盗陈祖义意图抢劫郑和船队，郑和在施进卿的帮助下将"旧港头目陈祖义"擒获，解回京师处死，明廷遂在旧港设宣慰使司，以施进卿为宣慰使。《明太宗实录》载："（永乐五年九月）壬子，太监郑和使西洋诸国还，械至海贼陈祖义等。初，（郑）和至旧港，遇（陈）祖义等，遣人诏谕之。祖义等诈降，而潜谋要劫官军。（郑）和等觉之，整兵提备。祖义率众来劫，（郑）和官兵与战。祖义大败。杀贼党五千余人，烧贼船十艘，获其七艘，及伪铜印二颗，生擒祖义等三人。既至京师，悉命斩之。"⑧永乐五年九月"设旧港宣慰使司，命进卿为宣慰使，赐印诰、冠带、文绮、纱罗"⑨。旧港宣慰司成为该地的管理机构。

二、"郡县安南"与"宣慰旧港"的治理模式

永乐五年（1407）六月一日，明成祖颁布"平安南诏"，宣布改安南为交趾

---

① 赵汝适著，杨博文校释：《诸蕃志校注》卷上，中华书局，2000年，第36页。
② 朱彧：《萍洲可谈》卷二，中华书局，1985年，第19页。
③ 周去非著，杨武泉校注：《岭外代答校注》卷三，中华书局，1999年，第126页。
④ 《钞本明实录》第1册，第291页。
⑤ 严从简著，余思黎点校：《殊域周咨录》第八卷，中华书局，1993年，第299页。
⑥ 《钞本明实录》第1册，第507页。
⑦ 吴晗：《十六世纪前之中国与南洋》，载郑和下西洋600周年纪念活动筹备领导小组编：《郑和下西洋研究文选（1905—2005）》，海洋出版社，2005年，第11页。
⑧ 《钞本明实录》第3册，第90页。
⑨ 《钞本明实录》第3册，第91页。

郡，设都指挥使司、承宣布政使司、提刑按察使司治理，并对各级官员进行任命："交趾都指挥使司以都督事吕毅掌司事，黄中为副，再选能干都指挥二副之；布政司、按察司以尚书黄福兼掌之；前工部侍郎张显宗、福建布政司左参政王平为左、右布政使，前河南布政司左参政司刘本、右参政刘昱为左右参政，前江西按察司周观政、安南归附人裴伯耆为左右参议；前河南按察司阮友彰、按察副使杨直为按察副使，前太平府知府刘有年为按察佥事。"①同时"按照明朝内地的政区设置为交趾布政司制定了完整的府州县系统"②。根据《明太宗实录》对这一诏令的记载，当时下令在交趾布政司下设 15 府、5 直隶州、36 属州、56 府直辖县、29 直隶州辖县，共 15 府、41 州、211 县③。

安南设置郡县后，派出明朝颇有声望、深知治民之道的黄福出任交趾布政司和按察司，总理交趾行政事务。明朝在政治、祭祀、衣冠礼制、学术、驿站、兵制、户帖与黄册之制、税务、赋役、官吏十个方面对安南进行了全方位控制④。总之，永乐五年到宣德二年，明军占据安南，并在其地推行与中原相同的地方管辖体制，设布、都、按三司和府州县、卫所，虽然占据交趾时间不长，但管理体制相当完善⑤。在明朝统治安南的 20 年时间里，进行了系统的行政地名更改，考察这些政区改名，很容易发现明朝政府有意施加汉文化对越南的影响⑥。

安南虽在唐以前属于中国的一部分，由中原王朝派官吏治理，但到 10 世纪以后，已成为独立国家达 400 年之久。在这期间，形成以越族为主体的多民族国家。所以明朝在安南设置郡县制从一开始便受到抵制，即便是在明朝严密的管控下，安南政局一直不稳定，始终暴动不断。安南的旧贵族势力不甘心屈服于明朝统治，有越南学者提出："当时，明朝虽已占领了安南，但陈朝宗室还有人企图恢复旧业。"⑦论其深层原因，由于"中越宗藩关系经过数百年发展，到明代已经成为双方完全认可的国际关系模式，它深入人心，任何外力都无力改变这种特殊的国家间的关系。独立的民族意识和保持宗藩关系的意愿使得安南对明朝统治进行不懈的武装抗争"⑧。

从永乐六年(1408 年)至十六年(1418 年)，安南发生了三次大规模的武装暴动，甚至安南人发出"自此明之正朔不行于我郡县矣"的言论⑨。明宣宗

---

① 《钞本明实录》第 3 册，第 79 页。
② 郭红、靳润成：《中国行政区划通史・明代卷》，复旦大学出版社，2007 年，第 228 页。
③ 《钞本明实录》第 3 册，第 79—80 页。
④ [越] 陈重金著，戴可来译：《越南通史》，商务印书馆，1992 年，第 144—148 页。
⑤ 郭红、靳润成：《中国行政区划通史・明代卷》，第 706 页。
⑥ 郭声波、魏超：《安南属明时期政区地名变动初探》，《东南亚研究》2012 年第 4 期，第 108 页。
⑦ [越] 陈重金著，戴可来译：《越南通史》，第 139—140 页。
⑧ 陈双燕：《中越宗藩关系的历史发展述论》，《南洋问题研究》2000 年第 4 期，第 72 页。
⑨ 吴士连等撰，陈荆和编校：《大越史记全书》，东京大学东洋文化研究所附属东洋学文献中心所，1984 年，第 529 页。

即位后，察觉到安南局势的紧张，筹划撤销对安南的郡县统治。于宣德二年(1427)敕谕："总兵官成山侯王通等即率官军各回原卫所，交趾都司、布政司、按察司卫所、府、州、县文武、官吏、旗军人等，各带家属，回还镇守，公差内官、内使悉皆回京。"[①]至此，明朝结束在安南的郡县制管理。

对比安南的郡县制，明朝在旧港宣慰司的管理颇为顺利。这是由旧港宣慰司的性质决定的[②]。首先，从职权范围来看，旧港宣慰司具有独立治理的权利，属于完全自治性质，规定"一切赏罪黜陟皆从其制"[③]。学者何平立认为"明朝既从未向旧港派遣一官一职，一兵一卒，也从未向旧港榨取一分一厘钱财，仅与东西洋诸国类似，维持名义礼仪上的朝贡宗藩关系"[④]。旧港宣慰司可以单独行使外交的权利，它除了与明朝有往来，北和朝鲜、日本，南与满剌加、安南、暹罗等国，都曾发生外交关系。例如宣德三年十月初五日琉球国王就曾给旧港一封信，表明两国存在互相馈赠礼物的关系[⑤]。

其次，旧港宣慰司与明朝其他设置的边疆宣慰司相较，虽然同样名为宣慰司，但是隶属机构不同。例如老挝宣慰司，全称为云南布政使司老挝军民宣慰司，隶属于云南布政使司。布政司是明朝用来管理地方的机构。云南各处宣慰司隶属于布政使，很明显属于明朝的管辖范围。另外，云南设置的宣慰司都被载入《明史·云南土司传》中，而旧港宣慰司记载则被归入《明史·外国传》中。从这一记载，也可以明显看出旧港宣慰司与一般明朝宣慰司性质的差别。

第三，在《明实录》等官方正史中，没有一次是将旧港宣慰司与明朝其他宣慰司的朝贡活动一起记载。如永乐十四年(1416年)十一月的一次西洋各国朝贡记载："古里、爪哇、满剌加、占城、苏门答剌、南巫里、沙里湾泥、彭亨、锡兰山、木骨都剌、溜山、喃渤利、不剌哇、阿丹、麻林、剌撒、忽鲁谟斯、柯枝诸国及旧港宣慰司各遣使贡马及犀象方物。"[⑥]除朝贡记录外，从《明实录》记载赐宴安排的资料中，也可以看出旧港宣慰司是与海外诸国一起受到宴请，并非与明朝其他宣慰司一起。同样列举永乐十四年十一月这次明朝招待海外诸国朝贡的设宴规格，"赐满剌加、古里、爪哇、占城、锡兰山、木骨都剌、溜山、喃渤利、不剌哇、阿母、苏门答剌、麻林、剌撒、忽鲁谟斯、柯枝、南巫里、沙

---

① 《钞本明实录》第4册，第225页。

② 参阅苏月秋：《试析明代旧港宣慰司的设置及性质》，载时平主编：《海峡两岸郑和研究文集》，海洋出版社，2015年，第94—95页。

③ 马欢著，万明校注：《明钞本〈瀛涯胜览〉校注》，海洋出版社，2005年，第29页。

④ 何平立：《论明代郑和下西洋的军事性质与作用》，《军事历史研究》1991年第2期，第127页。

⑤ 郑鹤声：《十五世纪初叶中国与亚非国家间在政治经济和文化上的关系》，载郑和下西洋600周年纪念活动筹备领导小组编，《郑和下西洋研究文选(1905—2005)》，第288—289页。

⑥ 《钞本明实录》第3册，第357页。

里湾泥、彭亨诸国及旧港宣慰司使臣宴”①。这种安排表明了明朝对待旧港宣慰司与海外诸国是相同的，是“与周边诸番国同等看待”②。

由此可见，旧港宣慰司与安南的郡县制完全不同。旧港宣慰司设置后，由当地人治理，享有独立的外交权、管理权、制定赏罚的法律权。可以说，在维护有序的朝贡关系的前提下，明朝不干涉旧港宣慰司的内政。相较而言，安南的待遇却与旧港宣慰司大相径庭。明朝收复安南后，在其地设置郡县制，成为明朝的行省之一，派遣官员进行管理，有意推行汉文化，安南各项事务被明朝紧密控制。

三、“郡县安南”与“宣慰旧港”对治理南海地区的作用

历史告诉我们，永乐时期“郡县安南”与“宣慰旧港”的作用和意义，不应该简单地评价，应该从海陆联动对治理南海地区的作用作更深层次的解读。

首先，“郡县安南”与“宣慰旧港”对南海各地区的管理起到制衡和调节的作用。两个海外机构的设置都是明朝为了稳定和调和与周边国家关系。具体可以用三角图形来表现(见图 1)。

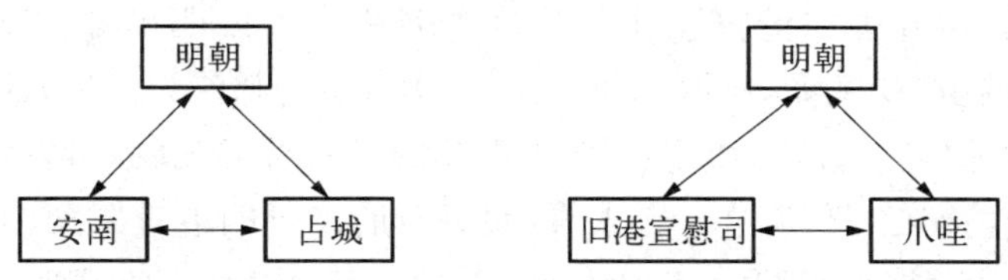

图 1　“郡县安南”“旧港宣慰司”与明朝及周边国家关系

明朝通过“郡县安南”确定了对中南半岛的控制，特别是加强了对占城和安南的制衡。安南和占城是古代东南亚两个关系密切的国家，从安南独立开始，两国就开始了几百年的相互争斗。到了明朝，占城和安南为了争取主动，都希冀借助明朝的力量来威吓对方，于是双方和明朝形成了一个三角关系。明朝自然扮演了从中调和的角色。根据明太祖朱元璋在 1395 年制定的《皇明祖训》把安南、占城都列为不征之国③。所以当占城受到安南挑衅时，明朝并未想为占城而大动干戈，“除非安南有严重损及明朝利益的地方”④。这也体现了明朝“海外夷国为患中国者不得不讨，不为中国患者不可

① 《钞本明实录》第 3 册，第 357 页。

② 王民同：《郑和是和平友好的使者——驳潘辉黎、阮文胜等人的“侵略论”》，《云南师范大学学报(哲学社会科学版)》1994 年第 1 期，第 7 页。

③ 《皇明祖训录》，载《明朝开国文献》，学生书局，1966 年，第 1686—1687 页。

④ 毛春初：《安南、占婆的百年冲突(1368—1471)与明朝的不作为政策》，《中山大学研究生学刊(社会科学版)》2001 年第 4 期，第 89 页。

御用兵"的主张[①]。后来明朝为了避免安南一家独大，出兵攻打安南。占城则借助明朝的力量夺取了被安南占领的失地。明朝"郡县安南"的政策，加强了对安南和占城的军事和政治威慑力。

旧港宣慰司的设置也有类似原因。明朝虽然设置旧港宣慰司，并任命宣慰使进行管理，但基于地理位置和传统的延续，旧港实际的控制者还是爪哇。这是有历史原因的。14世纪中叶，南海地区出现了爪哇的满者伯夷王朝、暹罗的阿瑜陀耶王朝及占城三强并立的态势。三佛齐被爪哇的满者伯夷王朝所控制。而且受爪哇影响颇深，史载旧港"人之风俗、婚姻、死丧、语言与爪哇相同"[②]。有学者认为"在唐宋元三代，苏门答腊南部的室利佛逝/三佛齐称霸南海超过五百年，但是到了明朝开国时，三佛齐已完全受制于满者伯夷，为海峡南端的小王国"[③]。洪武十一年(1378年)，三佛齐为爪哇满者伯夷所灭后，改名为旧港，仍然是爪哇的辖属。从表面上看，明朝与三佛齐维持着密切的朝贡关系，但从一些事件中可以看出，"在满者伯夷衰落之前，爪哇对明朝中国采取了一种双重性的政策。既接受中国册封，又排斥中国势力。爪哇对中国明朝在东南亚的存在是怀有敌意的"[④]。爪哇对三佛齐的钳制，一直延续到明朝时期。永乐十一年(1413年)，爪哇国王就满剌加国欲索取"旧港"为己有，特于朝贡时询问明政府，明政府以"推诚待人"，并未许之，并劝告"下人浮言慎勿听之"[⑤]，爪哇使臣才放心而去。《明宣宗实录》中称旧港为"爪哇国旧港宣慰司"，从这个名称中可以明确看出旧港与爪哇的关系，旧港虽"受朝命，犹服属爪哇"[⑥]。学者余定邦认为："尽管明朝在旧港置宣慰使司，但它一直认为旧港隶属于爪哇的满者百夷王朝，所以铸给爪哇国旧港宣慰使司印信。"[⑦]从这一点来看，明朝政府设立旧港宣慰司，对平衡南海各国间的势力，特别是爪哇与旧港之间的关系，可以说是一项重要的举措。

其次，"郡县安南"与"宣慰旧港"分别从陆上和海上保证海上丝绸之路的畅通。

"郡县安南"从陆上巩固了海上丝绸之路的航路体系。有学者提出，明朝通过设置交趾三司，"可在必要的时候从海上支持下西洋船队"[⑧]。另有越

---

① 郑晓：《吾学编》，书目文献出版社，1990年，第689页。

② 马欢著，万明校注：《明钞本〈瀛涯胜览〉校注》，第28页。

③ 郑永常：《郑和下西洋前南海形势：论明帝国与满者伯夷的角力》，载王天有、徐凯、万明编：《郑和远航与世界文明：纪念郑和下西洋600周年论文集》，北京大学出版社，2005年，第425页。

④ 李荣庆：《论明初中国与爪哇的关系》，载《第七届明史国际学术讨论会论文集》，1999年，第491页。

⑤ 《钞本明实录》第3册，第285页。

⑥ 《明史》卷三二四，第8408页。

⑦ 余定邦：《郑和下"西洋"与东南亚的航道安全》，载《郑和下西洋与华人华侨论坛论文集汇编》，2005年，第132页。

⑧ 张佳玮：《永乐"郡县安南"与"郑和下西洋"之关系研究》，山西大学硕士学位论文，2014年，第21页。

南学者认为，明朝“郡县安南”是要将它“变成一个作为与东南亚和西欧各国船舶往来通商的根据地”[①]。可见，“郡县安南”的确大大提升了明朝对通往西洋的海陆通道的掌控。

旧港宣慰司的设置作用与交趾三司有异曲同工之妙。首先，旧港宣慰司对明朝维护南海朝贡航道的安全起到保障作用。旧港宣慰司位于扼守苏门答腊岛两端的巽他海峡和马六甲海峡的关键位置。为从海上贸易中获利，东南亚各海上势力进行长期的争霸，其中控制两个海峡是南海地区各国的最主要目标[②]。永乐五年，明朝扫清陈祖义势力障碍后，“由此海内振肃”[③]，南海贸易航道更加畅通，可谓“地僻蛮夷逆，天差正使擒。俘囚献阙下，四海悉钦遵”[④]。正是由于这一战役的成功，“使得海道借此畅通无阻，南洋远近诸国信服”[⑤]。如浡泥国王麻那惹加那就曾“带着妻室，不远万里来到中国，沿途没有任何在公海上航行的危险，(因为)普天之下皆臣服于中华皇帝”[⑥]。

四、结　　语

“郡县安南”与“宣慰旧港”作为明成祖统治时期发生的两个重要的外交事件，是朱棣经营南海地区目标下的重要部署，体现了明朝两种治理南海的模式。

通过“郡县安南”，明朝不仅大大提升了在南海地区的声望，以利于建立一个庞大的西洋朝贡体系，而且还打通了连接南海各区域的海陆通道。但是明朝在安南设置郡县制，将安南归入明朝省级制度管理，而且强行推行中国的政治、文化、军事各项措施，对于已经独立于中国数百年的越南来说，可以看成是逆行倒施的行为。后人对“郡县安南”的评价多以贬抑为主[⑦]。明成祖在安南成为独立国家已达400多年后，又将安南重新置于明朝版图下，势必激化民族矛盾。其次，明永乐年间占领安南后，实施与内地一致的管理，“明成祖的主要目的是为了尽宗主国的义务和职责，帮助维护陈氏王朝的封建统治”[⑧]，但实际效果却截然相反。

---

① [越]明峥著，范宏贵译：《越南史略》，三联书店，1958年，第138页。

② 吴长春：《海上帝国室利佛逝及其与中国南海贸易的关系》，《大连海事大学学报》1988年第2期，第108页。

③ 费信著，冯承钧校注：《星槎胜览校注》，中华书局，1954年，第18页。

④ 费信著，冯承钧校注：《星槎胜览校注》，第19页。

⑤ 徐玉虎：《郑和评传》，中华文化出版事业委员会，1958年，第33页。

⑥ [文莱]陛亨·贾米尔：《文莱苏丹二世》，载南京郑和研究会编：《走向海洋的中国人》，海潮出版社，1996年，第232页。

⑦ 朱亚非曾经评价：“明成祖在安南设立交趾布政司进行直接统治是一大失误。”(朱亚非：《明初中越关系与成祖征安南之役》，《烟台大学学报(哲学社会科学版)》1994年第1期，第68页。)

⑧ 龙在行：《明清时期的中越关系》，《东南亚纵横》1994年第4期，第20页。

对比同一时期，明朝对于旧港地区的治理，却是一个成功的典范。明朝设置旧港宣慰司一定程度上是为了抑制爪哇势力，制衡南海各国之间关系。明初郑和船队有效地清除了洪武以来我国东南沿海和东南亚地区的海盗之患，完全打通了由中国至东南亚各国的海上丝绸之路，增进了中国人民对东南亚国家的认识和了解，在南海地区建立起明朝的威望。旧港宣慰司的设置是为了维护南海地区和平，保护马六甲海峡的航行安全，维护明朝海外华侨社会的稳定。它的设置是明朝处理与南海关系的一种模式，是用和平的方式去处理，而不是以征战和掠夺为目的。明王朝在旧港设宣慰使司的时候，派遣郑和担任宣慰使，亲自赴旧港进行册封。这表明了旧港与明朝的关系达到了极为密切的程度，是中外友好关系的一次历史见证。正如美国研究东南亚古代史的史学家 O.W.沃特斯指出："明朝皇帝派郑和出使西洋各国，从各国招徕使节，与中国政府希望保持海洋和平有关，而中国政策'册封'东南亚某些国家，目的也是为维持和平。"①纵观明朝与旧港宣慰司的交往，是在相互尊重、互助互惠、互通有无的基础上建立和发展起来的，这是明朝所奉行的同海外各国保持和发展睦邻友好关系的结果。

① 温广益：《O·W·沃特斯教授在我所讲学》，《东南亚历史学刊》1985 年第 2 期，第 91 页。

Direct Administration of Annam and the Palembang Military Commission: Two Models of Ming Governance in the South China Sea

Abstract: The establishment of commanderies and counties over Annam and the establishment of the Palembang Military Commission, which occurred around the same time, were two events of crucial importance in the Ming Dynasty's external relations in the fifteenth century. This paper analyzes these two models of governance, and how they reflected the Yongle Emperor's differential approach toward a tributary vassal like Annam and Palembang, which was considered to be inhabited by barbarians largely outside civilization. Finally, it explores the relevance of these examples for the current situation in the South China Sea, especially for the successful implementation of One Belt One Road.

Keywords: Ming Dynasty, Direct Administration of Annam, Palembang Military Commission, South China Sea, Historical Relevance

元代广州路采珠提举司沿革小考
——兼对《元史·张珪传》点校献疑一则

翁沈君*

摘　要：本文依据大德《南海志》的相关记载，指出点校本《元史·张珪传》中的"刘进、程连"实为"刘进程"之误。在此基础上，考察了元代广州路采珠提举司的沿革问题。

关键词：张珪　采珠提举司　《元史》

中华书局点校本《元史》卷一七五《张珪》载泰定元年(1324)六月，时任中书平章政事的张珪上书泰定帝论当世得失，其中提道："岁贡方物有常制。广州东莞县大步海及惠州珠池，始自大德元年，奸民刘进、程连言利，分蜑户七百余家，官给之粮，三年一采，仅获小珠五两六两，入水为虫鱼伤死者众，遂罢珠户为民。"①其中"奸民刘进、程连言利"的句读当更改为"奸民刘进程连言利"，理解为刘进程连续进言称利的意思。

据成书于大德八年(1304年)的《南海志》"物产"条："珠：来自舶上，土产不多……元贞元年，屯门寨巡检刘进程、张珪建言：东莞县地面大步海内生产鸦螺珍珠。又张珪续言：本县地名后海、龙岐及青螺角、荔枝庄，共二十三处有珠母螺出产。省府委官相视采涝，及采到产珠鸦螺树、鸦螺壳各取珠子进呈去讫。定议三年一次，于六月、七月采涝，所得多寡初无定数。"②

此条所记采珠之事当与《元史·张珪传》所载为同一事。可知"进言称利"者为两人，即刘进程与张珪，后者之张珪③非蒙元时期汉地世侯张弘

---

* 作者简介：翁沈君，南京大学元史研究室博士研究生。

① 《元史》卷一七五《张珪》，中华书局，1976年，第4078页。

② 广州市地方志编纂委员会办公室编：《大德南海志残本(附辑佚)》卷七《物产》，广东人民出版社，1991年，第28页。

③ 张珪生平事迹见《道园学古录》卷一八《中书平章政事蔡国张公墓志铭》(四部丛刊初编)；《道园类稿》卷四六《中书平章张公墓志铭》(台湾元人文集珍本丛刊)；《国朝文类》卷五三《平章政事张公墓志铭》(四部丛刊初编)；《元史》卷一七五《张珪》。关于三个文本之间的关系，可参见马晓林：《〈张珪墓志铭〉文本流传研究——兼论〈元史·张珪传〉的史源》，《中国典籍与文化》2011年第4期。

范[①]之子，可能正是因为与自己同名，张珪在泰定元年的奏议中隐去了此张珪之名。此外，原本担任屯门寨巡检的刘进程也被张珪改称为奸民。

关于元朝政府在广州路的采珠行为，史籍中并非无迹可寻。广州路是元代主要产珠地，其他四处分别是大都、南京、罗罗与水达达[②]。又《元史·食货志》"课税"条载：

> 珠在大都者，元贞元年，听民于杨村、直沽口捞采，命官买之。在南京者，至元十一年，命灭怯、安山等于宋阿江、阿爷苦江、忽吕古江采之。在广州者，采于大步海。他如兀难、曲朵剌、浑都忽三河之珠，至元五年，徙凤哥等户捞焉。胜州、延州、乃延等城之珠，十三年，命朵鲁不解等捞焉。此珠课之兴革可考者然也。

上述对于元代"珠课之兴革"的记载过于疏漏，尤其是对广州珠课，仅记载了采珠的地点是在大步海，此与上文《元史·张珪传》和大德《南海志》记载相同，因此有必要对元代广州路采珠一事进行整理，以恢复其面貌。

元代负责广州路附近采珠的国家机构是提举司，多称为广州采珠提举司。该机构并非常设机构，时废时兴，从现有的资料看，前后共经历了四次兴废沿革。学界关于此采珠提举司的兴废沿革，仅见于论述明清时期采珠行为的背景介绍且多有疏漏[③]，以下拟以泰定元年张珪的奏议为线索，兼及其他相关资料略作介绍，以求教方家。

一、第一次兴废及相关问题

上引大德《南海志》"物产"条正是反映了元代第一次广州采珠提举司的设置情况，元贞元年(1295年)由屯门寨巡检刘进程与张珪建言东莞县地面出产鸦螺珍珠和珠母螺，大德元年(1297年)朝廷"定议三年一次，于六月、七月采涝，所得多寡初无定数"。主要形式是签立蜑户七百余家专门负责采珠，并由官府供给粮食。之所以需要官府强制签发蜑户进行采珠，主要与当时原始的采珠方式有关。

当时的采珠方法是采珠人"以绳引石縋人而下"，靠憋气在水中取捞蚌蛤，等没气时"掣动其绳"，船上的人则立刻将其拽出水面，但这种方式危险性极高，稍有不慎"则没者七窍流血而死"，或者遇到水中的攻击性动物，"必

---

① 张弘范生平事迹见(元)苏天爵辑撰，姚景安点校：《元朝名臣事略》卷六《元帅张献武王(弘范)》(中华书局，1996年)；《元史》卷一五六《张弘范》。

② 《元史》卷九四《课税》，第2378页。

③ 如杨泽平：《明清时期"南珠"、"东珠"初探》，广东省社会科学院硕士论文，2014年。

为所噬，无以回避”[①]。

其实这种采珠方式，并非元代中国所特有，元人汪大渊《岛夷志略》“第三港”条记载：

> 集舟人采珠，每舟以五人为率，二人荡桨，二人收绠，其一人用圈竹匡其袋口，悬于颈上，仍用收绠，系石于腰，放坠海底，以手爬珠蚌入袋中，遂执绠牵掣。其舟中之人收绠，人随绠而上，才以珠蚌倾舟中……非祭海神以取之，入水者多葬于鳄鱼之腹。

第三港位于印度东南部，与锡兰岛相望，元代属于马八儿国统治[②]，对于该地的采珠，马可·波罗也有类似的记载[③]。

由彰德路宣课使常德讲述、刘郁于中统四年（1263年）三月记录而成的《西使记》也有类似记载：

> 其失罗子国，出珍珠，其王名“奥思”，阿塔卑云“西南海”也。采珠，盛以革囊，止露两手，腰縆石坠入海，手取蚌并泥沙贮于囊中，遇恶虫，以醋噀之，即去。既得蚌满囊，撼縆，舟人引出之，往往有死者。

陈得芝先生对刘郁《［常德］西使记》有精微的校注，上引失罗子国，其注言：“《元史·地理志六》设剌子（《经世大典图》同），今伊朗法尔斯省首府设拉子。该省是波斯经济、文化发达的地区。”[④]

由此可见，这种原始而野蛮的采珠方式，于当日之西太平洋、北印度洋地区是非常普遍的。正因采珠的风险极高，即使是“日与珠居”的蜑户也不愿意主动进行采珠活动，只得依靠官府强制执行。

既然大规模的采珠活动需要在政府的干预下才能得以实施，那为什么是在元成宗时期乐于开展采珠活动？这个问题则可以从元成宗时期盛行的“中买宝货”[⑤]进行理解与解释。所谓“中买宝货”，即蒙古贵族对于珍宝的购求惯例，此类“宝货”指象牙、珍珠、宝石、香料之类的高级奢侈品。珠宝（包括珍珠与宝石）作为他们偏爱物的一种，被广泛应用于诸如质孙服、罟

---

① （元）张惟寅：民国《东莞县志》卷五四《上宣慰司陈采珠不便状》，载《中国方志丛书》，成文出版社，1967年，第2025页。

② （元）汪大渊：《岛夷志略》“第三港”条注1，中华书局，1981年（2009年重印），第290页。

③ 《马可波罗游记》卷三第175章“陆地名称大印度之马八儿大州”条，冯承均译，党宝海新注，河北人民出版社，1999年，第620页。

④ 陈得芝：《刘郁〈［常德］西使记〉校注》，《中华文史论丛》2015年第1期。

⑤ 关于元代“中买宝货”的研究，可参见高荣盛：《元大德二年的珍宝欺诈案》，原载《元史论丛（第九辑）》，中国广播人民出版社，2004年；后收入氏著：《元史浅识》，凤凰出版社，2010年，第20—48页。

罟冠这类的体现身份地位的衣帽装饰中。元世祖忽必烈时期对“宝货”的采购稍有节制，如至元二十八年(1291 年)十一月，令“回回以答纳珠充献及求售者还之，留其估以济贫者”①。次年(1292 年)，“回回人忽不木思售大珠，帝以无用却之”②。

然而，元成宗铁穆耳却在这个问题上大开恶习，“中买宝货”渐成一时风尚，终酿成了元朝史上最大的受贿案③。从现有的史料中可以看出，蒙古贵族对产自西域与南海的“回回石头”④更为钟爱，但亦不能否定其对元代境内珠宝来源的需求与搜掠，武宗至大二年(1309 年)八月的一条记载可作为旁证，时仁宗尚为太子，“詹事院臣启金州献瑟瑟洞，请遣使采之”，仁宗则拒绝道“所宝惟贤，瑟瑟何用焉？若此者，后勿复闻”⑤。正因如此，元成宗即位伊始，就有地方进言采珠，似乎正是顺应了这个潮流。

此外，张珪对“中买宝货”的态度是极其反对的，在上引同一份奏议中，他说道：“中卖宝物，世祖时不闻其事，自成宗以来，始有此弊。分珠寸石，售直数万，当时民怀愤怨，台察交言，且所酬之钞，率皆天下生民膏血，锱铢取之，从以捶挞，何其用之不吝！以经国有用之宝，而易此不济饥寒之物，又非有司聘要和买，大抵皆时贵与斡脱中宝之人，妄称呈献，冒给回赐，高其直且十倍，蚕蠹国财，暗行分用。如沙不丁之徒，顷以增价中宝事败，具存吏牍。”⑥这也可以帮我们理解，张珪将进言采珠的本为屯门巡检的刘进程称为奸民的原因。

接下来看一下广州采珠提举司的裁撤问题，其被撤销的主要原因是产量太低，史载“仅获小珠五两六两”。我们知道，元代朝廷获取珍珠等珍贵宝物的途径主要有市舶税收、中买宝货、海外诸国的进贡和税课。其中数量最大且最稳定的途径是市舶岁入，如至元二十六年(1289 年)正月，时领行泉府司事的沙不丁上市舶司岁输珠四百斤、金三千四百两，诏贮之以待贫乏者⑦，两相比较，就可以轻而易举地发现广州采珠的产量之低。

具体撤销废止的时间当在至大四年(1311 年)仁宗即位之后。至大四年，元仁宗即位后召集世祖“素有声望”的老臣“同议庶务”⑧，目的是“革尚书省之弊”⑨，广州采珠即是弊政之一。郝天挺亦在征召之列，随后被任命为江

---

① 《元史》卷一六《世祖十三》，第 352 页。

② 《元史》卷一七《世祖十四》，第 364 页。

③ 高荣盛：《元大德二年的珍宝欺诈案》。

④ 元末陶宗仪《南村辍耕录》卷七“回回石头”条列为 5 大类 19 种，刘师迎胜对其进行了详细注解，可参见刘迎胜：《王仲德家族与元末江南古玩收藏》，《元史与民族及边疆研究集刊(第二十二辑)》，上海古籍出版社，2010 年，第 17—51 页。

⑤ 《元史》卷二四《仁宗一》，第 536—537 页。

⑥ 《元史》卷一七五《张珪》，第 4077 页。

⑦ 《元史》卷一五《世祖十二》，第 319 页。

⑧ 《元史》卷二四《仁宗一》，第 537 页。

⑨ 《元史》卷一七四《郝天挺》，第 4066 页。

西行省右丞，显然是作为中央派遣到地方具体实施议政结果的代表，该年七月郝天挺至官，“一以民瘼为己忧……广东惠州等处采珠得不偿费，劳敝赤子，当罢……皆着为律。凡大者以闻立报罢，小即便宜，皆可为久远。他便民不可悉数”①。

最后，关于上述被签发的七百余采珠蜑户的去向。张珪的奏折中说“遂罢珠户为民”，此处之“民”并非将专职采珠的蜑户转为普通民户，陶宗仪《南村辍耕录》“乌蜑户”条，载②：

> 广海采珠之人……有司名曰乌蜑户。蜑，音但。仁宗登极，特旨放免。时敬公威卿为江西行省参知政事，俾该管掾史立案。令广东帅府抄具乌蜑户一一籍贯姓名，置册申解它省。官曰：“中书咨文无是，恐不必也。”公曰：“万一申明旧典，庶不害及良民。”

敬公威卿，即敬俨，字威卿③，《元史》有传。皇庆二年（1313年）由浙东道肃政廉访使改任江西等处行中书省参知政事，可见上年七月郝天挺到官后进行撤销广州采珠一事，仍在进行之中。敬俨命令广东宣慰司都元帅府将蜑户的姓名与籍贯造册申解，其目的是防止朝廷重开采珠时，害及良民，足见即使被“特旨放免”的蜑户与普通民户之间仍有明显的身份界限。

二、第二次兴废及原因

延祐四年（1317年）十二月元廷恢复“广州采金银珠子都提举司，秩正四品，官三员”④。这是该提举司的第二次设置。通过上引材料已知，元仁宗对搜集珍宝没有太大兴趣，又有“近侍言贾人有售美珠者，帝（引者按，仁宗）曰：‘吾服御雅不喜饰以珠玑，生民膏血，不可轻耗。汝等当广进贤才，以恭俭爱人相规，不可以奢靡蠹财相导。’”⑤那为什么在仅距上次撤销采珠提举司五年后，又重设这一机构呢？

张珪在奏议中提到，广州路同知塔塔儿“献利”于权臣失列门促成了此次重设，广州路在元代属上路，至元十五年（1277年）归附，“立广东道宣慰司，立总管府并录事司”⑥。可惜的是这位广州路同知塔塔儿未见于其他史

① （元）刘岳申：《申斋刘先生文集》卷二《送郝右丞赴河南省序》，《元代珍本文集汇刊》影明抄本，“国立”中央图书馆编印，1970年，第83—84页。

② （元）陶宗仪：《南村辍耕录》卷一〇，中华书局，1959年（2004年重印），第129页。

③ 《元史》卷一七五《敬俨》，第4093—4096页。

④ 《元史》卷二六《仁宗三》，第581页。

⑤ 《元史》卷二四《仁宗一》，第537页。

⑥ 《元史》卷六二《地理志五》，第1515页。

料。失列门,又作失烈门,官居徽政院使,是皇太后答己的私党。上引《南村辍耕录》"乌蜑户"条也载,在敬俨命令置册后不久,"太后中使至"[①],此太后中使当为失列门无疑,失列门背后的皇太后因素,应当是促成仁宗妥协的重要因素。至于其妥协的原因,姚大力教授指出由于仁宗欲传位于自己儿子的隐衷,为得到太后——铁木迭儿集团的支持,率先在激烈的政治斗争中选择妥协[②]。此次广州采珠提举司的重设,也可以理解为这一妥协的一种表现。

至于撤销的原因,张珪说是肃政廉访司言其扰民而复罢,其实背后有更深层的政治原因。延祐七年(1320 年)三月英宗即位,很快便与祖母太皇太后答己显露出紧张的态势,与本文有关者,延祐七年五月,徽政使失列门与岭北行省平章政事阿散、中书平章政事黑驴及御史大夫脱忒哈、故要束谋妻亦列失八等人谋废帝另立案发,英宗意识到此事与太皇太后有涉,遂悉诛之。六月,徽政院即被废,同一时间,广东的采珠提举司也被裁撤[③]。

三、后两次兴废概述

后两次广州采珠提举司的沿革因史料不足,故只能概述大致情况于下:

第三次设置的具体时间不明,重新恢复设置的原因是"内正少卿魏暗都剌,冒启中旨,驰驿督采",内正少卿,正四品,属内正司。内正司设立于仁宗皇庆元年(1312 年)三月[④],"掌百工营缮之役,地产孳畜之储,以供膳服,备赐予"[⑤]。魏暗都剌之名未见其他史料。裁撤时间是在泰定元年(1324年)七月"罢广州、福建等处采珠蜑户为民,仍免差税一年"[⑥]。此次裁撤当与张珪等大臣六月的上书议政有直接关联。

第四次设置是在后至元三年(1337 年)二月,"中书参知政事纳麟等请立采珠提举司……且以采珠户四万赐伯颜"[⑦]。可见此次复立与顺帝朝权臣伯颜有直接关系,是其权倾朝野的一种表现。裁撤时间是在后至元六年(1340 年)二月,伯颜被罢黜后,马札儿台"召拜太师、中书右丞相。奏罢各处船户提举、广东采珠提举二司"[⑧]。

---

① (元)陶宗仪《南村辍耕录》卷一〇,第 129 页。

② 姚大力:《元仁宗与中元政治》,原载《内陆亚洲历史文化研究:韩儒林先生纪念文集》,南京大学出版社,1996 年,第 125—147 页,后收入氏著:《蒙元制度与政治文化》,北京大学出版社,2011 年,第 366—389 页。

③ 《元史》卷二七《英宗一》,第 602—603 页。

④ 《元史》卷二四《仁宗一》,第 551 页。

⑤ 《元史》卷八八《百官四》,第 2231 页。

⑥ 《元史》卷二九《泰定一》,第 649 页。

⑦ 《元史》卷三八《顺帝二》,第 838—839 页。

⑧ 《元史》卷一三八《马札儿台》,第 3243 页;《元史》卷三九《顺帝三》,第 854 页。

附：

以上简要梳理了元代采珠提举司兴废沿革及相关问题，为更清晰地呈现，列表如下：

序　列	设置时间	史 料 依 据	撤销时间	史 料 依 据
第一次	大德元年（1297 年）	《大德南海志残本（附辑佚）》卷七《物产》;《元史》卷一七五《张珪》	至大四年（1311 年）仁宗即位之后	刘岳申：《申斋集》卷二《送郝右丞赴河南省序》;陶宗仪：《南村辍耕录》卷一〇“乌蜑户”条
第二次	延祐四年（1317 年）十二月	《元史》卷二六《仁宗三》	延祐七年（1320 年）六月	《元史》卷二七《英宗一》
第三次	时间不明		泰定元年（1324 年）七月	《元史》卷二九《泰定一》
第四次	后至元三年（1337 年）二月	《元史》卷三八《顺帝二》	后至元六年（1340 年）二月	《元史》卷一三八《马札儿台》;《元史》卷三九《顺帝三》

Textual Research on the Evolution of the Guangzhou Route Administration of Pearl Diving during the Yuan Dynasty and a Slight Correction to the Biography of Zhang Gui in the Annotated *Yuan History*

Abstract: Based on a study of the *Dade Era Nanhai Gazetteer*, this paper points out that two Chinese characters that read "Liu Jin and Cheng Lian" in the Biography of Zhang Gui in the annotated *Yuan History*, should actually be "Liu Jincheng." It also reviews the evolution of the Guangzhou Route Administration of Pearl Diving during the Yuan period.

Keywords: Zhang Gui, Administration of Pearl Diving, *Yuan History*

泉州针路簿中所见山东航线及地名

——以惠安木帆船运输合作社所印《航海指南》为中心

薛彦乔*

摘　要：泉州在中国航海史上占重要地位，自唐以来，尤其是在宋元时期，泉州的海上交通到达鼎盛，迨至明清虽然处于低潮，但是海上运输一直没有停歇，特别是在清代北漕贸易时期，泉商活跃于环渤海地区，在航海过程中泉州的舟师根据长期经验积累，形成一种在海上航行的航线指南，谓之“针路簿”或是“航海指南”，这种针路簿在民间靠手抄流传，而泉州现存的针路簿数量颇多，其中有记载往山东的针路，本文将对一本1965年惠安刻印的《航海指南》中所记载的山东航线及地名进行简单的论述。

关键词：泉州　针路簿　山东　航线　地名

前　　言

关于泉州针路簿较早的研究是在1976年，其时刘南威教授受“中国古天文整理小组”委托，组成“航海天文”调研小组①。并于1983年以《我国古代航海天文资料辑录》为名发表，收入中国天文学史整理研究小组编的《科技史文集·第10辑·天文学史专辑3》一书中，文中辑录了一段关于惠安县崇武公社靖海渔业大队占伙木收藏的针路簿的内容②。刘南威教授又于1989年主编了《中国古代航海》一书，收入以调查为基础的10篇相关文章，其中有关于泉州针路簿的内容。自此以后关于泉州或福建针路簿的研究一度陷入沉寂，未受到如海南“更路簿”一般的关注。2016年，《中国历代海路针经》③出版，其中收入泉州海外交通史博物馆荣誉馆长王连茂研究员整理

---

*　作者简介：薛彦乔，福建省泉州海外交通史博物馆馆员。

①　樊军辉：《广东天文八十年》，华南理工大学出版社，2012年，第71页。

②　中国天文学史整理研究小组编：《科技史文集》第10辑《天文学史》专辑3，上海科学技术出版社，1983年，第183页。

③　陈佳荣、朱鉴秋执行主编：《中国历代海路针经》，广东科技出版社，2016年。

校点的三部泉州针路簿，泉州针路簿的研究再次广受关注①。

泉州海外交通史博物馆收有一本惠安木帆船运输联社下坑运输合作社所印的《航海指南》②，为泉州海外交通史博物馆林德民、李玉昆、成冬冬几位前辈于1996年征集于惠安崇武渔业管理站，此后一直存放于库房，2013年其复制本作为展品陈列于泉州湾宋代古船陈列馆中，2016年泉州海外交通史博物馆荣誉馆长王连茂先生及现任馆长丁毓玲研究员在陈佳荣、朱鉴秋先生主编的《中国历代海路针经》一书附录一中对该文献做过简介③。

此《航海指南》为蜡刻油印版，为手工刻写蜡纸誊写油印，正文以两页为一页标注页码共五十四页半，加附录共118页。封面左侧刻印《航海指南》四个黑体字，右侧为印刷时间。针路簿有目录及前言，内文以繁简字体混合刻印。

此《航海指南》应为集体所有，书封面署名“惠安木帆船运输联社下坑运输合作社”，下坑村为今天泉州市惠安县山霞镇下坑村，此村离泉州青山湾海边不足一公里。据《惠安县志》记载：“1963年5月，成立惠安县交通运输联合社，下属有海运公司及莲城、小岞、崇武、港墘、前埯、东坑、下坑、浮山、埯头、白奇、南埔、后龙（诚峰、城平、前亭、峥嵘、奎壁）等木帆船运输社。”④所以此航海指南应是1965年为新成立的运输社而特意印刷。

该《航海指南》的内容结构依次为封面、本针路簿的起讫点、全年大风巡报、水旱早晏一览表、正文、台墩山形、各港口流水表。针路簿目录为：由泉州港至上海吴淞口、由嵊山海照放往山东、由厦门至泉州港、由汕头至厦门、由广东至汕头（包括海南岛）、由台湾包括澎湖。附带：沿海半洋礁总集、沿海水办总集，及内外直落针路和各岛屿对坐针路，各处潮水涨落早晏时间。具体正文内容为：泉州往北由此起点、续北乌龟附近各岛屿及礁路、往北对外针路和岛屿、舟山大坠内落针路、沿海各岛屿对坐针路和更数、沿海半洋礁总集、沿海水半总集、海照嵊山放洋往山东航线、厦门至泉州航线、汕头至厦门航线、由广东至汕头航线、厦门往海南岛针路、海南岛回厦门针路、往台

---

① 近几年关于此类航海指南航路和地名的研究成果主要发表在《南海学刊》及其他刊物上，有王彩：《海南渔民抄本〈更路簿〉所载南海诸岛俗名再研究》，《琼州学院学报》2015年第3期；阎根齐：《闽粤〈针路簿〉与海南渔民〈更路簿〉的比较研究》，《南海学刊》2016年第1期；王利兵：《南海航道更路经研究——以苏德柳本〈更路簿〉为例》，《中国边疆史地研究》2016年第2期；夏代云、何宇阳、牟琦：《吴淑茂〈更路簿〉及南洋更路解读》，《南海学刊》2016年第3期；刘义杰：《〈更路簿〉中的海外更路试析》，《中国海洋法学评论》2017年第1期；王亦铮：《浅谈泉州民间航海针路簿的若干特点》，《南海学刊》2017年第2期；逄文昱：《〈更路簿〉上的对针和线针》，《南海学刊》2017年第3期；张江齐、宋鸿运、欧阳宏斌、郭长德：《〈更路簿〉及其南沙群岛古地名释义》，《测绘科学》2017年第12期。

② 惠安木帆船运输联社下坑运输合作社：《航海指南》，蜡刻油印本，1965年。

③ 陈佳荣、朱鉴秋执行主编：《中国历代海路针经》，第1083页。

④ 惠安县交通局编：《惠安县交通志》，鹭江出版社，1997年，第134页。

湾澎湖南风放洋针路、澎湖回料罗针路、往淡水放洋针路、放鹿港针路、大担放澎湖针路、大坠祥芝放洋针路。

该针路簿虽是1965年刻印，其中地名还是延续清代民国以来的地名，说明此《航海指南》是之前旧抄本的汇本，针路簿第二页也提及“本针路簿，是根据历代数本针簿翻译汇成的。以鸡传鸭，参差不一，其中部分，难免错误，希望驾驶员要认真校对，不可完全单靠内中所写的针路为准”。因清至民国针路簿大多为毛笔写成，无句读，而此航海指南在汇总前人手抄本针路簿时全部加以句读，所以笔者录入时据上下文同时参考《历代海路针经》中泉州针路簿将其重新句读。另外，该指南不可避免地存在误字情况，如“登州府”记作“澄州府”、“大嵩卫”记作“大高卫”、“隍城”记作“皇城”、“崂山”记作“老山”等。

此航海指南与泉州海外交通史博物馆所藏《源永兴宝号航海针簿》《合成行针路簿》内容颇多重合。本文即以1965年6月惠安木帆船运输联社下坑运输合作社所刻印的《航海指南》为中心，各相比勘，对其中涉及的山东航线及地名略作分析。

海照嵊山放洋往山東航線

图1 《航海指南》山东航线部分

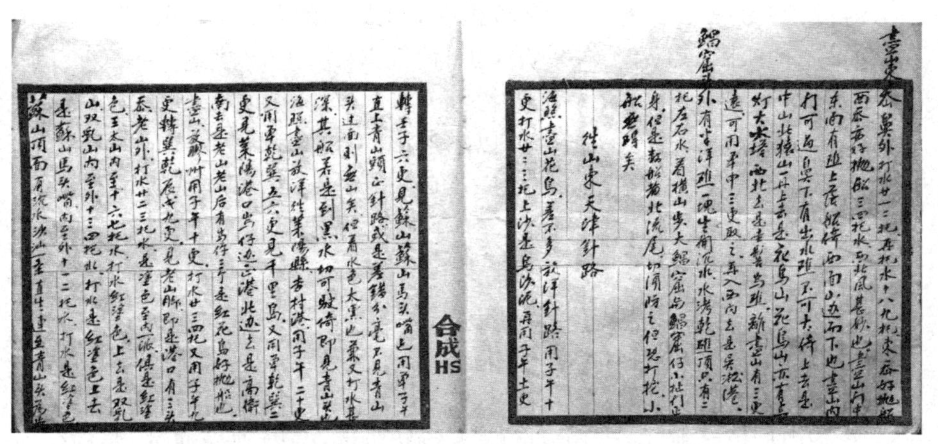

图 2 《合成行针路簿》往山东、天津针路局部

一、地 名 考 释

(一) 海照、嵊山放洋往山东航线

1. 海照、嵊山、花鸟　放洋针路是差不多的，大都用子午针十更，打水廿二、三托，上沙。再用子午十一更，转壬丙六更，便见苏山了。

苏山、马头嘴　若用子午针，直上青山头，是正针路，倘差错分厘，如不见青山头，过身则无山矣。

此针路记载与前提《源永兴宝号航海针簿》《合成行针路簿》以及另一本《山海明鉴针路》相应针路记载基本相似但又略为不同①，由此来看《航海指南》应是参照过此三本针路簿。

(1) 海照

海照见载章巽先生《古航海图考释》的图二五，但章先生考证为“不详”②，周运中认为“海照、海招即海礁的俗写，音近”③。其地理位置位于浙江省东北部，是舟山群岛最东面的岛群，现属浙江省嵊泗县嵊山镇④。

(2) 嵊山

嵊山岛位于浙江省东北部，距大陆最近点 81.1 千米，中部的陈钱山为最

① 《源永兴宝号航海针簿》与《合成行针路簿》相应记载一致，详见陈佳荣、朱鉴秋主编：《中国历代海路针经》，第 695 页。

② 章巽：《古航海图考释》，海洋出版社，1980 年，第 56 页。

③ 周运中：《章巽藏清代航海图的地名及成书考》，《海交史研究》2008 年第 1 期，第 75 页。

④ 中国海岛志编纂委员会编：《中国海岛志》“浙江卷”第 1 册《舟山群岛北部》，海洋出版社，2014 年，第 344 页。

高，海拔213.5米[①]。宋以来的地方志中关于嵊山的名称有神前、陈钱、尽山等。《乾道四明图经》载"海外复有藿山、黄石、鸡鸣、壁下、神前"[②]。《宝庆四明志》载"东北五潮到陈钱、壁下，与海洲分界"[③]。《舟山志》载"陈钱，一名神前"[④]。《日知录集释》载"江浙外海以马迹山为界，山北属江，山南属浙。而陈钱外在东北，俗呼尽山。山大澳广，可泊舟百余艘"[⑤]。《皇朝经世文编》载"陈钱者，海中之标也，航海者，东南望陈钱，东北望成山，至陈钱，则可进泊洋山矣"[⑥]。《厦门志》载"东出即普陀山，北上为尽山(陈钱山，俗为尽山)、花鸟屿"[⑦]。引文可见，嵊山以最高陈钱山为地望标志，因有陈钱、神前之名，俗称尽山，是重要的航海地标志。

(3) 花鸟

花鸟山岛位于浙江省东北部，嵊泗列岛东部，马鞍列岛北部，是浙江省最北端的有居民海岛，岛形似鸟，头东尾西，以中南部前坑顶为最高，海拔236.9米[⑧]。《乾道四明图经》载"石弄山，在县东北九百五十里，山石玲珑，东西相悬，人可出入"[⑨]。该石弄山即花鸟山，宋以来地方志又名花脑、花鸟山等[⑩]。

(4) 苏山

苏山位于山东威海东部，面积0.472平方公里，现属荣成市靖海镇管辖[⑪]。《山东海疆图记》记载："在县南一百二十里，靖海卫东南，距岸四十里。"[⑫]关于名称由来，光绪《文登县志》载"在城东南海中，北距铁槎山四十里，山海经

① 中国海岛志编纂委员会编：《中国海岛志》"浙江卷"第1册《舟山群岛北部》，第344页。

② (宋)张津：《乾道四明图经》卷七《昌国县》"山"，载《宋元方志丛刊》第五册，中华书局，1990年，第4903页。

③ (宋)胡榘修，方万里、罗濬纂：《宝庆四明志》卷二十《昌国县志》"境土"，载《宋元方志丛刊》第五册，第5244页。

④ (明)何汝宾：《舟山志》卷二《山川》，载《中国方志丛书·华中地方》(第499号)，成文出版社，1983年，第94页。

⑤ (清)顾炎武著，黄汝成集释，栾保群、吕宗力校点：《日知录集释》卷二十九《海师》，上海古籍出版社，2006年，第1625页。

⑥ (清)魏源：《皇朝经世文编》卷八十三《兵政十四·海防上》"吴中江海形式说"，载《魏源全集》第17册，岳麓出版社，2005年，第504页。

⑦ (清)周凯修，厦门市地方志编纂委员会办公室整理：《厦门志》卷四《防海略》"(附)北洋海道考"，鹭江出版社，1996年，第114页。

⑧ 中国海岛志编纂委员会编：《中国海岛志》"浙江卷"第1册《舟山群岛北部》，第207页。

⑨ (宋)张津：《乾道四明图经》卷七《昌国县》"山"，载《宋元方志丛刊》第五册，第4902页。

⑩ (明)何汝宾：《舟山志》卷一《兵防》，载《中国方志丛书·华中地方》(第499号)，第59页；(清)乾隆《崇明县志》卷一《舆地志》"山川"，载上海市地方志办公室，上海市崇明县档案局编：《上海府县旧志丛书》崇明县卷中，上海古籍出版社，2011年，第778页。

⑪ 山东省科学技术委员会：《山东省海岛志》，山东科学技术出版社，1995年，第136页。

⑫ (清)佚名：《山东海疆图记》卷二《地利部》"山岛志"，载《北京图书馆古籍珍本丛刊》第22册，书目文献出版社，2000年，第154页。

苏门日月所出，岛名本此，或云：南与苏州相对，故名”①。《海图》对环境生态有载：“为海岸最高而最西者，一带形势陡峭，西北角有小岛，北面有镇埠，多渔，舍其岛最高者六百尺，南面有石角成小澳，便于登岸。”②

2. 嵊山、海照　放往莱阳县杏村，用子午针廿更，用单乾五、六更，见千里岛。又用单乾二更，见莱阳县港口，口外有屿仔，边是正港。北去是大高[嵩]卫，南去是[崂]老山。后屿有屿仔三个，乃是江花岛，内好抛船。

《航海指南》出现的几个地名在《源永兴宝号航海针簿》为“杏村港”“红花岛”，《山海明鉴针路》中为“杏村港”“千里堵”“红花堵”③，《合成行针路簿》中为“杏村港”“红花岛”。此段航路在乾隆《海阳县志》卷之四“海道”记为“南起福建福州五湖门口至阳山，过茶山向北行过五条沙，入黑水大洋，取千里岛，转东过青岛至乳山口，至城八十里，自宁海至海阳海道东南宁海浪煖口，至绵花岛四十里，至乳山口二十里，至草头嘴三十里，至老龙头三十里，至羊角泮十五里，至马虎港二十里，至丁字嘴二十里，至牙岛十里，至何家口三十里，至城七十里，县西南陆路七十里，何家口开船东八十里，乳山口开船。”

(1) 杏村

杏村当为今天山东烟台海阳市行村镇，至于针路簿中的莱阳县杏村，应是海阳行村于雍正十三年新设海阳县时将当时莱阳行村乡划归海阳之故。

> 海阳旧无其邑，雍正十三年请裁四卫等事……分拨莱阳县之行村乡、嵩山乡、林寺乡三乡……④

《读史方舆纪要》卷三十六：“其滨海要冲，则有雄崖、胶州……行村……而海道之险，则自安东以北。”可见该地为沿海重要地望。

(2) 千里岩

千里岩，又名千里岛、千里山，位于南黄海⑤。《山东海疆图记》载“千里岛距岸七百里”⑥。

(3) 口外屿仔

口外屿仔当为土埠岛，又名土鼓岛，为识别丁字河口之重要目标⑦。

---

① (清)李祖年修，于霖逢纂：《文登县志》卷一《山川》，载《中国地方志集成·山东府县志》第54辑，凤凰出版社，2004年，第25、1672页。

② (清)刘恩荣译，梁文锦述：《海图》“苏门岛”，中国国家图书馆数字方志库，光绪抄本。

③ 陈佳荣、朱鉴秋执行主编：《中国历代海路针经》，第691、789页。

④ (清)乾隆《海阳县志》卷二《沿革》，载《中国地方志集成·山东府县志》第56辑，凤凰出版社，2009年，第19页。

⑤ 山东省科学技术委员会：《山东省海岛志》，山东科学技术出版社，1995年，第100页。

⑥ (清)佚名：《山东海疆图记》卷二《地利部》“山岛志”，第154页。

⑦ 中国人民解放军海军司令部航海保证部编制：《中国航路指南：黄、渤海海区》，中国航海图书出版社，2006年，第134页。

雍正《山东通志东》载为"土埠岛"[①],《山东海疆图记》载"土埠岛,距岸十四里"[②]。

(4) 莱阳县港口

莱阳县港口当为丁字港,"丁字嘴口,行村东三十里"[③]。清刘恩荣、梁文锦《海图》中有详细描述:

> 港内商船甚多,长十二里,浅而多石。澳内有数河口,澳北为低,近岸多石行,又多小岛。陆岸有二独山最宜分别,一近低岸高二百尺,一距低西北三里较高,于近低岸者澳口南角甚陡,顶为凸圆者曰青角,一带水山最东者南面为沙岸,有浅处青角向东伸入海,三里自此以外深二拓,海底多沙石,平岛偏东九里有一带平顶山,海岸偏北六十里一带皆为沙岸。[④]

此港口到民国时因海水退缩,已经淤塞,大船不能近岸,以致交通堵塞[⑤],在民国海口淤塞后,商场由该地羊郡移至金家口,不过仍称莱阳码头[⑥]。

(5) 大高卫

大高卫应为大嵩卫,在莱阳县东南百三十里,洪武三十一年置[⑦],顺治十二年省海阳所入卫,雍正十二年改卫为县,赐名海阳[⑧]。

(6) 江花岛

江花岛应为三平岛,三岛与大岛、二岛统称为三平岛,隶属于山东青岛即墨洼里。三平岛原称青岛、小青岛,为避免重名,且因三个海岛海拔不高,地势平坦而定名为三平岛[⑨]。

3. 崃山放往胶州,用子午针十更,打水廿二、三托。又用子午九更,巽乾辰戌九更,见老山脚,即是港口,有三个岙头。

(1) 老山脚

崂山著名的岬角有太平角、崂山角(崂山头)等。崂山头位于今崂山太

---

① (清) 岳濬、法敏修:《山东通志》卷二十《海疆志》,载《景印文渊阁四库全书》第540册,台湾商务印书馆,1986年,第371页。

② (清) 佚名:《山东海疆图记》卷二,第154页。

③ (清) 岳濬、法敏修:《山东通志》,第369页。

④ (清) 刘恩荣译,梁文锦述:《海图》"丁字港"。

⑤ 民国二十四年(1935)梁秉锟、杨西桂修:《莱阳县志》卷一《疆域》"海岸",载《中国地方志集成山东府县志辑53》,凤凰出版社,2004年,第216页。

⑥ 民国二十四年(1935)梁秉锟、杨西桂修:《莱阳县志》卷二《实业》"商业",第339页。

⑦ (清) 顾祖禹撰,贺次君、施和金点校:《读史方舆纪要(四)》卷三十六《山东七》,第1691页。

⑧ (清) 岳濬、法敏修:《山东通志》卷三《建置志》,第183页。

⑨ 山东省科学技术委员会主编:《山东省海岛志》,第148页。

清宫景区东南角，为岬角半岛，东西走向①。

(2) 三个岙头

三个岙头，应指小凤台、栲栳岛、南窑半岛三个伸向大海中的小半岛形成的沙子口湾、登瀛湾的总称。沙子口湾由栲栳岛和小凤台环抱，登瀛湾位于南窑半岛和栲栳岛之间②。

4. 青山头放往锦州用巽乾、己亥针，驶一冥刻到天光，便见铁山、皇(隍)城、孔子岙。

(1) 铁山

位于旅顺口区西南、辽东半岛西南角，其西南角称"老铁山西角"，为渤海与黄海分界线的北界点③。《读史方舆纪要》卷三十七载"铁山，在卫西南百五十里，亦曰铁山岛，为滨海要地"④。《海图》谓"老铁山头，相距十五里海底为泥质，潮来甚疾，则水深十五拓至二十拓，或二十五拓至三十拓，向西六里北面之水色不同，有一长尖嘴向南伸入海，前往试探水莫有浅于三十拓者"⑤。

(2) 皇城

北隍城岛历史上曾叫黄城岛，位于庙岛最北端，处于老铁山水道与隍城水道之间海域⑥。共大小十五座，又有数露石，其最向北者距老铁山头二十二里，列岛南北分列，其最北者为北隍城岛，列岛间之水道可通行⑦。

(3) 孔子岙

为大连市普兰店湾西中岛东南侧之"通水沟"，丁一根据《陶澍海运图》《台海使槎录》考证，认为其为处于西中岛和凤鸣岛间的董家口湾，《陶澍海运图》中标作"童子沟"，《台海使槎录》中作"童子沟岛"⑧，又称桶水沟、桶子沟⑨。

5. 孔子岙放往锦州用子午针，驶一夜见菊花岛，花岛开有砂，砂内可过，内去是葫芦岛。

(1) 菊花岛

菊花岛在辽宁兴城东南 15 公里海中，距海岸 7～12 公里，面积 13.5 平

---

① 李乃胜、石学法等：《崂山地质与古冰川研究》，海洋出版社，2003 年，第 160 页。

② 青岛市史志办公室编：《青岛市志·自然地理志/气象志》，新华出版社，1997 年，第 123 页。

③ 于植元、董志正：《简明大连辞典》，大连出版社，1995 年，第 20 页。

④ (清) 顾祖禹撰，贺次君、施和金点校：《读史方舆纪要(四)》卷三十七《山东八》，第 1718 页。

⑤ (清) 刘恩荣译，梁文锦述：《海图》"老铁山头"。

⑥ 中国海岛志编纂委员会编著：《中国海岛志》"山东卷"第 1 册《山东北部沿岸》，海洋出版社，2013 年，第 361 页。

⑦ (清) 光绪刘恩荣译，梁文锦述：《海图》"苏门岛"。

⑧ 丁一：《耶鲁藏清代航海图北洋部分考释及其航线研究》，《历史地理(第二十五辑)》，上海人民出版社，2011 年，第 434 页。

⑨ 于植元、董志正主编：《简明大连辞典》，第 48 页。

方公里，平均海拔200米左右，今俗称“大海山”[①]。菊花岛，明代文献一般称觉华，有清一代虽菊花、觉华混用，但以菊花岛称呼占主流[②]，所以此针路簿的北洋航线应是清代以来的传抄所留存下来的。

（2）葫芦岛

葫芦岛半岛在辽宁葫芦岛市龙港区，在锦州西南65公里处，辽东湾西岸。《全辽志》卷一谓“在海岸四十里半山入海”[③]。《清史稿》记载更为详细：“西南海滨有地伸出海中如三角形，曰葫芦岛，岛势向西环抱成一海湾。光绪三十四年，勘为通商港。”[④]《海图》则长于海况描述，谓“葫芦岛，此岛与陆岸相连处最低东南角有圆陡山，附近有一石凸出水面，水深五拓，船不可行近，陡山一里正东半里之处有小石，涨潮时出水面二尺，距此石以北不远有沙嘴尖，北面有石一行”[⑤]。

6. 杨山、大楫放往胶州港用癸丁丑未针三更，用单艮二更，又用单子七更，转巽乾辰戌七更，见老山。

（1）杨山

因小洋山岛位于大洋山岛以北，杨山应为小洋山岛，而小洋山岛位于浙江省东北部，嵊泗列岛西部，杭州湾口。宋称为“大洋山”“洋山”[⑥]，元称“大洋山”[⑦]，明称“洋山”[⑧]，清称“洋山”[⑨]“小羊山”[⑩]。

（2）大楫

大戢山岛位于嵊泗列岛西北部，杭州湾与长江口交汇处。大戢山岛原

---

① 锦州市地方志编纂委员会编：《锦州通览》，吉林文史出版社，1987年，第457页。

② 《全辽志》载“觉华岛（城东南二十里海中）”，见（明）李辅：《全辽志》卷一《山川志》，载《辽海丛书》第1册，辽沈书社，1984年，第536页；《明史》载“东南有觉华岛城”，见（清）张廷玉撰：《明史》卷四十一志第十七“地理二”，中华书局，2000年，第642页；《清圣祖实录》载“铁山、旧旅顺、新旅顺、海帽坨、蛇山、绍并头、双岛、虎坪岛、桶子沟、天桥厂、菊花岛等处、俱系盛京所属海汛”，见《清实录圣祖实录》卷二六一，北京：中华书局，1985年，第570页；《盛京通志》载“觉华岛（城南十二里，在海中，上有海云龙宫二寺）”，见（清）乾隆《钦定盛京通志》卷二十六，载《四库全书》第501册，台湾商务印书馆，1986年，第483页；《水道提纲》载“菊花即明所称觉华岛也”，见（清）齐召南：《水道提纲》卷一“海”，载《四库全书》第583册，台湾商务印书馆，1986年，第6页；《清史稿》载“菊花即觉华岛”，见赵尔巽等撰：《清史稿》志三十《地理二》“宁远州”，吉林人民出版社，1998年，第1300页。

③ （明）李辅：《全辽志》卷一《山川志》“宁远卫”，第536页。

④ 《清史稿》卷五十五·志三十《地理二》“锦州府”，第1299页。

⑤ （清）刘恩荣译，梁文锦述：《海图》。

⑥ （宋）张津：《乾道四明图经》卷七《昌国县》“山”，第4902—4903页。

⑦ （元）冯福京修，郭荐纂：《大德昌国州图志》卷四《叙山》，载《宋元方志丛刊》第6册，中华书局，1990年，第6085页。

⑧ （明）胡宗宪撰：《筹海图编》卷一《舆地全图》“直隶沿海山沙图”，载《中国兵书集成》第15册，解放军出版社，1990年，第134页。

⑨ （清）雍正《崇明县志》卷二《山川》，载上海市地方志办公室、上海市崇明县档案局编：《上海府县旧志丛书》崇明县卷上，上海古籍出版社，2011年，第401页。

⑩ （清）嘉庆《松江府志》卷七《山川志》，载《续修四库全书》第687册，上海古籍出版社，2013年，第265页。

名大七山，也作大碛山，由小戢山屿派生得名①。宋称“大七山”②，元称“大碛山”③，清康熙称“大七山”④，光绪《定海厅洋面岛屿表》称“大戢山”⑤。

(二) 胶州港录山东至登州府各处海边、砱石深浅

7. 东招宝山南有屿仔，中有砱一块出水，外有一个员屿仔，又有一点出水屿仔。西断水，名叫灵山门口。东西断水。

(1) 招宝山

招宝山位于浙江镇海城区东北，甬江入海口北岸，与南岸金鸡山夹江相对，为镇海的屏障，历来是海防重地。该地原有大、小两招宝山，小招宝山于1974年因建镇海港取石填海被毁⑥。《宣和奉使高丽图经》载“鄞江穷处，一山巍然出于海中。上有小浮屠，旧传海舶望是山，则知其为定海也，故以招宝名之”⑦。清《招宝山志》谓“以其当海口，商舶所经，百珍交集，因此招宝山名之”⑧。

8. 老山南，子宁山下，有砱打浪，内面有一岙，名叫加湾，抛船涂地。老山脚有一岙，名叫三头岙。又有一岛，名叫祝山岛。有一鼻石，东面有大岙，岙口西鼻头，有石桥一连可防，岙内有抛是泥地。岙后东鼻外，屿仔门好过，外有一员屿仔，名叫槟榔屿。屿东又有一屿，名叫槟榔剪刀。老山后面有一门，门中可过。过北山边有砱，行船不可太倚。

(1) 子宁山

位于今山东青岛崂山区中韩哥庄东南6.5公里，南北走向，该山正南正北走向，故称“子午山”，后简称“午山”⑨。同治《即墨县志》载“午山，在县南八十里”⑩。

(2) 加湾

山东头董家湾又名大江口，位于今青岛石老人烟墩角与山东头无名岬

---

① 中国海岛志编纂委员会编：《中国海岛志》“浙江卷”第1册《舟山群岛北部》，第400页。

② (宋)张津：《乾道四明图经》卷八，第4902页。

③ 《昌国州图志》卷四，第6085页。

④ (清)康熙《定海县志》卷五。

⑤ (清)光绪《定海厅洋面岛屿表》之《定海全境舆图》，光绪三十三年，中国国家图书馆数字方志库。

⑥ 宁波词典编委会：《宁波词典》，复旦大学出版社，1992年，第126页。

⑦ (宋)徐兢撰，朴庆辉标注：《宣和奉使高丽图经》第三十四卷《海道一》“招宝山”，吉林文史出版社，1991年，第71页。

⑧ (清)陈景沛撰，周道遵编：《招宝山志》卷上《形胜》，载石光明、董光和、杨光辉主编，国家图书馆分馆编：《中华山水志丛刊·山志卷》第18册，线装书局，2004年，第319页。

⑨ 崂山县地名办公室编：《山东省崂山县地名志》，崂山县印刷厂印刷，1984年，第326页。

⑩ (清)林溥修，周翕鐄、黄念昀纂：同治《即墨县志》卷一《方舆志》“山川”，载《中国地方志集成·山东府县志》第47辑，凤凰出版社，2004年，第34页。

角之间。东西长 3 公里，宽 1 公里，面积为 3 平方公里①。

（3）三头岙，见 3(2)。

（4）祝山岛

祝山岛可能为竹岔岛或是大福岛。竹岔岛位于今薛家岛镇东 8.5 公里，岛西为竹岔水道，岛上野竹丛生，多有海岔而故名②。大福岛原名徐福岛，位于今青岛市崂山区南窑半岛南，在沙子口东南 4.5 公里海中③。雍正《山东通志》载"福岛，本名徐福岛，属即墨县"④。同治《即墨县志》载"徐福岛，县东南五十里，相传徐福求仙往此，故名"⑤。

（5）槟榔屿

青岛有两个槟榔屿，一名为大鲍鱼岛，另一名为脱岛。大鲍鱼岛又名豹岛，同治《即墨县志》："豹岛大小有二，在县南九十里，一名槟榔屿。"⑥大豹岛，亦即大鲍岛，又名槟榔屿，在修建小港码头时与陆地相连成了码头⑦。脱岛与竹叉岛之间隔有水道，低潮有"马道"将两岛相连通，在高潮时与竹岔岛脱离，故名脱岛。因岛顶成圆形，形似槟榔，又名槟榔岛⑧。其东的槟榔剪刀应为大石岛⑨。

9. 老山东去，用乙卯针两更，取千里岛，上去是小石塔一个。再上去有三个名叫江山岛，岛内好抛，不可太倚，倚恐水浅。北去有一小屿仔，乃是莱阳县的杏花港口，从屿南两边，俱有沙汕，外面丈余水，入汕港即水深。上去是高卫，山边有沙汕，生冲东南卅里，行船须提防，此处无处可抛。对东大鼻尾，不可太倚，驶船要注意。

10. 青鱼岛内有一港，是乳山大港。出入港取青鱼岛西过，水甚深，边浅。上去是锦华岛。南入鼻内，有大岙好抛。入西去，水返七八分有丈余水，即入港，内甚浅狭，两边甚深。棉花岛后去是黄花岛，内可抛北风。入岙西北去，有出水砱，并沉砱。水退干会出水，若逃台，要入内，不逃台，抛在外面。黄花岛外，有一屿，门中可过。外有一屿，门中也可过。屿东北有大砱打浪。过黄花岛去，大岙内好抛，不可抛倚，因防水浅。一派都是硬地。鼻内西关口，有砱二块，门中可过。西面一块，水满出水；东面一块，水退打浪，上去是靖海卫。

---

① 青岛市史志办公室编：《青岛市志・自然地理志/气象志》，新华出版社，1997 年，第 123 页。

② 薛家岛镇史志编纂领导小组办公室编：《薛家岛镇志》，青岛双星集团华信印刷厂印制，1997 年，第 84—85 页。

③ 李乃胜：《崂山地质与古冰川研究》，海洋出版社，2003 年，第 20 页。

④ （清）岳濬、法敏修：《山东通志》卷二十《海疆志》，第 383 页。

⑤ （清）同治《即墨县志》卷一《方舆》"岛屿"，载《中国方志丛书・华北地方》第 374 号，成文出版社，1966 年，第 141 页。

⑥ （清）同治《即墨县志》卷一《方舆》"岛屿"，第 143 页。

⑦ 鲁海、鲁勇：《青岛掌故》，青岛出版社，2016 年，第 115 页。

⑧ 山东省科学技术委员会主编：《山东省海岛志》，第 168 页。

⑨ 山东省科学技术委员会主编：《山东省海岛志》，第 168 页。

(1) 青鱼岛

在《合成行针路簿》记为“青澳岛”,《源永兴宝号针路簿》记为“青鱼岛”①,《山明海鉴针路簿》记为“青鱼堵”②,乳山大港在《源永兴宝号针路簿》记为“双乳山大港”③。从地理位置来看,此青鱼岛似非荣成爱连湾西南青鱼滩④,而应为乳山口南小青岛,1986 年更名东小青岛,为乳山口港之门户⑤。

(2) 乳山大港

乳山大港当为乳山口港,位于乳山境内南部乳山湾北岸,乳山口港是理想的小商埠和渔港,素有“北有旅顺,南有乳山口”之说,清咸丰元年(1851),境内的“泉盛”“合兴”等商家集资修建长 20 米、宽 4 米的简易码头两座⑥。同治《即墨县志》⑦卷十二载“乳山口,一名琵琶口,可容百余艘,避飓风”。

(3) 锦华岛

在《源永兴宝号针路簿》中为“锦花岛”⑧,在《山明海鉴针路簿》中为“绵花岛”⑨,《山东海疆图志》谓“绵花岛,距岸五里”⑩。此岛应为杜家岛西北部之棉花山,今属山东威海市乳山市海阳所镇杜家岛村⑪。

(4) 黄花岛

在乳山市区南 23 公里,初名南泓岛,后为区别于南泓村,更为今名南黄岛⑫。

(5) 靖海卫

靖海卫,洪武三十一年五月置⑬。康熙《靖海卫志》载“东北形如凤凰展翅,槎山拱翠,于东西有文笔数峰独立海面,南有苏山镇其水口,龟山俯其北门,山水之秀有足”⑭。凤凰尾是航海难行的重要海峡之一,每当大风天气,风助水势,浪涌涛大,俗有“好过的成山头,难过的凤凰尾”之说⑮。旧址在今

---

① 陈佳荣、朱鉴秋执行主编:《中国历代海路针经》,第 696 页。
② 陈佳荣、朱鉴秋执行主编:《中国历代海路针经》,第 794 页。
③ 陈佳荣、朱鉴秋执行主编:《中国历代海路针经》,第 696 页。
④ 李玉尚:《海有丰歉——黄渤海的鱼类与环境变迁(1368—1958)》,上海交通大学出版社,2011 年,第 370 页。
⑤ 山东省乳山市地方史志编纂委员会编:《乳山市志》,齐鲁书社,1998 年,第 90 页。
⑥ 山东省乳山市地方史志编纂委员会编:《乳山市志》,第 587 页。
⑦ (清)同治《即墨县志》卷十二《杂稽志》“海程”,第 1236 页。
⑧ 陈佳荣、朱鉴秋执行主编:《中国历代海路针经》,第 696 页。
⑨ 陈佳荣、朱鉴秋执行主编:《中国历代海路针经》,第 794 页。
⑩ (清)佚名:《山东海疆图记》卷二《地利部》“山岛志”,第 154 页。
⑪ 山东省乳山市地方史志编纂委员会编:《乳山市志》,第 89 页。
⑫ 威海市地名委员会办公室编:《山东省威海市地名志》,山东省地图出版社,1995 年,第 302 页。
⑬ (清)张廷玉等:《明史》卷四十一志第十七“地理二”,中华书局,2000 年,第 640 页。
⑭ (清)康熙《靖海卫志》卷一《形胜》,载《中国地方志集成·山东府县志》第 44 辑,凤凰出版社,2004 年,第 402 页。
⑮ 山东省荣成市民政局编:《山东省荣成市地名志》,山东省地图出版社,2007 年,第 124 页。

山东荣成市人和镇靖海卫村[①]。

11. 靖海卫可抛，西北风甚摆。入西北去，屿仔内一港，是王海港，港口西去，屿仔下有出水磅，开外有一岛，乃是茶山岛，门中可过，有石笋出水，或打浪。西北去是马头嘴，嵍口有屿仔好抛。上去是关刀屿，内有大石屿岛，好抛船。关刀屿东鼻头，不可太倚。鼻东外，有观音磅打浪，生甚开。背面有碎磅，但上落不可过倚。近上去是杨家庄，内面好抛。上青鱼岛沙汕边，不可太倚，都是碎什(石)磅，不可推测。上去是青山头。

(1) 王海港

若入西北不是进入靖海湾，而是沿着海岸线东北而上，王海港当为王家湾，位于石岛港西南方约2海里处，湾口介于五龙山西南侧的老鳖头与大王家岛之间，向东南敞开，湾内东部水深5～8米，西部水深5米以下，大部为泥底[②]。

(2) 茶山岛

按如上走向推测，茶山当在大小王家岛附近。耶鲁图中有北茶山岛，"北茶山是马头嘴也"[③]。而马头嘴紧挨小王家岛。

(3) 马头嘴

一名马头嘴海口[④]，因海口西岸有马头山得名，旧址在荣成市人和镇码头村东王家湾内[⑤]。雍正《山东通志》载"马头嘴，属文登县，陆路三十余里至旧靖海卫海口，西南有马头山、荣光山，西有铁槎山，西北一带平沙北及东北有齐山、延真岛环绕，东南临大海，岸上有地，村落居民二十余户。口外水深三丈余，东北海中有三礁石宜避，口内水深一丈五尺，俱铁板沙，可容数十艘，避大风，惟东南风浪巨不便湾泊"[⑥]。

(4) 关刀屿

郑永常《耶鲁航海图研究》记"关刀英，又称关刀岛、大关刀岛，即苏山岛，在山东靖海海面之苏门岛，包括二山子岛和三山子岛"[⑦]。按马头嘴向北看，且"内有大石屿岛，好抛船"，关刀屿似乎靠近东北边，为楮岛的可能性较大，其为陆连岛，在今荣成市区南15.8公里，近海礁石较多[⑧]。

(5) 青鱼岛

位于爱连湾西南青鱼滩村。根据李玉尚教授考证，在明代早期今青鱼

---

① 威海市文化局、威海市文物管理办公室编：《威海文物概览》，青岛出版社，2009年，第102页。

② 中国人民解放军海军司令部航海保证部编制：《中国航路指南：黄、渤海海区》，中国航海图书出版社，2006年，130页。

③ 钱江、陈佳荣：《牛津藏〈明代东西洋航海图〉姐妹作——耶鲁藏〈清代东南洋航海图〉推介》，《海交史研究》2013年第2期，第48页。

④ (清) 佚名：《山东海疆图记》卷一《地利部》"水口志"，第129页。

⑤ 威海市地名委员会办公室编：《山东省威海市地名志》，第433页。

⑥ (清) 岳濬、法敏修：《山东通志》卷二十《海疆志》，第382页。

⑦ 郑永常：《耶鲁航海图研究》，远流出版公司，2018年，第258页。

⑧ 山东省荣成市民政局编：《山东省荣成市地名志》，第613页。

滩村和青鱼墩村尚未成陆，两村之间的山脉尚有一海岛，故称“青鱼岛”[①]。明嘉靖二十四至二十五年间(1555—1556)李氏祖武德将军李道安在荆州为官，后调任成山卫为官，寻山所东设有官宅，先世袭，后费袭，其子李全、李京徙此定居成村，因村北盛产青鱼，故名为青鱼滩[②]。

(6) 大石屿岛

疑为桑沟湾内的碌对岛[③]。

(7) 杨家庄

疑为荣成俚岛镇杨家山村。清道光年间(1821—1850)，杨氏祖可格由今本镇峨石山村徙此定居成村，因地处隔道山东南侧，故以姓氏命名杨家山村[④]。

12. 青山头鼻外可寄流。对边入北内去，有大岙可逃台。入西边去，是养鱼池，好抛船，要逃台，水浅防发浪。南去是余岛沙湾，内好抛南风。青山头有屿仔，门中可过。边有石笋打浪，东边有石桥，并石硓一连，石迹名叫八仙桥，桥下底有搿石，其船到此处，抽针钉则散，不可鸣金鼓。青山头西北，有大岙，好抛南风，此岙可抛千余号船。

(1) 青山头

山东半岛最东端，因处成山山脉尽头得名，又名成山头[⑤]。元《齐乘》载“山斗入海，旁多椒岛，海艘经此，失风多覆——海道极险处也”[⑥]。《日知录集释》谓“登州一郡陡出东海，尽于成山卫，海舶往盛京、天津者以成山为标准也”[⑦]。

(2) 养鱼池

养鱼池湾，在今山东省荣成城东北部，马山嘴之西，南接联络湾。因湾口狭窄，饵料充足，为鱼类繁衍生息之地得名[⑧]。

13. 过青山头，尽是生西面去，并无生过北面。西北去是乌鲈岛，岛口有屿仔，门中可过，卅三、四托。西面沙湾，也有沙汕，不可入去。威海岙山，西南有硓出水，西北去是宁海州，有养马岛，开有出水大硓。养马岙取岛边开，有大硓，抛船到城，有三里之路。西去是奇山所内，有屿仔并沙滩。西边是乳岛，东边可逃台，西北可抛，北风不宜。岛中有沙汕滩，生内，出入西去，是佳岙。入门内，四面俱好岙，岙口南有硓，北边鼻不可过。西去是澄(登)州

① 李玉尚：《海有丰歉——黄渤海的鱼类与环境变迁(1368—1958)》，第370页。

② 山东省荣成市民政局编：《山东省荣成市地名志》，第447页。

③ 山东省荣成市民政局编：《山东省荣成市地名志》，第612页。

④ 山东省荣成市民政局编：《山东省荣成市地名志》，第226页。

⑤ 威海市地名委员会办公室编：《山东省威海市地名志》，第310页。

⑥ (元) 于钦撰，刘敦愿、宋百川、刘伯勤校：《齐乘校释》卷之一“山川”，中华书局，2012年，第57页。

⑦ (清) 顾炎武著，黄汝成集释，栾保群、吕宗力校点：《日知录集释》卷二十九《海师》，上海古籍出版社，2006年，第1625页。

⑧ 中国地名委员会编委会：《中国海域地名志》，中国地名委员会，1989年，第820页。

府，大鼻外头门，大硋内外俱可过。

（1）乌鲈岛

乌鲈岛为山东荣成海驴岛。《太平寰宇记》载“海驴岛，岛上多海驴，常以八九月守此岛上乳产，皮毛可长二分，其皮水不能润，可以御雨。时有获者，可贵”①。道光《荣成县志》亦称“海驴岛，城东北海中，产海驴，故名”②。

（2）宁海州

今址在山东烟台牟平区。明撤牟平县并入宁海州，1913 年为宁海县，1914 年改为牟平县③。

（3）养马岛

一名莒岛，又名香岛，位于牟平县（今牟平区）北部黄海之中④。《读史方舆纪要》载“有莒岛海口，北通辽海，南达江淮，海艘往来必经之道也”⑤。

（4）奇山所

位于今山东烟台芝罘市区中部，全名“奇山守御千户所”，俗称“烟台奇山所”。明洪武三十一年（1398 年）为防倭暴行而建，因位踞奇山环抱之中，故名⑥。

（5）乳岛

疑为 17 中之芝乳头，即芝罘岛。

（6）佳岙

待考。

（7）澄（登）州府

位于今为山东烟台市蓬莱市。

14. 青山往盖州用巽乾巳亥针，驶一暝见铁山或皇城。

（1）盖州

今辽宁营口盖州市。明置盖州卫。天命六年三月盖州降。康熙三年六月置县，隶府⑦。清康熙开海后，为东北地区的唯一商港，1930 年《盖平县志》载“南北货物，咸萃于此”，遂使盖州城“名闻八闽，声达三江”。道光年间，海口逐渐淤塞，咸丰间，商务北移营口⑧。

---

① （宋）乐史撰：《太平寰宇记》卷二十《河南道二十》，中华书局，2007 年，第 412 页。

② （清）道光《荣成县志》卷一《疆域》“山川”，载《中国地方志集成 · 山东府县志》第 56 辑，凤凰出版社，2004 年，第 444 页。

③ 牛汝辰：《中国地名掌故词典》，中国社会出版社，2016 年，第 204 页 。

④ 牟平县地名委员会办公室编：《山东省牟平县地名志》，1985 年，第 237 页。

⑤ 《读史方舆纪要》卷三十六“山东七”，第 1693 页。

⑥ 烟台市芝罘区人民政府地名办公室：《芝罘区地名志》，山东省出版总社烟台分社，1989 年，第 392 页。

⑦ 《清史稿》卷五十五《志三十》地理二“奉天府”，第 1298 页。

⑧ 盖州市地方志编纂委员会办公室编：《盖州市志》，辽宁科学技术出版社，2008 年，第 353 页。

15. 青山往皇城用子午壬丙针，直上南金州大山。先见海里桃屿。铁山往皇城，先见一口，名旅顺口，上去是龙王口，上去是岛头，又去是仙岛，内是金州大山，又去是广鹿大山。开面上下，有马矽，再上去是石青岛，过子即是葫芦岛。

(1) 南金州大山

疑为金州南山，位于金州城南 2 公里处，是金州地峡北部的制高点①。

(2) 旅顺口

大连旅顺口地处黄、渤海要冲，分外湾、内湾，外湾为夹帮嘴与老铁山东角联线至内湾口门联线以内水域，开口东南②。《读史方舆纪要》卷三十七载“旅顺口关，卫南百二十里。海运舟达金州卫者至此登岸”③。

(3) 龙王口

龙王口应为龙王塘湾口，属于大连旅顺口区。位于龙潭镇南部黄海岸畔，湾口向南④。

(4) 岛头

疑为小平岛，位于甘井子区西南黄海之滨，原与陆地隔离，因泥沙淤积，今已与大陆相连接⑤。

(5) 仙岛

疑为大连湾口之三山岛，为由南北排列的三个岛屿的总称⑥。

(6) 金州大山

疑为大黑山，又名大赫山、大和尚山、老虎山。位于金州城东 4 公里。山岭南北走向，山势南高北低⑦。

(7) 广鹿大山

广鹿山岛，位于辽宁省长海县洪子岛东端⑧。

(8) 石青岛

泉州《源永兴宝号针簿》中为“又上去是广鹿大山，开面上下有马礁，上去是长山岛，又上去是青石岛，过了即是葫芦礁”⑨。《航海指南》应参考此针路，石青岛当为石城岛，位于辽宁省庄河市河海港东南约 6 千米处。光绪三年(1877 年)建石城岛巡检司，隶属岫岩州⑩。

---

① 于植元、董志正：《简明大连辞典》，第 22 页。
② 大连市旅顺口区史志办公室：《旅顺口区志》，大连出版社，1999 年，第 121 页。
③ 《读史方舆纪要》卷三十七《山东八》，第 1702 页。
④ 大连市旅顺口区史志办公室：《旅顺口区志》，第 121 页。
⑤ 于植元、董志正：《简明大连辞典》，第 36 页。
⑥ 于植元、董志正：《简明大连辞典》，第 33 页。
⑦ 于植元、董志正：《简明大连辞典》，第 17 页。
⑧ 中国地名委员会：《中国海域地名志》，1989 年，第 115 页。
⑨ 陈佳荣、朱鉴秋执行主编：《中国历代海路针经》，第 698 页。
⑩ 李培英主编：《中国海岛志》“辽宁卷”第 1 册《辽宁长山群岛》，海洋出版社，2013 年，第 568—569 页。

（9）葫芦岛

当为广鹿岛北面之葫芦岛，南距广鹿岛 1.7 千米，近东西走向。该岛因岛形似葫芦而得名，俗称“北岛”“苦岛”[1]。

（10）桃屿

桃屿疑为砣矶岛，丁一在《耶鲁藏清代航海图北洋部分考释及其航线研究》一文引用《厦门方言词典》认为“鼍 [t^huo]矶[tɕi]”被记作“桃[t^ho]枝[ki]”。砣矶岛位于渤海海峡中部海域，庙岛群岛的北部，海岛的平面形态似“L”形[2]。

16. 庙岛放洋往天津　东南风，用乙辛针，或东北风，用乙辛辰戌针十五更，转巽乾辰戌针，见炮台港口可也，可提防黄巴沙滩。

（1）庙岛

庙岛群岛南岛群之庙岛，今属山东烟台市长岛县。

17. 山东马头嘴、苏山　用艮坤丑未四更，见青山头。山头用单辛六更，取福山县大河口芝乳头，用乙辛卯酉三更，见澄州府。

（1）大河口芝乳头，福山县大河口当指今烟台市福山区外夹河入海口[3]，芝乳头应为芝罘岛西北头。泉州《源永兴宝号航海针簿》中为“青山头用单辛六更取福山县大河口芝浮头”[4]，因此芝乳头应为抄写芝浮头时的转写，为芝罘岛西北头。

18. 天津往牛宗港　用单乙八更，单卯和单寅十二更，即到牛宗港了。

（1）牛宗港

牛宗港当为营口港，1858 年《天津条约》开牛庄港为通商港口，后因“牛庄距离海口远”，改设营口为通商口岸，后世将营口港称为牛庄港[5]。

19. 天津回大楫、杨山　针路，北风，用单乙十六更，见澄州。又用乙辛卯酉三更，见大河口芝乳山岛。又用巽乾辰戌六更，见青山头。山头用癸丁丑未，及单未四更，见马头嘴。马头嘴用子午六更，又用癸丁丑未，和单丁六更，打水十八托，不见中山也，见尽山、马积。

（1）芝乳山岛

为芝罘岛。

（2）马积

又名马迹，马迹山岛位于浙江嵊泗列岛中部，泗礁山岛西南海域，与泗

---

① 李培英主编：《中国海岛志》“辽宁卷”第 1 册《辽宁长山群岛》，第 337 页。

② 中国海岛志编纂委员会编著：《中国海岛志》“山东卷”第 1 册《山东北部沿岸》，第 262 页。

③ 福山区地名委员会办公室编：《福山区地名志》，山东省地图出版社，2003 年，第 278 页。

④ 陈佳荣、朱鉴秋执行主编：《中国历代海路针经》，第 698 页。

⑤ 营口市史志办公室编：《营口通史》，北方联合出版传媒（集团）股份有限公司，2012 年，第 9 页。

礁山岛岸距 150 米[①]。《乾道四明图经》载“马迹山在县东北九百里”[②]。元《大德昌国州图志》记“马迹山在海之东北”[③]。

20. 青山头往西锦州　出青山头，过乌鲤岛，用巽乾辰戌十更。铁山用子午二更，见虎仔屿。虎仔屿用子癸二更，见孔屿。一更开，用子午壬丙七更，见葫芦，透笔架山，驶入锦州。

(1) 虎仔屿

虎仔屿为大连旅顺区湖平岛，俗称虎平岛，位于北海乡北部渤海海域，岛上有一水洼，底部平坦，长年有水，故名湖平岛[④]。

(2) 笔架山

大笔架山岛，岛位于锦州天桥乡(今天桥街道)东南 6 公里海中。岛呈梭形，全岛三峰列峙，状如笔架，故有笔峰插海之称[⑤]。康熙《锦州府志》载“大笔架山，城西南六十里峙海中，状如笔架，潮退见天桥，广八丈，长四里”[⑥]。

21. 青山往盖州　青山头，过用巽乾辰戌十更，见铁山。铁山用子午二更，见虎仔屿。虎仔屿用子午癸丁三更，见孔屿沟，又见长兴岛。过了磨盘山，用单丑二更，见兔屿岛。用单艮，见平县岛。炮台内。用艮寅一更，见二炮台。又用艮半更，见三炮台。鼻头开食南，有沙汕，不可太倚。见候庙，打水四五托，烂泥地，可抛船。

(1) 长兴岛

又名长生岛、长山岛，位于瓦房店市西部渤海海域，曾名为“景杭岛”[⑦]。《盛京通志》载“城西北五十里相近有岛曰长兴，亦名长生，上有塔”[⑧]。

(2) 磨盘山

位于瓦房店市向北东岗山乡(今红沿河镇)境内。从海上东望，该山峰首当其冲，故颇有名[⑨]。

(3) 兔屿岛

在磨盘山单丑亦即东北 30°方向，60 公里左右应为仙人岛，古称“兔儿岛”，位于熊岳西南二十五华里的九垄地镇西海岸。一面着陆，三面环水构

---

① 中国海岛志编纂委员会编：《中国海岛志》“浙江卷”第一册《舟山群岛北部》，第 88 页。

② (宋) 张津：《乾道四明图经》卷七《昌国县》“山”，第 4903 页。

③ (元) 冯福京修，郭荐纂：《大德昌国州图志》卷四《叙山》，载《宋元方志丛刊》第 6 册，第 6083 页。

④ 大连市旅顺口区史志办公室：《旅顺口区志》，大连出版社，1999 年，第 123 页。

⑤ 锦县地方志编纂委员会编：《锦县志》，沈阳出版社，1990 年，第 84 页。

⑥ (清) 康熙《锦州府志》卷一《山川》“锦县”，载《中国地方志集成·辽宁府县志》第 16 辑，凤凰出版社，2006 年，第 307 页。

⑦ 徐曦：《东三省纪略》，商务印书馆，1915 年，第 165 页。

⑧ (清) 乾隆《钦定盛京通志》卷二十五，载《四库全书》第 501 册，台湾商务印书馆，1986 年，第 458 页。

⑨ 于植元、董志正：《简明大连辞典》，第 26 页。

成的靴形半岛，由四个小丘构成，海拔约50米①。《盛京通志》载"兔儿岛(城西南七十五里)"②。《奉天通志》记"城西南七十五里，正红旗村为伸出海中之半岛"③。

(4) 平县岛

青山望盖州途中，依次过虎仔屿、孔屿沟、长兴岛、磨盘山、兔屿岛后，在兔屿岛、盖州之间的岛有盖州大清河入海口处的连云岛，至于为何称为平县岛，或是盖州前称为盖平县之故，所以平县岛为连云岛的可能性较大。清康熙至道光年间，连云岛作为东北地区的重要商港闻名遐迩④。道光二十三年五月十七日盛京将军禧恩《奏报查勘各海口善后事宜并阅伍演放新旧炮位折》："惟盖州之望海塞、西套各海口，船只必从此经过，其连云岛海口则为船只停泊之所，商贾云集，人烟稠密。"⑤

此条青山往盖州针路，加上前述4、5青山路过孔子岙至锦州的针路在《水道提纲》中有记载：

> 海自旅顺城折而北经城西，其西为铁山岛(又西为双岛)，又北而东为宁海县，西又北稍西为复州城，有小水口三，复州城西南为长兴岛(岛大数十里，海中洲之巨者)，又北而东为永宁监城、李官屯、熊岳城，盖平县之西有小水口三(熊岳水口西有兔儿岛，盖平县西有连云岛，皆小洲)，又北有耀州河口，又西北为海城县西南之大辽河口(自河以左为辽东，以右为辽西，漕运由此口入)，海自辽河口西北经右屯卫南有小水口二，至卫南为大凌河口，又西经锦州府南为小凌河口，又西稍南经松山、杏山东南塔山村东(东有小笔架、大笔架二岛)，又西南经连山、双桥二城、宁远州东南水口(口东南有桃花、菊花二岛，菊花即明所称觉华岛也)。⑥

22. 天津回青山头针路　西北头水浅，用乙辛辰戌十二更，见高山。转巽乾巳亥，进入庙岛，巡澄州府山。用乙辛辰戌四更，见子午岛。又用甲庚卯酉三更，见刘公岛。出门用甲庚寅申二更，见鸡鸣岛。转乙辛卯酉一更，见乌鲤岛。内外过船，倚大山边。可防门中有沉砀，流水甚急，须小心。顺

---

① 阎海：《辽南重镇熊岳城》，吉林文史出版社，2013年，第162页。

② (清)乾隆《钦定盛京通志》卷二十五，载《四库全书》第501册，台湾商务印书馆，1986年，第445页。

③ 金毓黻：《奉天通志》卷八十三《山川十七》"各县山水·毕利河流域·盖平县"，载辽宁省人民政府地方志办公室整理：《辽宁旧方志》，辽宁民族出版社，2010年，第2045页。

④ 丁立身：《营口名胜古迹遗闻》，辽宁科学技术出版社，1991年，第27页。

⑤ 中国第一历史档案馆：《鸦片战争档案史料七》，天津古籍出版社，1992年，第174页。

⑥ (清)齐召南：《水道提纲》卷一"海"，载《四库全书》第583册，台湾商务印书馆，1986年，第5—6页。

山边，见青山头，顺风放洋，用子午四更，见石岛、苏山。

(1) 刘公岛

曾名刘家岛，亦名刘岛。在山东威海城区东4公里，威海湾口中央[①]。《元史》志第四十二"食货一·海运"记"入黑水大洋，取成山转西至刘家岛"[②]，雍正《山东通志》载"属文登县，悬处海中，东南长十里，广六里，东北有二海口，南口水面宽阔，舟楫俱可往来，隔水两旁皆有高山环映，正东临大海有礁石，出海里许，正西隔水，乃属宁海州之威海卫城"[③]。

(2) 鸡鸣岛

在山东荣成埠柳镇东北13公里海域中[④]。《太平寰宇记》载"鸡鸣岛，在县东北一百三十里。晏谟齐记云：'不夜城北有鸡鸣岛。'"[⑤]《清稗类钞》载"属山东登州府荣成县，孤悬大海中，明代曾置卫所，大兵入关，农夫野老不愿剃发者类往居之，岛田腴甚，且税吏绝迹，俨然一海外桃源。光绪甲午中日之战，海军中人有巡至其地者，岛始发见"[⑥]。《海图》载"距岸一里，高三百七十尺，顶略平，三面多石，行其余陆岸有平石，水深三四拓，岛北面水深二百拓至十二拓之处皆可行船，以东有咸水河口"[⑦]。

(3) 子午岛

子午岛为芝罘岛[⑧]。在山东烟台市芝罘区西北，以芝罘山得名[⑨]。

(4) 石岛

天启年间(1627)于码头村(今属人和镇)建立小镇，名为沙岛。清顺治年间(1644)迁至石岛今址。因背山临海，遍地皆山石，故名石岛[⑩]。前有石岛湾与石岛港。《日知录集释》载"石岛居民稠密，可泊，惟岛门东南向，春时乘风易入难出"[⑪]。

(三) 针经图式与地名对照

明初《海道经》所记载的海道指南图应是一幅航海用的专门海图，《西洋

---

① 威海市地名委员会办公室编：《山东省威海市地名志》，第295页。

② (明) 宋濂：《元史》志第四十二《食货一》"海运"，中华书局，2000年，第1571页。

③ (清) 岳濬、法敏修：《山东通志》卷二十《海疆志》，第381页。

④ 烟台市地名委员会词典编辑室：《中华人民共和国地名词典》"山东分卷"《烟台地名选编》，1986年，第67页。

⑤ (宋) 乐史撰：《太平寰宇记》卷二十《河南道二十》"登州、莱州"，中华书局，2007年，第410页。

⑥ 徐珂：《清稗类钞》第1册"地理类"，中华书局，1986年，第89页。

⑦ (清) 光绪刘恩荣译，梁文锦述：《海图》"鸡鸣岛"，中国国家图书馆数字方志库，光绪抄本。

⑧ 章巽：《古航海图考释》，第20页。

⑨ 崔乃夫：《中华人民共和国地名大词典(第5卷)》，商务印书馆，2002年，第7695页。

⑩ 山东省地方史志办公室编：《山东强镇名村志》，山东省地图出版社，2002年，第701页。

⑪ (清) 顾炎武著，黄汝成集释，栾保群、吕宗力校点：《日知录集释》卷二十九《海运》，第1640页。

番国志》中记载了专门负责针经图式的船员："乃以针经图式付与领执，专一料理，事大责重，岂容怠忽。"[①]《东西洋考》中提到了航海针经为民间航海者所拥有，为民间语言写就："舶人旧有航海针经，皆俚俗未易辩说，余为稍译而文之。"[②]《两种海道针经》中的《指南正法》与《顺风相送》皆提到了往回针路[③]。

在清代，航海针经的应用更加广泛，特别是自康熙二十三年开海后，航海活动又活跃起来。此时的针路簿应用于航海更加成熟普遍，"舟子各洋皆有秘本，云系明王三保所遗，名曰洋更"[④]，"行皆候风占星，以针取路，以干支取某山某屿，进某澳转某门，以至开洋避嶕避浅，皆以针定"[⑤]。关于针路的记载在台湾地方志中比较多，成书于康熙六十一年(1622)的《台海使槎录》记载了针路之定义："放洋，全以指南针为信。认定方向，随波上下，曰针路。"[⑥]这段记载在以后台湾地方志中多被引用[⑦]，《续修台湾府志》也有类似的表述："渡海以指南为信，曰'针路'。"[⑧]掌握针路者有专门的称呼为火长，"通洋海舶，掌更漏及驶船针路者为'火长'"[⑨]。

因此针经应是文字的描述，图式应是类似章图与耶鲁图这样的航海图，这两种应是配合使用，只是航海者对海上的山形水势烂熟于心，后世我们所见的针路簿大部分是文字性描述的，内容关于从一个航海参照点到另外一个参照点之间的方位与距离，当然也不是绝对纯文字的针簿，也有文字与航海图合一的针路簿[⑩]。以下是《航海指南》跟章巽图、耶鲁图所做的一个对照表。

---

① (明) 宣德九年(1434)巩珍著，向达校注：《西洋番国志》"自序"，中华书局，2012 年，第 6 页。

② (明) 张燮著，谢方点校：《东西洋考》"凡例"，中华书局，2008 年，第 20 页。

③ 向达校注：《两种海道针经》，中华书局，2012 年，第 5 页。

④ (清) 胡建伟：《澎湖纪略》卷之二《地理记》"海道"，载《台湾文献史料丛刊(第 1 辑)》12，台湾大通书局，1984 年，第 15 页。

⑤ (清) 陈梦雷：《医术名流列传》，载《古今图书集成》第 12 册卷五一一，人民卫生出版社，1991 年，第 266 页。

⑥ (清) 黄叔璥撰：《台海使槎录》卷一《赤嵌笔谈》"风信"，载《台湾文献史料丛刊(第 2 辑)》21，第 13 页。

⑦ (清) 胡建伟：《澎湖纪略》卷之二《地理纪》"海道"，第 16 页；(清) 余文仪：《续修台湾府志》卷一《封域》"形胜(附考)"，载《台湾文献史料丛刊(第 1 辑)》4、5、6，第 51 页；(清) 林豪：《澎湖厅志》卷一《封域》"道里(岛屿附)"，载《台湾文献史料丛刊(第 1 辑)》15，第 32 页。

⑧ (清) 余文仪：《续修台湾府志》卷二十四《艺文(五)》"秋日杂诗十二首"，载《台湾文献史料丛刊(第 1 辑)》4，第 887 页。

⑨ (清) 李元春：《台湾志略》卷一《地志》，载《台湾文献史料丛刊(第 2 辑)》22，第 13 页。

⑩ 关于此类的针路簿，泉州海外交通史博物馆有收藏，刘义杰老师在《〈海交馆山形水势图〉简述》一文中有推介。(上海中国航海博物馆："丝路和弦：全球化视野下的中国航海历史与文化"会议论文资料集，2018 年 8 月，第 219—230 页。)

表 1　泉州《航海指南》地名对照表

航海指南	今　名	经　纬　度	章巽图、耶鲁图对照
海照	海礁	30°43.4′N123°8.1′E	章 25P_{57}、25P_{57}；耶 95P_{219}、98P_{222}
嵊山	嵊山岛	30°43′18″N122°49′6″E	章 24P_{55}、27P_{61}；耶 97P_{222}、98P_{222}
花鸟	花鸟山岛	30°50′54″N 122°40′54″E	章 25P_{55}；耶 100P_{225}
苏山	苏门岛	36°45′06″N 122°15′24″E	章 14P35；耶 115P_{250}
杏村	行村	36°40′19″N 120°55′42″E	
千里岩	千里岩岛	36°15′57″N121°23′09″E	章 16P_{39}、19P_{43}；耶 116P_{250}
口外屿仔	土埠岛	36°32′21″N121°03′29″E	
莱阳县港口	丁字港	36°24′01N120°57′27″E	
大高卫	大嵩卫	36°4207N121°14′38″E	章 15P_{37}
江花岛	三平岛	36°29′17″N120°59′47″E	
老山脚	崂山角	36°08′07″N120°42′44″E	章 16P_{39}、17P_{41}；耶 118P_{248}
三个岙头	董家湾	36°06′06″N120°33′53″E	
铁山	老铁山	38°42′N121°10′30″E	章 4P_{13}、17P_{41}、16P_{39}；耶 112P_{236}
皇城	北隍城岛	38°23′21″N120°54′47″E	章 5P_{15}；耶 112P_{236}
孔子岙	通水沟	39°23′35″N121°18′13″E	章 2P_{9}；耶 105P_{231}、106P_{231}
菊花岛	菊花岛	40°30′08N120°48′31″E	章 2P9；耶 110P239
葫芦岛	葫芦岛市	40°43′23″N120°59′47″E	章 2P_{9}；耶 107P_{241}、108P_{243}
杨山	小洋山岛	30°38′6″N122°3′30″E	
大楫	大戢山岛	30°48′06″N122°10′04″E	
招宝山	招宝山	29°57′44″N121°43′20″E	
子宁山	午山	36°06′57″N120°30′07″E	
加湾	山东头董家湾	36°05′20″N120°28′13″E	
祝山岛	大福岛	36°05′41″N120°34′51″E	
槟榔屿	槟榔岛	35°56′33″N120°19′30″E	章 16P_{39}；耶 117P2$_{46}$
槟榔剪刀	大石岛	35°56′32″N120°19′30″E	
青鱼岛	东小青岛	36°12′N12°28′E	
乳山大港	乳山口港	36°47′56″N121°29′17″E	
锦华岛	棉花山	36°11′N121°33′E	章 15P_{37}、19P45；耶 116P_{250}

（续表）

航海指南	今　名	经　纬　度	章巽图、耶鲁图对照
黄花岛	南黄岛	36°13′N121°37′E	章 15P37
靖海卫	靖海卫村	36°51′11″N122°11′52″E	
王海港	王家湾	36°51′34″N122°23′11″E	
茶山岛	大小王家岛	36°51′01″N122°22′53″E	
马头嘴	马头嘴	36°51′01″N122°22′34″E	章 13P33、14P35；耶 115P250
关刀屿	楮岛	37°02′22″N122°34′06″E	
青鱼岛	青鱼滩	37°09′53″N122°34′13″E	章 12P31
大石屿岛	碌对岛？	37°07′10″N122°27′55″E	
杨家庄	杨家山村？	37°15′04″N122°33′50″E	
青山头	成山头	37°23′42″N122°42′17″E	章 11P27；耶 113P252
养鱼池	养鱼池湾	37°18′N122°34′E	章 11P27；耶 114P252
乌鲈岛	海驴岛	37°26′47″N122°40′01″E	章 11P27；耶 113P252、114P252
宁海州	牟平区	37°23′15″N121°36′01″E	
养马岛	养马岛	37°27′40″N121°36′31″E	
奇山所	奇山所	37°32′06″N121°23′43″E	
乳岛	芝罘岛？		
佳岙	待考		
澄州府	蓬莱市	37°48′37″N120°45′32″E	章 7P19
盖州	盖州市	40°24′05″N122°21′01″E	
南金州大山	金州南山	39°02′01″N121°46′55″E	
旅顺口	旅顺口	38°47′35″N121°15′13″E	章 3P11；耶 111P234
龙王口	龙王塘湾口	38°48′52″N121°24′01″E	
岛头	小平岛	38°48′52″N121°29′30″E	
仙岛	三山岛	38°52′40″N121°49′42″E	
金州大山	大黑山	39°05′32″N121°47′18″E	
广鹿大山	广鹿山岛	39°10′N122°25′E	
石青岛	石城岛	39°31′15″N122°59′15″E	
葫芦岛	葫芦岛	39°12′N122°17′48″E	
桃屿	砣矶岛		
庙岛	庙岛	37°56′23″N120°40′49″E	
芝乳头	芝罘岛西头	37°37′40″N121°20′36″E	
牛宗港	营口港	40°41′41″N122°16′13″E	

（续表）

航海指南	今　名	经　纬　度	章巽图、耶鲁图对照
马积	马迹山岛	30°40′4″N122°24′07″E	章 $29P_{65}$
虎仔屿	湖平岛	39°06′21″N121°13′31″E	章 $4P_{13}$；耶 $106P_{23}$、$112P_{236}$
笔架山	大笔架山岛	40°48′23″N121°04′41″E	章 $1P_{8}$；耶 $107P_{241}$、$108P_{243}$
长兴岛	长兴岛	39°32′52″N121°18′01″E	耶 $105P_{231}$、$106P_{231}$
磨盘山	磨盘山	39°48′20″N121°31′40″E	耶 $106P_{231}$
兔屿岛	仙人岛	40°11′04″N121°59′27″E	
平县岛	连云岛	40°26′53″N122°16′48″E	
刘公岛	刘公岛	37°30′15″N122°11′06″E	章 $10P_{25}$
鸡鸣岛	鸡鸣岛	37°26′54″N122°28′48″E	耶 $114P_{252}$
子午岛	芝罘岛	37°36′40″N121°23′06″E	章 $9P_{23}$
石岛	石岛	36°53′15″N122°25′18″E	章 $14P_{35}$

注：表格中“章 $25P_{57}$”为章巽《古航海图考释》中“章巽图二十五第 57 页”的简称为，郑永常《耶鲁航海图研究》同样简称“耶图”。

二、航线简论

通过分析《航海指南》中所涉及的山东航线，可以看出，其航线主要分三段，一是浙江海照、嵊山往山东；二是青山头往锦州、盖州；三是庙岛往天津，天津往牛庄、尽山、苏山。可以看出此航线除了浙江往山东段外，其余为环渤海以及山东青岛以北的北洋航线。

1. 浙江往山东

(1) 海照、嵊山、花鸟→苏山、马头嘴→青山头。

(2) 嵊山、海照→千里岛→莱阳县港口→莱阳县杏村。

(3) 嵊山→老山脚→胶州。

(4) 杨山、大楫→老山→胶州港。

2. 青山头往锦州、盖州

(1) 青山头→ 铁山、皇城→孔子岙→锦州；

孔子岙→菊花岛→葫芦岛→锦州。

(2) 青山头→乌鲤岛→铁山→虎仔屿→孔屿→葫芦→笔架山→锦州。

(3) 青山头→铁山、皇城→盖州；

青山头→铁山→虎仔屿→孔屿沟→长兴岛→磨盘山→兔屿岛→平县岛→炮台→二炮台→三炮台→候庙→盖州。

(4) 马头嘴、苏山→青山头→福山县大河口芝乳头→澄(登)州府。

3. 庙岛往天津；天津往牛庄、尽山、苏山

(1) 庙岛→天津。

(2) 天津→牛宗港。

(3) 天津→澄(登)州→大河口芝乳山岛→青山头→马头嘴→大楫、杨山→尽山、马积。

(4) 天津→庙岛→澄(登)州府山→子午岛→刘公岛→鸡鸣岛→乌鲤岛→青山头→石岛、苏山。

清代涉及山东航线的文献主要是以山东地方志为主，王涛的《舟子与国家——明清文献中的山东海道》对这些文献记载的海道进行了详细论证。[①]

浙江经山东到天津的航线：海照、嵊山、花鸟→苏山、马头嘴→青山头；马头嘴、苏山→青山头→福山县大河口芝乳头→澄(登)州府；庙岛→天津。在《日知录集释》"海运"中第四、五、六段航路：

> 第四段，过鹰游门，往北即山东日照县界，山东水师南洋汛所辖。又北至文登县之铁槎山，自畲山至此始见岛屿。又北至文登县之马头嘴，入东洋汛界。经由苏山岛、靖海卫及荣成县之石岛养鱼池。
>
> 第五段，自石岛至俚岛洋面约百六十里，俚岛至成山洋面约百四十里，俱荣成县地，为南北扼要之所，可泊，水绿色，针盘仍用子午略偏东。从成山转头，改针向西略北，入北洋汛界。至文登县之刘公岛约百余里，又西至威海卫百余里，又西至福山县之之罘岛百余里，又北至蓬莱县之庙岛二百余里。自石岛起至庙岛止九百余里。
>
> 第六段，自庙岛过掖县小石岛，即入直隶天津海口，约九百里。[②]

嵊山、海照往莱阳县杏村的海道：嵊山、海照→千里岛→莱阳县港口→莱阳县杏村。在清《海阳县志》载：

> 苏州至海阳行村口海道。南起苏州刘河口，至崇明三尖沙吕四放洋，向北行过五条沙入黑水大洋，取劳山头转东至即墨横岛，过土步岛至海阳牙岛，西入何家口至城七十里。[③]

青山头往锦州、盖州、天津的航路，在《海道经》中有记载：

---

① 详见王涛：《舟子与国家——明清文献中的山东海道》，《海交史研究》2011 年第 2 期。

② (清) 顾炎武著，黄汝成集释，栾保群、吕宗力校点：《日知录集释》卷二十九《海运》，第 1640—1641 页。

③ (清) 乾隆《海阳县志》卷二《沿革》，载《中国地方志集成・山东府县志》第 56 辑，凤凰出版社，2009 年，第 19 页。

成山→鸡鸣屿→夫人屿→刘公岛→芝罘岛→抹直口→金嘴石→新河海口→沙门岛→砣矶岛→钦岛→漠岛→南半洋→北半洋→铁山洋→旅顺口→黄洋川→平岛口→五个馒头山→成儿岭→三山→→三山北→青岛→海驼→仰头洼→双岛→塔山→连云岛→盖州→盐西→宝塔台→梁房口→三岔河→牛庄马头→直沽口①

天津经成山头往马头嘴、苏山回针路，在《山东海疆图记》有记载：

按自直隶祈河口以东入东省界至丁河口一更，船至虎头崖四更（可泊船取薪水），船至小石岛四更，船至屺岛二更（以上三处皆可泊船取薪水），船至黄河营一更（不可泊船），船至天桥口一更（可屯战船），船至八角口三更，船至之罘岛一更（以上二处皆泊船要道可取薪水），船至养马岛一更（所经祭祀台丁字嘴皆可泊船寄锚），船至刘公岛四更（可泊战船取薪水），船至成山头三更（不可泊船），船折而西南至龙须岛一更（有薪水可泊船），船至养鱼池一更（可泊战船），船至青鱼滩一更，船至屺岛一更，船至里岛口一更，船至马头嘴一更（以上四处皆可泊船），船至靖海卫一更，船至海阳所口二更，船至棉花岛一更，船至乳山口一更，船至海阳县一更，船至行村口一更，船至田横岛一更（以上诸口皆可泊船取薪水），船至劳山下清宫一更（不可泊船），船至登窑口一更（可泊战船），船至浮山所一更，船至青岛口一更，船至胶州头营子二更，船至唐岛口二更（以上诸口皆可泊船寄锚取薪水）。②

浙江到山东的北方航线，在汉武帝收复百越以后两年，即元封二年（前109），遣海陆两军征讨卫氏朝鲜，打通北方航路③。但此航路的繁盛期是在元代海漕时期④。明代航海针路虽有较大扩展，但是倭寇与海禁阻碍了南北洋间的航运。明中后期，虽有不少能人志士力争恢复海运，但成效不大⑤。明代的北洋航线从《广舆图·海运图》⑥《皇明职方图·海运图》⑦中可以看

---

① （明）佚名：《海道经》，载《丛书集成初编》，商务印书馆，1936年，第4—5页。

② 《山东海疆图记》卷三，第157—158页。

③ 席龙飞：《中国造船通史》，海洋出版社，2013年，第78页。

④ 章巽：《我国古代的海上交通》，商务印书馆，1986年，第59页。

⑤ 苏月秋：《明代沈廷扬的海运思想及实践：以海运疏为中心》，《中国海洋大学学报（社会科学版）》2016年第6期，第36页。

⑥ 《广舆图》之《海运图》计两个双页4副，可连续拼接。图幅方位为右北左南，上陆下海；制图范围北自辽宁东鸭绿江口，南至附近福州。（楼锡淳、朱鉴秋：《海图学概论》，测绘出版社，1993年，第87页。）

⑦ 明崇祯九年（1636年）兵部职方司主事陈祖绶编绘的《皇明职方地图》中有海运图一幅。覆盖范围南起福州连江口，北至直沽口，采用计里画方描绘元明时期的海运路线。（席会东：《中国古代地图文化史》，中国地图出版社，2013年，第372页。）

出是延续了元代的漕运路线，而山东地区在明代因南北航运不畅，同治《即墨县志》"地方事宜议"记载了民众开放航运的迫切需求[①]。

关于清代北洋航线的研究主要有丁一的《耶鲁藏清代航海图北洋部分考释及其航线研究》[②]，是基于耶鲁所藏航海图绘制的山形水势而进行的研究，王涛的《舟子与国家——明清文献中的山东海道》[③]对山东沿海北海道考、山东的外洋海道进行了专门的论述。本《航海指南》所反映的民间航线，有的虽在元明时期已存在，但应是在康熙二十三年（1684 年）开海贸易后逐渐成熟的，山东、江南、浙江、福建、广东等省各海口的"商民人等有欲出洋贸易者，呈明地方官，登记姓名，取具保结，给发执照。将船身烙号刊名，令守口官弁查验，准其出入贸易"[④]。"前代天津、奉天通商未广，江南海船多至胶州贸易，不过登州。""自康熙间大开海道，始有商贾经过登州海面，直趋天津、奉天，万商辐辏之盛，亘古未有。从此航海舟人互相讲究，凡夫造舟之法，操舟之技，器用之备，山礁沙水趋避顺逆之方，莫不渐推渐准，愈熟愈精"[⑤]。虽然以上规定有限制国内商民的贸易，但是自此，沿海贸易迅速兴起，海道成为新的南北商品贸易大通道。以上海为中心的南北洋航线，尤其是北洋航线，商品贸易获得合法地位，流通格局和规模迥异于前，沿海贸易出现前所未有的繁盛景况[⑥]。

根据范金民教授《清代前期福建商人的沿海北艚贸易》辑录的关于泉州商人北漕贸易的相关记载，可以看出泉州海商在北洋航线所涉及的出发地、中转地、目的地、回程地、回程目的地等停靠的港口，从中可以管窥泉州商人在北洋航线的停靠港口与航海指南中所涉及的港口高度重合。

表 2　清代泉州北漕商船停靠港口统计

出发时间	商 船 属 地	出发地	中转地	目的地	回程地	回程目的地
康熙五十六年六月十五日	泉州府晋江县船户陈顺兴	晋江		天津港		
雍正元年六月	晋江船一只	晋江		锦州		
乾隆五年五月十二日	泉州府同安县船户王同兴等 21 人	厦门	宁波府	山东		
乾隆六年	泉州陈得丰船一只	泉州	上海	锦州	盖州	

---

① （清）同治《即墨县志》卷十《艺文・文类中》"地方事宜议・通商"，第 990—993 页。

② 丁一：《耶鲁藏清代航海图北洋部分考释及其航线研究》。

③ 王涛：《舟子与国家—明清文献中的山东海道》，《海交史研究》2011 年第 2 期。

④ 《光绪大清会典事例》卷六二九。

⑤ （清）顾炎武著，黄汝成集释，栾保群、吕宗力校点：《日知录集释》卷二十九《海运》，第 1633 页。

⑥ 范金民：《清代前期福建商人的沿海北艚贸易》，《闽台文化研究》2013 年第 2 期，第 5 页。

（续表）

出发时间	商船属地	出发地	中转地	目的地	回程地	回程目的地
乾隆十四年	泉州府同安县船户林仕兴等 35 人	厦门	天津	锦州	石岛	
乾隆十四年	泉州府同安县商人陈得昌等 20 人		江南关口	山东	锦州	山东石岛
乾隆十四年	泉州府晋江县船户王源利等 26 人			胶州	胶州	浙江乍浦
乾隆十四年	泉州府同安县商人李顺等 24 人			天津	莱州府	
乾隆十六年	泉州府同安县船户林顺泰	厦门		奉天	奉天	
乾隆二十五年	泉州府同安县 24 人	同安		山东	山东	
乾隆二十五年	泉州府同安县陈天相买有商船一只		广东	天津	天津	广东
嘉庆六年	泉州府同安县商人徐三贯等 23 人	本县	广东	天津	天津	同安
嘉庆六年六月	泉州府同安县商船			天津	盖州	泉州
嘉庆十八年	泉州府同安县人和漳州府海澄县人 36 人和同安县客商 12 人共 48 人	同安县	台湾府	上海县	锦州	同安县
嘉庆十八年	泉州府同安县人 22 人		台湾	天津	天津	福建
嘉庆十八年	泉州府同安县、南安县、晋江县和漳州府龙溪县、海澄县人水手 50 人、客商 23 人共 73 人			天津	锦州	福建
嘉庆二十四年	泉州府同安县吴永泰等 30 人			锦州	锦州	
道光四年	泉州府同安县船户洪振利等通船舵梢 29 人	同安县	台湾	天津	锦州	同安
道光四年	泉州府同安县商民 32 人	同安县	台湾	天津	天津	同安
道光四年	泉州府同安县 32 人、漳州府龙溪县 4 人	海澄县		盖平县	盖平县	海澄县

（续表）

出发时间	商船属地	出发地	中转地	目的地	回程地	回程目的地
道光二十三年八月十五日	泉州府同安县船主侔桥等 3 人	本地	台湾府	其他地方		
咸丰十一年七月十二日	泉州府晋江县商船船主蔡改等 51 人	祥芝港		天津	天津	福建省

表格来源：范金民：《清代前期福建商人的沿海北艚贸易》，《闽台文化研究》2013 年第 2 期，第 6—9 页。

从以上表格可以看出，不管是中转、目的、回程都需要停靠港口，从所停靠的港口来看，天津出现次数最多，达 16 次，其次是辽宁的锦州、奉天、盖州，共 15 次，再次是山东胶州、莱州、石岛等，共 9 次，而这些停靠的港口都出现在泉州《航海指南》中，从出现的频次可以看出泉州商人在环渤海地区以及胶州以北的山东沿海地区的活跃程度。

三、结　　语

以目前发现的各种版本的泉州针路簿来看，其流传与传抄应该是基于元明以来的海道针经，例如元代的《海道经》、明代的《顺风相送》、清初的《指南正法》等，而泉州航海指南的书写应是基于以上的经验累积与传抄，同时也是这些航线的成熟应是自康熙开海后，大量活跃于泉州到山东、天津环渤海地区这条海路上的泉州商人，通过大量的航海活动所积累下的经验写就的，经过不断的传抄流传至今。泉州这本航海指南虽然是 60 年代产物，不过里面的内容应是传抄自清代、民国以来泉州的针路簿，从针路簿的地名及航线的分析，可以看出清代民国以来泉州商人活跃于北漕这条航线，对于南北商品的交流起到了重要的作用。

A Study of Shipping Routes to Shandong and Their Corresponding Placenames in the Quanzhou Compass Route Books Based upon the *Navigation Guide* Printed by the Huian Wooden Sailing Transport Cooperative

Abstract: Quanzhou occupies an important place in the history of Chinese navigation. Since the Tang Dynasty, Quanzhou's maritime traffic has developed, reaching its peak in the Song and Yuan Dynasties. Although it was at a low ebb in the Ming and Qing Dynasties, maritime transport did not stop. Especially during the Qing Dynasty, merchants from Quanzhou were active in the Bohai coastal region. Steersmen relied upon their lengthy navigation experience to compile guides to the maritime shipping routes. Known as compass route books or guides to navigation, they were copied by hand and circulated among the common people. Quanzhou has a large number of these surviving guidebooks, many of which include the shipping routes to Shandong. This article will briefly analyze the routes to Shandong and its corresponding placenames in the *Navigation Guide* printed at Huian in 1965.

Keywords: Quanzhou; Compass Route Books; Shandong; Shipping Routes; Placenames

百年前洋山及舟山北片岛屿的交通环境*

——1921年中国旧海关绘刊“杭州湾及其入口航道图”解析

姚永超**

摘　要：上海图书馆徐家汇藏书楼收藏有1921年中国旧海关绘刊“HangChou Bay and Approaches, including the Southern approach to the Yangtze River”(杭州湾及其入口航道图,含长江南水道)残海图一幅。从地图学术史角度而言,它是一幅具有向近代技术化、民族化过渡而痕迹明显的航道图,价值特殊。从图幅内容来看,它反映出了20世纪20年代舟山北片群岛的自然和社会交通环境全貌。

关键词：海关　航道图　杭州湾　舟山北片岛屿　大洋山

笔者调查发现,上海图书馆徐家汇藏书楼收藏有“HangChou Bay and Approaches, including the Southern approach to the Yangtze River”残海图一幅,中文译名称为“杭州湾及其入口航道图(含长江南水道)”①,图幅大小,目前为11.57 cm×58 cm,地域范围为东经121度40分至120度15分,北纬30度15分至30度55分,包括崎岖列岛、嵊泗列岛、川湖列岛、火山列岛、衢山岛、岱山岛等,而长江南水道部分现已不存在。清初至民国时,该区域属江浙两省的分巡管辖,现属浙江省舟山市。就近代海关海务部门的管辖范围而言,它们属于上海段分区,也是海关内部所划分的第一海区,本文统称它们为舟山北片岛屿海域。

这片长江口以南、杭州湾以东的舟山北片岛屿海域,背靠长江三角洲辽阔腹地,面向太平洋,交通战略地位重要,早在19世纪鸦片战争时,英国就想使其成为在华军事基地和对华贸易的自由港口②,后因诸种原因最后放弃而

* 本文为2014年度国家社科基金项目“中国旧海关海图的整理与研究”(14BZS014)之阶段性成果。

** 作者简介：姚永超,上海海关学院基础部(思政部)教授。

① 上海图书馆徐家汇藏书楼收藏,索书号：#wAI11-287。

② 中国第一历史档案馆等编：《鸦片战争在舟山史料选编》,浙江人民出版社,1992年,第475—479页。

选择了香港。随着21世纪国际航运的发展，舟山北片岛屿水域宽阔，深水岸线长且顺直，避风条件良好，具有开辟大型锚地的优越条件，中国政府遂决定在21世纪之初建设上海洋山深水港，2011年后，浙江省又将舟山北片岛屿规划发展成为国际深水港区。鉴于当前舟山北片岛屿再次吸引和聚焦全世界的目光，旧海关绘制的这幅海图比较详尽可靠地记录了20世纪初舟山北片岛屿海区的历史面貌，因此本文拟通过对该幅海图所蕴含丰富信息的详细解读，窥见此本片海域的百年沧桑巨变。

一、"杭州湾及其入口航道图"的由来

"杭州湾及其入口航道图(含长江南水道)"，为中国旧海关海政局所刊印的诸多航海图及江河水道图之一，其编号为No.20。图右下位置为标题栏和有关说明文，图廓正下方为出版说明，均为英文。据这些介绍文字而知，本图绘图师为近代海关英籍海务专家米禄司(S. V. Mills)，由商务印书馆于1921年4月出版。图中恒山(Volcano)、崎岖列岛(Rugged Islands)以东区域信息系采集于英国海军部1887—1890年间所测绘的海图①，长江南航道部分和西佘山以西杭州湾水域信息来自海关海政局的测量，大陆顶端和西佘山以东杭州湾水域信息来自黄浦江竣浦局的测量。由此可见，本幅海图并非完全由海关海政局独立测量完成，而是综合了英国皇家海军部海道测量局、黄浦江浚浦局等机构的测绘成果而成的。

海图生产本应属于交通航保部门分内之事，海关通常监管国家进出口贸易和征收关税，却为何由它承担了测量海道和绘制海图之责？原因是鸦片战争之后，西方有数学基础的近代海洋科学测绘技术逐渐传入中国，而当时的清政府极为缺乏专门机构、人才和经费。在此情况之下，因航运和进出口贸易密切相关，所以允许由外籍洋员掌控的海关于1868年添设了船钞部(即海务部门，1912年后改称海政局)这一特殊部门，并在20世纪初年逐渐加强对中国沿海港口及重要江河水道的全面测绘工作②。上海是近代中国最大对外贸易口岸，然而长江口及黄浦江的航道情况却异常复杂。1868年海关总税务司赫德在一份写给总理衙门关于中国沿海修建灯塔的节略中，曾评论上海是"船只最常停靠的港口，却同时也是最难靠近的港口"。从海上看，长江被"马鞍列岛和大戢山"阻挡，更有南边的鱼山、大衢山以及北边的"作为沙尾山而闻名的高岛"。在这些地方以及长江入海口处，有着危险

① 据汪家君所整理的浙江海区近代英版航海图目录，笔者推测此图可能为英国皇家海军部海道测量局于1887年测绘的图号1453的"嵊泗列岛"图，参见《近代历史海图研究》，测绘出版社，1992年，第65页。

② 参见拙文：《中国近代海关的航海知识生产及其谱系研究》，载上海中国航海博物馆编：《国家航海(第三辑)》，上海古籍出版社，2015年。

的岩石。在沙尾山，水手们要依靠反方位——从船尾向后看——来找到进入长江的水路。江海关在那里已经驻泊了一艘灯船，帮助引水人引导船只从沙尾山进入上海。险滩和潮水使长江航道本身十分难以航行，而且要从长江再进入黄浦江，其入口处也被沙坝阻拦，最终才能到达上海①。为保证船只航行安全和服务河道疏浚工程，从1887年海关船钞部巡工司兼江海关港务长的毕士璧全面勘测黄浦江水道之后，对上海港、黄浦江、长江南北入口航道乃至长江口外海域的定期测量或检测，在近代成为海关海务部门的重点工作之一。另据海关海政局工作年报的记载，从1919年7月起，至1920年4月，海政局的制图师米禄司在测量船"专条"号管驾W. T. B. Terry和"厘金"号管驾C. N. Larsen的协助下，用了9个月的时间，测量了杭州湾澉浦以东海域②。杭州湾及其入口航道图(含长江南水道)，显然就是海关海政局本次测量后所公开出版的成果。

该图右下方有残缺，未见比例尺，也未见制图所采用的投影，按照近代海关测绘出版的航海图在技术上承袭英版航海图的惯例③，则应为墨卡托投影。需要特别指出的是，此图和英版航海图不尽相同，如在地名注记上，并非全都是英文，而是采用了中英文混合注记的方式。据笔者对残图中所注的百余个地名的统计中，三分之一为中英文混合标注，三分之二为英文地名。在40个中英文混合地名标注中，笔者把它们与清末所翻译的英国海军部海道测量局所绘中国海图地名比较来看(详见表1)，这些岛屿或礁石的中文名称基本和今天的命名接近。从英文来看，仅仅有少数几个地名系据中文名称而拼音或翻译成英文，如大洋山(Tayangshan)、大衢山(Ta Chu Shan)、黄龙(Sen House)，其余仍大都是西人自创的英文地名，或是按照方位，或是按照西方人物，或是按照形状等来命名的。

表1　杭州湾及其入口航道图(含长江南水道)所注地名表

序号	英文地名	中文地名	金约翰译地名	陈寿彭译地名	现今地名
1	Changtu Major	长涂山	长涂山	大长涂	大长涂山
2	Wasp I.	多子山		木蜂	多子山
3	The Hornets	五虎礁			五虎礁
4	Changtu Minor			小长涂	小长涂山
5	Tai Shan	岱山	岱山	岱山	岱山
6	Gansu I.	大竹屿	安素岛	榛屿	大竹屿
7	Maxwell I.	小竹屿		马士毋厄尔岛	小竹屿

① 这份节略附于总税务司1870年第25号通令(第1辑)，船钞使用申请，载《旧中国海关总税务司署通令选译》第1卷，中国海关出版社，2003年，第111页。

② 1920年《海关海政局年刊》，海关总税务司署造册处，1921年，第4页。

③ 汪家君：《近代历史海图研究》，第94页。

（续表）

序号	英文地名	中文地名	金约翰译地名	陈寿彭译地名	现今地名
8	Castle Rk.	铁墩山		炮台石	燕窝山
9	Liangtoutung	两头洞	首列岛	耶都塘	双合山
10	Hughes Is			休列岛	东垦山
11	Becher Is		必信岛	备齐石	蓑衣山
12	Dumb bell I.	虾爬礁		哑钟小岛	大虾爬礁
13	Volcano Is		福而该奴列岛	火山列岛	火山列岛
14	Tayu-shan	大鱼山	东福而该奴	鱼山	大鱼山
15	Hsiaoyushan	小鱼山		崔芝山	小鱼山
16	Balfour Is			婆尔和尔列岛	鼠浪湖山
17	Worth Pt			值港	头岗
18	Andrew Is			安都留岛	盘山岛
19	Francis Is			法兰西岛	小鼠浪山
20	Hobson Is			荷必逊列岛	三星山
21	Elgar I.	下三星		厄尔查岛	下三星
22	Ta Chu Shan	大衢山		衢山	衢山岛
23	Croker Pt			库洛溪角	东山咀
24	Simpson Is	双卵黄		星伯逊列岛	
25		上海山			上海山
26	Parry I.	下海山		怕母利岛	下海山
27	Beal I.	黄泽山		疙瘩岛	黄泽山
28	Elvy Rk	海虎礁		厄尔非石	海虎礁
29	Bassetl I.	小衢山		巴色特岛	小衢山
30	Smith Is			治匠列岛	横勒山
31	Dawson Is			道逊列岛	桥梁山
32	Mccauley I.			麦柯利小岛	癞头屿
33	Evans I.			伊凡司列小岛	琵琶栏岛
34	Pennel Pt		白纳里角	烹尼尔角	沙塘咀
35	Skead I.	寨子山	司基得小岛	斯欺特列岛	寨子山
36	Mariner Rocks	百亩田礁	马利挐石	马利拿列石	百亩田礁
37	Rugged Is.		乱形列岛	崎岖列岛	崎岖列岛
38	TaYangshan	大洋山	大用	大羊山	大洋山
39	Pirates		海寇湾		

（续表）

序号	英 文 地 名	中文地名	金约翰译地名	陈寿彭译地名	现今地名
40	Hoar Rk			荷儿石	龟蛋暗礁
41	N. W. Horn	小乌龟			小乌龟岛
42	Tripoint I.	小洋山	三角岛	三角	小洋山
43	Spire I.		尖石塔小岛	塔小岛	大拉塌岛
44	Tachihtou				大指头岛
45	Huangnikan				沈家湾
46	N. E. Horn	薄刀嘴			薄刀咀岛
47	S. E. Horn	虎藤蛇			虎啸蛇岛
48	S. W. Horn	唐脑山			唐脑山
49	Huxley Rk			荷司列石	灰泥暗礁
50	Hen & Chicks	小戢山	窝鸡列岛	窝鸡列岛	小戢山
51	Gutzlaff	大戢山	葛词拉夫岛	葛志拉夫岛	大戢山
52	Raffles	四礁	拉夫司岛	骰子岛	泗礁山
53	Chesney I.			侧斯尼岛	金鸡山
54	The Sentinels			守更	柴山
55	Outpost Rk			外哨石	外礁
56	Cairnsmore Rk		干司谋而石	加引士膜儿石	外百亩田暗礁
57	Turret I.	淡莱屿			淡莱屿
58	Senhouse I.	黄龙	先好司岛	生孝斯岛	大黄龙
59	Bruce I.	小黄龙		蒲卢士岛	小黄龙
60	Brooke I.	南鼎新	蒲卢克岛	博辣克岛	南鼎星
61	Napier I.	马迹山		那被儿岛	马迹山
62	Elliot Is	北鼎新	以里亚特岛	厄雷特列岛	北鼎星
63	Bisbee Rk			必士比石	马蹄礁
64	Morrison I.	徐公山	马利臣列岛	模毋利逊列岛	徐公岛
65	Richardson Rk			毋利柴逊石	鱼齿暗石
66	Davis I.	上川山		打非士列岛	上川山
67	Webb Rk			毋厄伯石	川南礁
68	Skinner Rk			皮匠石	川北礁
69	Gangway Rk			曾毋意石	鼻头礁
70	patterson Rk			迫题逊石	泊头暗礁
71	Anderson I.			安题逊小列岛	花瓶山

(续表)

序号	英文地名	中文地名	金约翰译地名	陈寿彭译地名	现今地名
72	Pirie I.			裴毋莱岛	柴山
73	The Button	半洋山		钮扣	半洋礁
74	Bonhom I.	白节山	奔塞列岛	螃蟹毋列岛	白节山
75	Cust Is			恰士特列岛	半边山

资料来源：据《海道图说》([英] 金约翰辑，卷六，江南制造局刊印)、《新译江海险要图说》(陈寿彭译，广东广雅书局，1907 年)、《上海港地图集》(上海海事局编著，中华地图出版社，2012 年)等资料汇集整理而成。

实际上早在 1908 年旧海关海务巡工司给总税务司的申呈中，已经意识到对于海图上的地名尽量用正确中文名称注记的问题。时任巡工司戴理尔称，中国沿海地名大多来于英国海军部海图，虽然中国传统地图上也有一部分沿海地名，但由于比例尺过小，许多重要地名没有记录或无法显示。至于英国海军海图的地名，有一半以上来源于测绘者的想象。而天津水师学堂从英国海军海图上辑录下的地名，有的是根据英文地名意译，有的是根据英文地名音译，还有的是根据外国测量者胡乱想象而翻译的中国地名的第二次汉译，因此根本谈不上准确性。这些复杂情况，决定了根据英国海军海图标注地名进行二次汉译时，如果缺少精准的实地调研或考察，最后往往不知不云或者丢失了原中文真实的意思①。

在该份申呈中，戴理尔还特意附有当时一位中国学者、候选州同朱正元的有关事例，对他的工作推崇备至。朱正元是浙江绍兴人，1867 年出生，19 世纪 80 年代曾在广方言馆学习，1890 年被选中参与《大清会典》中的舆图地志修订工作，从事辑录《海道图说》有关内容。后又到和洋务派及洋务企业联系密切的格致书院学习和实践，内容与数学、测绘和地理等相关②。正是朱正元对晚清中国沿海英版海图及其地名命名规则的熟悉，所以他意识到中国沿海地名混乱不堪问题的严重性，遂于 1900—1902 年间，在清廷外务部的许可下，拿着英国海军部海图，对浙江、江苏、福建三省沿海的地名一一实地寻访和调查，仔细进行确认和更正工作，最后完成江苏 7 幅海图、浙江 12 幅海图、福建 17 幅海图的地名调查工作，并出版了三本著作③。由于江浙以外的大量地名校正工作仍亟待进行，戴理尔因此特别建议总税务司授权组织中国沿海中文地名这一专项调查工作。海关总税务司因此专门于 1908 年底下发过一份通令，要求各口岸和海务、港务相关人员注意地名问题

① 海关总税务司第 1586 号通令附海务巡工司呈函，1908 年 11 月 19 日，载《中国近代海关总税务司通令全编》第一卷，中国海关出版社，2014 年，第 723—726 页。

② 伍伶飞：《朱正元与御览图：晚清地图史的视角》，《中国历史地理论丛》2018 年第 1 期。

③ (清) 朱正元撰：《江苏沿海图说》(光绪己亥年)，《浙江沿海图说》(光绪己亥年)，《福建沿海图说》(光绪壬寅年)，上海聚珍版印。

的校正和积累，不过并没有给各海关授予地名专项调查经费和人员配置[①]。从本海图有限的中英文地名对照中，一方面看出海关的此幅海图承袭了清末朱正元的调查成果，在地名中国化方面已有了明显进步；另一方面，从该图的许多英文地名来看，仍可以观察出其局限性，依然继续沿袭英国海军那种西方殖民者重新建构中国传统海域的知识霸权行为，用他们的"内部语言"来巩固其在华商业、航运等方面的利益。

除注记图名、出版单位、时间、地点、经纬网及绘制资料来源等要素外，为用图需要，该图中间处也绘制了罗经方位图（罗经花），同时绘出磁北线，注记磁差 1921 年度向西偏 3 度 18 分，每年通常增加约 1 分。在图右上角，以表格形式记载了潮汐情况，如潮流地点经纬度、高潮前的和高潮后的小时数、潮的流向和流速等资料。

二、该图所见舟山北片海域近代自然交通环境

海部是航海图的最主要部分，"杭州湾及其入口航道图"同样对舟山北片岛屿海域部分的水深、海底底质、航行障碍物、潮流水文要素、航道、锚地等，有精确数学测量和详尽清晰表示，内容丰富，可以窥见人们在近代对该海域自然环境和航道交通环境认知的变化和进步。

本图水深采用数字形式排布在海域，水深值为特大潮低潮位以下的数值，计量单位为英尺。整体而言，舟山北片岛屿的东部、南部海域水深大于西部、北部海域数值，即靠近东海远海区域水深大于杭州湾的近海区域。大衢山、白节山之间的航道水深多在 60～120 英尺之间，崎岖列岛和嵊泗列岛之间的水深多在 30～50 英尺之间，岱山、洋山至南汇嘴的近海海域则在 25～35 英尺之间。在海上乘船观察，也可以看见明显的区别变化，从小戢山远眺，"至扬子江口泥沙纵横，水流污浊，以视白节门中之碧波澄清，水天一色，判然有别矣"[②]。

海底底质，则用缩写字母注记在水深数字的下方，如泥 m、沙 s、岩 r、石 st、贝壳 sh、砾 g、黏土 cl 等。从这些岛屿岸滩来看，除几个较大的岛如岱山等多处标识 m 为沙质岸外，其他多属岩石岸滩[③]。

此图在大洋山、黄泥坎、大衢山岛避风处标有锚地符号，因为这些地方有陡崖，可以避风。大洋山西南面有一小岛，其南面为海盗湾，当东北恒风

① 海关总税务司第 1586 号通令，1908 年 11 月 19 日，载《中国近代海关总税务司通令全编》第一卷，第 723—726 页。

② ［英］班思德：《中国沿海灯塔志》，海关总税务司署造册处，1932 年，第 211 页。

③ 金约翰辑：《海道图说》卷六："岱山南面，无处登岸，因泥滩铺入海甚甚也。"

时，可泊船避风。列岛西南角与西北角二岛间也可泊船，但不如海盗湾内稳便。湾东面有石一行，海浪常激此石。列岛北面最大而有三峰者，曰三角岛（原名小洋山），东面有尖石塔小岛①。

虽然舟山北片岛屿水域适合吃水较深的大型轮船航行和靠泊，但是礁石和沉船等障碍物却是该群岛海域交通航运的重要威胁，因此本图对礁石、沉船、浅滩等危及航行安全的障碍物，标示详尽，各种礁石如干出礁、暗礁等以不同符号标识。在小戢山西南处，标有沉船示图，沉船年份却用铅笔注记"1932 年"。本图出版于 1921 年，这是何故？原因是通常水道图或航海图出版后，水域状况有变化，但还没有绘制新图，这时常以"航船布告"方式通知航海者更新，并在图的空白处记载上相关改正，称为"海图改正"。徐家汇图书楼所藏本幅海图，就是航海者根据航船布告而后来改正的。

第二次鸦片战争后，随着上海和宁波等口岸对西方贸易商船的增多，此海域触礁所引发的海难事故屡见不鲜。1865 年，英轮"拉拉汝克"号、"义拉瓦那"号曾在鱼腥脑西南的南大险礁搁浅。1869 年，美轮"江泗"号触礁。1894 年 5 月 21 日，德轮"阿尔温塞德"号在巴伦群岛（Barren Islands）触礁，船只全毁，淹死两名中国水手②。除商船外，军舰也不例外。1904 年 6 月 21 日，英国海军提督拿尔督"带铁甲船及快船水雷船十余艘驶至上海，停泊于吴淞口外，华历五月初二日，拿督统率各船开驶出口，初四日晚行至大戢山外海洋花脑山，水雷船名司般罗鹤者，忽然触于礁石，胶不能行。查此礁石未载于航海图中，以致失事。察核船身损坏之处，在第三至第四烟囱之间"③。

正因以前航海图中未能发现或标注的礁石对轮船的危害性，所以在徐公山偏东北处，一块礁石标为 Richardson Rk。在北鼎星和泗礁岛之间，另一块礁石被命名 Bisbee Rk，笔者推测系为旧海关船钞部美籍巡工司毕士璧（Bisbee）最先发现，因此用他的名字以示纪念。即使该海图出版五年之后，1926 年的《申报》上还刊载有在大戢山附近新发现礁石的晓示，如"各口巡工司奚（奚理满）昨出晓示云，查江海关税务司所属界内，长江进口水道、大戢山附近发现礁石一段，合将其情形度势开列于左：一长江进口水道大戢山附近在纬度北三十度四十八分三十秒、经度东一百二十二度十分二十秒地方，发现礁石一段。自该礁中央视大戢山灯塔，为北二十四度东相距英海里百分之二十，于朔望潮落最低时，测量礁上水深，系由六尺至二十一尺不等"④。从以上比较精确的数字，一方面可见当时海关的测量工作做得相当细致；另一方面也可见在当时人们对该片海域航道交通环境的认知在不断地进步，有利于商业轮船的交通运输。

---

① 金约翰辑：《海道图说》卷六。

② 徐雪筠等译编：《上海近代社会经济概况（1882—1931）——海关十年报告译编》，上海社会科学院出版社，1985 年，第 86 页。

③ 《申报》1904 年 6 月 21 日，第 11198 期，第 1 版。

④ 《申报》1925 年 2 月 20 日，第 18667 期，第 14 版。

三、该图所见舟山北片岛屿海域的近代灯塔弧链

1858 年天津条约附约《通商章程善后条约》第十款规定："……任凭总理大臣邀请英(法、美)人帮办税务并严查漏税，判定口界，派人指泊船只及分设浮桩、号船、塔表、望楼等事，毋庸英官指荐干预。其浮桩、号船、塔表、望楼等经费，在于船钞项下拨用。"因此从 1859 年起，中国各通商口岸陆续建立起由洋人主管的海关，除最基本的征税职务外，第二大职能任务便是兼管海务和港务。海关船钞部除主管沿海及内河的水文调查及气象观测外，也进行灯塔建造、港内助航标识布设、内河航标设置，以及引水、指泊、疏浚、港口治安、检疫等具体事务。作为海关海务部门所出版的一幅海图，本图对海关在舟山北片岛屿所建设的助航设备尤其灯塔及其光弧，用有关缩写符号予以详细注记。这样既可以展示海关在海务助航设施方面的成功业绩，同时也有利于航海者使用其为船舶安全导航。

舟山群岛是中国沿海最大的群岛，岛礁众多，星罗棋布，本海图则在大戢山、白节山、半洋山、下三星及唐脑山五个岛礁上标识有灯塔，在上海东南最顶尖处南汇嘴地方标有灯站(Beacon House)符号。为何在这五处海岛上修建灯塔？实际上在海关船钞部成立之初，灯塔总营造师韩德善经过缜密测量调查，就拟定了上海海区在大戢山、北马鞍山等岛屿修建灯塔的计划①。后来根据海关的人力和财力情况，用 1869 年至 1912 年的 40 余年时间，来逐步推进本海区的灯塔建设工程，并逐步改善和提高灯塔内的灯光功效。从海图上标示的这五处灯塔所射光弧范围来看，在 1921 年前，它们已经形成了此海域的内、外两个互相连通的灯塔弧链，引导大、小型轮船从远海或近海两个航道驶往上海。

大戢山，西人称其为葛词拉夫(Gutzlaff)岛，是正对长江口外的三个海岛之一。因位置险要，1869 年，也即是在海关船钞部成立次年，率先着手在该岛顶西端的土丘上设置了三等白色定光灯一盏。1900 年 6 月 26 日，在该岛顶的东端又新建成 25 英尺高白色圆钢塔一座，上置一具旋转镜机，每五秒钟急闪一次白光，并且放弃植物油改燃煤油，灯光特别强烈②。本海图上的英文注记 Fl.ev3.75sec283ft24M.(Occas 1 Foggun)，说明灯光急闪时间再次缩短至 3.75 秒。雾号响应炮隔别时间 1 分钟。灯光高出水面 283 尺，天气晴朗时，24 海里内的白节山、半洋山、唐脑山等灯塔皆可望见，倘若月明之

---

① Shanghai，Statistical Dept.，Inspectorate General of Customs. Customs' Gazette，1869 (July-Sept.)，No.3，pp.103—106.

② Report on Lights，Buoys，and Beacons，for the year 1900(1900 年灯塔与航标报告，总第 25 期)，海关总税务司署造册处刊印，1901 年，第 54 页。

夜，下三星灯塔也隐约可见。

白节山，在川湖列岛（译称八格或巴克列岛）中间，形势险阻，为驶往长江口之要道。天气晴朗时，轮船在白节山处可见大戢山灯光。1883 年 8 月 12 日，海关船钞部在白节山岛南部建成红白二色横纹圆钢灯塔一座，上置三等透镜红、白交替光灯①。本海图上英文注记 Alt. Fl. w. r. ev min. 237ft22M. (Occas 1 Foggun)，说明灯光每分钟红白二光各闪一次，高出海面 237 英尺，天气晴朗时，22 海里内可见。雾号响应炮隔别时间 1 分钟。该灯光所照，东、北两方向九十度弧形区域，因为他山遮蔽，不能望见。

半洋山也在白节门中，在白节山西北偏西 3 里处，为干出礁，体积微小，地势较低，英文名为纽扣岛（The Button）。1904 年 11 月 14 日海关船钞部在礁石东端建成 26 英尺高黑色圆灯塔一座，上置六等透镜明灭相间灯，每 15 秒内亮 12.5 秒，暗 2.5 秒，标识方位以让航行船只趋避②。本海图上英文注记 Fl.ev1.5sec67ft12M. (Fogbell ev.10sec)，说明灯光 1.5 秒急闪一次，雾号每 10 秒鸣响 1 次。灯光高出海面 67 英尺，天晴时 12 海里内可见。当该塔灯光与大戢山灯光成一线时，就为白节门内航行的正路，沿此线而行，可以躲避危险的红山。

下三星岛是衢山诸岛最东端的一个小岛，与杭州湾口遥相对应，为指示船只通过小板门和白节海峡，1912 年海关建成白色圆灯塔一座③。海图上该岛处标注黄色烛光符号，记注英文 Gp. Fl. (3) ev20sec205ft20M. 说明该灯塔上置三等联闪灯一盏，每 20 秒闪光 1 次，灯光高出水面 205 英尺，天晴时 20 海里皆可见。西南至西北一段的灯弧光，则为群山所遮蔽。

唐脑山灯塔，用以指示崎岖列岛西南边缘，建成于 1907 年 12 月 8 日，在山西端房屋顶上置六等红、白明灭相间光灯④。1915 年 8 月 17 日改用汽灯，光力较前更大。后又改置四等透镜汽灯⑤。海图上该岛处标注黄色烛光符号，记注英文 Fl.w.r.ev3sec.95ft15&8M. (Occas 1 Foggun) 说明每三秒钟闪放红、白二光各一次，光道中心高出海面 95 英尺，白射 15 海里，红射 8 海里内可见，照耀弧光在西南 8 度与西北 6、7 度之间，覆盖了东、北两面的龟蛋礁及其他小岛。雾号响应炮隔别时间 1 分钟。因距海岸较近，唐脑山灯塔不能与白节山、半洋山、下三星等其他灯塔连锁，虽然自成一系，但对沪甬航线上的汽艇、小轮特别有用。

---

① Report on Lights, Buoys, and Beacons, for the year 1883（1883 年灯塔与航标报告，总第 8 期），海关总税务司署造册处刊印，1884 年，第 37 页。

② Report on Lights, Buoys, and Beacons, for the year 1904（1904 年灯塔与航标报告，总第 29 期），海关总税务司署造册处刊印，1905 年，第 59 页。

③ ［英］班思德：《中国沿海灯塔志》，第 198 页。

④ Report on Lights, Buoys, and Beacons, for the year 1907（1907 年灯塔与航标报告，总第 32 期），海关总税务司署造册处刊印，1908 年，第 51 页。

⑤ 《申报》1915 年 8 月 22 日，第 15276 期，第 10 版。

四、该图所见洋山等舟山北片岛屿的近代社会环境

“杭州湾及其入口航道图(含长江南水道)”除了反映舟山北片群岛海域的自然环境和助航设施外,还值得关注的是,也可从该图的一些信息中窥见20世纪初年舟山北片岛屿的社会环境。例如大衢山,它是在舟山群岛中面积最大的一个海岛。四周是沙质海岸,而岛上有大面积的农田,岛中部向南湾澳地方为盐田(Salt Pans)。该岛最高海拔为1 054英尺,山顶地方注记有寺庙符号(Joss house)。据民国《定海县志》记载,大衢山岛为“岱盐”的重要产地之一,专兼职盐户1 129户,盐田面积188.18万平方公尺,年产额896.1万斤;大衢山最高山峰观音山顶为洪福寺,咸丰四年(1854)初建①。

像大衢山一样,从这幅海图中也可见到其他海岛的情况。如在大洋山西南湾澳处,标注了pirates(海盗)的字样,或者西人称呼该地为海盗湾,说明海盗经常在此处盘踞或出没,对过往航船特予提醒或警告。从18世纪40年代起,直至20世纪初年,因鸦片走私及从其他沿海贸易中可得到大量劫掠物品所引发的海盗活动,恰恰是长江口外海域的最大社会问题,海盗巢穴集中在江浙海岸之外容易到达上海、宁波的这些海岛上,其频繁的劫掠活动甚至像家常便饭。

在海关总税务司赫德早年的日记中,曾对江浙一带的海盗现象多有描述。1854年10月7日,在海上风暴中颠簸了22天即将首次抵达目的地上海港时,赫德记载“水的颜色告诉我们已经接近吴淞口了——因为极度浑浊。早餐前我们遇到皇家海军‘赛奇’号。一声炮响——那是通知我们停船的信号——我们遵从了。几分钟后,一位军官登上我们的船,询问是否见到海盗出没。我们未能向他提供任何情况。风浪太大,因之海盗无法靠近我们。最令人害怕的是刮西南季候风的时期——这时他们进行劫掠最能成功”②。两个月后,赫德再次从上海乘船去宁波的3天行程中,就不如来上海时那么幸运了,这次果然遇上了海盗。1854年12月17日,英船“厄林”号由吴淞启程,18日晚间“有一小海盗船一直在我们周围打转;最后他终于鼓起勇气向我们靠拢;它一停舵,我们就向它开火,结果它被切断”,19日晨大约7时左右,帕特里奇船长跑进舱来取他的枪,同时告诉我,最好赶快穿上衣服奔出去。在我问他出了什么事时,他指给我看一艘大帆船,刚刚起锚,朝我们驶来。船长从他的外观判断出这是一艘海盗船。我对于即将和海盗交锋

① 陈训正、马瀛等编:民国《定海县志》之《鱼盐志篇》《礼教志篇》,成文出版社影印,1970年,第280、435页。

② [美]凯瑟琳·F.布鲁纳等编,傅曾仁等译:《赫德日记:步入中国清廷仕途1854—1863》,中国海关出版社,2003年,第27页。

实在有点兴高采烈，血管中血液流动之速度使我非常清楚我的兴奋程度。我们尽可能装出“声势”，玩弄火枪，拿望远镜看他们，并在船舱房顶上来回走动。同时我们升起了英国国旗①。“厄林”号船的这些应对行动取得了预想的效果，不久海盗船有了不打算过来的迹象，最后掉过头回到了抛锚的场所。

赫德日记记述的江浙沿海海盗猖獗地劫掠航行船只、危害行旅货物安全之事，从清末一直延续到民国初年，在《申报》中屡见有关案件报道。甚至在海关从19世纪70年代在沿海海岛上修建灯塔等助航设施以后，至20世纪20年代，这些离开大陆的海岛上的灯塔物料，也常常发生被偷盗的情况。如1918年10月29日，江海关冯监督致函海军司令公署暨吴淞水警第一厅厅长，“据本关流星船主报告，该巡船近自外海巡察灯塔，回沪驶经崇明县白节山时，查见该处灯塔旁存放物件小屋屋门被人打毁，屋内所储绳索电线尽行偷去。该灯塔孤悬海外，为航行警浮关系重大。只有渔户人等往来，其间情形至为紧要。除咨行地方官严查务获外，相应函达请饬各舰巡严密巡查”②。

五、结　　语

著名地理学者张其昀认为：“中国海岸以杭州湾为天然分野，以北为北洋，大致为上升海岸，多成沙岸；以南为南洋，属于下降海岸，则为岩岸。”③杭州湾以东的舟山北片岛屿恰处中国沿海南北分野之处，背后有中国最大的对外贸易口岸城市上海，航道地理位置重要，自鸦片战争前就开始成为以英国为首的西人勘查目标，和中文地方志等文献相比，他们所留下的近代科学化的航海图文资料更为精确。

“杭州湾及其入口航道图（含长江南水道）”，是海关在综合英国海军以及自己数十年调查基础上集大成者，它自身首先是一个时代复杂、中西混合的典型产物。从地图发展史的角度而言，海关是介于中西之间的一个现代混合性机构，导致本图既是英版海图的继承和延续，同时从中英文地名混合注记中，又反映了中国民族和文化意识的缓慢觉醒。总的来说，这是一幅具有向近代科学化、民族化过渡的痕迹明显的航道图，在地图学术史上价值特殊。再从这幅海图的内容来看，它全面反映了20世纪20年代舟山北片群岛的自然环境和社会经济面貌。当时随着商贸发展，轮船吨位的增加，长江口外轮船航道向深海区延伸、外弧灯塔链逐渐形成，但同时也可看到广大商民乃至官方机构，都时刻面临着沿海海盗的劫掠，还有暗礁、船难的威胁和

---

① ［美］凯瑟琳·F. 布鲁纳等编，傅曾仁等译：《赫德日记：步入中国清廷仕途1854—1863》，第37页。

② 《灯塔公物失窃之查缉》，《申报》1918年10月30日，第16418期，第10版。

③ 张其昀编著：《本国地理》（上册），商务印书馆，1926年，第132—134页。

风险。

海洋史研究长期以来是历史和历史地理研究的薄弱环节，正如近人所言："航海之要，足为标的者，厥有三事，一曰海图，二曰书志，三曰灯塔。"[①]只有综合这些资料，才能进一步推进该方面的研究。本文即通过旧海关海图信息注记，结合当时海关调查报告、地方志、报刊等文献资料，尝试对20世纪初年舟山北片岛屿海域的自然交通和社会经济环境做一综合分析。不过让人遗憾的是，上海图书馆徐家汇藏书楼馆藏此海图是一幅残图，缺少了长江口南航道部分，留待以后查考补析。

① 英国海军部海道测量局编：《中国江海险要图志》卷一"原例"，陈寿彭译，第3页。

The Transportation Environment of Yangshan and Bepian Islands in the early 20th Century: An Analysis of the *Hang Chou Bay and Approaches*, Published by the Chinese Maritime Customs

Abstract: The "Hang Chou Bay and Approaches, Including the Southern Approach to the Yangtze River" is a chart that resulted from surveys conducted by the Chinese Maritime Customs Service in 1921. It is now stored at the Shanghai Library. The chart contains traces of a transition from traditional cartographic methods to the incorporation of modern technology and its adaptation to local conditions. It also provides a comprehensive picture of the natural and social envronment of the transportation networks in the Zhoushan Islands during the early twentieth century.

Keywords: Chinese Maritime Customs Service, Charts, Hangzhou Bay, Zhoushan Islands, Beipian Island, Yangshan Island

上海近年来水下考古工作的进展与收获*

翟 杨 赵 荦**

摘　要：自2014年起，上海市水域水下考古工作全面展开。根据历史海图已经梳理出上海水域内有197处水下文物疑点，针对长江口海域的重点调查中发现了20世纪30年代的军舰长江口Ⅰ号和清代末年的木质沉船长江口Ⅱ号。此外还对金山待泾清代船舫遗址、宝山肖泾寺宋至清建筑遗址等水下文化遗产进行了考古调查。水下考古技术方面，上海致力研发适用于浑浊水域的智能考古装备，并取得了一定的成果。基础研究方面重点开展与沉船埋藏学相关分析，并实施了“水下考古译丛项目”，翻译出版国外优秀的水下考古著作。

关键字：水下考古　研究进展　上海　沉船　浑浊水域

至2017年，中国水下考古已经走过了30年的历程，取得了诸多成就和进展。成立于2012年的上海市文物保护研究中心，是从事上海市水下文化遗产领域工作的专业研究机构。中心自正式启动之际，便将上海市水域水下文化遗产的研究工作列为重中之重，在国家文物局水下文化遗产保护中心、国家水下文化遗产保护宁波基地及其他机构的支持下，与多家科研院所合作，以摸清家底、探明上海市水域内水下文化遗产的分布情况为首要任务，同时在重点水域重点项目实施过程中，积极地探索水下考古科技创新，紧抓水下考古基本问题的研究。

一、摸清家底：上海水域水下文化遗产资源梳理

上海位于东海边缘，地处长江入海口、太湖流域东缘，境内江、河、湖、塘

* 本文是2015年度国家文物保护专项资金“上海‘长江口Ⅰ号’沉船水下考古调查”、2017年度国家文物保护专项资金“长江口Ⅱ号沉船遗址及临近水域水下考古调查”、上海市文物保护研究中心“黄金水道浑水水域水下考古技术推广”项目成果之一。

** 作者简介：翟杨，上海市文物保护研究中心研究员；赵荦，上海市文物保护研究中心副研究员。

相间，水网交织，主要水域和河道有长江口、黄浦江及其支流吴淞江（苏州河）、蕰藻浜、川杨河、淀浦河、大治河、斜塘、圆泄泾、大泖港、太浦河、拦路港，以及金汇港、油墩港等。境内河道（湖泊）面积约500平方公里，河道长度2万余公里，长江口水域面积1 107平方公里。历史文献、海图等资料均显示上海市水域内蕴藏着丰富的水下文化遗产。从2014年起，中心通过文献研究、口碑调查、实地勘探、物探调查和潜水探摸等方式，有计划地对上海市水域内的水下文化遗产分布情况进行系统的调查。

上海受清末洋务运动和通商开埠的影响，长江口海域自1842年起便有了第一幅海图，此后始终有覆盖长江口局部水域的水下地形监测，海图资源丰富且完善，这为水下文物资源普查奠定了极好的基础。中心与华东师范大学河口海岸学国家重点实验室合作，利用其收藏的不同时期海图和军用长江口、杭州湾海域海图，结合文献资料，分析海图中的沉船信息，目前已经梳理出水下文化遗产线索共计197处，绝大多数是沉船。

在上述文献收集和整理的基础上把上海水域历史海图记载的水下沉船数据信息化，按照ESRI ArcGIS格式组织，建立上海水域水下文物空间信息管理系统。该系统包含沉船的名称、编号信息、沉船经纬度的具体位置信息、沉船历史介绍的信息、沉船失事的事故原因、沉船被发现的具体时间、沉船位置信息出自的海图、沉船处的最浅水深以及沉船处周围的水深信息，实现长江口水下文物空间信息管理系统的模拟展示。

按照长江口现在河势格局，分南支、北支、北港、南港、北槽、南槽、口外、杭州湾8个区域。在长江口海图中已经标识出的197处水下文物线索中，北支附近尚未发现历史沉船，南支到长兴岛近岸附近有个别沉船，北槽处有少量沉船，大量沉船集中分布在南槽和九段沙西南方，在长江口外区域还有部分沉船。

二、逐个突破：重点水域结合多元化遗迹调查

水下文化遗产的范围极为广泛，包括淹没、半淹没的具有文化、历史或考古价值的所有人类生存的遗迹，但被誉为时空胶囊的沉船是水下考古最主要的研究对象。因此，中心在系统梳理全市水下文化遗产的过程中，以长江口Ⅰ号、Ⅱ号沉船为代表的重点水域水下考古调查为突破口开展田野考古工作，辅以水下文化遗产陆地调查，研究对象多元化。

1. 重点水域沉船水下考古调查

长江口海域是船舶往来长江与东海的必经航道，是上海市水下文化遗产资源，特别是沉船资源，最为丰富的水域。在历年调查中，中心重点对长江口Ⅰ号、Ⅱ号沉船开展水下考古调查和研究。

长江口Ⅰ号沉船是中心在水下考古前期陆地调查阶段发现的沉船线

索，位于长江口海域崇明区横沙岛东侧水域。经过 2014、2015 年度的水下考古物探调查和潜水探摸，已基本确认沉船长 77.3 米，宽 13 米，铁质，呈正沉坐底状态，总体保存较好(图 1)。船货主要集中在前舱第二层舱室内，已经清理出水了一件螺旋桨(图 2)，为飞机部件，以及自带铸铭的金属构件(图 3)，货仓中还有发动机等飞机零件尚未清理出水。综合分析Ⅰ号沉船的船型、结

图 1　长江口Ⅰ号沉船 MS1000 扫测图

图 2　长江口Ⅰ号沉船载螺旋桨

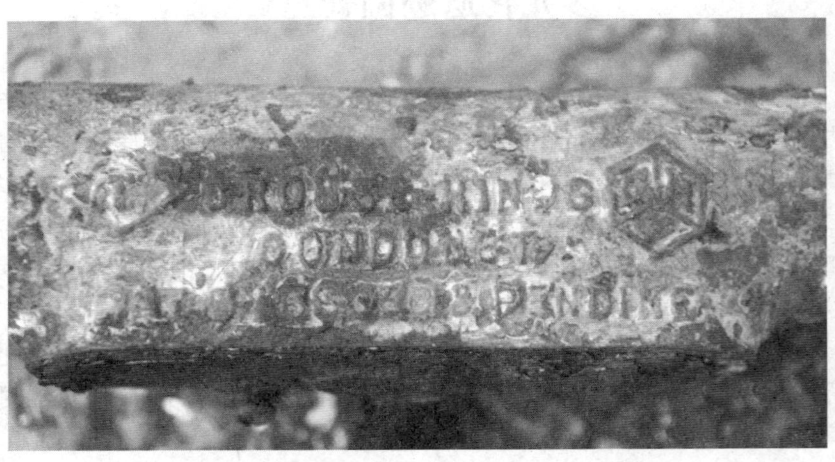

图 3　长江口Ⅰ号沉船出水带铭铁线盒局部

构特点和船货，可以推断长江口Ⅰ号沉船是一艘体量庞大的、20 世纪上半叶的军舰。该船是国内首次发现装载飞机零部件的军舰，有填补空白的地位，尽管沉船国籍、船标严重破损以及沉没原因等问题仍需进一步调查，但仍是对第二次世界大战军事考古研究有着重要意义的沉船。

长江口Ⅱ号沉船位于Ⅰ号沉船北方约 2.5 公里处，2015 年度Ⅰ号沉船调查之际扫测周边水域时发现的线索，后经 2016—2018 三个年度的重点调查，了解到沉船全长约 29 米，宽 7 米，木质，船尾、桅杆和船舱保存状况良好(图 4)。出水木质船体构件(图 5)的木材检测结果显示，船木既有东南亚出

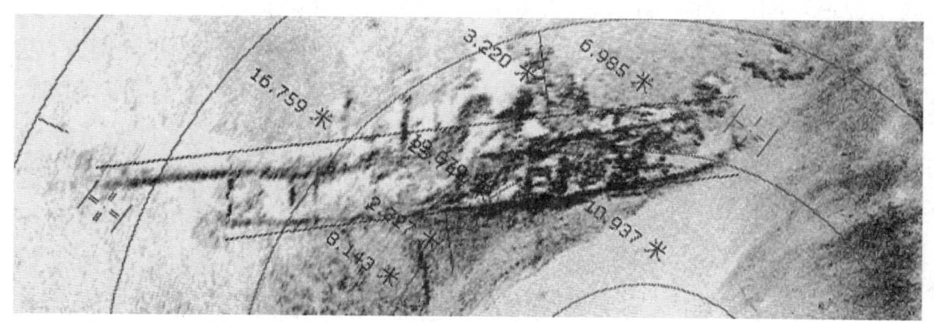

图 4　长江口Ⅱ号沉船 MS1000 扫测图

图 5　长江口Ⅱ号沉船出水木质船体构件

产的婆罗双树木材，也有国内产杉木和水杉；出水青瓷水烟罐(图 6)外形特殊，一体成型，顶部有一大一小两孔，与越南 17—18 世纪生产的青瓷器型相同。通过分析出水瓷器的形制，结合热释光和放射性碳测年结果，初步认为Ⅱ号沉船是清代晚期与东南亚关系密切的重要沉船，

图 6　长江口Ⅱ号沉船载青瓷器

是国内已发现木质沉船中较大的一艘，对我国造船史、长江黄金水道和丝绸之路历史背景研究均有重要的意义。

2. 水下文化遗产陆地调查

半淹没遗址也是水下考古重要的研究对象。中心在 2016 年对长江故道沿线宋至清的一处寺庙建筑遗迹展开陆地调查，并抢救性调查了一处清代船舫遗址，均取得一定的收获。

宝山肖泾寺遗址位于宝山区罗泾镇肖泾村东，经考古调查后初步认为遗址年代为宋至清。史籍记载肖泾寺为长江沿线七十二寺庙之首，始建于南宋乾道年间（1165—1174 年），毁于明永乐二年（1402 年）。中心与复旦大学、南京大学组成工作队，以现代萧泾寺为中心对其周边地区进行调查，发现了数处可能存在建筑基址的地点。随后工作队选择寺前空地进行试掘，发现了具有宋代特征的陶制建筑构件（图 7），地层及其包含物表明该寺始建于宋晚期，毁于清。由于该地段城市化现象严重，基本被现代建筑覆盖，造成肖泾古寺范围尚未明确，但就目前发现的线索来看，肖泾寺仍具相当的规模。肖泾寺古代寺庙建筑对于建筑考古具有重要的意义；遗址范围内采集到的瓷片（图 8）产自龙泉窑、景德镇窑和福建地区的多处窑址，显示宋至清

图 7　宝山肖泾寺遗址出土宋代建筑构件

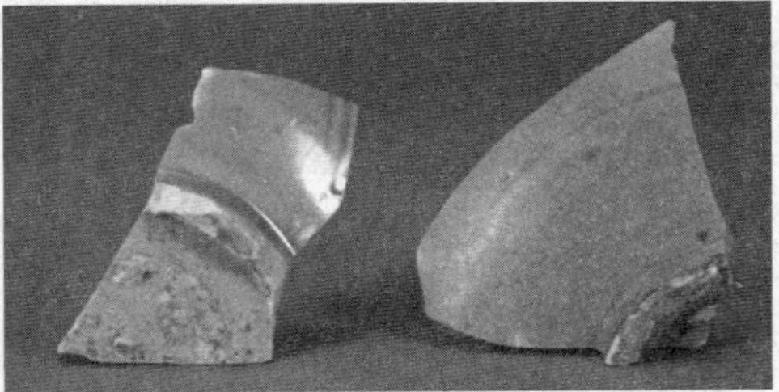

图 8　宝山肖泾寺遗址出土瓷片

时期上海可能依旧是全国瓷器的集散地之一。

金山清代船舫遗址①位于金山区朱泾镇西南约 6 公里，东距枫泾镇约 14 公里，当地乡村建设过程中清理河道时偶然发现。遗址位于废弃的河道中，属于半淹没型水下文化遗产。经上海市文物局批准，中心对该遗址进行抢救性考古调查与试掘，确定遗址核心区域约 200 平方米，主体由 8 根对称分布的石柱、1 道石砌驳岸和 2 处石台阶组成的用于驳船的、具有码头性质的临水建筑遗迹(图 9)。试掘期间出土了一批地层相对明确的陶瓷器和建筑构件，以大量烧制粗糙的民用青花碗、碟为主，其中有青花小瓶，瓶一面落楷书“诵芬堂雷”，另一面落青花楷书“姑苏阊门 内天库前”(图 10)，是创立于清雍正年间的老字号药店雷允上特制。综合分析待泾遗址出土遗物，对比当地口述史资料，可以确定金山船舫遗址是上海地区首次经考古确认的一处营建于清代中晚期的船舫遗址，对研究江南地区航运史和社会史研究有重要价值。经中心调查后，在当年被金山区政府公布为区级文物保护单位。

图 9　金山清代船舫遗址平面结构图(上为北)

图 10　金山清代船舫遗址出土青花瓷器(雷允上药瓶)

① 上海市文物保护研究中心研究部：《上海金山待泾清代船舫遗址试掘简报》，《南方文物》2018 年第 3 期。

三、敢为人先：水下考古科技创新的探索

上海与其他沿海省市相比，水域面积相对较小，因此中心在成立之初，便将水下考古科技创新作为上海水下考古工作的重点和突破点。上海水下考古面临着两个最亟待解决的问题：一是摸清家底，了解上海水域内水下文物的数量和分布情况；二是在能见度为零的情况下，获得水下文物的影像资料。为了解决这两大问题，在经过数年理论结合实际的探索后，中心在水下考古科技方面终于有所突破。

1. 科技发明奖：机器人水下考古装备关键技术及应用

中心与上海大学机电工程与自动化学院、宁波市文物考古研究所合作的“机器人水下考古装备关键技术及应用”项目，荣获 2017 年度上海市技术发明奖二等奖。

我国水下考古最突出问题的是水下文物家底尚未摸清，原因之一是我国水下文物资源中的绝大多数位于急流、低能见度的浅滩、暗礁等复杂水域，传统扫测技术和水下考古人员潜水探摸在这些水域受到了极大的限制。上海水下文化遗产资源极为丰富的长江口海域，就因急流、能见度为零等因素，无法准确定位水下文物疑点，获取有效信息判断其疑点基本属性。传统的“人—船—设备”海洋物探扫测模式耗资大、效率低，水面机器人可以进行大面积扫测，但很难获得水下文物的局部细节和标志物特征，尤其对于浅水、浑水水域效果极差；水下 ROV 或两栖机器人适合近距离探测，但无法对大面积未知水域进行文物探测。因此，采取不同机器人协同控制作业，来完

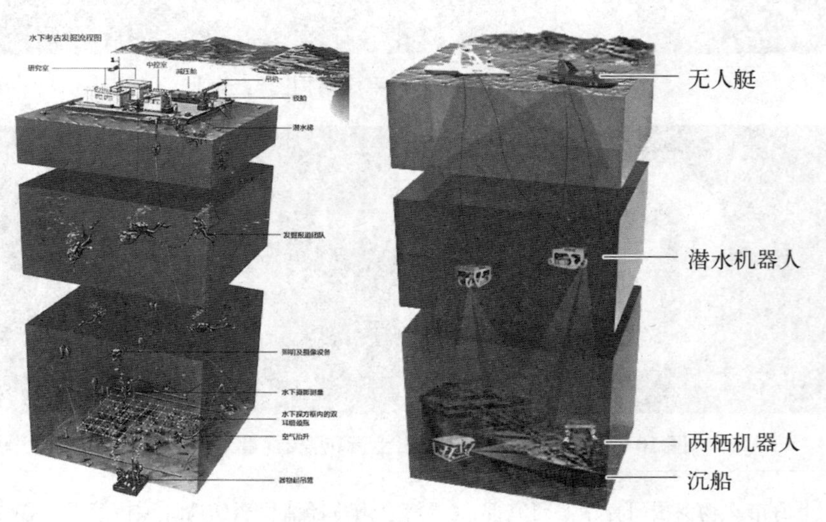

图 11　传统水下考古与机器人水下考古对比

成对水下文物及周边环境地图重建，其中多机器人数据融合重建、协同控制和路径规划是重点和难点。

在国家863计划重点、国家文物局重点、国家杰出青年科学基金、国家自然基金重点等项目支持下，项目组在三个关键技术点取得了突破：一是针对水下考古机器人搭载的机械扫描声呐扫描速度慢以及机器人运动对扫描数据产生扭曲的问题，发明了基于图优化的水下自主机器人高精度同时定位与地图构建方法；二是针对分布式复杂关联系统协同控制稳定性问题、无人系统编队误差传导问题、编队关联系统狭小空间动态避障问题，提出多无人运载系统编队分布式EDA自动驾驶仪的设计方法，提高了狭小空间关联系统动态避障的成功率；三是针对无人水面艇对水下物探时的任务计算量大、场景复杂等问题，提出了考虑主动方向的动态栅格法与启发式搜索算法，自动计算最佳扫测路径。

这项机器人水下考古技术，特别适用于浅滩、暗礁、急流、低能见度等传统扫测船只难以进入、潜水探摸危险系数大的复杂水域。通过不同机器人的协同作业，有效减少水下考古工作者的工作内容，提高水下考古海洋物探扫测效率。项目成果在上海长江口海域Ⅰ号和Ⅱ号沉船、宁波小白礁沉船、上林湖窑址水下考古等水下考古项目中广泛应用。

项目已授权发明专利10项，公开和实审发明专利25项，发表论文和专著近60篇(部)，部分研究成果分别获得了美国电气和电子工程协会(IEEE)仿生与机器人国际学术会议(ROBIO)2014年最佳仿生入围奖。

2. 发明专利：浑浊水域水下探测装置

由于含沙量大、水流急等因素，长江口水域水下能见度为零，水下考古工作者潜水探摸时，无法获得清晰的水下文物影像资料，不能准确判断水下文物的基本特征。为此，中心与上海大学机电工程与自动化学院合作，发明了一种浑浊水域水下探测装置，能有效获得能见度为零探测区的高清视频影像。该技术已经申请了国家发明专利。

此装置包括柔性贴壁模块、水下装置箱体、光学影像获取设备模块以及

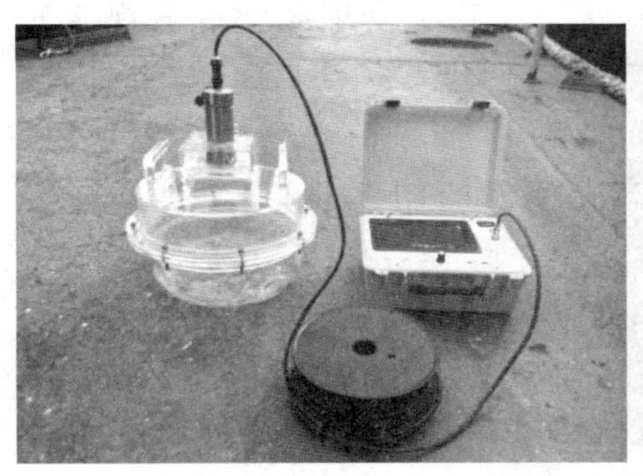

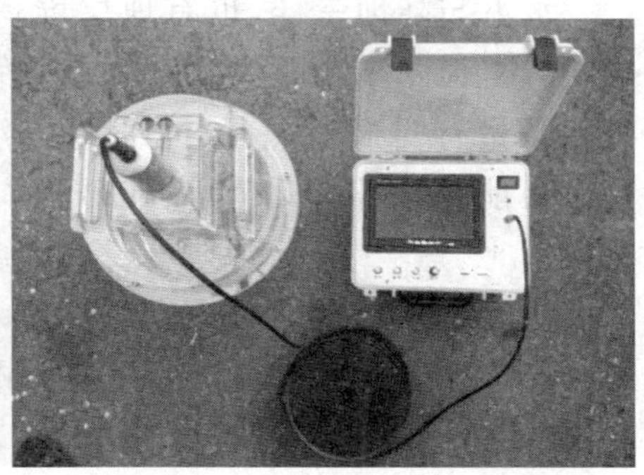

图12　浑浊水域水下探测装置图

照明模块、可收放电缆装置，以及显示控制模块。柔性贴壁模块与水下装置箱体中的前置阀缆通过紧固螺栓连接，通过○型密封圈实现密封。照明系统与摄像装置集成在一起，安装于水下装置箱体的后盖上。照明装置与摄像装置的信号线引出，盘绕于可收放电缆装置上，与显示控制单元相连接，用于为摄像照明装置供电与信号、数据的传输。利用前置柔性膜对低能见度的水下区域进行大范围观测。通过高清摄像头及亮度可调节的照明装置获取高清影像信息，存储的影响信息可供后续分析研究。

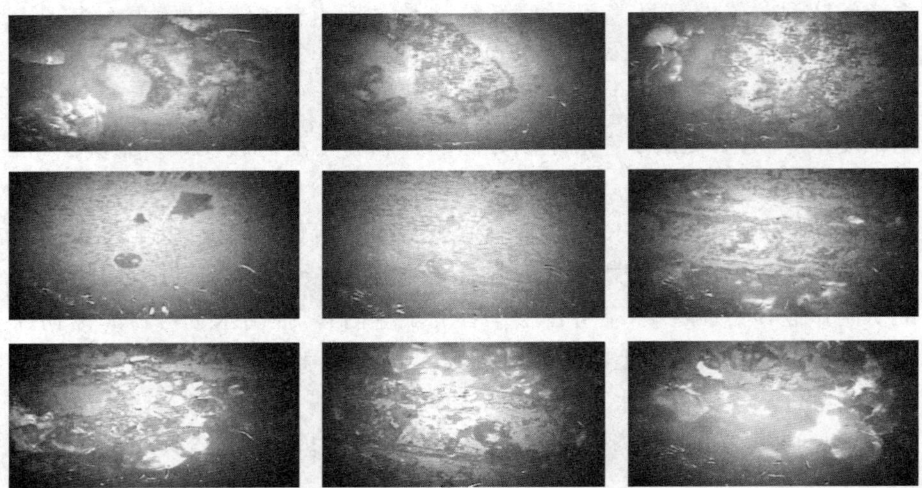

图 13 浑浊水域水下探测装置拍摄的沉船影像

四、本固枝荣：水下考古基础研究

水下考古长期以来被视为偏重实践的考古技术，重实践轻理论，为了避免这种情况，中心在水下考古工作中一方面抓项目落实，一方面抓水下考古基本理论和问题研究。

1. 河口区域埋藏学研究

水下与陆地一样，也有地层堆积，水下文物也受埋藏学一般规律的影响。上海水域水下文物空间信息管理系统显示，长江口海域不同区域沉船数量有明显的差异，个别地点沉船密集，属于海上事故多发水域。这有可能是该水域小环境特殊性，容易引发船舶事故，导致过往船只沉没。

2017 年，中心与华东师范大学河口海岸学国家重点实验室合作，在长江口北港长江口Ⅰ号、Ⅱ号沉船周边水域钻孔 3 处，希望借此了解该区域环境变化及沉船原因的推测。已经完成 KZ01-A 孔的岩性照相和地层划分，Ⅱ号沉船所在岩层的沉积物显示为强水动力事件性快速沉积，推测沉积与寒潮或台风等极端天气事件相关。

沉船周边水域地层埋藏研究的意义在于通过个案累积长江口海域地层堆积的基本情况，逐步建立起区域内水下地层划分标准，为水下考古提供年代标示。

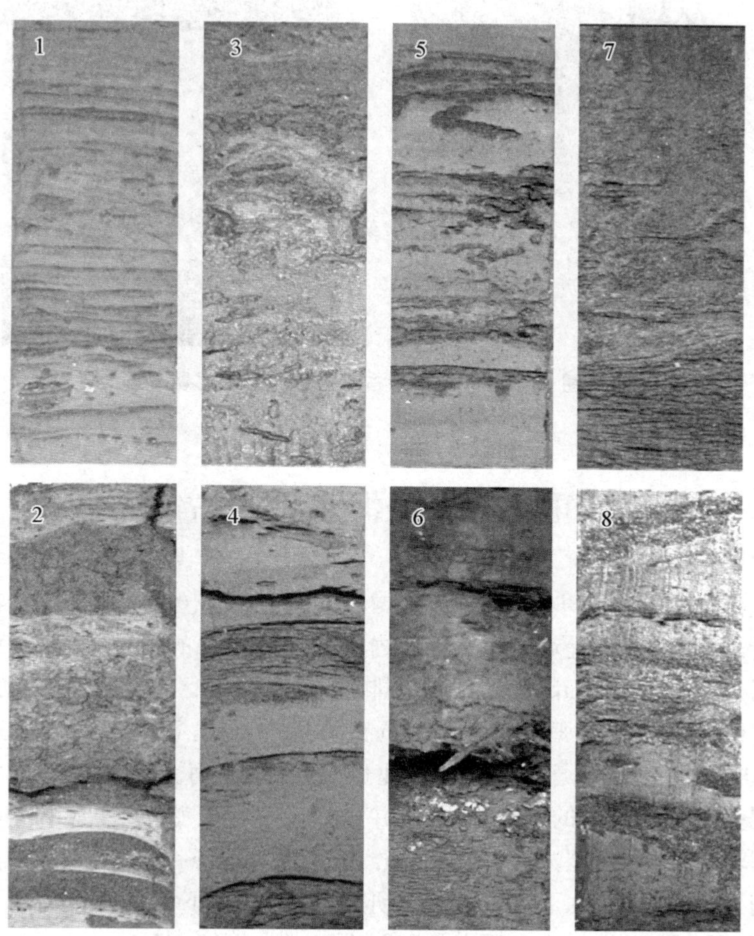

图 14　KZ01-A 孔各地层单元典型岩心照片

2. 国外水下考古著述译介

水下考古研究的进展还体现在对国外水下考古科研动态的关注，并以译介的形式与国内同行交流，策划实施了"国外水下考古译丛项目"，涉及国际水下文化遗产法规、水下考古和海洋考古现状、出水文物保护、历史时期造船技术和航海传统等方面，较为全面地覆盖了国外水下考古及其相关领域的研究。

截至 2018 年，中心已经翻译出版了《水下遗址出水文物保护方法》，并已基本完成了《水下文化遗产与国际法》的翻译工作，预计于 2019 年出版。《牛津海洋考古学手册》和《国际水下考古手册》也在编译过程中。译丛计划于 2020 年全部完成出版。

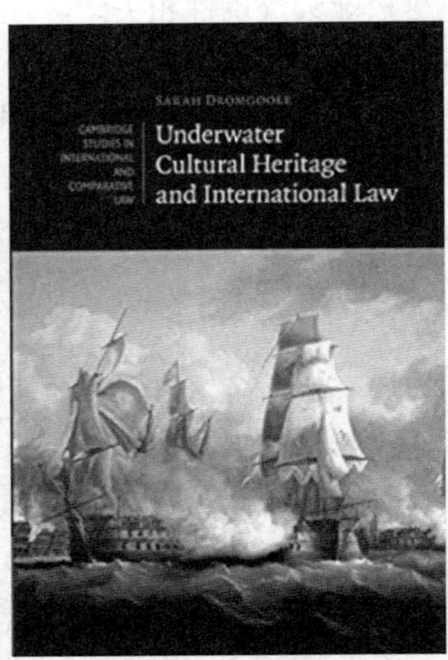

图 15　国外水下考古译丛原版图书书影

五、任重道远：上海水下考古的方向

上海水下考古起步晚，基础薄弱，初步建立起的上海水域水下文物空间信息管理系统，不仅是对上海市水域内水下文物信息的系统化总结，更是直观地对未来中心对全市水域网格化排查、重点调查区域建立了行动指南。中心将继续以长江口海域水下考古调查为重点，做好已探明沉船遗迹的研究、保护工作，兼顾海塘海防海洋生业遗存，以及与海上丝绸之路相关古河道古码头等贸易依存的调查与研究；并进一步整合资源，建立水下考古科技联盟，积极培养创新型人才，在无人化、机器人化水下考古技术领域积极创新。与此同时，强化水下考古学基础研究，以国外水下考古著作的译介为起点，把我国水下考古工作和研究与国际水下考古框架相融合，能够扩大现有视野，立足上海，面向全国，继续为以一带一路中“海上丝绸之路”为核心的我国水下文化遗产发现、研究、传承提供强有力的科研和技术支撑。

Recent Progress of Underwater Archaeological Work in Shanghai

Abstract: As the exclusive institute engaging in Shanghai underwater archaeology, the Shanghai Cultural Heritage Conservation and Research Center (SCHCRC) has made significant progress since its inception in 2014. An examination of historical nautical charts and records has yielded 197 underwater sites in the waters around Shanghai. They include two important sunken ships, one of them a metal warship from around the 1930s and the other, a wooden merchants junk from the 1880s. In addition, excavations were done at two submerged sites: the Xiaojing Temple in Baoshan and a boat house in Jinshan in 2016. The center has also undertaken the translation of several non-Chinese underwater archaeological publications.

Keywords: Underwater Archaeology, Shanghai, Progress

19 世纪英国“高仿绿茶”初探
——以 Robert Fortune 的调查报告为中心

赵思倩[*]

摘　要： 从 17 世纪中叶起，英国的下午茶文化日趋大众化，并且随着咖啡厅这一类型的商店开始在英国消费市场普及，茶叶作为一种新的饮食文化迅速在英国全国流行起来，成为英国人的日常饮品之一。英国国内市场对茶叶需求的激增，使得从中国进口茶叶的贸易活动规模迅速扩大，至此茶叶成了中英贸易中的一项大宗商品。19 世纪中叶，植物学家 Robert Fortune 两次来到中国从事植物研究和采集工作，潜入到被英国人称为“北部”的东南沿海的乡村，未开放的苏州府、杭州府，以及徽州的松萝山和福建的武夷山区等当时严禁外国人前往的“内陆地区”，将大量中国特有的植物样本和种子寄送回英国，并且在沿途针对茶叶展开了一系列的调查。1848 年 Fortune 第二次前往中国调查茶叶时，在徽州的茶叶产区进行了现场考察，详细记录并揭露了茶叶加工时的茶叶染色问题。本文将以 Fortune 的这份调查记录为契机，通过结合同一时期英国的相关文献记载，分析探讨 19 世纪中期英国市场上的“高仿绿茶”染色问题。

关键词： 高仿茶叶　Robert Fortune　绿茶

一、前　　言

17 世纪 60 年代，葡萄牙的凯瑟琳公主(Portuguese princess Catherine of Braganza)与英王查理二世(Charles Ⅱ)成婚，茶叶成为其嫁妆的一部分，从此流入英国上层社会。比起同样来自中国的高贵易碎的瓷器，茶叶对于商贩来说有着一系列突出的优点：重量轻、易包装，即使经过无法预测的长时间海上颠簸，也不会像瓷器一样因为损坏而无法出售，明显降低了运输途中商人所要承担的风险，因此茶叶被看成是东印度公司巨型商船所运载的

---

*　作者简介：赵思倩，日本关西大学东亚文化研究科博士研究生。

完美商品。由此，同样作为外来奢侈品，茶叶迅速在气候寒冷干燥的英国成为上流社会阶层用于展现自身气质、品味的理想载体。

直到1834年，随着以亚当·斯密为代表的自由贸易主义和重商主义在英国的兴盛，东印度公司在华贸易的长期垄断权被国会剥夺。对华茶叶贸易权的开放，使得小规模的新型贸易公司的商船也开始参与茶叶运输，并且这些小公司的商船拥有比东印度公司的巨型商船更加灵活快捷的优点，能够快速往返于两大洲之间，大大缩小了茶叶的运输成本，茶叶价格也日趋平民化。到了18世纪中叶，茶叶迅速渗透到下层社会阶层的日常生活中，一跃成为最受欢迎的饮品，风靡全英国，其销量甚至超过了啤酒。以前只不过是东印度公司贸易清单上一项日用商品的茶叶，此时已经成为英国人日常生活的必需品，饮茶这一行为开始成为英国人的象征。

二、19世纪英国的茶叶市场

茶叶，作为英国非本土类饮品，早期并不为大众所熟知和接受，因此虽然茶叶很早就被引入英国，但每年的进口量屈指可数。其中除了有茶叶本身的价格因素，还有市场受众度不高的因素，因此导致茶叶在英国难以推广。

最早英国人，尤其是皇室贵族饮茶，更多的是为了彰显身份，茶叶对于英国人来说是“来自遥远东方神秘国度的饮品”这个噱头的吸引力，当时的饮茶行为更像是一种流行奢侈品牌的消费心理。因此，这些因素导致早期的茶叶在英国的消费程度停留在“浅尝辄止”的水平。直到1772年，一名叫作John Coakley Lettsome（1744—1815年）的英国医生出版了一本名为“*The Natural History of the Tea-Tree*”①的书，该书主要讲述了饮茶对于身体健康的多种好处。此书一经问世就引起了广泛讨论，也因此使得饮茶开始与健康挂钩，成为寻求健康的标志行为，茶叶在英国的接受度和消费量得到极大的提升。为更加详尽地了解19世纪茶叶在英国的接受度情况，对“*State Economic Policies of the Ch'ing Government 1840-1895*”②中茶叶消费量和茶叶价格的相关数据进行归纳整理制成下表。

---

① John Coakley Lettsome. *The Natural History of the Tea-Tree, with observations on the medical qualities of tea, and coffee of tea-drinking*, London, 1772.

② Jerome Ch'en. *State Economic Policies of the Ch'ing Government 1840-1895*, New York & London: Garland Publishing, 1980, A Garland Series: The Modern Chinese Economy, Edited by Ramon H. Myers.

表 1　1801—1871 年英国茶叶年度消费及销售情况

年份	消费总量	人均消费		总税额	平均税率	平均价格	
	百万磅	磅	盎司	百万镑	每磅	不含税	含　税
1801	23.7	1	8	1.4	1/2½d.	3/—	4/2½d.
1802	25.4	1	9	1.6	1/3½d.	3/1½d.	4/5d.
1803	24.9	1	9	1.9	1/6½d.	2/10¾d.	4/5¼d.
1804	22.1	1	6	2.6	2/4¼d.	3/—	5/4¼d.
1805	24.3	1	7	3.3	2/9	3/1d.	5/10d.
1806	22.2	1	5	3.4	3/1¼d.	3/3d.	6/4¼d.
1807	23.8	1	6	3.5	2/11½d.	3/4d.	6/3½d.
1808	25.2	1	7	3.9	3/1¼d.	3/3½d.	6/4¾d.
1809	21.0	1	3	3.6	3/5d.	3/5d.	6/10d.
1810	24.5	1	6	3.6	2/11¾d.	3/4d.	6/3¾d.
1811	22.5	1	4	3.8	3/4d.	3/4d.	6/8d.
1812	24.6	1	5	3.8	3/1¼d.	3/3¾d.	6/5d.
1813	25.4	1	6	3.8	2/11½d.	3/4½d.	6/4d.
1814	24.4	1	5	4.0	3/3d.	3/5¾d.	6/8¾d.
1815	25.9	1	6	4.1	3/1½d.	3/2d.	6/3½d.
1816	22.7	1	3	3.4	2/11½d.	2/11¾d.	5/11¼d.
1817	24.6	1	4	3.4	2/9½d.	3/0¼d.	5/9¼d.
1818	26.5	1	5	3.9	2/11d.	3/1d.	6/—
1819	25.2	1	4	3.7	2/11d.	2/9¾d.	5/8¾d.
1820	25.7	1	4	3.5	2/9d.	2/9¼d.	5/6¼d.
1821	26.8	1	4	3.7	2/9½d.	2/10¼d.	5/7¾d.
1822	27.6	1	5	3.9	2/10¼d.	2/10d.	5/8¼d.
1823	27.1	1	4	3.8	2/10d.	2/10d.	5/8d.
1824	27.7	1	4	3.9	2/9½d.	2/10d.	5/7½d.
1825	29.2	1	5	4.0	2/9d.	2/9½d.	5/6½d.
1826	29.0	1	5	3.7	2/7d.	2/6¼d.	5/1¼d.
1827	29.9	1	5	3.7	2/5¼d.	2/5d.	4/10¾d.
1828	29.3	1	4	3.4	2/4¼d.	2/4¾d.	4/8½d.
1829	29.4	1	4	3.3	2/3d.	2/2¾d.	4/5¾d.
1830	30.0	1	4	3.4	2/3d.	2/3¼d.	4/6¼d.

（续表）

年份	消费总量	人均消费		总税额	平均税率	平均价格	
	百万磅	磅	盎司	百万镑	每磅	不含税	含　税
1831	30.0	1	4	3.3	2/2¾d.	2/3d.	4/5¾d.
1832	31.5	1	5	3.5	2/2¾d.	2/2½d.	4/5¼d.
1833	31.8	1	5	3.4	2/2d.	2/2d.	4/4d.
1834	35.0	1	7	3.6	2/0¾d.	2/1¼d.	4/2d.
1835	36.6	1	7	3.8	2/1¼d.	1/11d.	4/0¼d.
1836	49.1	1	15	4.7	1/10¾d.	1/7d.	3/5¾d.
1837	30.6	1	3	3.2	3/1d.	1/5¾d.	3/6¾d.
1838	32.4	1	4	3.4	2/1d.	1/7½d.	3/8½d.
1839	35.1	1	5	3.7	2/1d.	1/8½d.	3/9½d.
1840	32.3	1	3	3.5	2/1¾d.	2/7¼d.	4/9d.
1841	36.7	1	6	4.0	2/2¼d.	2/1½d.	4/3¾d.
1842	37.3	1	6	4.1	2/2¾d.	2/0¼d.	4/2½d.
1843	40.3	1	8	4.4	2/2¼d.	1/4¼d.	3/6½d.
1844	41.4	1	8	4.5	2/2¼d.	1/2¾d.	3/5d.
1845	44.2	1	9	4.8	2/2¼d.	1/1¾d.	3/4d.
1846	46.7	1	11	5.1	2/2¼d.	1/1d.	3/3¼d.
1847	46.3	1	10	5.1	2/2¼d.	1/1d.	3/3¼d.
1848	48.7	1	12	5.3	2/2¼d.	1/0¼d.	3/2½d.
1849	50.0	1	13	5.5	2/2¼d.	1/1d.	3/3¼d.
1850	51.2	1	14	5.6	2/2¼d.	1/3¼d.	3/5½d.
1851	53.9	1	15	5.9	2/2¼d.	1/2½d.	3/4¾d.
1852	54.7	2	0	6.0	2/2¼d.	1/0¼d.	3/2½d.
1853	58.9	2	2	5.7	1/11¼d.	1/3¼d.	3/2½d.
1854	62.0	2	4	4.8	1/6½d.	1/3½d.	2/10d.
1855	63.4	2	4	5.3	1/8d.	1/3d.	2/11d.
1856	63.3	2	4	5.5	1/9d.	1/2¾d.	2/11¾d.
1857	69.1	2	7	5.1	1/5½d.	1/5½d.	2/11d.
1858	73.2	2	9	5.2	1/5d.	1/4½d.	2/9½d.
1859	76.3	2	10	5.4	1/5d.	1/6½d.	2/11½d.
1860	76.8	2	10	5.4	1/5d.	1/6¾d.	2/11¾d.

（续表）

年份	消费总量	人均消费		总税额	平均税率	平均价格	
	百万磅	磅	盎司	百万镑	每磅	不含税	含　税
1861	77.9	2	11	5.5.	1/5d.	1/5d.	2/10d.
1862	78.8	2	11	5.6	1/5d.	1/7⅛d.	3/0⅛d.
1863	85.2	2	14	4.7	1/1d.	1/6⅝d.	2/7⅝d.
1864	88.6	3	0	4.4	1/—	1/6¼d.	2/6¼d.
1865	97.8	3	5	3.2	7⅞d.	1/7⅞d.	2/3⅝d.
1866	102.3	3	7	2.6	6d.	1/7¼d.	2/1¼d.
1867	111.0	3	11	2.8	6d.	1/6⅞d.	2/0⅞d.
1868	106.9	3	8	2.7	6d.	1/7¼d.	2/1¼d.
1869	111.8	3	10	2.8	6d.	1/5¾d.	1/11¾d.
1870	117.6	3	12	2.9	6d.	1/5¼d.	1/11¼d.
1871	123.4	3	15	3.1	6d.	1/4½d.	1/10½d.

根据上表的数据，不难看出，进入19世纪，英国的年度茶叶消费量进一步提高，与1783年统计的年度消费量5 000 000磅相比，1801年23 700 000磅的年消费量是1783年的近5倍，不难发现茶叶在英国的受欢迎程度。

不过19世纪前20年英国茶叶的年消费量和人均消费量并不是平稳上升的，而是整体呈波动状。尤其是19世纪10年代和20年代的人均消费总量，在年均消费量呈增加趋势的条件下，人均消费量却明显少于前十年，其原因应该是人口增长率快于茶叶消费量的增长率而导致的，虽然茶叶消费量的增长率从10年代的4.6%一下子提高到了15%，同比过去10年增加了10个百分点，但依旧略逊于同时期的人口增长率。

进入30年代之后，人均消费量开始回升，虽然该10年平均消费量34 400 000磅，增长率为20%，与20年代的增长率相比仅增加了5%，但人均消费量已明显超过10年代和20年代。值得一提的是，40年代的人均茶叶消费量增长率明显高于同年的年度茶叶消费量，与之前的负增长相比，说明英国整体市场对茶叶的消费热情得到了大幅的提升。1852年起，英国人均消费量首次进入2磅时代，英国对于茶叶的热情不减反增，增长率达到47%，比40年代的28.7%近乎翻一番。1864年，人均消费量突破3磅，与耗时半个多世纪突破2磅的人均消费量相比，此次突破3磅仅花了12年，由此可见消费量的增长速度之快。

从整个时期来看，茶叶是中国出口最多的一项商品。其出口量在1860年长江开放航运之后立即开始上升。1860年出口至英国市场的茶叶为850 000 00磅（当年茶叶消费量为768 000 00磅），次年1861年则涨至

920 000 00 磅，到了 1862 年，进口茶叶数量持续增长并首次破亿达到 109 000 000 磅，太平天国运动对茶叶出口有些抑制，但自 1864 年太平天国运动结束之后，茶叶出口持续上涨态势，出口总量从 1865—1868 年的年均 173 000 000 磅一下子跃至 217 000 000 磅(1881—1884 年均)。然而，对于清朝的茶商来说，茶叶出口量的上升趋势并没有带来同等的价值上的上涨。1869 年到 1872 年，年均茶叶出口数量 2.11 亿磅，其总价值约为 4 000 万两银(约 1 320 万英镑)。但是，在 1877—1878 年年均出口额上涨至 2.63 亿磅的情况下，和 1869—1872 年的年均茶叶出口总金额相比，该年度的茶叶价值不涨反降到 3 200 万两的水平(约 990 万英镑)。由此可见，不过五年的时间，茶叶价格明显缩水。从茶叶的税收方面来看，在离开中国海岸之前，每出口 100 斤的茶叶需要缴纳茶叶出口税 6.65～7.65 两银。

以 1883 年的茶叶市场为例，每磅茶叶中需要支付 3～4 便士的茶叶出口税及其他杂税给清朝政府。而当时伦敦市场上每磅茶叶的成本(包括运费和保险费用)在 8.25～9.75 便士之间。可以发现，这其中清朝方面的茶叶税收金额长期在伦敦茶叶成本价格中占到三分之一或一半不到。那么可以推断，除去茶叶本身的价值之外，清朝并不是造成茶叶成本价格下降的主要因素。

而真正造成伦敦茶叶价格下跌的有以下几个外部因素：首先是运输成本的下降，苏伊士运河的开通降低了商船的运输成本；其次是白银价格的浮动，白银兑英镑的汇率不断下降，降低了英国从清朝购买茶叶所需要支付的成本。但最重要的是英国茶叶进口关税的明显减少。在长江开放航运之前，对于英国政府而言，茶叶贸易是具有重大意义的利益中心、数十亿英镑的产业，英国财政部的税收收入估算显示：茶叶贸易的利润在英国经济总量中已占到 10%的份额。

以长江开放航运之初为例，当时英国的茶叶进口税为每磅 1 先令 5 便士，而当时英国市场上茶叶的成本价格(包含运费和保险费)仅为 1 先令 6.75 便士。这项税率后来在 1863 年降至 1 先令 1 便士，接着第二年则为 1 先令，1865 年继续减少至 8 便士不到，1866 年减至 6 便士，到了 1890 年仅需要缴纳 4 便士即可。进口税的减少更直观地反映在伦敦市场茶叶的售价上。1860 年茶叶的价格是每磅 2 先令 11.75 便士(包括进口关税)，到 1871 年它已经下降到 1 先令 10.5 便士。随着价格的下跌，英国人的人均茶叶消费量从 1860 年的 2 磅 10 盎司增加到 1871 年的 3 磅 15 盎司。

1871 年后，欧洲和美国的商业活动进入萧条时期。除此之外，印度茶叶开始挑战中国的垄断地位。从 1863 年仅仅 300 万磅的茶叶进口量，到 1873 年的 1 850 万磅，再到 1883 年增至 6 130 万磅，甚至在 1888 年反超中国，突破 1 亿磅达到史无前例的 1.124 亿磅进口量，可以说，从印度和锡兰进口茶叶到英国的进口总量在稳步增加。

从 1870 年开始，日本和爪哇也加入进全球茶叶贸易，开始和中国分食茶叶生产这块蛋糕，从而使得茶叶出口量的增长速度超过价格的下降速度，打破了之前的平衡。清朝官员陈智也发现了这一趋势，并提醒光绪皇帝说：种植茶叶的地区越来越多，从事贸易的商人数量也在增加，可是茶叶出口总值反而下降。

中国茶叶出口的上涨趋势和价格的下降共同决定了中国茶叶出口的总值。在茶叶贸易繁荣的19世纪60年代，对茶叶价格下跌现状的担忧远远被急剧上涨的出口总量所抵销，这一时期可以说是中国茶叶贸易的黄金年代。事实上，虽然40年代起，投机商贩就开始把目光投向茶叶贸易，但在长江航运开幕之后，茶叶贸易带来巨额的利润的同时，也招来了众多国外买家，而买家之间的竞争导致清朝和伦敦都开始出现了大量的投机行为，数量巨大的"掺假茶叶"在市场上泛滥，茶叶造假不仅限于中国本土，不少英国茶商在从中国购入茶叶之后，直接在英国当地"加工"，随后投放市场进行销售。造成这一情况的根本原因除了茶叶带来的巨额利润之外，还与英国茶商对于茶叶生成本身知之甚少有很大的关系。

这可以说是个历史遗留问题，从中英茶叶贸易开始之初就留下的隐患。虽然两个世纪以来，英国一直是华茶贸易的主要购买国，甚至后期英国的华茶进口量已经占到了清朝全国茶叶产量的五分之一，但其对茶叶生成的了解程度与其茶叶贸易规模相比相去甚远，并且茶叶这一商品一直都是由中国负责生产的，中国人采茶、加工、混合之后，再以一个已经包含利润的价格出售给英国，可以说这项贸易中，中国对英国拥有着完全的控制权。而英国对于茶叶生产的不了解和英国国内茶商对于迫切希望降低茶叶成本的需求最终导致了这一乱象。

而被剥夺了茶叶贸易垄断权的东印度公司为了维持自身的茶叶贸易规模，最早意识到了这个问题，并派 Robert Fortune 前往中国，调查中国的茶叶生产。Fortune 的探访，得益于《南京条约》后五口通商的便利，但他并没有严守规定，仅仅停留在广州、上海、宁波、福州、厦门等几个口岸城市，而是不时以易装打扮的方式，潜入到被英国人称为"北部"的东南沿海的乡村，未开放的苏州府、杭州府，以及徽州的松萝山和福建的武夷山区等当时严禁外国人前往的"内陆地区"，将茶叶的植物样本和种子寄送回英国，并且在沿途针对茶叶生产展开了一系列的调查，其中1848年 Fortune 第二次前往中国调查茶叶时，在徽州的茶叶产区进行了现场考察，详细记录并揭露了茶叶加工时的茶叶染色问题。而 Fortune 对茶叶染色问题的重视，离不开当时英国国内分析化学的兴起和市场上掺假茶叶问题的泛滥。

三、Robert Fortune 的绿茶染色报告

当时无论是欧洲市场还是美国市场，比起未经过加工的天然茶叶，茶叶

消费者似乎更加青睐经过染色加工以后的"绿茶",这一特殊的市场需求使得中国的茶商在出售这些用于出口的茶叶之前,都要经过一道特殊的加工工序,即茶叶的染色加工。Robert Fortune 在第二次来到中国时,特意走访了位于徽州的茶叶产区,并在那里亲眼看见了那些出口之前的绿茶是如何被染色加工的,他将这些染色工序详细地记录了下来:

> 监督茶农工作的负责人亲自操作这一染色工序。他将买来的一部分普鲁士蓝色染料投入到一个瓷盆中,在这个有点像化学研钵的盆子中,他把染料碾成细粉状。与此同时,将一部分石膏放到正在烘烤茶叶的炭火上去烧炙,这样做是为了把石膏烤软,便于把它也研磨成细粉,就像普鲁士蓝染料磨成的那样。烤了一段时间以后,将石膏从火上取出,捣碎,在研钵中磨成细粉。然后将这两种准备好的细粉,按 4 份石膏、3 份普鲁士蓝的比例混合在一起,形成一种淡蓝色的粉状物备用。①

监工实际上是在制备亚铁氰化钾,又叫作普鲁士蓝,是最常用于油画中的颜料。人们最早接触到氰化物就是从普鲁士蓝开始的。氰化物会对心肺这些最需要有氧呼吸的器官造成影响,一旦被人吞食,会与细胞内的铁质结合在一起,抑制酶的活性,同时对细胞制造能量的功能造成损害。人体如果吸收了高剂量的氰化物,将发生痉挛、昏迷,随后心脏骤停、猝死。低剂量的氰化物则将导致身体虚弱,出现晕眩、意识模糊的现象。而长时间接触微量氰化物,可能导致终身瘫痪。但是普鲁士蓝又被常用作医学中铊中毒的置换药物,是因为普鲁士蓝是一种复合分子,由于其中含有铁离子,使得氰根离子降低活性无法释放,有毒物质将被无害地排出体外。因此普鲁士蓝,即亚铁氰化钾虽然是氰化物,但自身毒性很低,甚至属于欧盟批准使用的食品添加剂(抗结块剂之列),食盐中经常会添加它,用来防止食盐受潮结块。由此可见少量食用普鲁士蓝并不会对人体健康造成威胁。

但是,后一种添加物石膏即脱水硫酸钙就与之相反了。石膏在煅烧时会释放一种极其难闻的气体,是石膏在分解时产生的硫化氢气体。高剂量的硫化氢是一种被广泛应用的毒药。它可以对人体内的多个组织同时造成影响,尤其是神经组织。低浓度的石膏具有刺激性,可使眼睛发红、喉咙发炎,从而导致恶心反胃、呼吸短促、肺部水肿等现象。长期使用石膏可能令身体产生疲劳感,导致记忆力减退、头痛、暴躁易怒、头昏眼花之类的后果。它甚至会导致流产,抑制儿童的生长发育。

---

① Robert Fortune. *Two Visits to the Tea Countries of China: and the British Tea Plantations in the Himalaya; with a Narrative of Adventures, and a Full Description of the Culture of the Tea Plant, the Agriculture, Horticulture, and Botany of China*, London: John Murray, Albemarle Street, 1853, Vol.2, Chapter 5, p.69.

在准备好这些茶叶染色加工的必要原料之后：

> 在烘烤茶叶的最后阶段，这些淡蓝色细粉将被添加到茶叶上去。在茶叶从铁锅中取出来之前，大概还剩5分钟的时候——通常点一根线香来计时，负责人用一把小小的瓷勺，往每个铁锅中的茶叶上都洒上一些细粉。工人们然后用双手迅速地翻炒这些茶叶，这样做是为了让颜色分布得更均匀。①

在这一过程中，工人们的双手全都被染成了蓝色。这个场景让Fortune禁不住想道，要是那些绿茶饮用者看到这一场景，他们那特殊的偏好可能就会被纠正过来，或许他们的口味因此就会更纯正。他认为一个文明人竟然会喜欢这种染过色的茶叶，而不是更自然的绿茶，这是十分可笑的行为。甚至发出感叹：难怪中国人要把西方人看成是“蛮夷”。

他在笔记中提到了另一个英国人与茶农关于此问题的交谈：“有一天，一位住在上海的英国绅士，与一些来自绿茶产区的中国人进行交谈，他问中国人，为什么要给绿茶染上色，如果不染色岂不是更好？中国人承认，如果不染上这些成分的话，绿茶会更好，而且他们自己也从不喝这种染过颜色的茶叶，但是公正地说，既然外国人看起来更喜欢添加过普鲁士蓝和石膏的茶叶，这样的茶叶外观更一致、更漂亮，而且这些添加物也很便宜，那中国人为什么要反对这样做呢？更何况染过色的茶叶通常还能卖个好价钱。”②这似乎解释了，为什么中国人要特意为出口的绿茶上色。

除了染色加工的手法，Fortune对染料添加物的含量也十分感兴趣，他在自己的笔记中写道：“我花了一些工夫，想准确地搞清楚，在给绿茶染色的过程中到底添加了多少染料。这样做当然不是为了把染色工序透露给中国或者国外的什么人，只是想告诉那些英国，特别是美国的绿茶饮用者，他们每年吸收到身体内的普鲁士蓝和石膏到底有多少。每14.5磅茶叶需要使用8钱2分5厘乃至1盎司的染料。英国人或美国人每喝掉100磅染过色的绿茶，饮用者实际上便饮入了半磅以上的普鲁士蓝和石膏。而且，我还要告诉这些染色绿茶的饮用者们，中国人吃猫肉、吃狗肉、吃老鼠肉，可就是这些中国人，在喝茶方面，他们惊讶地举起双手，对上帝的子民们表示非常同情。”

在观察加工所使用的染料时，Fortune发现，茶农使用的是两种普鲁士蓝，有一种很常见，另外一种他也只在这里见到过。并且他描述后一种普鲁士蓝比常见的更轻一些，带点浅白色，非常漂亮。在广州，茶农加工时常常使用姜黄根，但在徽州，他并没见人用过。

---

① Robert Fortune. *Two Visits to the Tea Countries of China*, p.70.

② Robert Fortune. *Two Visits to the Tea Countries of China*, p.71.

Fortune 从茶厂的中国人那儿拿到了一些添加物的样品，以便可以明确无误地弄清楚它们到底是些什么东西。这些样品于 1851 年开大博览会的时候送回到英国，其中一部分被送交给药剂师协会（Apothecaries'hall）的 Warington 先生，他以擅长这方面的调查分析而著称。在一次化学协会的会议上，他宣读了一篇论文，这篇论文也刊登在化学学会的《会议记录和论文》中。在论文中，他指出：

> Mr. Fortune has forwarded from the north of China, for the Industrial Exhibition, specimens of these materials (tea dyes), which, from their appearance, there can be no hesitation in stating are fibrous gypsum (calcined), turmeric-root, and Prussian blue; the latter of a bright pale tint, most likely from admixture with alumina or porcelain-clay, which admixture may account for the alumina and silica found as stated in my previous paper, and the presence of which was then attributed possibly to the employment of kaolin or agalmatolite.①

Fortune 先生从中国北方向工业博览会提交了一些常用染料样品，这些样品从外观上看，毫无疑问属于纤维石膏（经过煅烧）、姜黄根，以及普鲁士蓝。后者所带的浅白色，很可能是因为其中混杂有矾土或高岭土，正如我以前的论文所指出的那样，这样的混杂物导致其中出现氧化铝和二氧化硅，也可能正是因为这个原因，人们才在这一过程中使用高岭土或滑石。Fortune 寄回的样本和现场调查记录，给 Warrington 后续的一系列研究指出了方向，也为之后的“掺假茶叶”的染色研究提供了参考依据。

四、小　结

19 世纪 40 年代起，投机商贩就开始把目光投向茶叶贸易，但在长江航运开幕之后，茶叶贸易带来巨额的利润的同时，也招来了众多国外买家，而买家之间的竞争导致清朝和伦敦都开始出现了大量的投机行为，数量巨大的“掺假茶叶”在市场上泛滥。造成这一情况的根本原因除了茶叶带来的巨额利润之外，还与英国茶商对于茶叶生成本身知之甚少有很大的关系。虽然两个世纪以来，英国一直是华茶贸易的主要购买国，甚至后期英国的华茶进口量已经占到了清朝全国茶叶产量的五分之一，但其对茶叶生成的了解程度与其茶叶贸易规模相比相去甚远，并且茶叶这一商品一直都是由中国

① Robert Warington. “*XV. Observations on the Teas of Commerce*”, the Quarterly Journal of the Chemical Society of London, Vol. 4, 1852, pp.157-158.

负责生产的，中国人采茶、加工、混合之后，再以一个已经包含利润的价格出售给英国，可以说这项贸易中，中国对英国拥有者完全的控制权。而英国对于茶叶生产的不了解和英国国内茶商对于迫切希望降低茶叶成本的需求最终导致了这一乱象。

而被剥夺了茶叶贸易垄断权的东印度公司为了维持自身的茶叶贸易规模，最早意识到了这个问题，并派 Robert Fortune 前往中国，调查中国的茶叶生产。Fortune 的探访，得益于《南京条约》后五口通商的便利，但他并没有严守规定，仅仅停留在广州、上海、宁波、福州、厦门等几个口岸城市，而是不时以易装打扮的方式，潜入到被英国人称为“北部”的东南沿海的乡村，未开放的苏州府、杭州府，以及徽州的松萝山和福建的武夷山区等当时严禁外国人前往的“内陆地区”，将茶叶的植物样本和种子寄送回英国，并且在沿途针对茶叶生产展开了一系列的调查，其中 1848 年 Fortune 第二次前往中国调查茶叶时，在徽州的茶叶产区进行了现场考察，详细记录并揭露了茶叶加工时的茶叶染色问题，并为之后的“掺假茶叶”的染色研究提供了参考依据。

Adulterated Tea in Britain during 19th Century Based on a Record by Robert Fortune

Abstract: Tea maintained its position throughout the seventeenth to nineteenth centuries as China's largest single export item The British East India Company monopolized the channels for its sale and distribution to overseas markets. From the beginning of tea's introduction into Great Britain during the seventeenth century, certain varieties, especially green tea, was liable to adulteration because of its high price, increased demand by consumers, and the potential profits from free trade. This paper, based upon Robert Fortune's firsthand narrative in the tea-producing regions of China, traces how the leaves were colored and processed to create the adulterated product for shipmnent to the British market.

Keywords: Adulterated Tea, Robert Fortune, Green Tea

从南京“龙江船厂”遗址新出土大铁锚浅谈古代海船碇泊工具

郑自海　郑宽涛*

摘　要： 中国古代海船的碇泊工具是由简单石块发展为木爪碇石，再由木爪碇石发展为铁锚，这一演变过程是漫长的，是随着冶炼技术的不断提高和铁的广泛应用而形成的。宋元时期我国海船抛泊装置开始出现铁锚与木锚混合现象，明代开始随着冶铸技术的提高，铁锚广泛用于海船上。明代《天工开物》一书生动记载了制造铁锚的场景。明代郑和下西洋期间，已广泛使用巨型铁质锚，有力地保障了广大下西洋官兵的生命安全，使得郑和团队七次下西洋得以顺利完成。同时期的相关史料关于郑和下西洋所用铁锚有很多记载。但近年来南京宝船厂遗址六作塘考古发掘出土文物中并没有发现铁锚等大型铁质类文物。2014年6月南京下关长江国际航运中心明代龙江船厂遗址出土为数众多的船用构件、造船工具、船工生活用品等，其中有不少四爪铁锚。这些文物填补了文献的不足，证实了南京龙江船厂是明代南京最大的造船厂，应该引起国内外专家学者的重视和研究。

关键词： 南京　龙江船厂　出土铁锚

从2014年6月至2015年5月，南京下关长江国际航运中心项目正在进行基坑施工，根据规划将建四幢高98米的办公楼，基础开挖深度在10米左右，在基坑施工期间相继出土大量船用构件、造船工具、造船工匠日用品、兵器等，千余件古代航海文物流散民间，引起文物部门的重视，对照历史文献，这一地区正在古龙江船厂遗址范围之内，明嘉靖李昭祥撰写《龙江船厂志》详细介绍了厂址范围。此次大量文物出土，改变了“有志无址”的尴尬局面，为此南京的《扬子晚报》《金陵晚报》《现代快报》等于5月7日头版头条报道这一重大新闻。数十件四爪铁锚的出土，填补了宝船厂遗址考古发掘的空白。今就我国古代海船碇泊工具浅谈一点认识。

---

* 作者简介：郑自海，江苏省郑和研究会副秘书长；郑宽涛，江苏省郑和研究会理事。

一、南京宝船厂遗址六作塘考古未发现铁锚

南京宝船厂遗址位于南京市西北沿江的中保村、上保村、下保村三个行政村，经纬坐标为北纬 32°03′、东经 118°43′，现隶属于南京市鼓楼区江东街道。

宝船厂，顾名思义就是制造装载郑和下西洋宝物船只的船厂。这也可能是中国古海船制造，唯一特定称谓专为下西洋制造海船的基地。明嘉靖《南枢志》卷 113《朝贡部》记载："南京城西北有宝船厂焉，创于永乐三年"。永乐三年(1405 年)是郑和下西洋的首年，由此可以确定该船厂是为郑和下西洋而建。

为纪念郑和下西洋 600 周年，南京市博物馆考古队于 2003 年 8 月至 2004 年 9 月对宝船厂遗址第六作塘进行考古发掘，在历时一年的发掘中，共出土各种文物近 2 000 件，其中木质类总数达千余件；铁质类计 607 件。其中工具类 40 件，如斧、凿、刀、錾、铁尖木杆笔形器、剔刀、钻、锯等 33 件，用具类 7 种，陶瓷类器物 355 件。在 1 500 余件出土文物中，没有发现铁锚等大型铁质类文物，这一奇怪现象，再一次证明第六作塘仅仅是一处宝船的组装现场①。

南京地区曾出土过大型铜锚、铁锚。1974 年南京定淮门出土大铜锚一件，高 2.65 米，四爪。1975 年南京三汊河出土大铁锚一件，后收藏于南京博物院。

二、铁锚是我国古代海船使用碇泊工具的高级阶段

中国古代海船的碇泊工具是由简单石块发展为木爪碇石，再由木爪碇石发展为铁锚，这一演变过程是漫长的，是随着冶炼技术的不断提高，铁的广泛应用而形成的。

历史上石锚的使用年代最长，这主要取决于取材容易，制造方便。"在 20 世纪 70 年代，美国地质调查局的一支打捞船队在加利福尼亚南部帕拉斯维德半岛浅海，发现了两个表面附有 2～3 毫米锰矿堆积层的'石锚'……华人渔民在 21 世纪头几十年里还在使用这些石锚。"②

① 南京市博物馆编：《宝船厂遗址——南京明宝船厂六作塘考古报告》，文物出版社，2006 年。

② 孙立圻：《中国古代航海史》，海洋出版社，1989 年，第 74 页。

我们知道“所有的船舶在航海过程中，都需要停泊，因此，锚是不可缺少的，锚的先祖是石锚，称为碇，一开始是植物藤索之类捆缚住一块自然石块，利用石块自重来牵泊船只，后来以系扎方便和增加它与底质的附着摩擦力，而将石块进行人工加工，这种石碇的作用，应该是可以追溯到遥远的年代”①。“大约到秦汉时代，一种新型的有效古代船锚——木石锚应运问世，这是以石块为锚体，木棍为锚爪的有机结合物。石块可以加快整锚沉底的速度，而木爪可以加强锚体对底质的抓力，更好地稳住船舶……这类木石链式制作较晚，泊抓办甚佳，故直至明、清时代仍广泛应用航海中”②。

宋元时期我国海船抛泊装置，开始出现铁锚与木锚混合使用期，周去非《岭外代答》就记载“铁锚大者重数百斤，下有四爪”。马可·波罗在其游记中称“波斯湾头的阿拉伯人虽久习航海，造船技术相当简陋。船只木材过于坚脆，造船时铁钉打不进去，并易震裂，连铁锚也没有，稍遇恶劣天气，即触礁沉船，酿成海难”。马可·波罗明确了在元代开始使用铁锚。元代使用海用锚具，还根据锚地的地质关系合理选用锚具。在《海道经》中就记载：滩山一般的大洪硬泥，则连铁质船锚也难以抛抓。海中泥泞、底质较软，则须抛木碇(锚)。

我国的浙江、福建有着悠久的航海历史，最早就地取材，使用木石碇，在福建泉州湾从 1975 年至 1988 年就先后发现三块石碇，专家初步鉴定为南宋时期海船属具。同样在邻国日本九州，保存着数量众多的宋元石碇，据不完全统计共 50 块，其中从博多湾的水下捞起 30 多块，石碇的出土地点，与元初世祖忽必烈下令攻打日本的地点相吻合。1281 年 6 月 18 日，范文虎所率江南军 10 万，乘战船 3 500 艘，与东路军 900 艘战船会合于博多湾海面。对峙期间“台风大作，波如山”，结果“震撼击撞，舟坏且尽，军士尽号呼溺死海中如麻”③，可以确定日本九州的石碇多来自福建。

三、明《天工开物》记载着铁锚制造过程

《天工开物》初版于明崇祯十年(1637 年)，与郑和下西洋的时间相距两百年，但却是今天研究郑和时代铸造技术的重要文献，全书图文并茂，别具特色。《天工开物》中有关冶铸技术的记载和冶铸工艺图样，是当时明代冶铸实际的真实反映。最能反映明代铸造技术水平是两口铜钟，第一口铜钟为洪武铜钟，今悬挂在南京鼓楼广场东北角的大钟亭内，其重 46 000 斤，钟上铸有“洪武二十一年(1388 年)九月初之物”，高 3.65 米，口径 2.3 米，底边

① 孙立圻：《中国古代航海史》，第 122 页。

② 孙立圻：《中国古代航海史》，第 123 页。

③ 苏天爵：《滋溪文稿》卷二一《赠长葛县君张氏墓志铭》，转引自泉州海交史馆编：《海交史研究》1989 年第 1 期，第 7 页。

厚 0.17 米。

第二口铜钟，为永乐大钟，今悬挂北京大钟寺，高 6.75 米，口径 3.3 米，铸刻有 227 000 字。洪武、永乐铜钟代表了我国铸钟的最高水平。

《天工开物》第十卷绘有锤锚图，棚架上面 7 人，下面 8 人，故称“七上八下”，共计 15 人锤打铁锚，生动地再现制造铁锚的场景，在图的题记中写道“凡舟行遇风难泊，则全身系命于锚”。可见锚在航海中作用。题记还介绍了制造铁锚的过程“战船、海船有重千钧者。锤法先成四爪，以次逐节接身。其三百斤以内者，用径尺阔砧安顿炉旁，当其两端皆红，掀去炉炭，铁包木棍夹持上砧。若千斤内外者，则架木为棚，多人立其上共持铁链，两接锚身。其末皆带巨铁圈链套，提起，捩转，咸力锤合……盖炉锤之中，此物最巨者”。明初郑和下西洋期间，铁锚得到广泛应用。据参与下西洋人员巩珍著《西洋番国志》记载：“篷、帆、锚、舵，非二三百人莫能举动。”郑和特大型宝船使用的正是最巨铁锚，铁锚的顶部和四爪底部都有铁圈链套，便于制造铁锚时提起，翻动。在铁锚的使用过程中，则便于快速下锚，起锚。

为什么出土的巨大型铁锚多为残缺，且残缺的位置多为锚身及四爪？这是因为逐节接身，远没有一次浇注成型的小型铁锚牢固。1 米左右的铁锚，因为是一次成型，多为完整。

根据多年对江锚、海锚研究，江锚的四爪截面多为圆柱形，锚顶有一圆孔，不带铁圈。而海锚的四爪，尤其是明初海锚截面是四方形，锚顶为八角，中间有圆孔，带有铁圈。1.1 米以上铁锚，四爪顶底增加一铁圈。

四、关于郑和下西洋所用铁锚记载

我国古代海船碇泊工具到了明代郑和下西洋期间，已广泛使用铁质锚，有力地保障了广大下西洋官兵的生命安全，使得郑和团队七次下西洋的顺利完成。现将郑和下西洋所用铁锚记载汇纳如下：

1. 据明严从简《殊域周咨录》卷七《占城传》记载：“按《七修类稿》载：淮安清江浦厂中草园地上有铁锚数枚，大者高八九尺，小亦三四尺，不知何年之物，相传永乐间三保太监下海所造，雨淋日炙，无点发之锈，视之真如银铸，光泽犹日用于世者。若此，必良铁为是，故其色精莹如此。视一物之坚巨，而他物可推矣”。

2. 据江宁人清甘熙《白下琐言》卷一记载：“钟山书院大门右空地，有大铁锚，二叉陷于土，一叉在上。相传是马三宝下西洋故物，不知何从至此。盖其地本东护龙河，水出昇平桥，数百年前尚通舟楫，未可知也。每中秋游人蚁集，妇人摸弄之，可以生子，呼为摸秋，令人绝倒。石城门外河滩，有铁锚数十，类有大于此者。按《客座赘语》载，城之西北有宝船厂，永乐三年(1405 年)三月，命太监郑和等行赏赐古里满敕(加)诸国，宝船共六十三号，适当其地。则为三宝之物，益无疑矣。”清金鳌在《金陵待征录》卷十中考证说“钟山书院铁矛，或以为郑和遗物。按《应天志》坊厢类，有铁矛局坊。书院为前明钱厂鼓铸之所，兼及铁冶耳。石头城外，卧地之矛甚多”。

3. 据陈延杭、朱家骏《郑和下西洋在福建的史迹调查》记载：“最近从晋江县长芝公社石湖大队的海下约四米处，又发现一四爪铁锚，现存泉州海外交通史博物馆。据传此锚为郑和船队留下，当地人奉为镇海之宝。”

4. 据明李昭祥《龙江船厂志》卷四《建置志》记载：“洪武初，即都城西北隅空地，开厂造船。”原注记载龙江船厂范围，阔壹百叁拾捌丈，深叁百伍拾肆丈，为我们今天锁定明龙江船厂遗址范围提供了准确依据。龙江船厂志还记载了，为打造海船风篷的篷厂有房十连，计六十间；细木作房六间；油漆作房四间，舱作房三间，铁作房四间。由此得知龙江船厂也生产铁锚。其四间铁作房制造铁锚，铁质工具远远满足不了下西洋的需要，明时南京各大造船厂应该都建有铁作房，同时制造铁锚。

5. 1981 年 9 月，泉州海外交通史博物馆收藏了在泉州湾石湖港海域打捞出水的一具四爪铁锚。铁锚原处在 300 米水下海底淤泥之中，铁锚发掘出水后，发现锚杆顶部和锚的四爪前端均已不同程度残损。测得总残长 2.78 米，锚杆直径 16～40 厘米，锚爪直径 10～16 厘米，重量 756.3 公斤。据直接参与铁锚发掘的李国清副馆长考证，此铁锚极可能是郑和下西洋船队所使用的铁锚。如果复原铁锚可匹配两千料郑和宝船。笔者注意到该铁锚杆顶和四抓底部没有铁环，是残缺所致。

6. 明《三宝太监西洋记通俗演义》中有插图数张，其中一图为“铁锚厂真人施能”三具铁锚卧地，与人高的比例测量，锚高 1 米左右，有上下两环①。

五、龙江船厂是明代南京最大造船厂

据明李昭祥《龙江船厂志》记载：“其地东抵城濠，西抵秦淮街军民塘地，西北抵仪凤门第一厢民住廊房基地（阔壹百叁拾捌丈），南抵留守右卫军营基地，北抵南京兵部苜蓿地及彭城伯张田（深叁佰伍拾肆丈）。”《龙江船厂志》明确了造船厂四周位置。笔者曾对照记载进行实地考察，今郑和中路前身为惠民河，明清时称秦淮河，它的入江口在老江口。秦淮街为二板桥街，二板桥源于龙江船厂的二座板桥，白云亭源于船厂的瞭望亭。龙江船厂最南处为马鞍山的一部分，朱元璋建城墙将其一分为二。山脚处有宴公庙。2014 年 6 月南京下关长江国际航运中心及还未开工的正大大拇指工地正是明代龙江船厂遗址的一部分。从 2014 年 6 月工地基坑挖到 6 米以下时，陆续出土了木、铁、铜、石、砖、棕、陶瓷等各类遗物。如加以分类，可分为船用

① 周新华：《郑和七下西洋记》“明代铁锚图”，浙江教育出版社，2008 年，第 67 页。

构件、造船工具、船工生活用品等。其中出土四爪铁锚数只，大部分残缺，一般铁锚的高度在1～1.5米。据说最大的铁锚高度在2米以上，上下各有一只铁环，这可能是南京目前发现明代最大的铁锚，因为下落不明，未能进一步证实。

《龙江船厂志》记载：工匠有400余户，都是从沿江、沿海选调而来的能工巧匠。全厂分为四厢：一厢为船木，梭橹，索匠；二厢为船木，铁，缆匠；三厢为舱匠，四厢为棕篷匠。每厢又分十甲，一甲为十户。厂区内设有细木、油漆、艌、铁、篷、索、缆7个厂(又称作坊)。仅打造海船风篷的篷厂，就有房屋60间。说明龙江船厂明初是建造海船起家。"海运等大船渐次裁减，乃至停革，规模缩小"。至嘉靖年间，只造400料以下的黄船、战船等5种类型，29个不同规格的中小型船舶。

根据《龙江船厂志》记载"国初造黄船，制有大小，皆为御用之物"，此为南京黄船厂。"洪武初，置江滩、济川二卫马快船，及南京锦衣卫等风快船，以备水军进征之用"，此为南京快船厂、马船厂。"又，永乐五年，改造海运船二百四十九只，备使西洋诸国"[①]，此为南京宝船厂。明初南京沿江五大造船厂，在明佚名撰《船政》、明沈启撰《南船记》、明倪涑撰《船政新书》等兵部、工部造船专著中都得到印证。龙江船厂遗址出土大量明初造船工具、生活用品、船用工具等填补了文献的不足，应该引起国内外专家学者的重视和研究。

① (明)李昭祥：《龙江船厂志》，江苏古籍出版社，1999年，第6页。

Excavation of a Large Iron Anchor at the Longjiang Shipyard Site in Nanjing: A Discussion of Mooring Tools for Ancient Seagoing Vessels

Abstract: In ancient China, the evolution of mooring tools was a long-term process that proceeded with the development of sophisticated new technologies, especially metallurgy. Initially, simple stones were used. Wooden claws were later added to this rather simple tool. During the Song and Yuan Dynasties, an anchor made out of a mixture of iron and wood appeared. By the Ming, as casting technology improved, entirely iron anchors came to be used widely on ships. The *Tiangong kaiwu* (Exploitation of the works of nature), written during this period, vividly illustrates and explains the process of making iron anchors. They were also widely used during Zheng He's voyages to Southeast Asia and the Indian Ocean. Excavations conducted in June 2014 by the Yangtze River International Shipping Center at Xiaguan, Nanjing unearthed a large number of maritime components, including shipbuilding tools and four-clawed anchors, at the site of the Longjiang Shipyard. This discovery provides further substantiation that the shipyard was the largest one during the Ming in Nanjing.

Keywords: Nanjing, Longjiang Shipyard, Unearthed Iron Anchor

世界已知最早的风帆
——跨湖桥遗址、亮岛人及新石器时代跨台湾海峡迁徙之综合研究

周海斌　吴　健*

摘　要： 国内学术界认为，中国风帆出现的年代，要比古埃及（埃及涅伽达 Naqada 时期，公元前3100年）晚约1 500年，甚至晚约3 200年。近期西方有关学者的研究表明迄今世界上最早风帆出现的时间可上溯至公元前5500—公元前5000年（美索不达米亚欧贝德 Ubaid 时期）；国内方面，2002年杭州萧山跨湖桥遗址出土了距今8 000～7 000年的与独木舟及水上航行相关的一系列文物，从图形影像、实物文物、技术演进水平方面提供了相较于美索不达米亚欧贝德2/3时期的双脚桅杆船纹陶盘以及埃及涅伽达文化二期的舟船风帆岩画更早且更丰富充分的证据链，证明中国跨湖桥文化（8000～7000 BP）已出现和使用已知中国和世界上最早的风帆。同时，将跨湖桥遗址风帆之证据链，与福建闽江口外的马祖列岛“亮岛岛尾Ⅰ遗址”出土的“亮岛人”1号（c.8190 BP）和“亮岛人”2号（c.7550 BP）所具备的约25公里的离岸航海能力，以及距今约7 000～6 000年福建沿海远古先民（早期南岛人及其他可能族群）所具备的长距离、多日、复杂海况的航海能力和完成跨台湾海峡的航海迁徙到达台湾之历史进行关联研究，可形成中国东南沿海远古先民在距今约8 000～7 000年已开始使用风帆的更为全面的证据体系。在此基础上，笔者进一步提出有关中国和世界风帆更早出现年代（c.10000—8500 BP）的“跨湖桥-亮岛”猜想。

关键词： 风帆　跨湖桥遗址　亮岛人　南岛语族　“跨湖桥-亮岛”猜想

一、前　　言

对于中国风帆出现的年代，学术界存在一定的争论，主要有殷商说①、春

---

*　作者简介：周海斌，沧海漫录海洋文化研究室主任，深圳大学海洋艺术研究中心学术研究部主任；吴健，杭州市萧山跨湖桥遗址博物馆馆长。

①　“殷商说”其论据一是将甲骨文中的“凡”字释为“帆”，二是从文化传播的角度出发，认为只有帆的出现和使用，才能使船舶作长途航行。这一学术观点认为中（转下页）

秋战国说和汉代说[①]。总的来说，2 000 年前的中国学术界普遍认为：若论帆出现的年代，埃及比中国早得多，时间差距为 1 500 年或 3 200 年不等。之后，国际考古领域有了新的发现，将世界上最早出现风帆的年代进一步提前。

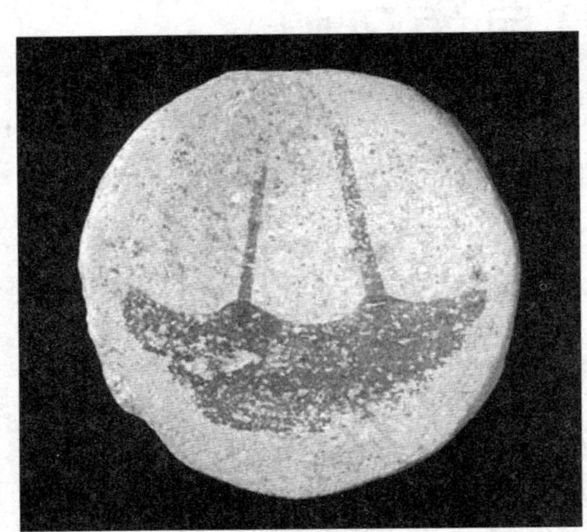

图 1　欧贝德 2/3 时期 As-Sabiyah 遗址出土的双脚桅杆船型纹陶盘

两河流域，美索不达米亚欧贝德时期(Ubaid Period)出土了一批与舟船文化有关的文物，其中欧贝德 2/3 时期(5500 BC—5000 BC)As-Sabiyah 遗址(现科威特境内)出土了一件直径约 7 厘米的船纹陶盘(图 1)[②]，有西方学者认为该船型纹描绘有双脚桅杆，此类桅杆被应用在该地区出现的芦苇捆扎船上，桅杆是为使用风帆而设，因此该船纹陶盘被西方学者认为是已知人类最早在舟船上设立桅杆、进而使用风帆的证据[③]。需要强调的是该船纹陶盘尚未出现风帆的直接形象。

该遗址还出土了一件长 15 厘米的船模(图 2)。该船模与图 1 陶盘船型图案有相似之处。同时，此艘船模存在 3 个边沿开孔，有西方学者认为这类开孔是系索具之用[④]，亦可作为欧贝德时期人类使用桅杆和风帆的旁证[⑤]。而后述欧贝德 4 时期(4500 BC—4000 BC)出土的带有桅杆座结构的船模也同样存在边沿开孔的情况(详见图 3)。

欧贝德 4 时期(4500 BC—4000 BC)Eridu 遗址出土的一艘船模存在一个孔状结构，被有关西方学者认为是桅杆座结构(图 3)[⑥]，区别于前述双脚桅杆，

(接上页) 国帆在年代上大致较尼罗河流域晚 1 500 年。详见席龙飞：《中国造船史》，湖北教育出版社，2000 年，第 50 页。

① 不少学者并不赞“殷商说”，认为中国风帆出现的年代要晚至春秋战国甚至东汉。如文尚光先生认为，在我国的历史文献中，有关风帆的记载以东汉马融的著作《广成颂》(115)为最早(详见文尚光：《中国风帆出现的年代》，《武汉水运工程学院学报》1983 年第 3 期，第 64、65 页)。席龙飞先生提及古埃及新石器时代晚期的陶质花瓶所描绘的方帆船，其年代可追溯到公元前 3100 年(详见席龙飞：《中国造船史》，第 48 页)。按此推算，中国风帆出现的年代要较前述古埃及之方帆船图形花瓶之年代晚约 3 200 年。

② Robert Carter. *Boat remains and maritime trade in the Persian Gulf during the sixth and fifth millennia BC*. Antiquity Publications，2006，pp.53，55.

③ Robert Carter. *Boat remains and maritime trade in the Persian Gulf during the sixth and fifth millennia BC*，p.55.

④ Robert Carter. *Boat remains and maritime trade in the Persian Gulf during the sixth and fifth millennia BC*，pp.53-55.

⑤ Edited by Daniel T. Potts. *A companion to the archaeology of the ancient Near East Vol. 1*. Blackwell Publishing Ltd.，2012，p.350.

⑥ Edited by Daniel T. Potts. *A companion to the archaeology of the ancient Near East Vol. 1*，pp.348-350.

图 2　欧贝德 2/3 时期 As-Sabiyah 遗址出土的边沿开孔船模

图 3　欧贝德 4 时期带有桅杆座结构的船模图示①

此桅杆座显示的则是一根独立的插入式桅杆的结构，该文物也被认为是欧贝德时期人类最早使用桅杆和风帆的证据之一。该文物作为船模及桅杆座的认定尚存在一定争议，有学者认为其是用于捻线的纺轮，但这一观点亦被认为存在缺陷②。

除欧贝德各期相关出土物外，耶鲁大学埃及学研究所主任 John Coleman Darnell 关于底比斯西部沙漠中 Horus Qa-a 河谷发现的涅伽达文化二期（Naqada Ⅱ，c. 3500—3200 BC③）晚期岩画研究表明，其中有一艘描绘了迄今已知最早风帆的舟船图形（图 4）④。

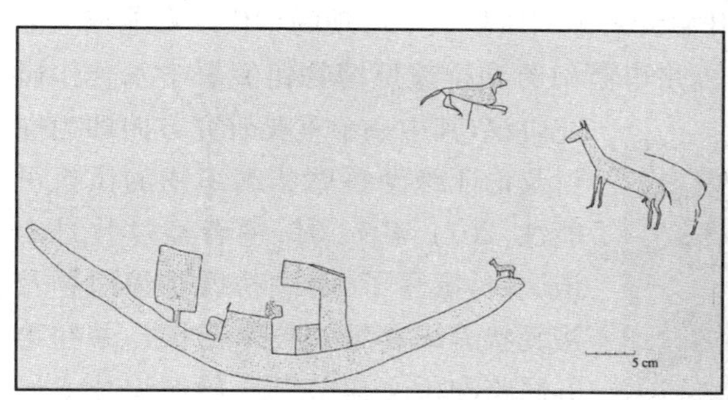

图 4　涅伽达文化二期 Horus Qa-a 河谷帆船岩画

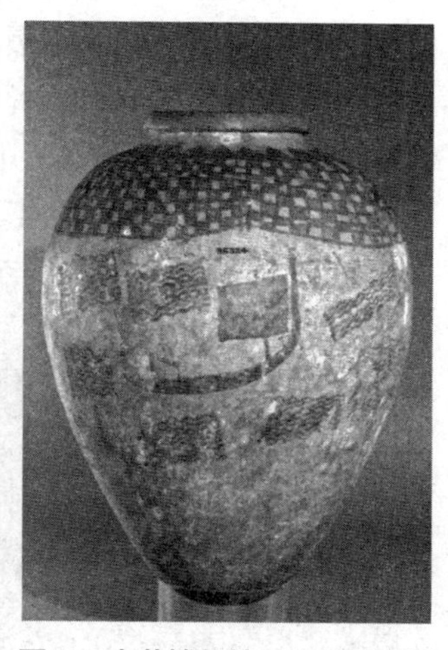

图 5　大英博物馆 EA35324 藏品

前述席龙飞先生著作中提及古埃及新石器时代晚期的陶质花瓶所描绘的方帆船，是现存大英博物馆的 EA35324 藏品（图 5），与其著作 2.2 中所述

① Edited by Daniel T. Potts. *A companion to the archaeology of the ancient Near East Vol. 1*, 2012, p.348.

② Edited by Daniel T. Potts. *A companion to the archaeology of the ancient Near East Vol. 1*, 2012, p.350.

③ https://en.wikipedia.org/wiki/Naqada_culture.

④ John Coleman Darnell. The Wadi of the Horus Qa-a: A Tableau of Royal Ritual Power in the Theban Western Desert. http://www.yale.edu/egyptology/ae_alamat_wadi_horus.htm.

岩画同属埃及史前涅伽达文化，该陶罐上描绘了一艘更为具象的方帆船(图 6)，其年代可推溯到公元前 3100 年①。

图 6　大英博物馆 EA35324 藏品陶罐绘纹展开图

以上考古发现及相关研究表明，迄今世界上最早出现桅杆(风帆)的年代可上溯至欧贝德 2/3 时期(5500 BC—5000 BC)，最早出现直接风帆形象证据的年代可上溯至涅伽达文化二期(c. 3500 BC—3200 BC)。

然而中国的考古发现，使得既往研究面临新的挑战。2002 年杭州萧山跨湖桥遗址出土了距今 8 000～7 000 年的与独木舟、水上航行相关的一系列文物：中国及亚洲最古老的独木舟、木桨、石锛、锛柄等，在独木舟及相关遗迹的清理过程中，还发现多处小块的席状编织物。其中一块保存较好，对于该席状编织物，有多位学者认为其可能是一面原始风帆的遗存②，但该席状编织物是否真可做风帆之用？在本文之前尚未见有其他学者作深入论证。

笔者于 2013 年下半年开始针对中国风帆最早出现的年代及可能相关证据进行调研；2014 年 9 月与杭州市萧山跨湖桥遗址博物馆签署学术合作研究协议，其中一个重要研究方向即为探讨及论证跨湖桥席状编织物的风帆可能性，2014 年 11 月，笔者经过数月走访调研，撰写了《跨湖桥席状编织物及簸箕状编织物编织技术初探》，并在第五届跨湖桥文化节暨原始纺织技术研讨会上作了该文的报告，同时开始对两块编织物的风帆属性进行研判；2015 年 6 月笔者发现跨湖桥 T0512⑤A：10 陶器纹饰拓片图案呈现舟筏、风帆、渔网的影像(图 7)；2014—2015

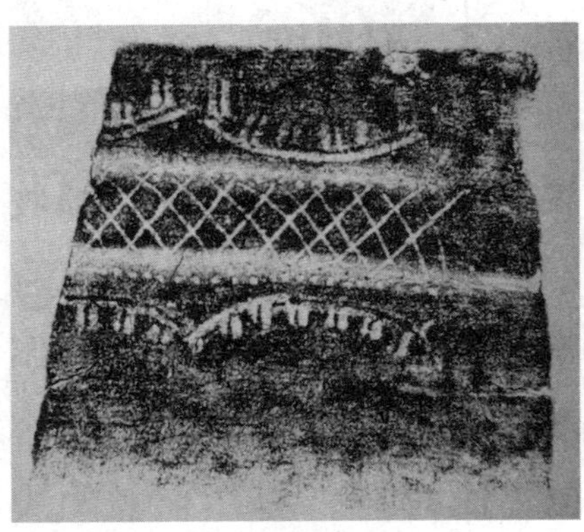

图 7　跨湖桥遗址 T0512⑤A：10 陶器纹饰拓片

① 席龙飞：《中国造船史》，第 48 页。

② 吴健：《跨湖桥遗址独木舟出土状态分析及思考》，《跨湖桥文化国际学术研讨会论文集》，文物出版社，2012 年，第 132、133 页；何志标：《跨湖桥独木舟对探索中国舟船文化发端的重要意义》，载《跨湖桥文化国际学术研讨会论文集》，第 194 页；吴春明：《史前航海舟船的民族考古学探索》，《海交史研究》2009 年第 2 期，第 66 页。

年，笔者复原试制了跨湖桥独木舟，并于2015年7月11日在福建省东山县马銮湾中国帆船帆板东山基地进行了海试，其中试验了根据T0512⑤A：10陶器纹饰拓片图案所呈现的可能舟首风帆形制；2016—2018年笔者基于对中国沿海使用席帆等植物编织物风帆遗存之调研进一步对跨湖桥出土编织物的风帆属性进行研判，同时将T0512⑤A：10陶器纹饰拓片图案与西方学者所发现的已知最早的桅杆风帆陶器绘纹、岩画等相关证据进行比对研究。进一步，笔者将跨湖桥有关风帆之证据与马祖列岛“亮岛岛尾Ⅰ遗址”出土的亮岛人及新石器时代福建沿海先民（早期南岛人及其他可能族群）跨台湾海峡之航海迁徙进行了关联研究。

本文即基于上述工作而展开。

二、对跨湖桥遗址（8000～7000 BP）风帆证据的考述

跨湖桥遗址位于杭州市萧山区古湘湖之滨，是长江下游一处重要的新石器中期遗址，跨湖桥文化是一种存在于距今8 000～7 000年，以湘湖及其周围地区为重要分布区，面向海洋，最后为海洋所颠覆的考古学文化①。

跨湖桥遗址出土文物中以独木舟最具代表，是亚洲现存年代最早的独木舟，也是世界上出土最早的独木舟之一。除了独木舟，遗址还出土了一批种类丰富的与舟船文化相关的文物：两块编织物、绘有舟筏图案的陶片、多样式的木桨、浮标、石锛、锛柄、制舟木料等。其中，标本T0512⑤A：10陶片绘纹图案、席状编织物、T0410湖Ⅲ：15编织物可作为跨湖桥文化已出现风帆的直接证据，同时亦有其他关联辅助证据，以下逐一阐述。

（一）T0512⑤A：10陶器纹饰考释

跨湖桥遗址出土了一块上宽约6.3厘米、下宽约7.6厘米、高约6.85厘米的陶片：标本T0512⑤A：10。该陶片出土于独木舟主体所在的T0512探方，陶片上绘有纹饰，纹饰拓片见图7。考古报告中说明如下：“标本T0512⑤A：10，罐领部残片。弦纹间施网格纹，上下为对称的弧线篦划纹。”②

上述“弧线篦划纹”，笔者认为是以原始朴素的手法描绘了四艘舟筏图案（可能为独木舟，亦有可能为竹筏），其中两艘完整，两艘局部，“网格纹”描绘了渔网，而上下对称的“弧线篦划纹”，下部可解读为上部舟筏图案之倒影。“弧线篦划纹”中的“弧线”抽象描绘了两头翘起的舟筏，而“篦划纹”则抽象描绘了

① 蒋乐平主编：《浦阳江流域考古报告之一·跨湖桥》，文物出版社，2004年，第334页。

② 蒋乐平主编：《浦阳江流域考古报告之一·跨湖桥》，第69页。

乘舟筏之人等。同时，需要补充的是，在《浦阳江流域考古报告之一·跨湖桥》一书中对应说明文字里所没有描述的一项内容，即在上侧弦纹下部，以及网格纹的下部，各有一排点状纹，此两排点状纹应描绘了浮标和网坠。

四个“弧线篦划纹”中，上部居中完整的那个“弧线”（舟筏主体）（图 8，1 号框内），其左侧首部最左侧第一对“篦划纹”（图 8，2 号框内）较该“弧线”（舟筏主体）中其他“篦划纹”高大，且样式与其他的“篦划纹”有所不同，该弧线（舟筏主体）内所有其他“篦划纹”均与弧线相交贴合，唯有该线框内“篦划纹”与“水平面”相交垂直，且该对“篦划纹”下端与“弧线纹”（舟筏主体）分离，而在该对“篦划纹”中间黑色竖线纹（桅杆）底端又与舟体相连，显示了桅杆之结构，笔者认为其很可能描绘了插在左侧舟首的桅杆及展开的风帆。

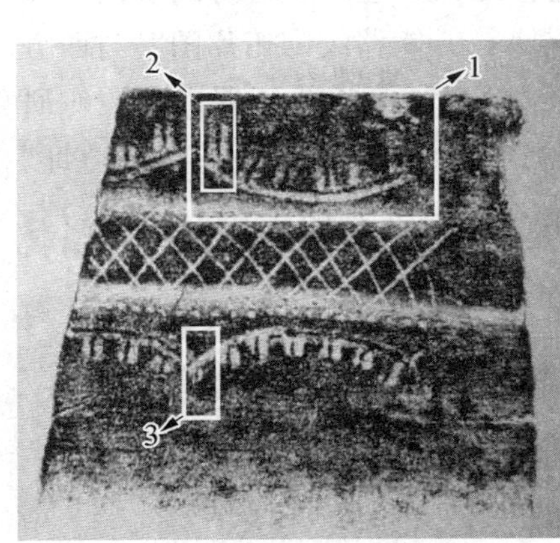

图 8　标本 T0512⑤A：10 陶器纹饰拓片中的舟筏桅杆及风帆图形

需注意的是，该“弧线”（舟筏主体）对应网格纹下部反向之“弧线”（舟筏主体）在左侧首部有一小点“篦划纹”图形（图 8，3 号框内），该“篦划纹”相较其他“篦划纹”小很多，说明该图形很可能有残损。1 号框内“弧线”（舟筏主体）最右侧的“篦划纹”也有残损之痕迹，但其样式则与 3 号框内残损图形之样式有明显区别。因此，笔者认为，3 号框内舟首“篦划纹”在未残损时亦有可能描绘了桅杆与风帆。

标本 T0512⑤A：10 陶片纹饰拓片图案，以相对抽象的手法描绘了跨湖桥先民使用立有首部风帆的舟筏撒网的场景，该图案整体上可能有两种解读。一、网格纹下方之舟筏图形为上部舟筏图形在水中之倒影。倒影本应紧贴舟筏，之所以是分离的表现手法，可能是因为远古绘制者想要综合表现舟筏、渔网及倒影，当舟筏与渔网相联画在一起后，若舟筏与倒影也相联，则渔网和倒影重叠，画面会较为杂乱，因此远古绘制者做了处理，以此手法，画面简洁明了，具有对称平衡的美感。二、该图案为四艘舟筏撒网联合作业，上两艘舟筏与下两艘舟筏各执渔网一边的俯瞰平面展开图。

关于桅杆在船中的位置，文献有相应记载。东汉刘熙所著《释名》是中国最早探究事物名源的专著之一，其中记载：“《释船》：船，循也，循水而行也。又曰舟，言周流也。其前立柱曰根，根，巍也；巍巍，高貌也。”北宋《太平御览》舟部四：桅，《释名》曰：船前立柱曰桅。桅，巍也。《释名》中的“根”字与《太平御览》中的“桅”字相通，意为桅杆，其位置为“其前”“船前”，而非“其中”“其后”。由此可见，在东汉及以前，桅杆立于船前，应是通行的舟筏结构。此记载与跨湖桥 T0512⑤A：10 陶片纹饰拓片中所描绘的舟筏、桅杆、风帆间的相对位置相吻合。

桅杆风帆立于较长舟筏的首部，这种舟筏形制当下已较为少见，近代中式帆船的主桅大多居中。因此笔者在 2015 年 7 月进行的跨湖桥独木舟首次复原试制及海试中也同样将桅杆风帆立于舟首进行实验。实验表明该类风帆可操作使用并产生推动力(图 9)。此类风帆形制，印度尼西亚南岛人原住民在近代仍有使用(图 10)。因此，笔者所解读的标本 T0512⑤A：10 陶片纹饰拓片中桅杆风帆立于首部的舟筏形制是客观存在的。

图 9　跨湖桥独木舟首次复原试制及海试(舟首立有席帆)

图 10　印尼原住民使用舟首简易风帆的边架独木舟航行

跨湖桥 T0512⑤A：10 陶片为罐领部残片，其绘纹图案中两艘舟筏首尾相连、舟筏两头翘起的表现手法，与后代战国、西汉出土的青铜器上之船纹相似，两者可能存在传承关联。此可作为标本 T0512⑤A：10 陶器绘纹中舟筏元素判定的参考旁证。除下述三件文物外，还有其他较多文物上有类似船纹，不一一列举。

中国港口博物馆馆藏战国(c.500—221 BC)船纹青铜缶上，铸有船纹，两船纹间略有间隔(图 11)。

图 11　战国船纹青铜缶

广西贵港罗泊湾 1 号墓 M1：

10 铜鼓，其年代为西汉初期，大鼓（M1：10），鼓身九晕圈，第四晕圈（在胸部）是六组羽人划船纹（图 12）。

图 12　贵罗 M1：10 号鼓鼓身绘纹展开图

广州西汉南越王墓（c.122 BC）的船纹铜提筒，其上铸有 4 艘首尾相连的羽人船，每船有羽人 5 名（图 13），该船纹可能呈现了舟首桅杆、中部主桅。

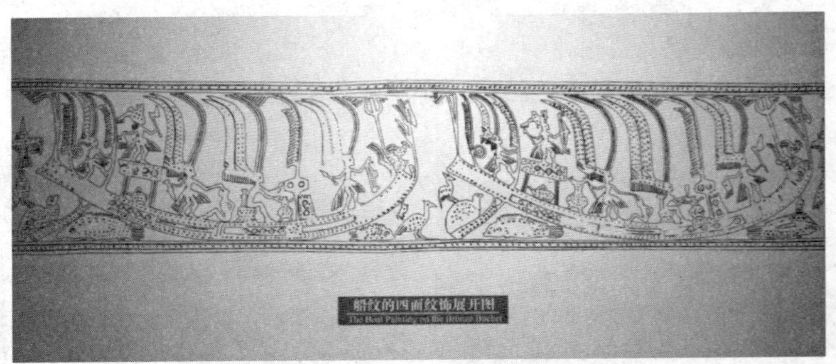

图 13　南越王船纹铜提筒船纹展开图

综上所述，与美索不达米亚史前欧贝德 2/3 时期双脚桅杆船纹陶盘图形相对，标本 T0512⑤A：10 陶片纹饰拓片中的图形，整体内容更为丰富，舟筏上除了桅杆，还描绘了风帆，展现了航行撒网的整体场景，而欧贝德 2/3 时期双脚桅杆船纹陶盘图形内容为舟船和桅杆，相对单一。时间上来说，跨湖桥文化（8000—7000 BP，6050 BC—5050 BC）整体上早于欧贝德 2/3 时期（5500 BC—5000 BC）。

与埃及史前涅伽达文化二期晚期船型岩画图形相比，标本 T0512⑤A：10 陶片纹饰拓片中的图形可能表现了水上航行撒网的场景，图形更为具象，且舟筏与风帆的比例也更为协调，更接近于实船。从时间上来说，跨湖桥文化远早于涅伽达文化二期（c.3500 BC—3200 BC），相差至多 2 500 年。

与埃及史前涅伽达文化陶罐方帆船绘纹图形相比，EA35324 藏品的绘纹图案中，桅杆与风帆的特征较标本 T0512⑤A：10 陶片纹饰拓片更为显著，桅杆与风帆的辨识度更高，更为具象。但从时间上来说，标本 T0512

⑤A：10 陶片代表的跨湖桥文化远早于大英博物馆 EA35324 藏品所代表的埃及史前涅伽达文化，相差至多 2 900 年。

(二) 跨湖桥席状编织物及 T0410 湖Ⅲ：15 编织物之风帆属性研判

跨湖桥遗址还出土了两块编织物：跨湖桥席状编织物及 T0410 湖Ⅲ：15 编织物。如前所述，有多位学者认为席状编织物可能是一面原始风帆的遗存，但其是否真可做风帆之用？而 T0410 湖Ⅲ：15 编织物，其是否也可做风帆呢？

两块编织物中较大的，是在 2002 年出土的独木舟旁发现的，"在独木舟及相关遗迹的清理过程中，还发现多处小块的席状编织物。其中一块保存较好(编号 30)。篾片的单根宽度约 0.38 厘米，从残处观察，似有双层，下层单根宽度约 0.8 厘米。编织物形状呈梯形，三面残，但残面比较完整，完整一面斜向收边，残幅最宽约 60 厘米，最窄约 50 厘米。较宽一侧有 T 字相交的木质条骨编织其中"①(图 14)。其木质条骨宽度约为 1.09～1.52 厘米。

图 14　跨湖桥席状编织物②

除此之外，跨湖桥遗址还出土了另一块编织物：标本 T0410 湖Ⅲ：15，簸箕，保存较好，前端有木质边骨，宽约 34 厘米；后端起角，由此定为簸箕类编织物，材质似竹③(图 15、16)。根据图 18 测量，单根篾条宽度约为 0.6～1 厘米。其木质边骨约为 1 厘米。但根据出土照片，可能该边骨处于倾斜或垂直于地面的状态，因此无法判定 1 厘米为其厚度还是宽度。

---

① 蒋乐平主编：《浦阳江流域考古报告之一·跨湖桥》，第 46 页。
② 蒋乐平主编：《浦阳江流域考古报告之一·跨湖桥》，彩版一七。
③ 蒋乐平主编：《浦阳江流域考古报告之一·跨湖桥》，第 217 页。

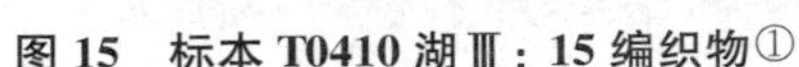

图 15　标本 T0410 湖Ⅲ：15 编织物①

图 16　跨湖桥 T0410 湖Ⅲ：15 编织物②

据了解，相关考古机构并未对跨湖桥席状编织物之材质做精准鉴定，根据“跨湖桥遗址文化层孢粉种类和百分率统计表③”③显示，香蒲、莎草科、禾本科在遗址文化层的孢粉种类中均有出现，因此该席状编织物的材质存在多种可能。比对样式接近且适于编织的材料，香蒲、咸草（莎草科）、芦苇、竹（禾本科）等，是可能的具体品种。

针对不同的编织材料，笔者走访了国内多地（山东、河北、浙江、福建），寻访了多位芦苇、蒲草、竹编工匠以及中国竹工艺大师、被誉为当代竹编艺术第一人的何福礼先生，将跨湖桥两块编织物的照片出示给他们看，广泛听取意见，也同时观察不同材料的编织方法来与跨湖桥两块编织物进行比对。

竹编专家何福礼先生及多位工匠均指出跨湖桥席状编织物使用了多种编法，可以分辨出压一、压二、压三的编法，还混合了扇形（V 字形）编法（详见图 17、18、19、20），显示了该席状编织物可能存在规律性的混合花纹编法，

图 17　席状编织物不同编法示意区域④

① 蒋乐平主编：《浦阳江流域考古报告之一·跨湖桥》，图版二。

② 蒋乐平主编：《浦阳江流域考古报告之一·跨湖桥》，第 215 页。

③ 蒋乐平主编：《浦阳江流域考古报告之一·跨湖桥》，第 351 页。

④ 1. 压一编法示意区域（放大图见图 18）；2. 包含压二、压三等复杂花纹编法示意区域（放大图见图 19）；3. 扇形（V 字形）编法示意区域（放大图见图 20）。

亦有双层互穿混合编织的可能(出土时已有残损,无法确切辨识)。这些较复杂的编法不是随意编出的,因为编织普通平席无须如此复杂的编法,因此这很可能是为了形成某种形状、实现某些功能,例如图 21 所示何福礼先生的竹编工艺品中白框区域内可观察到由于形状改变而产生的 V 字形编法。以跨湖桥席状编织物的篾条宽度、编织紧密程度以及双层编法,从功能上应可实现较好的隔水挡雨的效果,结合其上所捆扎的条骨,猜测其可能是蔽日挡雨的船篷或者屋顶棚等。相较而言,跨湖桥 T0410 湖Ⅲ:15 编织物所使用的编法则较为简单,整体为压二挑二的编法,未见明显的多种编法。从以上情况来看,跨湖桥文化先民的编织技术较为成熟、水平较高。调研中,有多位工匠表示跨湖桥席状编织物的编织者的技术较高超,且他们自己尚未完全掌握该席状编织物的编织技术及方法。

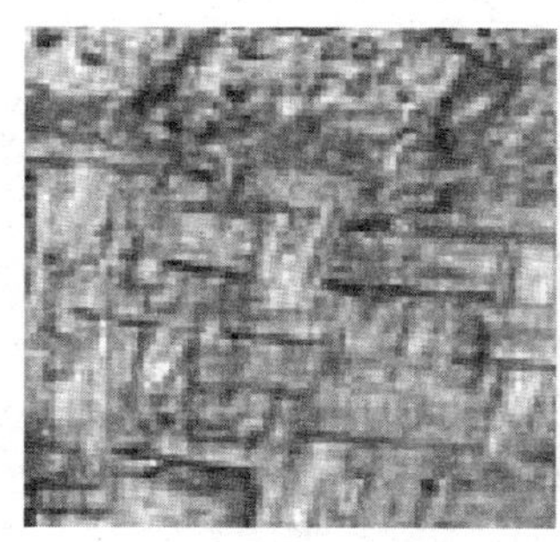

图 18　示意区域 1 局部放大图

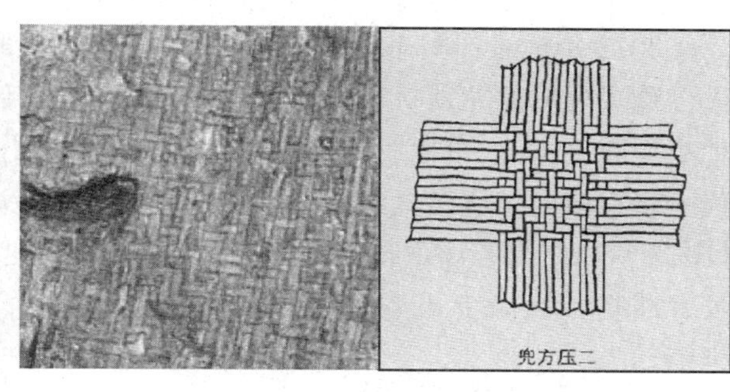

图 19　示意区域 2 局部放大图

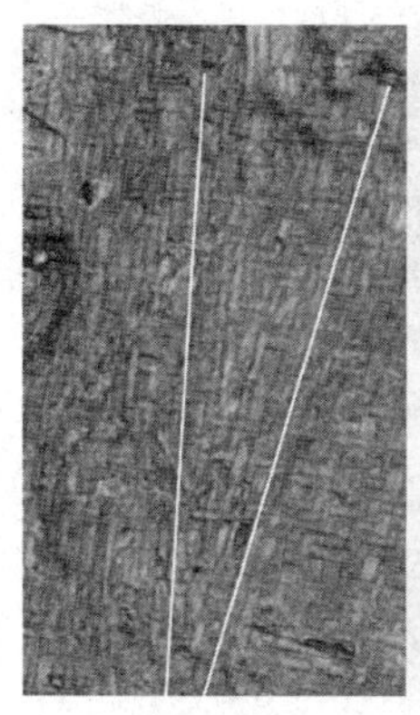

图 20　示意区域 3 局部放大图(白色为示意辅助线)

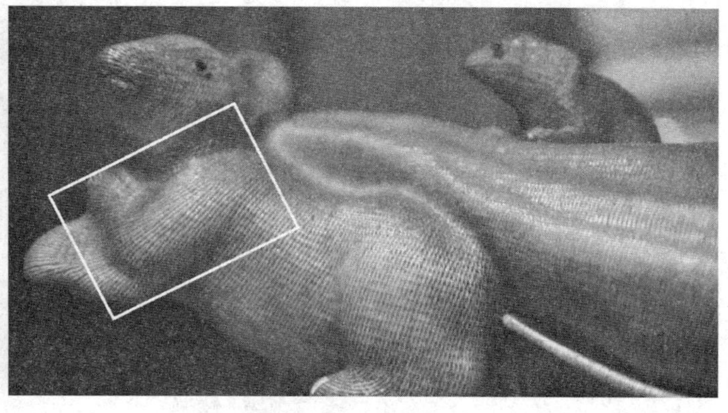

图 21　白框区域内可见为改变形状而产生的 V 字形编法

如前文跨湖桥考古报告中的描述:标本 T0410 湖Ⅲ:15,簸箕,保存较好,前端有木质边骨,宽约 34 厘米;后端起角,由此定为簸箕类编织物,材质似竹(图 15、16)。簸箕起角处是靠近边骨这一端(前端),而后端平整(图 22、23),这与考古报告中的描述正好相反。后端席面起角,很可能是其被折叠弯曲。因此,笔者认为不能将其判断为簸箕,而应描述为带平整边骨的席类编织物。

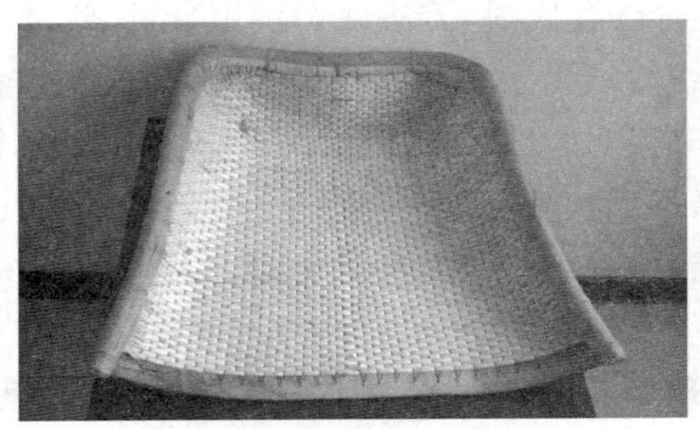

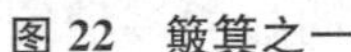

图 22　簸箕之一

图 23　簸箕之二

中国历史典籍文献中有使用席帆等植物编织物风帆的大量记载，目前，中国沿海地区仍有极少的遗存，将这些植物编织物风帆与跨湖桥两块编织物进行比对研究，是对跨湖桥编织物风帆属性研判的重要依据。

2018 年笔者在闽东地区调研期间，发现了一面席帆，是当地造船工匠林先生购买现成的龙须草草席按当地传统方式拼接制作的，该种席帆用于当地小型航海帆船“皇桶船”之上（图 24、25）。据制作者介绍，此类席帆在近现代一直有使用。该席帆由数张草席拼接缝制而成，帆面扎有 5 条竹条作帆桁（图 26），以细绳与席面捆扎相连；帆面竹条只捆扎在一面上（图 27），另一面没有捆扎。帆面上下各以一根对剖开的竹子夹住草席边缘捆紧做上下担桁。

图 24　使用龙须草席帆的皇桶船

图 25　皇桶船之桅座

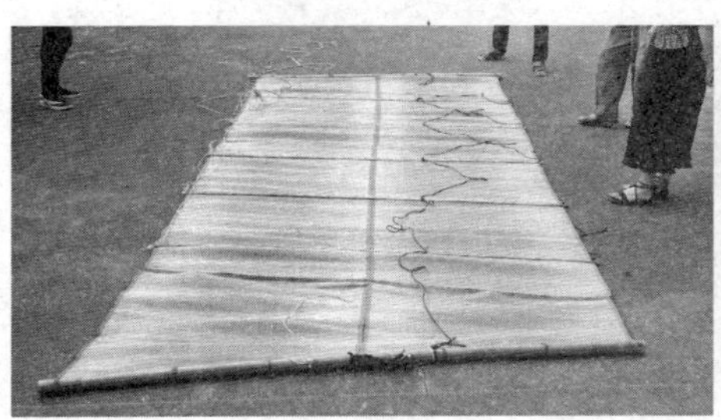

图 26　闽东龙须草席帆

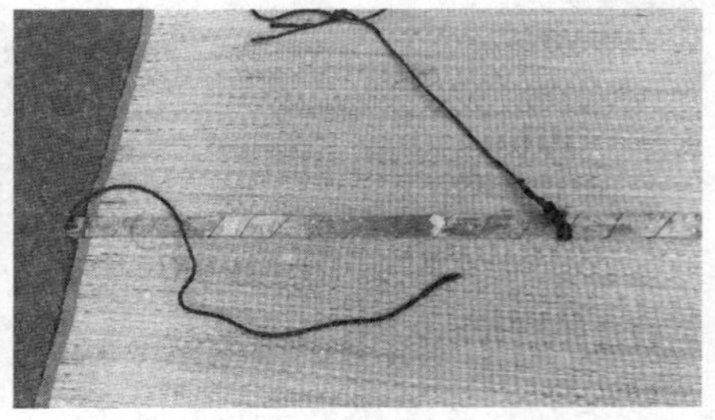

图 27　细绳捆绑竹条做帆桁

制作该皇桶船和席帆的林先生 76 岁（2018 年），据其介绍，该船及席帆的建造方法自其祖辈传承至今，但已有超过 30 年没有使用，是因当地村民节庆游街之需而新造。

龙须草席帆与跨湖桥席状编织物的比对，总体相似度较低，两者的编织材料和编织方法完全不同：龙须草席帆做帆桁的竹条和做上、下担桁的竹条是单向平行的，而跨湖桥席状编织物的木质条骨为两个方向上垂直相交；龙须草席帆为单层，跨湖桥席状编织物很可能为双层。

而将龙须草席帆与跨湖桥 T0410 湖Ⅲ：15 编织物比对，则呈现出结构上的相似之处：两者虽然在编织材料和编织方法上完全不同，但龙须草席帆做帆桁的竹条和做上、下担桁的竹条与跨湖桥 T0410 湖Ⅲ：15 编织物的木质边骨均是单向的，且两者均为单层，边缘也均有两层竹条或木条夹住席面。

笔者在闽东地区还发现另一种席帆，该席帆使用当地晒稻谷的老旧竹茓（当地称之为竹 bǐng，借用“茓”字，其他某些地区称之为晒席），帆面正反夹有 3 对（6 根）竹条作帆桁，竹条与帆面捆扎相连；上、下各以两根较粗竹条夹住帆面捆紧做上、下担桁（图 28、29），制作者刘登禄先生 1953 年出生，据他介绍该种席帆的制作和使用技艺由其祖辈传承。他第一次制作和使用约在 1973 年，2017 年应笔者请求制作了该竹茓席帆。

图 28　制作中的竹茓席帆

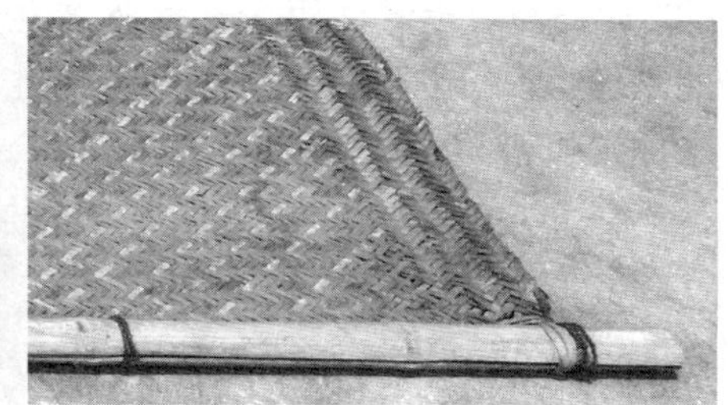

图 29　以竹条夹住上、下席面边缘作上、下担桁

该竹茓席帆高约 371 厘米，宽约 269 厘米，上下担桁竹条宽约 4～5 厘米，席面竹条帆桁宽度约为 3 厘米，席面单根篾条宽约 0.5～0.8 厘米。席面编织纹理为压三挑三，细节见图 30。

图 30　竹茓篷帆篷面编织纹理（压三挑三）

竹茓席帆与跨湖桥席状编织物的比对，总体相似度低。竹茓席帆帆面竹编编织手法为压三挑三，跨湖桥席状编织物虽使用该种编织手法，但整体上编法较竹茓席帆要复杂；另外竹茓席帆为单层，其帆桁和上、下担桁是单向平行的，竹条在席面双侧相夹这些特征均与跨湖桥席状编织物不同。但两者也有相似之处：竹茓席帆的篾条宽度为 0.5～0.8 厘米，跨湖桥席状编织物的上层篾条宽度约 0.38 厘米，下层约 0.8 厘米，两者相近。

若将竹茓席帆与跨湖桥 T0410 湖Ⅲ：15 编织物比对，则相似度较高。

虽然编织手法是压三挑三和压二挑二的区别，但整体统一、编织手法无变化的整体布局两者相同，且均为单层，边缘有两层竹条或木边包边，竹篾宽度相近，帆桁和上、下担桁与木制边骨均为单向。

图 31　竹芮席帆兜风效果良好

2017 年 8 月，笔者参与了刘登禄先生等人使用竹芮席帆进行的近海航行。该竹芮席帆使用了一根毛竹作桅杆。航行时该竹芮席帆兜风效果良好，由图 31 可见上下担桁及帆桁间形成了 4 个弧形兜风面，竹条帆桁也受风压导致弯曲。

除此之外，笔者在闽南漳州东山岛调研期间，据当地造船工匠介绍，1949 年后，他们仍有用装白糖的咸草包，拆开铺平后拼接，做成席帆使用，但笔者尚未找到过往的资料照片。笔者在 2015 年进行跨湖桥独木舟首次复原试制海试期间，制作了一面小型的咸草席帆。该咸草席帆高 187 厘米，宽 118 厘米，单根草篾宽度约 0.3～0.6 厘米（图 32、33）。笔者使用 3～3.5 厘米宽的两对竹条上下夹住咸草席并用藤条捆紧作上、下担桁，上担桁竹条上捆扎一根细竹作复合上担桁。该咸草席帆未加装帆桁。

图 32　笔者自制的咸草席帆

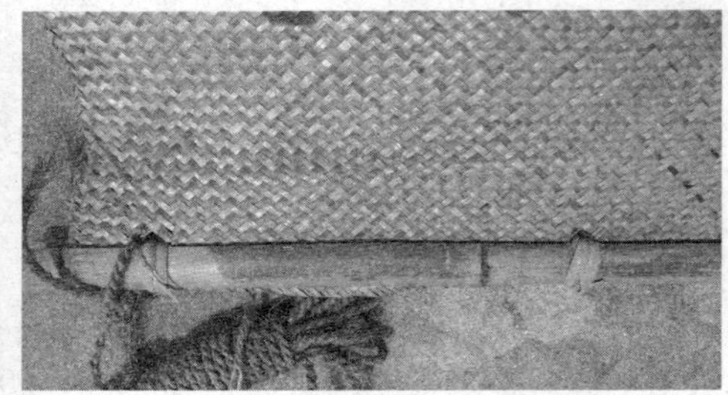

图 33　咸草席帆帆面编织手法及竹条压边作为下担桁

咸草席帆与跨湖桥席状编织物的比对，总体相似度低，主要表现为咸草席帆为单层，整体上编法较要复杂，其上、下担桁为单向且担桁竹条在席面双侧相夹，以上几点均表现出与跨湖桥席状编织物不同的特点。而将咸草席帆与跨湖桥 T0410 湖Ⅲ：15 编织物比对，则相似度较高，表现为两者编织手法完全相同，上、下担桁的走向及双面加持边缘等。本咸草席帆为笔者根据漳州东山岛造船老工匠介绍，结合自身假想制作并实验，并非完全还原传统席帆制作技艺，因此作辅助参考。

笔者在跨湖桥独木舟首次复原试制海试期间使用了该咸草席帆进行了航行实验，该席帆有较好的兜风航行的效果——带着边架式独木舟航向近岸木桩，笔者需使用竹篙减速“刹车”（图 34）。

图 34　笔者使用咸草席帆航行实验

综上所述，基于应用的需要，席帆的编织手法无须复杂，应是简单的，一般风帆单层编织即可，而跨湖桥席状编织物所使用的编织手法是复杂、多变且为多层，因此其作为风帆的可能性较小。而跨湖桥席状编织物所使用的为形成某种形状的编织手法，同时功能上能够挡雨的可能双层结构，使笔者据此两点推断其可能是雨篷（顶篷），在跨湖桥文化时期，雨篷至少可以使用在舟筏上蔽日挡雨。宋代诗人陆游在其《朝中措》中写道"晴山滴翠水挼蓝。聚散渔舟两复三。横埭北，断桥南。侧起船篷便作帆"，描写了一物多用，使用船篷做风帆的场景。因此在特殊情况下，跨湖桥席状编织物延展编织达到一定面积的情况下，也可能能够作风帆之用。但由于对于跨湖桥席状编织物是否可作雨篷仍需论证，因此本段讨论仅作参考。

就 T0410 湖Ⅲ：15 编织物而言，与其制作手法相似的植物编织物风帆在中国历史文献中存在较多记载，并在历史中被长期使用，直至今日仍有遗存，而且当下席帆的制作工艺仍非常简单，跨湖桥 T0410 湖Ⅲ：15 编织物从编织材料、编织手法、篾条宽度、边骨形式这些方面均满足作为风帆的要求。因此延展后的 T0410 湖Ⅲ：15 编织物是可以作风帆之用的。除此之外，此类编织物也可有其他用处，例如竹芮席帆之竹芮晒席可作晒稻谷之用，也可作睡席，也可作区隔空间的挂席等；笔者在广西调研期间，一位白裤瑶的青年介绍其听其长辈所讲述的故事，在 1949 年前，当地少数民族男青年逃避抓壮丁时，就带一卷竹席撑竹筏顺河流逃跑，该竹席在竹筏上可作风帆，也可当睡席，有合适的山洞晚上可挂在山洞口当门帘作防护遮挡之用。结合前述宋代诗词中"侧起船篷便作帆"，可总结为：席篷皆可作帆。

笔者认为，风帆的出现，具备一定的编织技术且在日常生活中使用较大面积的编织物是一项关键基础。关于风帆的出现，或许是受日常生活经验的多方面启发。如远古先民在长期使用舟筏时，遭遇较大风力从后方吹到身体上时，风力推动身体使舟筏加速，由此启发远古先民寻找较大面积兜风助推物，而其日常生活中已有之较大面积编织物自然而然被用作风帆，而当日常生活中使用较大面积的编织物遇到较大风力时，编织物受风产生兜风效果，编织物被吹起或吹跑，则能启发临水而居，善用舟筏的远古先民将其用在航行助力上。

据笔者调研，以跨湖桥 T0410 湖Ⅲ编织物的编织方法，当下一名普通的编席工人，一天至少可编织 2 块"1 米宽 2 米长"的篾席或草席，此类植物编织物由于编织材料获得便利、篾条较宽较长，所以编织效率远高于麻布等纺织编织物，因此也更容易在较短时间内编织出大面积的编织物。

结合前文所述跨湖桥席状编织物所代表的"成熟高超"的编织技术，可以判断，跨湖桥文化先民已具备编织大面积编织物的能力，且已在生活中广泛使用，例如用作睡席、顶篷席、挂席、雨篷等。由此推断，"较大面积编织物"的技术演进和物质基础在跨湖桥文化时期已经具备，跨湖桥两块编织物所代表的"成熟高超"的席类编织技术是风帆出现的关键技术基础，也是论证跨湖桥文化时期已出现风帆的技术演进证据。而该两块编织物，尤其是 T0410 湖Ⅲ：15 编织物则为 T0512⑤A：10 陶片纹饰拓片的风帆图形提供了实物文物证据。

值得注意的是，前述当下中国沿海地区所发现的席类编织物风帆的遗存，亦是将日常生活中所用的睡席、晒席等用作风帆。

(三) 跨湖桥遗址之系统性辅助证据及相关"高"技术演进水平

跨湖桥遗址是已知世界上最古老的舟船文化遗址之一，除了前文已经讨论过的 T0512⑤A：10 陶片、跨湖桥席状编织物、T0410 湖Ⅲ：15 编织物之外，还出土了一系列与独木舟和水上航行相关的文物：中国和亚洲最古老的独木舟、木桨、浮标、线段、石锛、锛柄、制舟木料等。除了可用作风帆的编织物之外，独木舟、浮标、线段等文物在 T0512⑤A：10 陶片纹饰拓片图案中亦有呈现。这些文物表明跨湖桥文化在独木舟建造、水上航行方面已达到较高的技术演进水平，也为 T0512⑤A：10 陶片纹饰中"舟筏、渔网、风帆"图形的判定以及跨湖桥文化出现并使用风帆提供了系统性辅助证据。

跨湖桥独木舟出土于 2002 年，具体位置在 T0512、T0513（探方）内[①]。舟头部上翘，另一端已损坏。独木舟残长 560 厘米，最宽处 52 厘米，厚约 2.5 厘米，舟体最大内深约 15 厘米，由整棵马尾松火烧锛刳而成。综合测年数据表明，跨湖桥遗址出土的独木舟距今近 8 000 年，属新石器时代中期，是中国和亚洲最古老的独木舟，这一发掘与发现使我国成为拥有世界上最古老独木舟的古船文明国家之一[②]（图 35）。

---

① 蒋乐平主编：《浦阳江流域考古报告之一・跨湖桥》，第 42 页。

② 吴健：《跨湖桥遗址独木舟出土状态分析及思考》，载《跨湖桥文化国际学术研讨会论文集》，第 125 页。

图 35　跨湖桥独木舟之出土现场(席龙飞先生摄)

跨湖桥独木舟的中部，有一个破损的洞孔，并覆盖以相应大小的圆木板块，在发掘之初，这个遗迹现象并没有得到关注，说明修补效果非常好。这个孔洞直径约 10 厘米，经过了修整①。根据观察，该圆木板块应是黏合在舟体上的(图 36、37)，据浙江大学为主团队的最新研究表明，圆木板块黏合在舟体上所使用的黏合剂为取自中国漆树的天然漆②。

图 36　跨湖桥独木舟舟体上的破损洞孔

跨湖桥独木舟 2.5 厘米轻薄的舟体厚度、独木舟上洞孔的黏合修补技术代表了跨湖桥文化在独木舟加工建造和水上航行应用方面，在当时所具备的先进、高超的技术演进水平，何国卫先生认为，跨湖桥独木舟的舟体黏合修补技术可以看作是一种水密舱缝技术，这应是已知世界上最早的舟船水

① 蒋乐平主编：《浦阳江流域考古报告之一・跨湖桥》，第 85 页。

② Meng Wu, Bingjian Zhang, Leping Jiang, et al. Natural lacquer was used as a coating and an adhesive 8000 years ago by early humans at Kuahuqiao determined by ELISA. *Journal of Archaeological Science*. Vol. 100, Dec. 2018, pp.80-87.

图 37　跨湖桥独木舟修补破损洞孔的圆木板块

密(舱缝)技术，在距今 8 000～7 000 年前的跨湖桥先民已经具备这样的技术，这是令人惊讶的。筏的制作较独木舟简单，跨湖桥先民之先进、高超的独木舟制作技术说明其应已具备制作筏的能力。时至今日，中国人仍在使用竹筏，因此跨湖桥先民很可能既使用独木舟亦使用筏，这也是前文所述标本 T0512⑤A：10 陶片纹饰拓片图案之“弧线篦划纹”可能为独木舟，亦有可能为竹筏的原因。

除此之外，遗址出土了一枚木浮标(T0512⑧：11)(图 38)。与此出土木浮标对应，T0512⑤A：10 陶片纹饰拓片中上下两条弦纹下部，以及网格纹的下部，各有一排点状纹，上排较模糊，下排较清晰(图 39)，此两排点状纹似描绘了浮标和网坠。

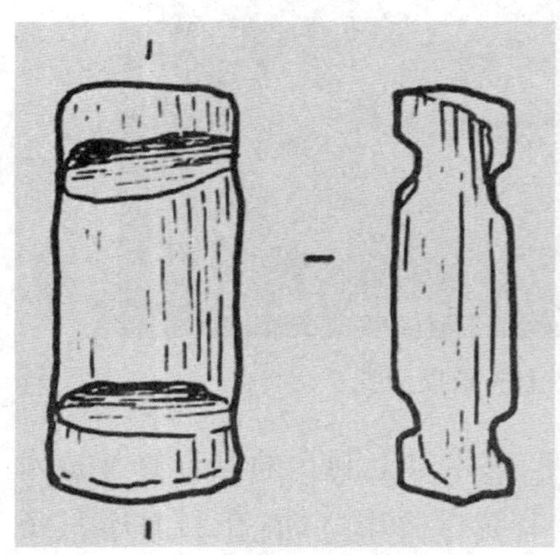

图 38　跨湖桥出土之木浮标①

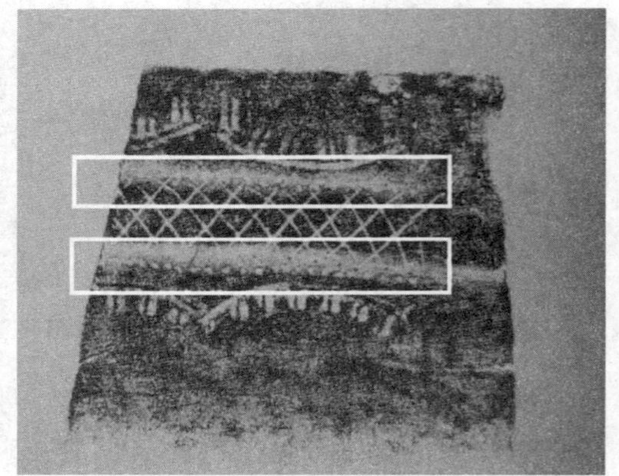

图 39　跨湖桥 T0512⑤A：10 陶片纹饰拓片上的点状纹

遗址未发现有网坠，有学者认为其出土的陶纺轮可作网坠。笔者认为网坠要有足够的重量，可根据需要采集天然、形状适合的石料捆绑或置于小

① 蒋乐平主编：《浦阳江流域考古报告之一·跨湖桥》，第 204 页。

型编织网兜中使用。而跨湖桥先民所掌握的编织技术应已具备编织网兜的能力，因此跨湖桥文化先民应具备制作网坠的能力。

另外，遗址发现了具体的线段，也出土了搓线绳的工具和纺绩用的纺轮（图 40）。线段绕在“线轮”的凹槽上①（图 41）。跨湖桥文化先民已经具备了绩线纺纱、织布、缝缀等系统的原始纺织技术②。虽然遗址没有出土渔网，结合遗址出土的浮标，可以推断跨湖桥先民已经具备编织渔网的技术。

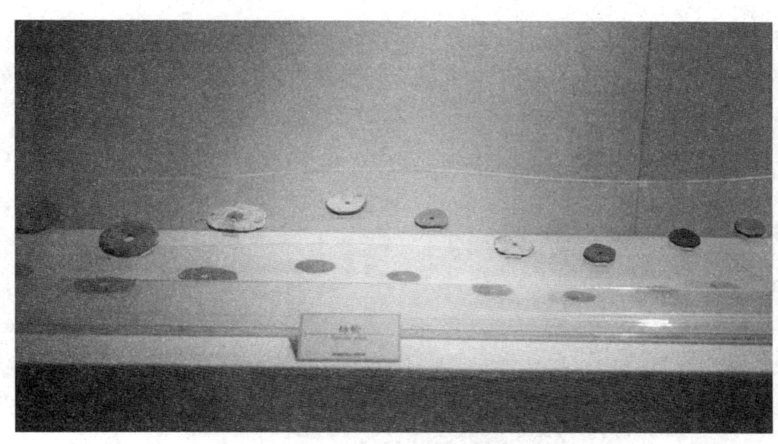

图 40　出土之陶纺轮

跨湖桥亦有木桨出土。木桨被认为是中国人最早发明使用的，在跨湖桥遗址木桨发现之前，世界上已知最古老的木桨被认为是我国河姆渡遗址所出土的木桨（c. 5000 BC—4500 BC）③。跨湖桥木桨比河姆渡木桨早约 1 000 年④。因此，据笔者目前调查，跨湖桥遗址木桨应是世界上已知最古老的完整木桨，而且其木桨还有至少两种样式。

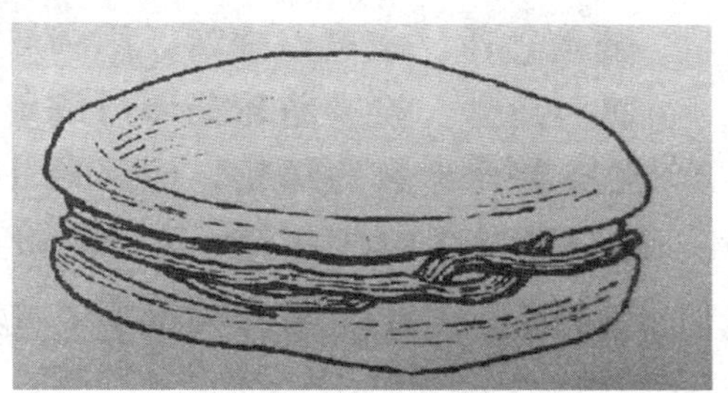

图 41　出土线轮及其上线段

跨湖桥遗址共出土桨 5 件，分两型：

A 型 3 件。器型较厚重，柄部粗短，桨部较长，加工不精。标本 T0511⑧C：3（图 42），完整，器面满砍削痕，柄长 32 厘米、通长 105 厘米、宽

① 蒋乐平：《跨湖桥文化研究》，科学出版社，2014 年，第 119 页。

② 蒋乐平：《跨湖桥文化研究》，第 116—122 页。

③ Deng, Gang. *Chinese Maritime Activities and Socioeconomic Development, c. 2100 B.C.-1900 A.D.* Westport: Greenwood Press, 1997, p.22.

④ 但另据美联社的新闻资讯显示，英国 Star Carr 遗址曾出土一块木桨残片，英国 Star Carr 遗址距今约 11 000 年，综合检索了英国 Star Carr 遗址相关信息，除上述美联社新闻信息外，未见有关该遗址木桨的其他信息，因此也未见关于该木桨残片的针对性测年信息。

13 厘米①。该木桨可能是尚未加工完成的一件 A 型木桨，但亦有可能是其他的器物。

跨湖桥独木舟的两侧，另各发现一支（A 型）木桨，编号 J1、J2。J1 号木桨长 140 厘米，桨板宽 22 厘米，厚 2 厘米，桨柄宽 6 厘米，厚 4 厘米；J2 号木桨，长 140 厘米，桨板宽 16 厘米，厚 2 厘米，桨柄宽约 6～8 厘米，厚约 4 厘米，柄部有一方孔，长 3.3 厘米，宽 1.8 厘米，凿穿，孔沿及孔壁光滑，无磨损痕迹②（图 43）。

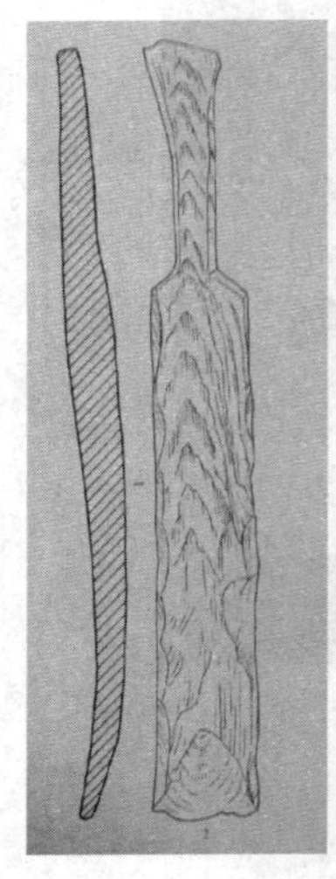

图 42　标本 T0511⑧C：3 木桨

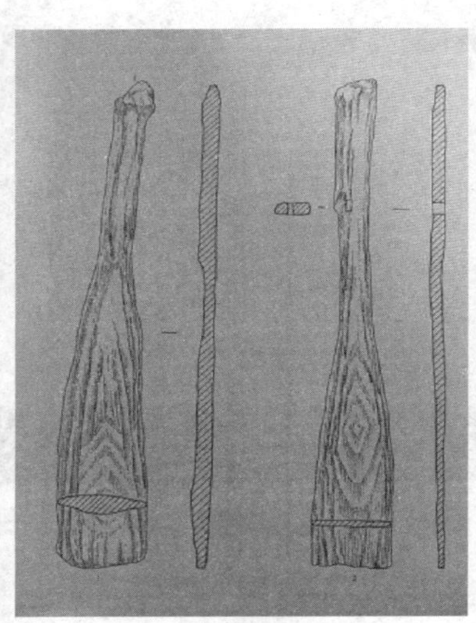

图 43　J1 和 J2 木桨

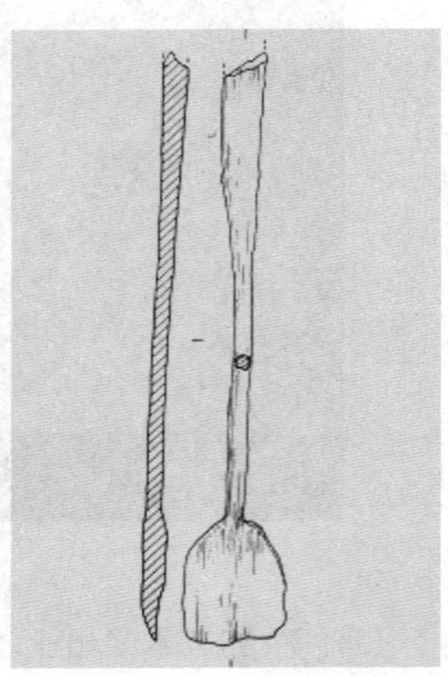

图 44　B 型木桨之标本 T0512⑥A：35③

B 型 2 件，器型较轻便。柄长。标本 T0512⑥A：35（图 44），残碎，略作复原。桨部宽扁，一面略平，另一面弧凸；柄部下小上大，表面多棱凸，未经修整。残长 61.6 厘米、最宽 13.2 厘米。另一把采集标本：28，残。桨面扁薄，面光。根部的柄断面略呈扁圆形。残长 20.4 厘米、残宽 11.2 厘米。

图 45　复原木桨

笔者请福建省东山县东山海船钉造技艺省级非遗传承人吴添才先生于 2015 年 1 月至 2 月间根据前述图片、数据信息近似复原制作了上述 5 把木桨中 4 把较完整的木桨。如图 45，自左往右，分别是 J1、J2、标本 T0511⑧C：3、标本

① 蒋乐平主编：《浦阳江流域考古报告之一 · 跨湖桥》，第 213 页。
② 蒋乐平主编：《浦阳江流域考古报告之一 · 跨湖桥》，第 46 页。
③ 蒋乐平主编：《浦阳江流域考古报告之一 · 跨湖桥》，第 208 页。

T0512⑥A：35 木桨。通过近似复原，笔者发现 A 型木桨与 B 型木桨比较起来，粗笨、高大、沉重，对臂力的消耗较大，笔者坐在独木舟内使用 A 型桨划水推进时操作较不便利，而使用 B 型木桨划桨则轻便很多。

跨湖桥先民已经有了轻便、使用效率高的 B 型木桨，那为什么还要制作相对粗笨的 A 型木桨呢？

笔者认为，A 型和 B 型两种木桨应是对应不同的应用需求，B 型较为轻便，应是可供双手划桨，在独木舟上可灵活换边操作的手桨。而由 A 型木桨较为高大、宽阔的尺寸来看，有两种可能，其一，可能是作为舟尾侧舵之用；其二，可能是柄部固定在舟体上立棍的荡桨。A 型 J2 木桨柄部凿穿的方孔，则应是用于上述两种可能中与舟体上对应结构捆扎固定位置之用。

距今 8 000～7 000 年，且是已知世界上最早的完整木桨，同时还出现了针对不同应用需求的多种不同样式，甚至 A 型木桨可能是舟尾侧舵，这样的舟船属具建造技术水平同样是令人惊讶的。同时，这也说明了跨湖桥文化在独木舟及配套属具的加工建造和水上航行应用方面，在当时所具备的先进、高超的技术演进水平。

综上所述，标本 T0512⑤A：10 陶片纹饰图案中的“舟筏、风帆、渔网”为跨湖桥文化出现和使用风帆提供了图形影像证据。与 T0512⑤A：10 陶片纹饰图案中的“舟筏、风帆、渔网”图形对应的跨湖桥独木舟、可作风帆之用的编织物、浮标、线段等文物则提供了实物文物证据。而跨湖桥席状编织物所反映出的可比肩当下专业编织匠人的编织技术、厚度 2.5 厘米的轻薄舟体制作技术、已知世界上最早的舟体水密修补技术和多形制完整木桨及可能的侧舵和荡桨等独木舟属具制作技术，综合体现了跨湖桥文化“先进、高超”的独木舟制造和水上航行方面的整体技术演进水平，在此整体技术演进水平之上，风帆的出现与使用是有切实基础的。因此，这为跨湖桥文化出现和使用风帆提供了技术基础证据。

上述证据关联印证，形成了一组相较于美索不达米亚欧贝德 2/3 时期(5500 BC—5000 BC)双脚桅杆船纹陶盘以及埃及涅伽达文化二期(c. 3500 BC—3200 BC) 舟船风帆岩画更早、更为丰富充分的证据链，证明距今 8 000～7 000 年的中国跨湖桥文化应已出现和使用已知世界上最早的风帆。

三、“亮岛人”研究、新石器时代跨台湾海峡迁徙与跨湖桥风帆

2011—2012 年，台湾“中央研究院”陈仲玉教授在马祖列岛的亮岛主持发掘“亮岛岛尾Ⅰ遗址”的过程中，出土了两具命名为“亮岛人”1 号(图 46)和“亮岛人”2 号的人类遗骸，经过碳十四测验，其年代各为距今约 8 190 年与

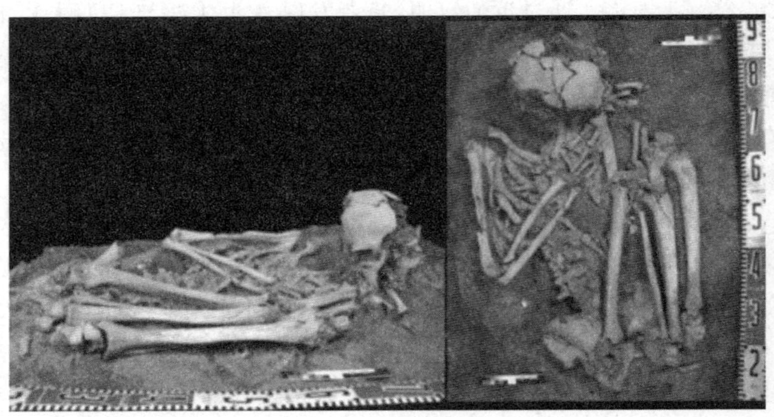

图 46　亮岛人 1 号遗骸①

7 550 年②。

葛明轩、陈仲玉教授等在 2012 年底与德国马克斯·普朗克人类演化研究所合作，成功从这两具“亮岛人”骨骸 DNA 中提取线粒体(mtDNA)，研究结果显示：亮岛人的 mtDNA 序列与台湾南岛人群最为接近，其 mtDNA 类型属于现存南岛语人群中最古老的单倍群 E 的早期分支之一，是由 M9 单倍群分化而来，而 M9 单倍群主要分布在东亚大陆上，可以看出亮岛人与东亚大陆人群早期密切关系。得出“亮岛或福建沿海地理位置距离台湾最近，可顺洋流及海风进入台湾……福建沿海明显为已知南岛族母系起源地……本检测结果提供证据，理清原南岛族之起源，且可上推至 8 000 年前，并与南岛语族分化前的母系血缘共祖”之初步成果③。经过对亮岛人 2 号线粒体的研究，得出“推测亮岛人 2 号母系血缘与傣族及邹族最接近；与南岛语族及苗、瑶族可能有关”之初步成果④。

妈祖列岛的亮岛位于福建省闽江口外，根据笔者地图测距，距离最近陆地的直线距离约为 25 公里。亮岛人 1 号 c.8190 BP，亮岛人 2 号 c.7550 BP，当时处于全新世冰后期，冰后期海面上升迅速，约 7500a BP 的海面可能已接近现海面的高度⑤，因此当时亮岛距离最近陆地的距离也应与现在相仿。

亮岛人 1 号有上层贝塚堆积，坟穴内富含碎贝，亮岛人 2 号本身出土于贝塚堆积层(图 47)，亮岛人 1 号是屈肢葬，亮岛人 2 号是仰身直肢葬⑥，说明

① Albert Min-Shan Ko, Chung-Yu Chen, Qiaomei Fu, et al. Early Austronesians: Into and Out of Taiwan. *American Journal of Human Genetics*. Vol. 94, Issue 3, 6 March 2014, p.427.

② 陈仲玉：《亮岛人 DNA 研究》，台湾连江县，2013 年，第 1 页。

③ 陈仲玉：《亮岛人 DNA 研究》，第 20 页。

④ 陈仲玉：《亮岛人 DNA 研究》，第 99 页。

⑤ 曾从盛：《闽东北沿海晚第四纪海侵与海面变动》，《福建师范大学学报(自然科学版)》1997 年 12 月，第 99 页。

⑥ 陈仲玉：《亮岛人 DNA 研究》，第 32 页。

亮岛人1号和2号均非偶然到达亮岛;而是曾与族群在亮岛生活;因此,亮岛人1号、2号所代表的当时的远古先民已肯定具备了较强的离岸航海能力;离岸直线距离约25公里,由于潮汐、洋流和风生流等方面的作用,实际航行距离往往大于25公里,而这样距离的航海单靠人力划桨是非常困难的;笔者推断"亮岛人"应已经开始使用风帆,同时"亮岛人"应已对潮汐、洋流、导航及方位判断等具备一定的经验及知识。

图47　亮岛人2号出土现场情况①

亮岛人1号、2号与跨湖桥文化的年代整体相仿,将"亮岛人"的离岸航海能力与前述跨湖桥遗址有关风帆之证据链结合观察,可以发现,距今约8 000～7 000年,中国东南沿海较大范围内,直线距离约为430公里、沿海岸线距离约为1 000公里的福建闽江口外亮岛与浙江萧山跨湖桥两地的远古先民,其航海能力与水上(海上)航行工具及包括风帆在内的属具建造技术,呈现相匹配的整体"先进"的发展水平,可形成跨湖桥文化先民和亮岛人已开始使用风帆之互证。

如前所述,葛明轩、陈仲玉教授与德国马克斯·普朗克人类演化研究所合作,得出"福建沿海明显为已知南岛族母系起源地……本检测结果提供证据,理清原南岛族之起源,且可上推至8 000年前,并与南岛语族分化前的母系血缘共祖"之初步成果。其后,葛明轩、陈仲玉教授等学者将亮岛人与台湾原住民的DNA进行比对研究,发现并重建了早在距今约6 000年前,早期南岛人由中国大陆抵达台湾北部,随后迅速向台湾南部扩散,并在距今约4 000年前离开台湾,迁徙撒播至岛屿东南亚、马达加斯加和大洋洲之历史②。由此而知,线粒体DNA单倍群E在东南亚,乃至非洲的马达加斯加都有一定频率分布,所以亮岛人不但和东亚大陆人群有关,而且也能说明和东南亚、大洋洲居民的紧密关系。

① 陈仲玉:《亮岛人DNA研究》,第12页。

② Albert Min-Shan Ko, Chung-Yu Chen, Qiaomei Fu, et al. Early Austronesians: Into and Out of Taiwan. p.426.

关于南岛语族人的迁徙，美国学者杨江认为："早在6 000年前，马来—玻里尼亚人的祖先开始从中国的福建省出发进行了长途的迁移运动。他们向南行进穿越菲律宾和印度尼西亚。尔后分两个方向迁移。一路向西，到达马达加斯加，另一路向东，到达夏威夷和伊斯特岛。东徙的年代表如下：距今6 000年前，到达中国大陆东南部及台湾；距今5 500年，到达婆罗洲、帝汶岛；距今4 500年，到达印尼所罗门群岛新内亚；距今4 000年，到达密克罗尼西亚群岛；距今3 500年，到达斐济；距今3 000年，到达萨摩亚群岛；距今1 700年，到达马贵斯群岛；距今1 600年，到达伊斯特岛；距今1 400年，到达夏威夷；距今1 100年，到达新西兰。"

贝尔伍德认为，南岛语民族的祖先最初是从中国南方向外迁徙，距今约6 000至5 500年进入台湾；距今5 000年左右进入菲律宾群岛北部；距今5 000至4 000年间，发生分化；距今4 000年到达大洋洲的汤加和萨摩亚群岛等岛屿；距今4 000至3 000年间，发展到越南和马来亚[①]。

格雷(Gray)、乔丹(Jordan)对77种南岛语言5 185个词项进行词源统计，并运用进化树分析软件PAUP产生了一棵最简洁的南岛语言谱系树，研究结果发现：南岛语谱系树形图与"Express-Train"模型高度兼容，他们构建的南岛语谱系树支持南岛语族在太平洋群岛上定居停留与对外扩张的设想，该设想认为南岛语族大约距今5 200年前起源于台湾，并在一系列的定居停留和对外扩张中迅速地穿越太平洋[②]。

综合前述学者针对"亮岛人"和南岛语族迁徙线路和年代的研究，可以发现，南岛人祖先"亮岛人"在距今约8 190年前已具备较强的离岸航海能力，随后早期南岛人约在距今6 000年前由现在的福建沿海出发，航海跨越了台湾海峡抵达台湾，但"距今6 000年"是一个较保守的年代推断。

目前，台湾新石器时代早期的史前文化仅发现大坌坑文化，其年代依据南部地区的绝对年代推测约在距今7 000～4 700年之间。不过大坌坑文化的文化内涵与旧石器时代晚期的(台湾)长滨文化或网形文化，似无直接的发展关系，可能是由海外移民而来的新文化[③]。张光直先生认为台湾大坌坑文化的年代距今约7 000～4 500年[④]，张光直先生曾将壳丘头遗址的文化内涵与台湾的大坌坑遗址相比较，发现两者之间的相似性非常大，认为他们都是南岛语族的祖先文化。张先生认为同类文化还包括金门富国墩遗址、溪头遗址下文化层、粤东的陈桥和沙坑北遗址[⑤]。蔡保全教授在研究东山陆桥

① 刘生平：《南岛语系的起源与迁徙》，《职大学报》2012年第5期，第91—92页。

② 范志泉、邓晓华、王传超：《语言与基因：论南岛语族的起源与扩散》，《学术月刊》2018年第10期，第175—184页。

③ http：//twstudy.iis.sinica.edu.tw/archeotw/chapter2b.html.

④ 臧振华：《台湾大坌坑文化的年代及其来源》，《南方文物》1997年第2期，第117页。

⑤ 焦天龙、范雪春、罗莱：《壳丘头遗址与台湾海峡早期新石器时代文化》，《福建文博》2009年第2期，第12页。

时认为,5 万年来,台湾海峡未再露出水面,东山陆桥未再成为大陆与台湾人类文化交流的通道,岛上的原始人类在封闭的条件下自我繁殖、生息,直到距今约 7 000 年前,大陆先民才利用水上交通工具——木舟再次进入台湾岛①。

综上所述,中国福建沿海的远古先民(早期南岛人及其他可能族群),早至距今约 7 000 年,晚至距今约 6 000 年(c.7000—6000 BP),应已由现在的中国大陆福建沿海航行横渡台湾海峡迁徙至台湾。

南岛人自东亚大陆进入台湾并扩张至太平洋和印度洋广袤岛屿的迁徙过程主要是通过航海来完成的,其航海迁徙离不开高超的航海技术和舟船建造技术,也自然离不开风帆的使用。

问题在于,南岛人是在由福建沿海航行跨越台湾海峡时即已开始使用风帆,还是在抵达台湾、航海迁往岛屿东南亚后才开始使用风帆的呢?

福建与台湾隔海相望,平均距离约 190 公里,最近距离约 133 公里。台湾海峡常年受季风、雾和台风等恶劣天气影响,海峡北部水域为我国大风浪区,也是世界著名的大风浪区。根据福建省气象局 1949—2010 年的统计数据,台湾海峡全年大于 6 级大风的日数平均为:闽中海区 162.9 天,闽南海区 156.3 天②,同时,台湾海峡的流比较复杂,有台湾暖流、风生流、潮流等,它们又相互影响,不同时间、不同地点流的变化也比较大。台湾海峡的风浪是闻名于世的,尤其是东北季风期间,东北浪较强,海浪最高达 9 米半,海峡内风浪大,波长短,波形不规则,三角形,下卷钩形,来势凶猛,形成了台湾海峡的特点,给船舶航行造成了困难③。

根据对清代台海两岸航行的研究,船只远渡横洋,只靠一帆风力,"固畏飓风,又畏无风";一般来说从大陆至台湾需 4～5 天,10～20 多天也很常见。船只遭风乃至船难的情况时常发生,如大桅折断、船身被浪击碎、被沉礁击碎、"寸板无存",文献上有大量记载④。

结合上述台湾海峡的气象、海况、横渡台湾海峡的距离以及帆船航行所需时间等因素考量,距今约 7 000～6 000 年前的福建远古先民(早期南岛人及其他可能族群)若不使用风帆,而仅凭自力划桨横渡台湾海峡的成功概率应是极低的,航行横渡台湾海峡是需要能量的,不依靠风力,仅凭臂力之划桨所提供的能量,是无法支撑如此长距离、复杂海况的航行的。而考量当时的远古先民是相当人数族群之迁徙,则不可能是仅凭划桨的冒险,应是有丰富经验和一定把握的航行,而这样的长距离、多日、复杂海况的航行是离不

---

① 蔡保全:《"东山陆桥"与台湾最早人类》,《漳州师院学报》1997 年第 3 期,第 35 页。

② 翁国玲、唐寒秋、陈宏等:《台湾海峡客滚直航与水文气象研究》,《福建商业高等专科学校学报》2011 年第 6 期,第 78 页。

③ 卢熔、王英华、于清政等:《风浪天气小型船舶通航台湾海峡新航线的建议〈讨论稿〉》,《天津航海》1991 年第 Z1 期,第 127 页。

④ 陈孔立:《清代台海两岸航行时间》,《台湾研究集刊》2009 年第 3 期,第 65、68 页。

开风帆使用的。同时远古先民应不仅是刚发明风帆，而是已具备熟练使用舟筏、风帆等航海工具的能力，且在舟船建造、水文、气象、天文、潮汐、导航、船艺等方面已积累并掌握足够的航海经验、技能和知识，这才能完成航行横渡台湾海峡的迁徙。

距今约 7 000～6 000 年前的福建沿海先民（早期南岛人及其他可能族群）具备如此高超的使用风帆、长距离、多日、复杂海况的航海能力，不可能是一蹴而就的。因此可推断，在距今约 7 000～6 000 年这个时间段之前、距今约 8 000～7 000 年这个时间段内，他们应已开始在沿海近岸航行中使用风帆，同时不断积累离岸航海经验、技能、知识并优化航海工具，这才使横渡台湾海峡的航海迁徙成为可能。

这一推断，与前述距今约 8 190 年和 7 550 年亮岛人之约 25 公里的离岸航海能力、距今约 8 000～7 000 年的跨湖桥遗址有关风帆之证据链是相吻合的，呈现了合理的技术、技能等方面的发展进程和前后继承关系。

因此，距今约 7 000～6 000 年，福建沿海远古先民（早期南岛人及其他可能族群）已具备使用风帆、长距离、多日、复杂海况的航海能力以及完成跨台湾海峡的航海迁徙到达台湾之历史，亦为距今约 8 190 年和 7 550 年的亮岛人和距今约 8 000～7 000 年的跨湖桥先民已开始使用风帆，提供了重要的证据。

四、结　论

综上所述，其一，距今 8 000～7 000 年的跨湖桥文化已出现和使用风帆之证据链；其二，跨湖桥文化水上（海上）航行工具及包括风帆在内的属具建造技术和亮岛人约 25 公里的离岸航海能力之间的互证；其三，距今约 7 000～6 000 年福建沿海远古先民（早期南岛人及其他可能族群）所具备的使用风帆、长距离、多日、复杂海况的航海能力以及完成跨台湾海峡的航海迁徙到达台湾之历史所提供之证据。此三方面形成了距今约 8 000～7 000 年（6050 BC—5050 BC），中国东南沿海的远古先民已经开始使用风帆的证据体系。

需强调的是：由于“亮岛人”1 号是屈肢葬，而“亮岛人”2 号是仰身直肢葬，且“亮岛人”1 号与 2 号 mtDNA 分属 E 单倍群和 R9 单倍群[①]，所以“亮岛人”1 号和 2 号应来自两个不同族群，同时，福建闽江口外亮岛和浙江杭州萧山跨湖桥分属相距较远的两个地区，因此在距今约 8 000～7 000 年，中国东南沿海的远古先民应不是单一族群发明并使用风帆，而是呈现多族群、多地区已使用风帆、已具备较高的海上（水上）航行工具建造水平和较强的离

① 陈仲玉：《亮岛人 DNA 研究》，第 33 页。

岸航海能力；这打开了整体性看待新石器时代早期和中期中国东南沿海远古先民进入海洋、探索海洋的全新视角。

关于中国风帆出现的年代，国内方面，笔者2018年11月所著《〈诗经〉中的风帆——中国已知最早有关风帆的文献记载》一文中，将相关确凿证据由东汉《广成颂》(AD 115)提前到了西周的《诗经》(1047 BC—771 BC)，提前了约1 000年；据本文论述，中国风帆出现的年代则可再提前约5 000年。

国际方面，前述c.8000—7000 BP(6050 BC—5050 BC)中国东南沿海的远古先民已经开始使用风帆的三方面之证据体系，相较于美索不达米亚欧贝德2/3时期(5500 BC—5000 BC)双脚桅杆船纹陶盘和埃及涅伽达二期(c. 3500 BC—3200 BC)舟船风帆岩画所提供的证据更早且更全面，因此以跨湖桥先民和亮岛人为代表的距今约8 000～7 000年的中国东南沿海新石器时代的远古先民是已知中国和世界上最早开始制作和使用风帆的人类。

如前所述，跨湖桥独木舟厚度2.5厘米的轻薄舟体制作技术、舟体水密修补技术和多形制完整木桨及可能的侧舵等独木舟属具制作技术，综合体现了跨湖桥文化“先进、高超”的独木舟制造水平，从技术发展来看，制作精良的独木舟之前应还有制作较为简易的木筏或竹筏。

跨湖桥两块编织物的制作技术也已较为精良，从技术发展来看，编织精密的席帆之前应还有更为原始的风帆。唐代张蠙在其《龟山寺晚望》中写道：“渔舟不用悬帆席，归去乘风插柳枝。”插柳枝亦能乘风，而不用悬帆席，这是对相较席帆更为简易和原始风帆的一种描述。电视真人秀《荒野求生》中，男主角贝尔在太平洋岛屿上做了一个木筏出海逃生，用简单的芭蕉叶加细木棍插在筏上做简易风帆之用，效果虽然不好，但亦能兜风助推。这也是一种较跨湖桥编织物更为简易的风帆。

同时，在距今约8 190年前的福建“亮岛人”1号所代表的远古族群拥有约25公里的离岸航海能力之前，“亮岛人”1号的祖先或中国东南沿海更古老的远古先民，首先应在内河或沿海近岸航行的能力获得过程中使用了简易而原始的风帆。

基于上述分析，笔者提出有关中国和世界风帆更早出现年代的“跨湖桥-亮岛”猜想：在跨湖桥文化和“亮岛人”1号之前，应该还有应用在较跨湖桥独木舟更为原始的航行工具(如木筏或竹筏等)上的更为简易和原始的风帆，其出现的年代可能在距今约10 000～8 500年。此猜想有待进一步考古发现来证实。

The earliest known sails in the world

—A comprehensive study of the the Kuahuqiao Site, the Liangdao Man, and the migration of the Neolithic era across the Taiwan Strait

Abstract: Domestic academic circles generally believe that the age of Chinese sails is about 1500 years later than that of ancient Egypt (Naqada period, 3100 BC), or even about 3200 years later. Recent studies by Western scholars have shown that the earliest sails in the world can be traced back to 5500 BC-5000 BC (Ubaid Period in Mesopotamia); domestically, in 2002, the Kuahuqiao Site in Xiaoshan, Hangzhou unearthed a series of relics related to canoe and navigation by 8000-7000 BP, providing an earlier and richer evidence chain compared to the ceramic disc with a bipod mast boat painted on it of the Mesopotamia Ubaid 2/3 period and the boat sails rock painting of the Naqada II period in Egypt from graphic images, physical relics and the level of technological evolution, which proves that the Kuahuqiao Site culture has appeared and used the earliest known sails in the world by 8000-7000 BP. At the same time, given the the evidence chain of the sails from the Kuahuqiao Site, and the fact that "Liangdao Man" No. 1 (c.8190 BP) and "Liangdao Man" No. 2 (c. 7550 BP) unearthed from the Liangdao-Daowei-I site of Mazu Archipelago outside the estuary of the Min river in Fujian have around 25 kilometers of offshore voyage capability, as well as the study which shows fact that the ancient ancestors of the coastal areas of Fujian (early Austronesians) already had the capacity to conduct long-distance, multi-day, complex sea conditions voyages to complete the maritime migration across the Taiwan Strait to Taiwan by c.7000-6000 BP, a more comprehensive evidence system of ancient ancestors on the southeast coast of China begun to use sails by c.8000-7000 BP is formed. On this basis, the author further proposed the "Kuahuqiao-Liangdao" conjecture about the even earlier years (c.10000-8500 BP) of Chinese and world sails.

Keywords: Sails, the Kuahuqiao Site, Liangdao Man, Austronesian, the "Kuahuqiao-Liangdao" Conjecture

硫黄与六朝道士记载的台湾航路

周运中*

摘　要：本文考证六朝道教书籍记载的台湾航路和潮汐，认为道士往来台湾主要是为了获得台湾盛产的硫黄。孙吴在浙南、闽北建立很多造船厂，主要是为了开拓海外贸易，特别是针对台湾。

关键词：台湾　澎湖　硫黄　道士　陶弘景

关于古代中国台湾和大陆交往的历史，我已有研究①。前人研究中国古代航海史，往往关注佛教典籍而忽视道教典籍。其实上古燕齐方士就是中国航海的开拓者，古代道书中有很多珍贵的航海史料。六朝道书中不仅记载了台湾和澎湖等岛，还记载了台湾海峡的潮汐，记载了台湾相对于江南的针位，这是中国最早的针位记载。

一、许谧记载的台湾、澎湖和台湾海峡潮汐

陶弘景《真诰》卷十四：

八渟山，高五千里，周匝七千里，与沧浪、方山相连比。其下有碧水之海，山上有乘林真人郁池玄宫，东王公所镇处也。此山是琳琅众玉、青华绛实、飞间之金所生出矣。在沧浪山之东北，蓬莱山之东南（此即扶桑太帝所居也。方山即方丈山也。海中山名，多载在《五岳序》中耳）。

方丈之西北有阴成大山，沧浪西南有阳长大山，山周回各一千四百里，高七百里，其山多真仙之人所居处焉。此二山是阳九、百六历数之摽揭也。百六之运将至，则阳长水竭，阴成水架矣。阳九之运将至，则阴成水竭，阳长水架矣。顷者是阴成山水际已高九千丈矣，百六之来无

---

*　作者简介：周运中，中国海外交通史研究会理事。

①　周运中：《正说台湾古史》，厦门大学出版社，2016年。

复久时(阴成水际出山高，则是高乃应云阳九，而言百六，似是误言，亦可，是水起际如此高，非先水退际尔。但水性平，又非湍濑，二山相去不远，未解那得顿孤悬如此)。

右二条有长史写。①

陶弘景说，这两条是长史所写，长史即许谧，卷二十说长史名谧，又说："先生名迈，字叔玄，小名映，清虚怀道，遐栖世外，故自改名远游。与王右军父子周旋，子猷乃修在三之敬。"

沧浪、方山，就是沧浪、方丈，我在另文考证《十洲记》的沧浪岛是望安岛。方丈山的西北海水上涨，则西南水落。西南海水上涨，则西北水落。我认为，这一条记载非常珍贵，绝非虚构。因为这种现象不是一般人所能想象，更无关道教成仙。而且原文又说，海水很平，不是山溪湍急，两个岛距离很近，不知为何会有这种现象。这句话更说明原文所说的现象不是胡编，连原作者听说这种现象，也不知如何解释。

根据我此前的研究，方丈山即方壶山，即澎湖岛②。澎湖以北的水域是规则半日潮，澎湖以南是以不规则半日潮为主的混合潮和以全日潮为主的混合潮，分界线恰好就在澎湖一带。根据现代地理学的研究，澎湖水道的转向流，预示着台湾海峡及其邻近海区的涨潮或落潮的来临。澎湖水道的潮流转向北流，预示涨潮。如果转向南流，预示落潮。台湾海峡的落潮期，澎湖北侧水流向东北流，南侧水流向西南流，弱流区偏北。澎湖水道的海流，转向北方，台湾海峡进入涨潮期。涨潮期，海峡北部的南流持续加强，弱流区南移。澎湖水道的水流转向南流，又进入落潮期③。

阳长水竭，阴成水架，就是澎湖南侧的水位低，对应涨潮期。此时澎湖水道向北的水流，也分出一支，在澎湖岛两侧向北流，所以说阴成水架，也即水位升高。这种现象仅在涨潮之前出现，涨潮期的澎湖北部已经逐渐成为弱流区，水位不会明显升高。阴成水竭，阳长水架，就是澎湖北侧的水位低，南侧的水位高，对应落潮期。此时澎湖列岛东西两侧的水流都是从北向南流，所以南高北低。总的来说，因为台湾东南的黑潮更强，所以澎湖南侧的水位更高，所以澎湖南面的山称为阳长山，北面的山称为阴沉山，讹作阴成山。说明古代台湾海峡的航海者早已观察到了海潮的规律，如果不是道教的书籍记载，我们不可能知晓。

再看八渟山，高五千里，周匝七千里，与沧浪、方山相连比，其下有碧水

---

① (梁)陶弘景著，[日]吉川忠夫校注，朱越利译：《真诰校注》，中国社会科学出版社，2006年，第466—467页。

② 周运中：《上古东南海外五大神山考实》，《海交史研究》2016年第1期。收入周运中：《正说台湾古史》，第71—86页。

③ 沙文钰、吕新刚、张文静、陈希：《环台湾岛海域全日分潮的特征和潮汐、潮流的综合性质》，《海洋科学》2002年第10期。

之海。所谓五千里、七千里等具体数字，自然不可轻信。我们可以比较这些岛屿数字，此山比方丈山大很多，也高很多，又邻近方丈山，无疑是台湾岛。

又说此山出很多玉，也出金。台湾岛确实出玉、出金，而且高山族很早就崇奉玉器。我已经论证瀛洲就是台湾岛，《海内十洲记》《拾遗记》说到瀛洲，必然提到出玉：

1.《海内十洲记》：

> 瀛洲在东海中，地方四千里，大抵是对会稽，去西岸七十万里。上生神芝仙草。又有玉石，高且千丈。出泉如酒，味甘，名之为玉醴泉，饮之，数升辄醉，令人长生。洲上多仙家，风俗似吴人，山川如中国也。

2.《拾遗记》卷十《诸名山》：

> 瀛洲一名魂洲，亦曰环洲……有金峦之观，饰以众环，直上干云。中有青瑶，瓦覆以云纨之素，刻碧玉为倒龙之状，悬火精为日，刻黑玉为乌，以水精为月，青瑶为蟾兔。

3.《拾遗记》卷三：

> 扶桑东五万里，有磅礴山……器则有岑华镂管，沸泽雕钟，员山静瑟，浮瀛羽磬……岑华，山名也，在西海上，有象竹，截为管吹之，为群凤之鸣。沸泽出精铜，可为钟铎。员山，其形员也。有大林，虽疾风震地，而林木不动，以其木为琴瑟，故曰静瑟。浮瀛，即瀛洲也。上有青石，可为磬。

磅礴音近方丈，上古音的磅是旁母阳部 phang，方是非母阳部 piang，丈是定母阳部 diang，礴也是定母阳部 dang。大陂就是大湖，就是马公内港，也就是澎湖的原名平湖的由来。白色的大橘子，香飘数里，其实就是柚子。员山就是屋久岛，所出琴瑟，无疑对应《山海经》大壑琴瑟、《拾遗记》卷十的员峤琴瑟。屋久岛最著名的是杉树，而杉木正是制作琴瑟的上好材料，因为杉木不易变形，能长久保存。沸泽出精铜，可为钟铎，令人想到以产铜著称的日本，沸泽就是火山，钟铎则是日本弥生时代最重要的礼器铜铎。浮瀛，即瀛洲，也是出青石，也即台湾著名的青玉。这段材料来自不同途径，唯缺蓬莱，多出岑华，基本可以对应《拾遗记》卷十的五大神山。而岑华很可能是蓬莱的形讹，因为字形接近，而且象竹应是大竹，出自南洋。

八渟是台湾岛南部，瀛洲是台湾岛北部，直到明代中期，很多中国和欧洲人仍然误以为台湾是南北两个岛。八渟之名很可能出自今台南和嘉义之间的八掌溪。八掌溪是闽南语翻译的地名，八掌的闽南语是 bat-tiang，读音接近上古音的八浡是 pet-dyeng。或许源自南岛语的荒野 padang，待考。

八掌溪在澎湖的东南，早期汉人先从闽南航海到澎湖，再向东南很容易到八掌溪，所以这里成为早期汉人登陆台湾的要冲。英国牛津大学藏明末闽南商人画的航海图上，台湾岛仅有两个地名：北港和加里林，说明北港非常重要，北港正是在澎湖之西。荷兰牧师 François Valentyn（1666—1727）的《新旧东印度志》于 1724—1726 年出版，其中有一幅《福尔摩沙与渔翁岛图》，此图的大员湾北部紧邻 Canaal van Wankan，即魍港海峡，其北部有 Ponikas 溪，即北港溪，但不是今天嘉义和云林之间的北港溪，而是今八掌溪。其南的 Mattamir 溪是麻豆溪，即今麻豆镇之北的急水溪①。

八掌溪的河口，明代是著名的北港。北港在万历年间兴起，一度成为台湾全岛的名字，可见是最重要的港口。前人多认为在今云林县北港镇与嘉义县新港镇之间，我认为不确。因为明代《福建海防图》上的北港靠近大线头和魍港，魍港在今台南的北门乡，大线头是其西北部的沙洲②，则北港应在今嘉义的南部，现义竹乡也有一个北港子村。这个北港子紧邻后镇村，后镇是源自郑成功部属屯垦的地名。颜思齐的墓在今嘉义东南，其西有红毛寮村。云林北港的位置太偏北，这个北港原名笨港，康熙五十六年（1717）的《诸罗县志》首次说笨港是大镇，康熙前期方志不提。云林北港溪在清初还叫山叠溪，不叫北港溪。早期汉人集中在台南，逐渐向北开发，嘉义的南部正是邻接台南。北港是地名通名，很多地方都有北港，所以容易被误解。

二、《智慧经》的澎湖和台湾针位

陶弘景《真诰》卷九：

> 方诸正四方，故谓之方诸。一面长一千三百里，四面合五千二百里，上高九千丈。有长明、太山、夜月、高丘，各周回四百里，小小山川如此间耳。但草木多茂蔚，而华实多脩粲。饶不死草、甘泉水，所在有之，饮食者不死。青君宫在东华山，上方二百里，中尽天仙上真宫室也，金玉琼瑶，杂为栋宇。又有玄寒山，山上别为外宫，宫室周二百里。中方诸东西面，又各有小方诸，去大方诸三千里。小方诸亦方面各三百里，周回一千二百里，亦各别有青君宫室，又特多中仙人及灵鸟灵兽辈。大方诸对会稽之东南，小看去会稽岸七万里，东北看则有汤谷建木乡，又去方诸六万里（方诸是乙地，汤谷是甲地，则自寅至辰十万里，方五隅

① 我在此前出版的《正式台湾古史》第 216—217 页误以为北港是今云林北港，北港溪是今北港溪。

② 周运中：《正说台湾古史》，第 240 页。

七，言之邪角十四万里，故去会稽七万里也）。

大方诸之西，小方诸上，多有奉佛道者，有浮图，以金玉镂之，或有高百丈者，数十曾楼也。其上人尽孝顺而不死，是食不死草所致也。皆服五星精，读夏《归藏经》，用之以飞行（按夏曰《连山》，殷曰《归藏》，与此不同。依如三弟子，虽奉佛道，不作比丘形服，世人谓在家真菩萨耳）。大方诸之东，小方诸上，多奇灵宝物，有白玉酒、金浆汧。青君畜积天宝之器物，尽在于此。亦多有仙人，食不死草，饮此酒浆，身作金玉色泽，常多吹九灵箫，以自娱乐，能吹箫者，闻四十里，箫有三十孔，竹长二三尺，九箫同唱，百兽抃舞，凤凰数十来至，和箫声。

大方诸宫，青君常治处也。其上人皆天真高仙，太极公卿、诸司命所在也，有服日月芒法，虽已得道为真，犹故服之（霍山赤城，亦为司命之府，唯太玄真人南岳夫人在焉。李仲甫在西方，韩众在南方，余三十一司命，皆在东华，青童为太司命，总统故也。杨君亦云东轸执事，不知当在第几位耳）……右此方诸真人法，出《大智慧经》上中篇，常能用之，保见太平（此即应是《消魔智慧》七篇之限也）。右南极夫人所告。①

陶弘景《登真隐诀》卷下：

太帝，紫晨君也（按入道望云，令东南望扶桑太帝三素飞云。又方诸在会稽东南，其东北则有汤谷。又云八渟山在沧浪之东北，蓬莱之东南。八渟山即太帝所治处也。又清虚王君东行，渡启明、沧浪，登广桑山，入始晖庭，谒太帝君，如此则扶桑在汤谷东南，于金陵正东亦小南看矣）。②

这一段话说，方诸在会稽东南，在汤谷西南，八渟山在沧浪山东北、蓬莱山东南，都和《真诰》对应。不同的是，又说到渡海，还说到汤谷在金陵（今南京）的正东稍南，其实就是在今日本。关于汤谷，我已有论证。

这两段话说的方诸，就是方丈山，《海内十洲记》说：

方丈洲在东海中心，西南东北岸正等，方丈方面各五千里。上专是群龙所聚，有金玉琉璃之宫，三天司命所治之处。群仙不欲升天者，皆往来此洲，受太玄生箓，仙家数十万。耕田种芝草，课计顷亩，如种稻状，亦有玉石泉，上有九源丈人宫主，领天下水神及龙蛇、巨鲸、阴精、水兽之辈。

澎湖原名平湖，方丈、方诸、澎湖、平湖，读音接近。方丈山也是四方形，方诸山也是四方形，我已经论证，方丈山是澎湖岛，澎湖岛大致正是菱形。

① （梁）陶弘景著，[日] 吉川忠夫校注、朱越利译：《真诰校注》，第298—300页。
② （梁）陶弘景：《登真隐诀》，中华书局，2011年，第57页。

而且澎湖列岛有很多火山岛，上面平坦，被称为方山地形。

方诸，也可能源自方渚，澎湖岛的中间正是有一个海湾，即马公内港。《拾遗记》卷十说方丈山："有池方百里，水浅可涉。"指的也是马公内港。《拾遗记》说方丈山有龙，《海内十洲记》也说方丈山是群龙所聚，《真诰》说方诸有仙人。所谓仙人，自然是从大陆来的移民，《海内十洲记》唯独在方丈山说有数十万人，还发展农业，正是因为澎湖岛靠近大陆，所以人口最多。

方诸山有长明、太山、夜月、高丘、东华、玄寒等小丘，在今澎湖岛。其东西各有小方诸，西面的小方诸是今西屿岛，东面的小方诸是今白沙岛。白沙岛在澎湖岛之北，但是古人说在东，因为澎湖岛最大的市镇在马公镇，澎湖岛、西屿岛、白沙岛之间是澎湖内海，又名澎湖湾。马公镇在澎湖湾的中间，其东北是白沙岛，所以说东西各有小方诸。这也说明澎湖岛附近的沧海岛不是西屿岛、白沙岛，而是望安岛。

大方诸在会稽郡的东南，去会稽岸七万里，东北看则有汤谷、建木之乡，又去方诸六万里。这是原话，陶弘景推算说，方诸是乙地，汤谷是甲地，则自寅至辰十万里，方五隅七，言之邪角十四万里，故去会稽七万里。

其实陶弘景的推算有误，甲位是东偏北 15°，乙位是东偏南 15°，但是汤谷、建木在台湾岛，台湾岛和澎湖岛的方位不是甲乙相对。

汤谷即扶桑所在，台湾也有温泉，所以此时也被称为扶桑。《海内十洲记》不仅时代接近，而且说扶桑是太帝所居，和陶弘景所说八渟是太帝所居对应，说明汤谷在台湾岛。建木也是《山海经》中的神树，此处指扶桑。

我在地图上测量，从澎湖北部的白沙岛，也即小方诸，到泉州东部海口的祥芝镇是 145 公里，按照七比六推算，汤谷、建木之乡在今台中西北，从白沙到台中的西北是 120 公里。这一带是巴布拉、猫雾捒族居地，荷兰人记载这一带属大肚王，清代黄叔璥《台海使槎录》卷六："大肚山形，远望如百雉高城，昔有番长名大眉。"说明这一带历史上发展较快，地处大肚溪、大甲溪、大安溪的河口平原，西北靠近南日岛、平潭岛，所以历史上和大陆联系较多。泉州是闽南最早的政治中心，所以航路从泉州出发，非常合理，孙吴在今泉州设东安县证明东汉泉州的崛起。

我们过去一般认为的中国古籍最早记载的针位，是南宋赵汝括《诸蕃志》卷上阇婆国说："阇婆国，又名莆家龙，于泉州为丙巳方。"①丙巳在南偏东，但是阇婆（爪哇）其实是在泉州的西南。之所以有这样的错误，很可能是赵汝括等官员未曾出海，转抄航海文献时节略失误，也有可能是航海文献本来有缺或有误，只记载了最末一段航海。中国的海船过了马来半岛，再转东南到爪哇，所以记成了丙巳。南宋的针位记载有时还有错误，六朝的针路有时反而更准。

《真诰》又说大方诸之东，小方诸上，多奇灵宝物，有白玉酒、金浆汾。有

① （宋）赵汝适著，杨博文校释：《诸蕃志校释》，中华书局，2000 年，第 54 页。

仙人，食不死草，饮此酒浆，身作金玉色泽，常多吹九灵箫，以自娱乐，能吹箫者，闻四十里，箫有三十孔，竹长二三尺，九箫同唱，百兽拤舞，凤凰数十来至，和箫声。

《海内十洲记》说瀛洲："出泉如酒，味甘，名之为玉醴泉，饮之，数升辄醉，令人长生。"玉醴泉酒就是白玉酒，我已经论证瀛洲是台湾，大方诸之东的小方诸可能是今澎湖列岛的一个小岛，土著风俗接近台湾，也有可能是古人把台湾岛误认为是澎湖之东的小方诸。

九灵箫是台湾土著的鼻笛，台北"故宫博物院"收藏的清代谢遂《职贡图》，《诸罗县萧垅等社熟番》图的文字说："截竹为箫，长二三尺，以鼻吹之。"最令人称奇的是，图上说鼻箫长二三尺，而《真诰》引《智慧经》也说箫长二三尺，完全吻合。古代鼻笛的流行范围很广，萧垅社在今台南市西北的佳里区。因为台湾西部平原的土著汉化，现代台湾的鼻笛主要流行在排湾族和鲁凯族中①。鼻笛主要用于男女恋爱、狩猎、迎客、丧葬，清代文人七十六《番社采风图考》："截竹为管，窍四孔，长可尺二寸。通小孔于竹节之首，按于鼻横吹之，高下清浊中节度、盖亦可谥为洞箫也。麻达夜间吹行社中，番女闻而悦之，引与同处。"清代郁永河《裨海纪游》卷下："婚姻无媒妁，女已长，父母使居别室中，少年求偶者皆来，吹鼻箫，弹口琴，得女子和之，即入与乱，乱毕自去；久之，女择所爱者乃与挽手。"

这一段话原来出自《大智慧经》，又说《消魔智慧》七篇，是南极夫人所说，可能是现在《道藏》正一部的《洞真太上说智慧消魔真经》，卷一说："《智慧经》，一名《太素洞经》，或名《素慧传》。凡有七卷，藏于玉清之阙，高上虚皇丹房之里矣。常使素灵玉女三千人，侍此七卷书也。"现在《道藏》本《智慧经》仅有五卷。《真诰》所引，不见于今本《智慧经》。但是今本《智慧经》卷一提到服用月精日寿，又说："东瀛白香，沧浪青钱，高丘余粮，积石飞田，太虚还丹，太秦玄坚，长光流草，云童飞千，亦能使上飞轻举，起体霄冥矣。此天仙之所服，飞神之所研，非陆游之所闻，山客之所见也。"东瀛、沧浪、大秦都在海外，所以说这些珍宝不是陆上所能见。总之，这一段话确实出自《智慧经》原本。服日月芒，也是行气术，接近杜契、董奉之法，两者有关。

三、台湾硫黄、黄金与道士炼丹

东汉时期的福州出现了一个炼丹中心，但是现在的福建沿海找不到著名的金属矿，我们不由得把目光投向台湾北部。在台湾岛最北部恰好有金瓜石金矿和硫黄矿，古代福建和台湾的航路其实很通畅。

硫黄对方士至关重要，很多丹药都用到硫黄，著名的五石散就用到硫

① 吕钰秀：《台湾音乐史》，五南图书出版有限公司，2003 年，第 314—316 页。

黄。葛洪《抱朴子·金丹》："五石者，丹砂、雄黄、白礜、曾青、慈石也。"同书《登涉》："又《金简记》云，以五月丙午日日中，捣五石，下其铜。五石者，雄黄、丹砂、雌黄、矾石、曾青也。"唐代孙思邈《千金翼方》《千金要方》记载五石散用白石英、紫石英、石钟乳、赤石脂、石硫黄，虽然两者有所不同，但是均有硫黄。广州南越王墓出土了西汉初年的五色药石，包括紫水晶、硫黄、雄黄、赭石、绿松石，还有一套捣药器具①。说明道教产生的时间很早，而且很早就在沿海流传，硫黄很早就是重要的炼丹用品。还有学者指出，五石在《淮南子·墬形》已有记载②。

古人似乎很早就认识到硫黄的产地，《初学记》卷七引《博物志》："凡水源有石流黄，其泉则温。或云神人所暖，主疗人疾。"台湾地处亚欧板块和太平洋板块交界处，多地震、火山、温泉，盛产硫黄，元代泉州海商汪大渊的名著《岛夷志略》说琉球（台湾）："地产沙金、黄豆、黍子、硫黄、黄蜡、鹿豹麂皮。"沙金、硫黄，就在其中。嘉靖三十四年（1555 年）出使日本的郑舜功，著有《日本一鉴》，此书的《沧海津镜》是航海图，画出从中国到日本的航路。首页绘出台湾岛，注："小东岛，即小琉球，彼云大惠国。"台湾岛北面画出鸡笼山，北面有硫黄山，画出喷发气体的情景，是今台北大屯火山群。关于明代闽南人和江浙人贸易台湾硫黄，我已有考证③。

六朝道士使用来自台湾的硫黄，也有证据，陶弘景《名医别录》卷二说，石硫黄："生东海牧羊中，及大山及河西山。"唐末刘恂《岭表录异》卷上说周遇从山东航海，遇到暴风，漂流到福建前最后遇到的一个岛："忽有群山羊，见人但耸视，都不惊避，既肥且伟。初疑岛上有人牧养，而绝无人踪。捕之，仅获百口，食之。"我考证此岛应是澎湖，澎湖多风少雨，所以适宜畜牧，羊群很多。元末汪大渊《岛夷志略》彭湖说澎湖："山羊之孳生数万为群，家以烙毛刻角为记，昼夜不收，各遂其生育。"④陶弘景所说的东海牧羊岛很可能是澎湖，此处所出的硫黄其实是来自台湾，通过贸易获得，再转售到大陆的。

关于道士去海外取硫黄，还有一则更直接的史料，溧水县令沈汾的《续仙传》卷上说：

> 谢自然，蜀华阳女真也……寻离蜀，历京洛，抵江淮，凡有名山洞府灵迹之所，无不辛勤历览。后闻天台山道士司马承祯，居玉霄峰，有道孤高，遂诣焉，师事承祯三年……自然乃叹曰："明师未录，无乃命也。

---

① 广州市文物管理委员会等编：《西汉南越王墓》，文物出版社，1991 年，第 141 页。

② 王承文：《汉晋岭南道教"丹砂灵药"考》，载《秦汉史论丛（第七辑）》，中国社会科学出版社，1998 年，第 140 页。

③ 周运中：《晚明江浙人涉海至台湾贸易的新史料辨析》，载上海中国航海博物馆编：《国家航海（第八辑）》，上海古籍出版社，2014 年。收入周运中：《正说台湾古史》，第 245—249 页。

④ 周运中：《正说台湾古史》，第 117—121 页。

> 每登玉霄峰，即见沧海蓬莱，亦应非远，人间恐无可师者。"于是告别承祯，言去游蓬莱。罄舍资装，布衣绝粒，挈一席以投于海，泛于波上。适新罗船见之，就载。及登船数日，但见海水碧色，日落则远浪相蹙，阴火连天，船在火焰中行。逾年，船为风飘，入一色水如墨，又一色水如粉，又一色水如朱，又一色水黄，若硫黄气。忽风转，船乃投易澳中，有山，日照如金色，亦有草树、香雾，走兽与禽皆黄色。船人俱上山，见石无大小，悉是硫黄。贾客遽弃别货，尽载其石。凡经四色水，每过一水，皆三虔敬，终五昼夜。风帆所适，莫知远近。复行月余，又为横风所飘，海人惶戚，舟人恐惧。遥见水上，涌出大山，上列红旗千余面。海师言是鲸鱼扬鬣。又晴天，忽见气直上，高百余里，傍若暴风雨。此鱼脑有井，嘘吸则气出如此。复见海人、怪兽、鬼神，千态万状……俄顷风起，闻海师促人登船，言风已便。及扬帆，又为横风，飘三日，却到台州岸……后却归蜀，至永贞元年中，白日上升而去。节度使韦皋奏之。①

这则史料虽然时代稍晚，但是非常宝贵，记载女道士谢自然从台州乘船去硫黄山的全过程。谢自然上的是新罗船，因为唐代确实有很多海船往来于新罗和台州之间②。嘉定《赤城志》卷二《坊市》黄岩县："新罗坊，在县东一里。旧志云，五代时以新罗国人居此，故名。"卷十九《山》临海县："新罗屿，在县东南三十里。昔有新罗贾人舣舟于此，故名。"

谢自然经过的黑色、粉色、红色、黄色四种颜色海面，也有依据。因为黑潮流经台湾两侧，所以从福建出发到台湾，也要经过黑水沟。黑潮的支流，颜色稍淡，称为红水沟。清代康熙三十六年(1697 年)，福州府海防同知幕僚郁永河到台湾采集硫黄，撰有《采硫日记》，又名《裨海纪游》，卷上说从厦门出发：

> 二十二日，平旦，渡黑水沟。台湾海道，惟黑水沟最险。自北流南，不知源出何所。海水正碧，沟水独黑如墨，势又稍窳，故谓之沟。广约百里，湍流迅驶，时觉腥秽袭人。又有红黑间道蛇及两头蛇绕船游泳，舟师时时以楮镪投之，屏息惴惴，惧或顺流而南，不知所之耳。红水沟不甚险，人颇泄视之。然二沟俱在大洋中，风涛鼓荡，而与绿水终古不淆，理亦难明……二十四日，晨起，视海水自深碧转为淡黑，回望澎湖诸岛犹隐隐可见，顷之，渐没入烟云之外，前望台湾诸山已在隐现间。更进，水变为淡蓝，转而为白，而台郡山峦毕呈目前矣。

---

① (五代)沈汾：《续仙传》，载《影印文渊阁四库全书》第 1059 册，台湾商务印书馆，1986 年，第 593—595 页。

② 周运中：《台州大陈岛：从唐代闽商基地到现代台湾北门》，载《海洋文明研究(第一辑)》，2016 年。

郁永河看到黑水、红水、蓝水、白水，虽然谢自然走的不一定是同样的航路，但是多种颜色的海面确有依据。郁永河登上台湾岛之前看到的白水，相当于谢自然看到的黄水，因为混杂了淡水和泥沙，所以是黄白色。"逾年"或是误字，下文说是五昼夜。今九州岛西南也有硫黄岛，但是最有可能是台湾岛北部。

谢自然在海上看到红旗千余面，海师说是鲸鱼扬鬣，其实不是鲸鱼，而是皇带鱼(*Regalecus glesne*)的背鳍。皇带鱼是最长的硬骨鱼，体长 3～6 米，所以很多人误以为鲸鱼。皇带鱼的背鳍红色，从头部延伸到尾部，头部的红色鬃冠高耸，所以说像红旗。

皇带鱼①

皇带鱼是深海鱼，经常因为地震而到海面，又名地震鱼。2011 年 4 月 6 日，台湾苗栗渔民在竹南崎顶近海，捕获一条 3.5 米长的皇带鱼。9 月底，成功镇渔民在三仙台海域捕获一条长 4.63 米、重约 80 公斤的皇带鱼，而 9 月 22 日花莲恰好发生 5.2 级地震。2012 年 6 月 15 日，有人在花莲县立雾溪海口海滩，发现 1 条长约 6 米的皇带鱼。2013 年 10 月 28 日，有人在台东海滩，钓上 1 条长 5 米的皇带鱼。2016 年 4 月 20 日，渔民在花莲县新城乡康乐村捕获一条长 3 米的皇带鱼，此前发生地震。台东太麻里渔民捕获两条长 4 米多、重 45 公斤的皇带鱼。谢自然在海面看到皇带鱼，很可能也发生了地震。

明代描写郑和下西洋的小说《三宝太监西洋记通俗演义》第九十六回说：

> 鳅王苦不甚长，约有三五里之长，五七丈之高，背上有一路鬐枪骨，颜色血点鲜红，远望着红旗靡靡，相逐而来。

显然，鳅王就是皇带鱼，这里也说背上有红旗，这是海船上常见的传说，这本明代小说的很多内容都有可信之处。

南宋洪迈《夷坚志·乙志》卷十六：

> 赵丞相居朱崖时，桂林帅遣使臣往致酒米之馈。自雷州浮海而南，越三日，方张帆早行。风力甚劲，顾见洪涛间，红旗靡靡，相逐而下，极

① 图片来自台湾鱼类资料库，http://fishdb.sinica.edu.tw/chi/public.php。

目不断，远望不可审。疑为海寇，或外国兵甲，呼问舟人。舟人摇手令勿语，愁怖之色可掬。急入舟，被发持刀，出篷背立，割其舌，出血滴水中，戒使臣者。使闭目坐船内，凡经两时。顷闻舟人相呼曰，更生更生，乃言曰，朝来所见，盖巨鳝也。平生未尝睹。所谓红旗者，鳞鬣耳，世所传吞舟鱼，何足道。使是鳝与吾舟相值，在十数里之间，身一展转，则已沦溺于鲸波中矣。吁！可畏哉！是时舟南去，而鳝北上，相望两时，彼此各行数百里，计其身当千里有余。庄子鲲鹏之说，非寓言也。时外舅张渊道为帅云(张子思说得之于使臣，舅不知也)。

朱崖是海南岛，从雷州向南是琼州海峡，航海者知道海上的红旗是大鱼的鳞鬣，其实是皇带鱼的背鳍。传说有数千里长，这是夸张，也是误解，航海者看到的不止一条皇带鱼而已。

明代黄衷《海语》卷下《物怪》的"海神"条：

风柔浪恬，岛屿晴媚，倏然红旗整整，拥浪而驰，迅若激电，火长即焚香，长跪，率众而拜曰：此海神游也！整整红旗者，夜叉队也，遇者吉矣！

显然也是海鳅，不过此书不是小说。之所以说是吉兆，是因为皇带鱼对海船确实没有威胁。

又看到海面有气直上，高百余里，傍若暴风雨。此鱼脑有井，嘘吸则气出如此，这是鲸鱼喷水。古人时常混淆皇带鱼和鲸鱼，统称为海鳅或海鳝。《太平御览》卷九百三十八，引孙吴沈莹《临海水土记》曰："海鳝长丈余。"又引梁元帝萧绎《金楼子》曰："鲸鲵，一名海鳝，穴居海底。鲸入穴则水溢，溢为潮来。鲸既出入有节，故潮水有期也。"又引唐代刘恂《岭表录异》曰："海鳝鱼，即海上最伟者也，其小者亦千余尺。"皇带鱼在深海，千余尺是夸张。

明代屠本畯《闽中海错疏》："鳝，似蛇无鳞，黄质黑章，体有涎沫，生水岸泥窟中，能雨水中上升，夜则昂首北向，一名泥猴……鳝，似鳝而短，首尖而锐，色黄无鳞，以涎自染难渥。"海鳝类似鳝鱼，则海鳝是皇带鱼。《初学记》卷三十引沈莹《临海水土异物志》曰："鲤鱼长百步，俗传有七里鳣鱼。"此处"鲤鱼"是"鳣鱼"之形误，鳣鱼即鳝鱼。明代陆容《菽园杂记》卷十二说刘时雍看到镇海卫(在今漳浦县东南)海面的海鳅，像山一样，显然是鲸鱼，而不是皇带鱼或鲟鱼。

皇带鱼经常被航海者误传为巨大的海蛇或白龙王，晚唐人杜光庭《录异记》卷五说："南海中有山，高数十里，周围百里。每年夏月，有巨蛇，缴山三四匝，饮海水，如此为常。一旦饮海水之次，有大鱼自海中来吞此蛇，天地晦暝，久之不复见。"南海巨蛇应是皇带鱼，所谓饮海水，很可能是因为皇带鱼出现时有地震，引发海水翻滚，出现误传。利玛窦(Matteo Ricci)编写的《葡汉词典》，其中 balea 的汉译就是“海鳅”二字[①]，balea 是葡萄牙语“鲸鱼”的意思，说明利玛窦和一些明代中国人认为海鳅就是鲸鱼。

谢自然在海上又航行了一个月，到一处，类似春天，遇到道士，建议她回台州。很可能是到了台湾南部，距离大陆不远，所以很快回到台州。这个故事的本质是要宣扬海上仙山不能找到，反映了司马承祯对海上仙山的排斥态度，折射出唐代道教疏离航海的趋势。

明代正统《道藏》洞真部方法类收入唐代《金液还丹百问诀》，还收入此书另一个版本，称为《海客论》，开头说：“李光玄者，渤海人也。少孤，连气、僮仆数人，家积珠金巨万。光玄年方弱冠，乃逐乡人，舟船往来于青社淮浙之间，货易巡历。后却过海，遇一道人，同在舟中，朝夕与光玄言话，巡历新罗、渤海、日本诸国。”下文讲述李光玄为了寻仙学道，得到了道士传授的行气术，而未得到炼丹术。李光玄云游海岛十多年，来往于山东、淮南、浙江、新罗、日本之间，被称为海客。后来又到中国，己酉年到嵩山，得到道士玄寿的炼丹术。这个故事也说明，海上有很多道士追求炼丹术。

四、浙闽到台湾航路的证据

孙权派卫温、诸葛直率舰队到夷洲(台湾)，临海太守沈莹《临海水土志》有夷洲详细记载，开头说：“夷洲在临海东南，去郡二千里。”说明舰队很可能从临海郡出发，孙吴临海郡南部罗江县在今福建北部。孙吴在今浙江省南部的居民是台湾土著的分支，《临海水土志》说：“安家之民，悉依深山，架立屋舍于栈格上，似楼状。居处、饮食、衣服、被饰与夷州民相似……今安阳、罗江县民是其子孙也。”《宋书·州郡志一》永嘉郡：“安固令，吴立曰罗阳，孙皓改曰安阳，晋武帝太康元年更名。”[②]安阳县即晋安固县，在今瑞安。孙吴在闽浙沿海建立很多造船基地，《宋书》永嘉郡：“横阳令，晋武帝太康四年，以横萸船屯为始阳，仍复更名。”[③]晋安郡：“原丰令，晋武帝太康三年，省建安典船校尉立……温麻令，晋武帝太康四年，以温麻船屯立。”[④]横阳县在今平阳，原丰县在今闽江口，温麻县在今霞浦，西晋初立县。《太平御览》卷七百七十引周处《风土记》：“小曰舟，大曰船。温麻五会者，永宁县出豫林，合五板以为大船，因以五会为名也。”左思《吴都赋》：“篙工楫师，选自闽禺。”

台北淡水河口地区在 2 000～1 800 年前出现了台湾最早的金属文化，约 2 000 年前开始接触到外来的青铜器，1 800 年前使用和制作各种金属器。十

---

① 魏若望主编：《葡汉词典》，葡萄牙东方图书馆、东方葡萄牙学会、利玛窦中西文化研究所出版，2001 年，第 50 页。
② (梁) 沈约：《宋书》，中华书局，1974 年，第 1037 页。
③ (梁) 沈约：《宋书》，第 1037 页。
④ (梁) 沈约：《宋书》，第 1093 页。

三行遗址出土的90多枚中国铜钱多数是唐宋时期，有一枚可能是魏晋南北朝时期的五铢钱。这里出土的青铜刀、珠饰、玻璃可能来自东南亚或中国大陆，而一个鎏金铜碗应是来自唐朝的大陆，晚期文化有大量宋元瓷器[①]。

台湾最北部的土著是巴赛族，分布金山在到三貂角地区。刘益昌认为，淡水河口的十三行文化（1 850～1 800年前）可能就是巴赛族的祖先。西班牙人初到台湾岛北部时，发现巴赛人是技艺高超的工匠和商人，而且与周围民族非常和睦[②]。金包里是巴赛族三大社群之一，这里是硫黄产地，所以金包里人可以交换很多汉人商品，然后再从海路转卖到宜兰平原[③]。

淡水河口地区进入铁器时代正是中国大陆烽烟四起的东汉末年，而东汉时期的中国南方又是一个开发高潮时期，所以此时可能有南方汉人来到台湾，台湾北部的先民无疑在此时与大陆文化有深入交流。笔者认为这就是台湾最北部的凯达格兰族的血缘介于台湾先住民和福建人之间的原因，因为汉末有一些大陆沿海移民到达台湾岛。台湾南部也恰好在同时进入铁器时代，根据台南的南科园区考古发现，距今1 800～1 400年前进入茑松文化[④]，也是汉末，很可能也是因为东汉华南的开发或汉末战乱导致汉人把铁器制作技术传入台湾南部。

东汉末年到魏晋时期的大战乱中，很多道士来到东南沿海，葛洪《抱朴子》卷四《金丹》说："往者上国丧乱，莫不奔播四出。余周旋徐、豫、荆、襄、江、广数州之间，阅见流移俗道士数百人矣。"

台湾和澎湖在早期道士的心目中非常重要，而且被列入三十六洞天之中，《太平御览》卷六百七十八引《茅君传》说：

> 至于地中洞天，有三十六所：王屋、委羽、西城、西玄、青城、赤城、罗浮、句曲、林屋、括苍、昆仑、蓬莱、瀛州、方丈、沧浪、白山、八停之属也。五岳及诸名山皆有洞室，或三十里、二十里、十里，岳洞方百里也。

六朝的三十六洞天中，昆仑、蓬莱、瀛洲、方丈、沧浪、白山、八渟，排在第11到17位。可惜唐代人改造三十六洞天时，把海外仙山统统删除，这真是绝大的遗憾！

总之，汉代很多道士来往海外与闽浙沿海，六朝时期浙闽和台湾的来往更加密切。所以陶弘景《真诰》引许迈之弟许谧的话，记载了八渟山（台湾

---

① 刘益昌：《淡水河口的史前文化与族群》，台北县十三行博物馆，2002年，第112—131页；臧振华：《十三行的史前居民》，台北县十三行博物馆，2002年，第45—53页。

② 刘益昌：《再谈台湾北、东地区的族群分布》，载刘益昌、潘英海主编：《平埔族群的区域研究论文集》，台湾省文献委员会，1998年。

③ 翁佳音：《近世初期北部台湾的贸易与土著》，载黄富三、翁佳音主编：《台湾商业传统论文集》，"中研院"台湾史研究所筹备处，1999年。

④ 臧振华、李匡悌：《南科的古文明》，台湾史前文化博物馆，2013年，第230页。

岛）、方丈山（方诸山即澎湖岛），还记载了台湾海峡的潮汐，甚至有中国最早的详细针位记载，说到会稽、澎湖和日本的相对方位。道士们往来海上时，听到很多海外地理知识，写入他们的书中。

Sulfur and the Sea Route to Taiwan in Daoist Documents of the Six Dynasties

Abstract: The Daoist documents from the Six Dynasties reveal that an active trading network connected the two sides of the Taiwan Strait. Daoist priests sailed to Taiwan to procure sulfur. Their demand stimulated the construction of shipyards in southern Zhejiang and northern Fujian starting from the Eastern Wu Dynasty.

Keywords: Taiwan, Penghu, Sulfur, Daoist, Tao Hongjing

图书在版编目(CIP)数据

丝路和弦:全球化视野下的中国航海历史与文化/上海中国航海博物馆编.
—上海:复旦大学出版社,2019.6
ISBN 978-7-309-14381-2

Ⅰ.①丝…　Ⅱ.①上…　Ⅲ.①航海-交通运输史-研究-中国　Ⅳ.①F552.9

中国版本图书馆 CIP 数据核字(2019)第 112187 号

丝路和弦:全球化视野下的中国航海历史与文化
上海中国航海博物馆　编
责任编辑/胡欣轩

复旦大学出版社有限公司出版发行
上海市国权路 579 号　邮编:200433
网址:fupnet@fudanpress.com　http://www.fudanpress.com
门市零售:86-21-65642857　团体订购:86-21-65118853
外埠邮购:86-21-65109143
江阴金马印刷有限公司

开本 787×1092　1/16　印张 17.25　字数 319 千
2019 年 6 月第 1 版第 1 次印刷

ISBN 978-7-309-14381-2/F·2581
定价:98.00 元